中国商事制度改革丛书

中国营商环境报告

（2020）

徐现祥 毕青苗 马晶／编著

前　言

中国营商环境建设服务于高质量发展的大局。党中央、国务院高度重视营商环境建设，2019 年 10 月出台《优化营商环境条例》，首次以政府立法的形式为各类市场主体投资兴业提供制度保障，强调通过转变政府职能，更大激发市场活力和社会创造力，增强发展动力。因此，立足从高速发展转向高质量发展的时代大局，营商环境建设是我国当下最紧要的事情之一，应不断深化、持续建设。

在国家社科基金专项“深化商事制度改革研究”（18VSJ069）的资助下，中山大学“深化商事制度改革研究”课题组在 2018 年开展了第一轮全国实地调研。通过分层随机抽样，课题组在 2018 年 7～8 月赴全国 16 省份 84 地市开展实地调研，调研成果汇编为《中国营商环境报告（2019）》，由社会科学文献出版社出版。调查成果得到了国家领导、相关部委、部分省市的关注。同时，《人民日报》、新华网、人民网、澎湃网等相继报道调研成果。

中山大学“深化商事制度改革研究”课题组持续追踪考察我国营商环境建设的新进展和新问题。2019 年，课题组开展了第二轮全国营商环境实地调研。与 2018 年相比，在调研地点上，2019 年新增 8 个省份，共实地走访 24 省份 110 市的 281 个政务办事大厅；在调研内容上，2019 年新增两块内容：“数字政府”建设的进展，营商环境建设在促双创、稳就业、调结构等方面的宏观绩效。基于 2019 年实地调研的一手素材，课题组撰写了《中国营商环境报告（2020）》。

《中国营商环境报告（2020）》以市场主体感受为依据，评价全国营商环境建设的进展、成效、问题。具体而言，第一，从市场准入、信用监管、“互联网＋政务”、服务效率四个方面，基于与 2018 年的对比分析，考察 2019 年营商环境建设的新进展和新问题。第二，从创业、创新、就业、经济增长、经济结构五个方面考察营商环境建设取得的宏观绩效，系统考察我国营商环境建设服务于高质量发展的进展情况。第三，详细考察了“数字政府”建设的进展。关注网上办事大厅、移动端办事平台等“数字政府”办事渠道建设，以市场主体感受为依据，从“数字政府”潜在使用率、实际知晓率、实际使用率三个维度构建指标体系，系统分析截至 2019 年 8 月全国“数字政府”需求侧建设的进展、面临的问题。

《中国营商环境报告（2020）》主要由四个部分构成。第一部分为总报告，包括中国营商环境和中国“数字政府”需求侧建设调查报告；第二部分是典型省份营商环境篇，包含吉林、江苏、浙江、安徽、山东、河南、湖北、广东、云南、甘肃，共 10 个省份；第三部分是典型省份“数字政府”需求侧建设调查篇，包含北京、天津、河北、山西、上海、福建、湖南、广西、海南、重庆、贵州、陕西、青海、宁夏，共 14 个省份；第四部分为附录。

目 录

总报告

典型省份营商环境篇

典型省份“数字政府”需求侧建设调查篇

附　录

总报告

中国营商环境报告*

一　报告概览

党中央、国务院高度重视营商环境建设。从2014商事制度改革至今，每年都有新目标、新举措、新成绩。2019年政府工作报告指出，本年工作重点是以简审批优服务便利投资兴业、以公正监管促进公平竞争、以改革推动降低涉企收费，实现激发市场主体活力、优化营商环境，推动高质量发展。

本报告以市场主体感受为依据，评价全国商事制度改革和营商环境建设情况。中山大学"深化商事制度改革研究"课题组在2018年进行全国实地调研的基础上，2019年7月15日至8月10日开展了第二次全国实地调研，通过分层随机抽样，实地走访24省、110市的281个政务办事大厅，从市场准入、信用监管、"互联网+政务"、服务效率等维度，随机访谈前来办理业务的市场主体。此次调研访谈成功率约为75%，共收集有效调查问卷8293份。调研结束后，课题组整理第一手数据资料和舆情反馈，系统分析截至2019年8月全国营商环境建设的新进展、新问题、新方向（见表1）。

报告发现，从市场主体视角看，2019年全国商事制度改革有"减证""一网""增效""提质"四个方面的主要进展。

---

* 执笔人：毕青苗、黄逸豪、周昀、徐现祥。

（1）办证数量和时间缩短。2019 年的工作重点之一是“减证便民”，从市场主体的反馈来看，平均所需办理许可证数量从 2018 年的 2 个进一步降至 2019 年的 1.8 个，最佳省份只需 1 个；各类许可证办理所需时间均同比下降，下降幅度最大的分别为税务、银行开户、环保相关证件。

（2）“一网通办”实现约 40%。2019 年国家着力建设全国一体化在线政务服务平台，加快实现“一网通办”。从市场主体反馈看，“一网通办”比例已经达到 40%。

（3）“最多跑一次”比例提升至 42%。2019 年政府工作报告指出，确需到现场办的要实现“最多跑一次”。从市场主体反馈看，办成一件事“最多跑一次”的比例从 2018 年的 31% 提高到 2019 年的 42%；约 33% 的市场主体每次可在半个小时内办结，75% 的市场主体每次可在 1 小时内办结。市场主体获得感显著提升。

（4）有力支撑高质量发展。一是促创业，市场主体总量实现翻番。二是保就业，34% 的市场主体创造了新增就业岗位。三是稳增长，49% 的市场主体业绩变好。四是调结构，服务业市场主体占比为 70%。五是促创新，44% 的市场主体进行了创新。

表 1　2019 年营商环境指标体系及最新进展

一级指标	二级指标	三级指标	2018 年	2019 年	2019 年最大值	2019 年最小值
主要进展	市场准入	完成登记注册所需时间(天)	7.0	6.9	9.3	3.0
		完成登记注册所需打交道窗口数量(个)	1.9	1.8	3.1	1.4
		办理许可证的数量(个)	2.0	1.8	2.7	1.0
	信用监管	国家企业信用信息公示系统使用率(%)	65	66	79	47
	互联网 + 政务	网上办事大厅知晓率(%)	59	66	84	47
		网上办事大厅使用率(%)	43	48	73	27
	服务效率	过去半年,办成一件事需跑几次(次)	2.3	1.9	2.7	1.6
		过去半年,办成一件事需打交道窗口数量(个)	1.9	1.4	2.2	1.2

续表

一级指标	二级指标	三级指标	2018 年	2019 年	2019 年最大值	2019 年最小值
宏观成效	就业	过去半年,扩大员工规模的市场主体占比(%)	—	34	45	22
	成长	过去半年,业绩提升的市场主体占比(%)	—	49	58	34
	创新	过去半年,创新的市场主体占比(%)	—	44	56	32
	结构	商改后登记注册的市场主体中服务业占比(%)	—	70	97	50

注：2019 年最大值、最小值为省级层面的最大值、最小值。

资料来源：中山大学“深化商事制度改革研究”课题组。

从市场主体的视角看，2019 年商事制度改革存在以下主要问题。

（1）各地进展不均衡。根据指标体系，使用前沿距离法计算得分，全国各市处于优秀、良好、中等、及格、不及格的比例分别为 1%、4%、24%、63%、8%，各地进展不均衡。在市场准入、信用监管、互联网 + 政务、服务效率等方面，最佳与最差地区的进展差异都不小。

（2）信用监管不充分。商事制度改革强调建设以信用监管为核心的新型市场监管机制。从市场主体反馈看，2019 年 81% 的市场主体被上门检查，其中 35% 的认为被检查次数较 2018 年增多，24% 的认为上门检查的政府部门数量较 2018 年增多。

（3）小微企业成长面临困难。2019 年全国市场主体提及频率最高的三个困难分别是市场竞争激烈、招工困难和成本高，三者比重分别为 27%、17% 和 14%，均在 2018 年的基础上进一步增加了 1 ~2 个百分点，成为市场主体当下最普遍的难点和痛点。对于小微企业而言，这三个困难被提及的频率更高。在压力下，小微企业创造就业机会少、提升业绩比例低、创新比例低，成长面临困难。

从市场主体的视角看，进一步深化商事制度改革有以下可行方向。第一，推行政务服务标准化建设，缩小地区之间差距。第二，继续推进信用监管政策落地，建设竞争中性的营商环境。第三，通过“提升政务服务”与“开放市场领域”的组合拳，持续助力市场主体发展。

二　2018～2019年主要进展

在2018年工作的基础上，2019年政府工作报告就商事制度改革和营商环境建设提出了新的目标，包含“证照分离”“一网通办”“一窗受理”“限时办结”“最多跑一次”等多项具体要求。从2019年调研结果看，我国营商环境建设在“减证”“一网”“增速”“提质”四个方面的工作取得了显著进展。

（一）“减证”：数量减少10%，耗时减少22%

2019年政府工作报告明确提出，要对所有涉企经营许可事项实行“证照分离”改革，持续开展“减证便民”改革行动，不能让烦琐证明来回折腾企业和群众。从调研结果看，2019年市场主体平均办1.8个证，最长耗时21.7天，在2018年基础上分别下降10%和22%，“减证”工作成效显著。

1. 办证数量从2018的2个减少至2019年的1.8个

如图1所示，2018年的调研结果显示，2018年登记注册的市场主体平均需要办理2个许可证；2019年的调研结果显示，2019年登记注册平均所需办理的许可证数量下降至1.8个。分省来看，全国范围内办理许可证数量最少的省份，由2018年的平均需要办理1.5个证件减少至2019年的平均需要办理1.0个证件，已经实现“一证”；不过，全国范围内办理许可证数量最多的省份，2018年需要办理2.4个证，2019年为2.7个证，没有减少。

2. 办证最长耗时从2018的27.9天缩短至2019年的21.7天

如图2所示，从办证时间上看，办理最耗时许可证所需时间也呈现明显的下降趋势，从2018年的平均27.9天降到2019年的平均21.7天。就各省的情况看，2018年和2019年办理最耗时许可证所需时间最少的省份在11.5～12.7天；耗时最长的省则从2018年的60.9天下降至2019年的35.3天，时间缩短42%，成效显著。

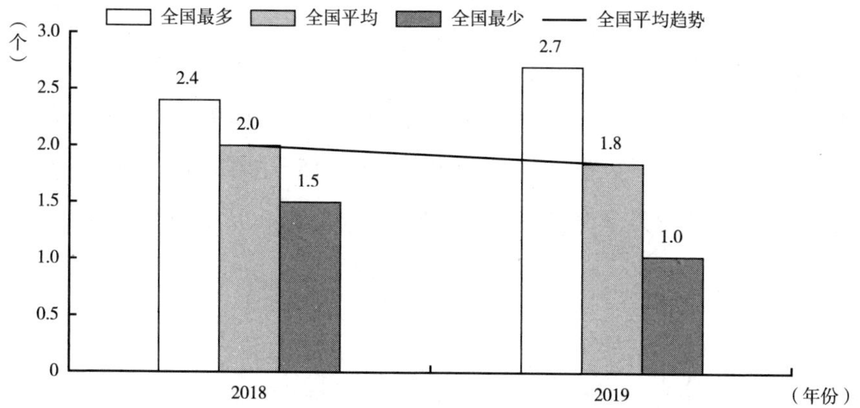

图 1　所需办理证件数量从 2018 年的 2.0 个减少为 2019 年的 1.8 个

资料来源："深化商事制度改革研究"课题组。

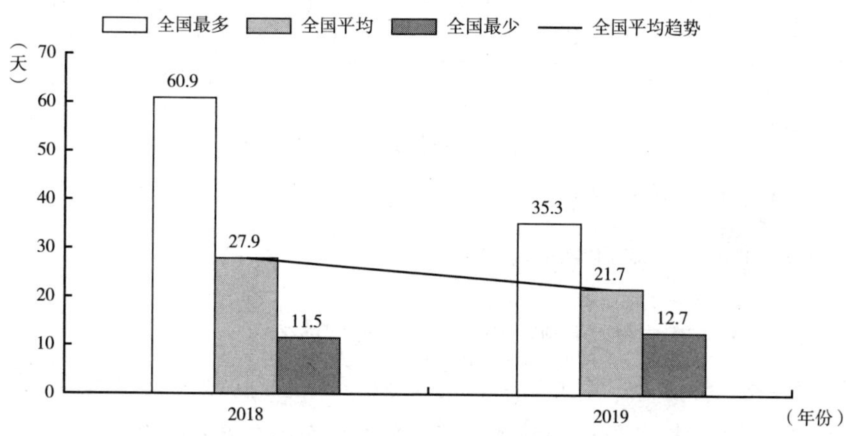

图 2　办理最耗时许可证所需时间从 2018 年的 27.9 天缩短至 2019 年的 21.7 天

资料来源："深化商事制度改革研究"课题组。

3. 耗时下降幅度最大三个证分属税务、银行开户、环保

办理不同类型的许可证，所花费的时间不同。如图 3 所示，从 2019 年登记注册市场主体的反馈看，最耗时的分别是安全、环保、消防、场地、食品、卫生、银行开户、税务、外贸等相关许可证，耗时从 6 天到 55

天不等。

与2018年相比，各类证件的办理时长均有所缩短。其中，税务相关的证件耗时减少幅度最大，从2018年的17天减少至2019年的7天，降幅近59%；其次是银行开户类证件，从2018年的15天减少至2019年的7天，降幅约53%；然后是环保类证件，从83天减少到48天，降幅约42%。

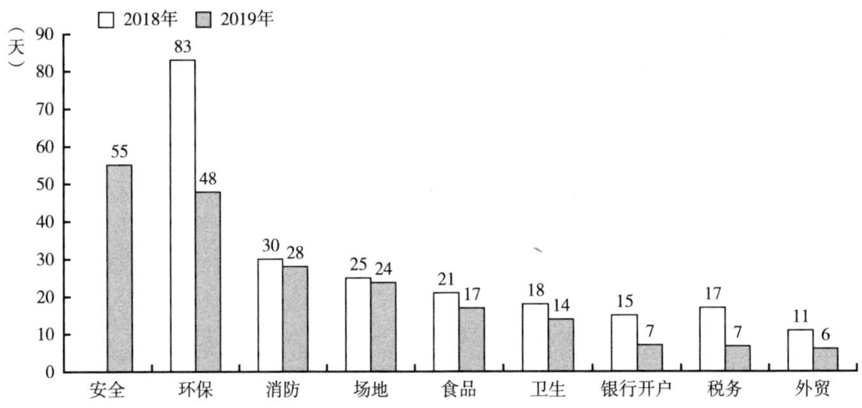

图3　各类许可证的办理时长均缩短

注：2018年调研中未调查“安全”相关证件。计算方式为当年登记注册企业的各类许可证办理平均时间。

资料来源：“深化商事制度改革研究”课题组。

4. 25%的市场主体认可2019年“减证”便民成效

减证的目标在于“便民”，市场主体就“减证”工作的获得感，是评价“减证”工作的重要指标。如图4所示，2019年全国有25%的市场主体认为所需办理的许可证在2018年基础上进一步减少，53%的认为许可证数量不变，22%的认为许可证数量增多。这说明，从市场主体的主观感受来看，2019年商事制度改革进一步减少了市场主体的办证数量，实现了手续的简化。

课题组在实地调研中发现，以“三证合一”为代表的一系列“减证”工作，是市场主体对商事制度改革最熟悉的一项改革措施。在对市场主体的访谈中发现，如果调研员向市场主体提及“商事制度改革”，他们的表情会稍显迟疑，但如果进一步解释说“三证合一”“五证合一”等具体改革措

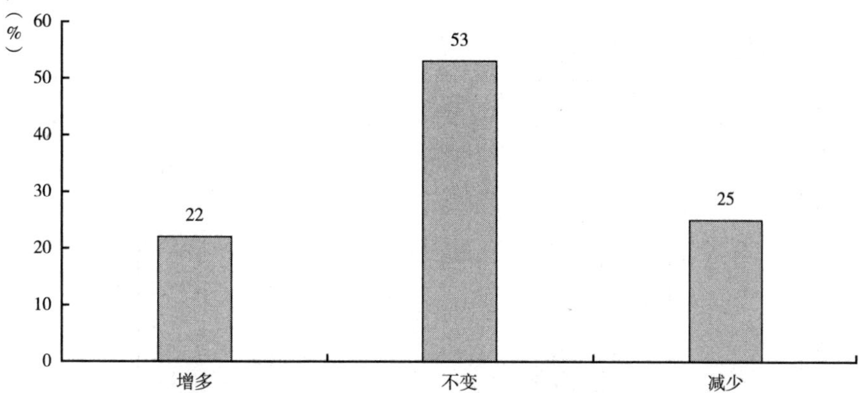

图 4　2019 年全国约 25% 的市场主体认为所需办理的许可证数量减少了

资料来源："深化商事制度改革研究"课题组。

施，他们便会恍然大悟，然后告诉调研员："确实，'三证合一'之后办证什么的比以前方便多了。"

（二）"一网"："一网通办"实现40%，"国家政务服务平台"上线1个月吸引力达57%

2019 年政府工作报告指出，在"互联网 + 政务"工作上要推行网上审批和服务，抓紧建成全国一体化在线政务服务平台，加快实现"一网通办、异地可办"，使更多事项"不见面办理"。从调研结果看，网上办事大厅的知晓率、使用率都在 2018 年的基础上进一步提升，约四成市场主体已经实现"一网通办"，"国家政务服务平台"上线 1 个月后使用率已经达到 16%。

1. 网上办事大厅的知晓率为66%、使用率为48%

本文将市场主体知道网上办事大厅的比例定义为知晓率。如图 5 所示，2019 年网上办事大厅的知晓率为 66%，比 2018 年高 7 个百分点，绝大部分市场主体知道网上办事大厅这一渠道。

本文将市场主体使用网上办事大厅的比例定义为使用率。2019 年，网上办事大厅使用率为 48%，与 2018 年的 43% 相比也有明显上升，已经有近一半市场主体使用网上办事大厅。

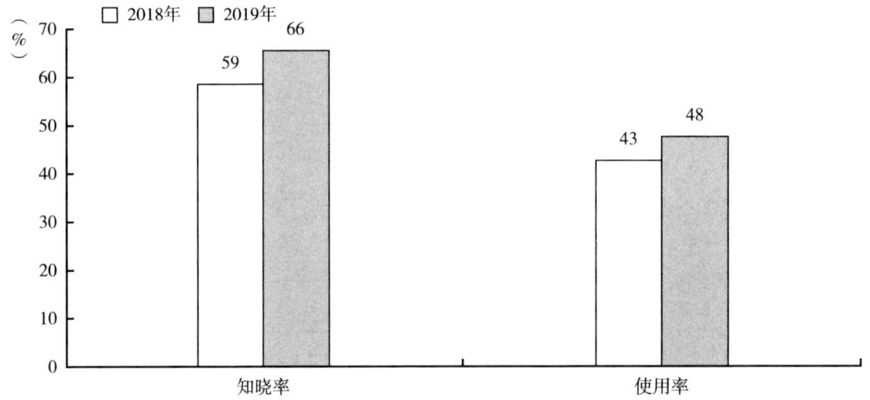

图 5　2019 年网上办事大厅知晓率和使用率提高

资料来源：“深化商事制度改革研究”课题组。

2. 约40%的市场主体实现“一网通办”

“一网通办”是 2019 年的重点工作之一。如图 6 所示，从电脑端网上办事大厅看，2019 年，31% 的市场主体表示常用 1 个办事系统；移动端 App 或小程序是近年来主推的新型办事平台，约 44% 的市场主体表示常用 1 个移动端办事系统。由此可见，目前，已经约 40% 的市场主体实现“一网通办”。

3. “国家政务服务平台”上线一个月，吸引力达57%

为加快推动政务服务在全国范围内实现“一网通办、异地可办”，国务院办公厅于 2019 年 6 月上线试运行“国家政务服务平台”首个国家一体化政务服务平台。

从市场主体的反馈看，如图 7 所示，经过 1 个月的发展（调研为 2019 年 7～8 月），“国家政务服务平台”知晓率达到 28%，使用率达到 16%。本文把在知道“国家政务服务平台”的市场主体中使用该平台的比例定义为吸引力，即“国家政务服务平台”使用率与知晓率的比值。因此，“国家政务服务平台”的吸引力达 57%（16%÷28%），即在知道“国家政务服务平台”的市场主体中，57% 的市场主体会选择使用该平台。

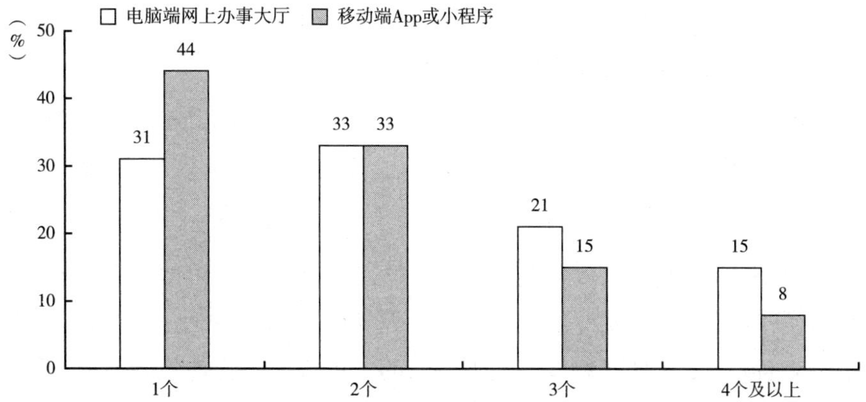

图6　2019年使用网上办事系统数量

资料来源："深化商事制度改革研究"课题组。

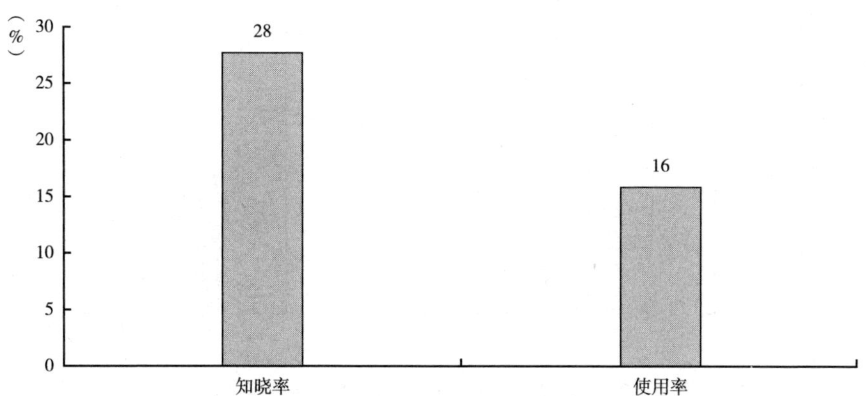

图7　"国家政务服务平台"上线一个月后知晓率为28%、使用率为16%

资料来源："深化商事制度改革研究"课题组。

（三）"增效"：42%的市场主体办事实现"最多跑一次"，一小时办结率为75%

李克强总理在2018年记者会上提出"六个一"的改革目标，其中一个"一"就是力争让市场主体到政府办事实现"最多跑一次"。2019年政府工作报告指出，确需到现场办的，要"一窗受理、限时办结"，实现"最多跑一次”。从 2019 年的落实情况看，办事效率显著提升。

1. 42%的市场主体办事实现 “最多跑一次”

如图 8 所示，在 2018 年调研中，全国有 31% 的市场主体办事“最多跑一次”；到 2019 年时，“最多跑一次”的比例增加到 42%，比 2018 年提高了 11 个百分点。分省来看，“最多跑一次”实现比例最高的省份，从 2018 年的 56% 增加到 2019 年的 61%；“最多跑一次”实现比例最低的省份，从 2018 年的 9% 增加到 2019 年的 20%，增加约 1 倍。这表明，在过去一年中，“最多跑一次”是各地普遍取得显著成效的一项改革，各地政府效能均显著提升。

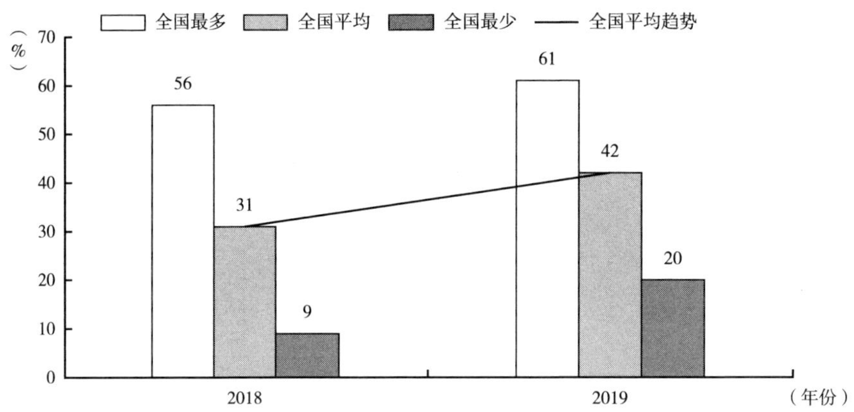

图 8　2019 年 42%的市场主体办事“最多跑一次”

资料来源：“深化商事制度改革研究”课题组。

从调研中可以看到，各地职能部门正在下大力气优化窗口服务，力争实现“最多跑一次”的改革目标。在浙江丽水，行政服务中心积极落实“最多跑一次”，众多市场主体直言办事环境得到了极大的改善，表示“来这里的大厅办事只跑 1 ~ 2 趟就行”，真真切切感受到了大厅办事效率的提高。在浙江杭州，调研员发现，工作人员即使到了下班时间仍会继续把还在等候人员的所有业务办理完成，争取不让市场主体再跑一次，这也在市场主体中取得了很好的反响。在广西崇左，政务服务大厅内部一共入驻了 50 多个部门以实现“一站式”服务，有一位来办理注册业务的市场主体表示：“这次过来从开始到拿照再到后面一系列流程，用了一个下午就搞定了，跟以前相比政府现在的工作效率提高了很多，自己办事也舒心。”在北京朝阳区，市场主体也反映他们中的大多数都只用跑一次就能把事情办好，不用来回折腾。

2. 67%的市场主体办事实现“一窗办理”

一窗受理、集成服务，是推进实现“最多跑一次”目标的具体举措。如图 9 所示，2018 年，全国“一窗办理”的比例为 71%，2019 年为 67%，没有明显变化，大致都为七成。这表明，全国绝大部分市场主体办事已经实现“一窗办理”。

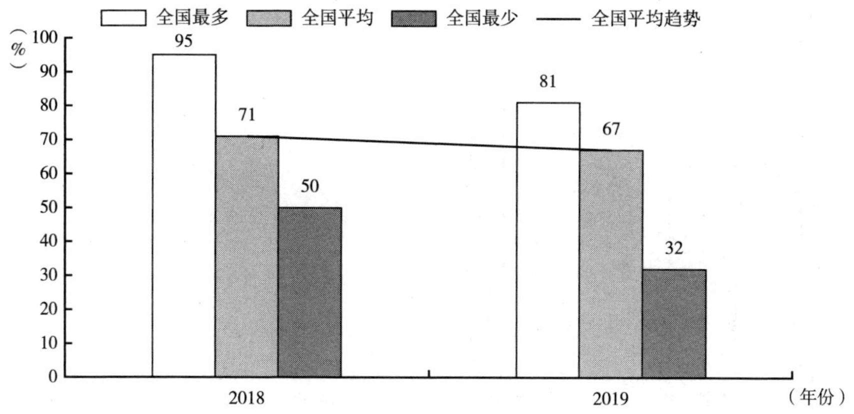

图 9　2019 年 67%的市场主体办事实现“一窗办理”

资料来源：“深化商事制度改革研究”课题组。

2019 年“一窗办理”的比例比 2018 年略有下降，可能是因为部分地区新设咨询窗口。在实地调研中课题组发现，为推进服务型政府建设，各地职能部门更加重视事前事中的咨询、告知服务，除大厅统一的导办台外，还会增设专门的咨询窗口。比如在浙江舟山，调研员发现不断有不熟悉业务的市场主体先在工商咨询窗口咨询而后再到其他窗口办事。在山西太原，一位受访者提到如今办事方便之处时说，“除了电脑查询，同时还有专门的咨询窗口”。由此可见，在调研中我们询问市场主体办事需要和几个窗口打交道时，市场主体可能将咨询窗口也算作一个打交道的窗口，从而增加了回答的窗口数量，造成“一窗办理”的比例比 2018 年略有下降。

3. 33%的市场主体实现半小时办结

如图 10 所示，在 2018 年，市场主体来政务服务大厅办一件事，在半小时以内办理完成的比例为 17%，半小时至一小时的比例为 55%。2019 年，来政务服务大厅办理一件事，可以在半小时内办理完成的为 33%，半小时至一小时办理完结的为42%。加总来看，从 2018 年到2019 年，一小时办结率从 72% 提升到 75%，实现了小幅增长；半小时办结率从 17% 提高到 33%，增加近 1 倍。

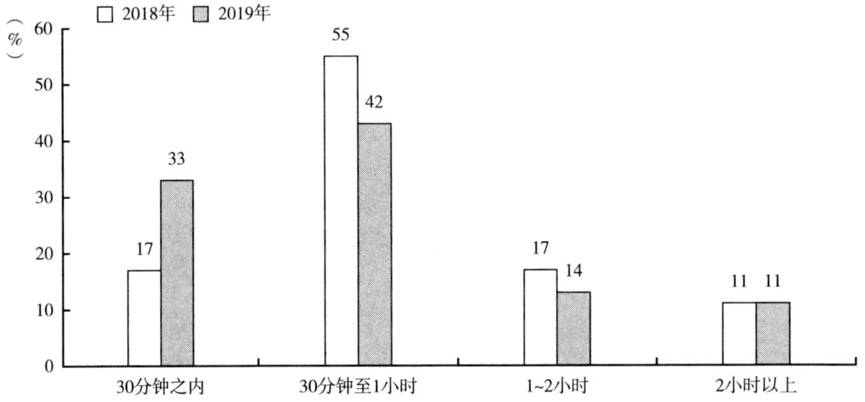

图 10　半小时办结率从 2018 年的 17%提高到 2019 年的 33%

资料来源：“深化商事制度改革研究”课题组。

在调研的过程中，就办事效率提高而言得到了很多市场主体的积极反馈。山东省滨州市沾化区的两名市场主体表示，“和上年比，这里办事效率明显提高，半小时左右就可以办完，几乎不需要等待很长的时间”。浙江省宁波市海曙区一位市场主体也表示：“近几年办事确实是快捷了很多的，服务态度也很好，不像以前的那种公务员作风的。”湖南怀化鹤城区的市场主体也说：“现在办事真的快，特别方便。”

4. 市场主体获得感显著提高

改革省时间，87% 的市场主体认为时间降低。如图 11 所示，2019 年，全国 87% 的市场主体认为商事制度改革降低了其与政府打交道的时间。在最佳省份，这一比例是 94%；在最差省份这一比例也达到 72%。这表明，商事制度改革确实显著降低了市场主体与政府打交道的时间成本。

改革省费用，72% 的市场主体认为费用降低，比 2018 年高 8 个百分点。对于商改是否降低了与政府打交道的费用，如图 12 所示，2019 年，全国 72% 的市场主体对此给出了肯定的回答，高于 2018 年的 64%。在最佳的省份，这一比例为 82%；在最差的省份，这一比例为 61%。尽管存在一定差异，但是商事制度改革还是在很大程度上降低了市场主体与政府打交道的成本。

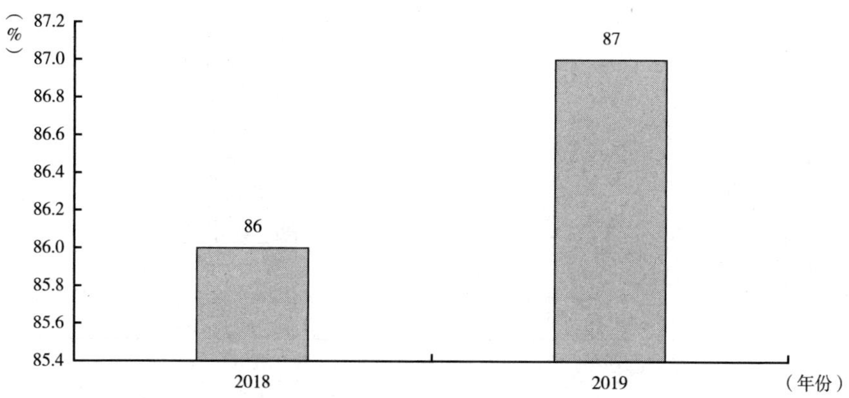

图 11　2019 年全国 87% 的市场主体认为商改降低了其与政府打交道的时间

资料来源：“深化商事制度改革研究”课题组。

改革助经营，66% 的认为商改对企业经营有积极影响，比 2018 年高 6 个百分点。如图 13 所示，2018 年，全国 60% 的市场主体认为商事制度改革对经营有积极影响，2019 年这一比例增加至 66%。这表明，越来越多的市场主体感受到了商事制度改革对经营活动带来的好处，市场主体的获得感不断提高。

从调研结果看，政府人员服务效率越来越高，市场主体的获得感自然越

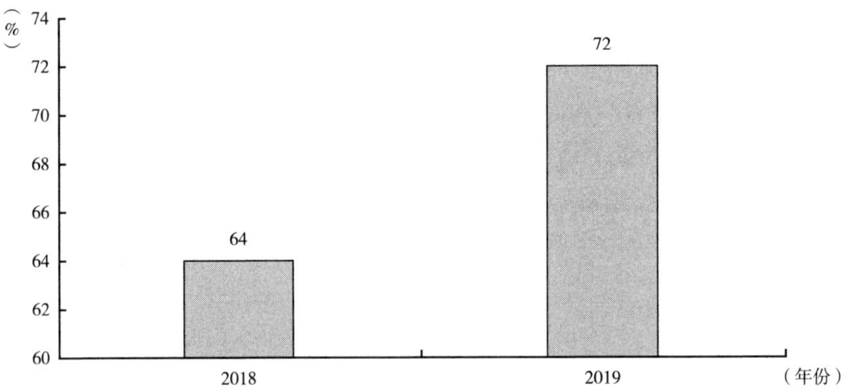

图 12　2019 年全国 72%的市场主体认为商改降低了其与政府打交道的费用

资料来源：“深化商事制度改革研究”课题组。

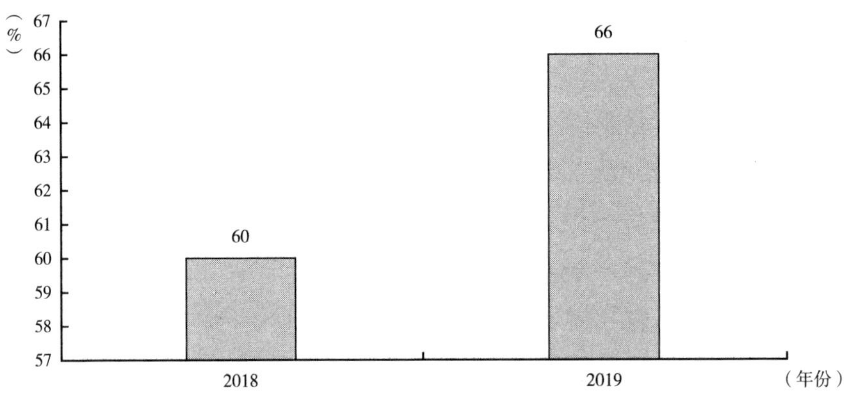

图 13　2019 年全国 66%的市场主体认为商改对其经营具有积极影响

资料来源：“深化商事制度改革研究”课题组。

来越高。比如在河南郑州的中原区和惠济区，自助服务区的电脑旁边都配有专门的志愿者。当市场主体需要使用电脑办理业务时，志愿者会很热情地迎上来，主动提供咨询服务。有的市场主体之前没有接触过网上政务系统，志愿者还能手把手地指导市场主体进行相关操作。一位在中原区办事的女士，对这里的志愿者夸赞连连：“这里的志愿者可好了。就前些天我在这边办一个许可证，要用电脑操作。有个小伙子可热情了，‘阿姨’‘阿姨’地喊着，看我不太会用电脑，直接就全部帮我操作办理了。一会儿就办完了。”在贵州毕节，负责人在和我们沟通过程当中多次提到不能打扰市场主体办事，不然等候的市场主体错过了叫号，又要再取一次号就麻烦了。这一举动让我们真切感受到了办事大厅工作人员心系市场主体、将市场主体获得感放在首位的服务态度。

（四）“提质”：为高质量发展提供企业数量和质量支撑

2019 年政府工作报告指出，我国有上亿市场主体，并且还在不断增加，把市场主体的活跃度保持住、提上去，是促进经济平稳增长的关键所在。从调研结果看，商事制度改革和营商环境建设在促创业、保就业、稳增长、调结构、促创新上取得显著成效，为高质量发展奠定了坚实的企业数量和质量基础。

1. 改革促创业，市场主体数量翻番

商事制度改革和营商环境建设促进更多市场主体创业的一个直观体现是，改革后新登记注册的市场主体占比高。如图 14 所示，在调研随机抽样所覆盖的 8293 个市场主体中，2014 年之前登记注册的比例为 47%；2014 ~ 2019 年登记注册的市场主体占比约为 53%，其中 2019 年登记注册的占 13%。这一结果表明，从本次调研的样本来看，改革后进行创业、进入市场的新市场主体数量已经赶超改革前，占比超过全部在位市场主体的一半，实现市场主体总量翻番。

2. 改革保就业，34%的市场主体创造了新就业岗位

就业是最大的民生，就业人数体现了市场主体吸纳就业的能力，是保持稳定、促进发展的重要落脚点。在调研中，调研员询问市场主体的办事代表，在过去半年，公司的员工规模是扩大或不变还是缩小了？如图 15 所示，在 2019 年上半年，有 34% 的员工规模扩大，55% 的员工规模不变，11% 的员工规模缩小。市场主体中员工规模扩大的与员工规模减少的，两者差值为 23 个百分点，即市场主体净增就业面 23%。这表明，2019 年上半年，市场主体创造了更多就业岗位，提供了更多就业机会。

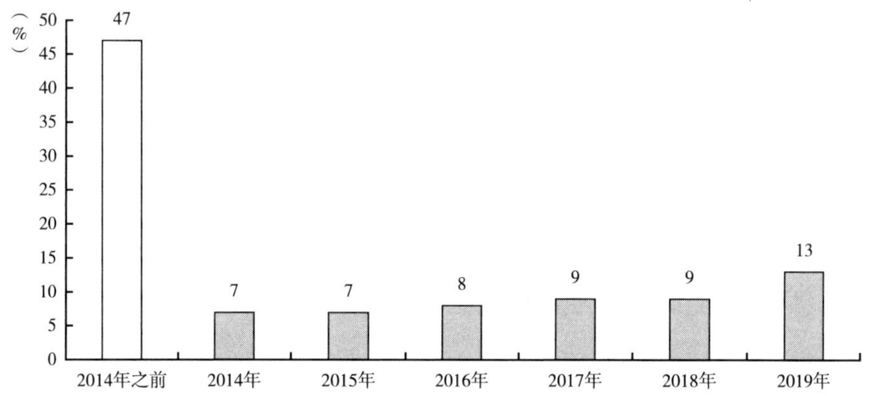

图 14　2014～2019 年登记注册的市场主体占全部市场主体的 53%

资料来源："深化商事制度改革研究"课题组。

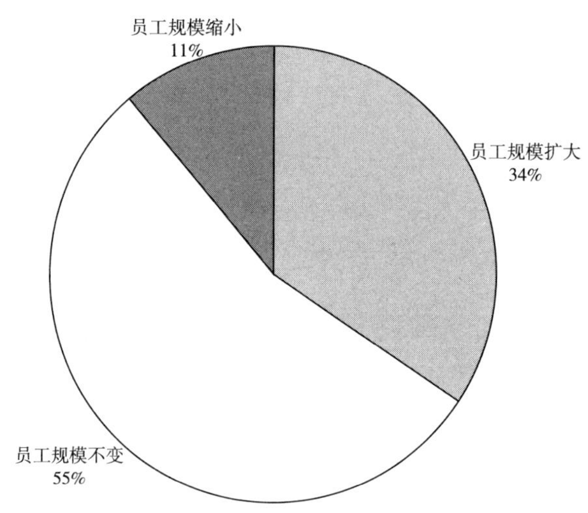

图 15　2019 年上半年全国 34%的市场主体员工规模扩大

资料来源："深化商事制度改革研究"课题组。

3. 改革稳增长，49%的市场主体业绩变好

宏观上，经济增长不仅取决于市场主体数量，还取决于市场主体的成长。商事制度改革在微观上促进市场主体业绩提升和成长，体现了改革在稳增长上取得的绩效。在调研中，调研员询问市场主体的办事代表，在过去半

年，公司的销售业绩是变好或不变还是变差了？如图16所示，在2019年上半年，49%的业绩变好，业绩不变的占32%，业绩变差的比例为19%。这表明，2019年上半年，近一半市场主体的业绩变好。

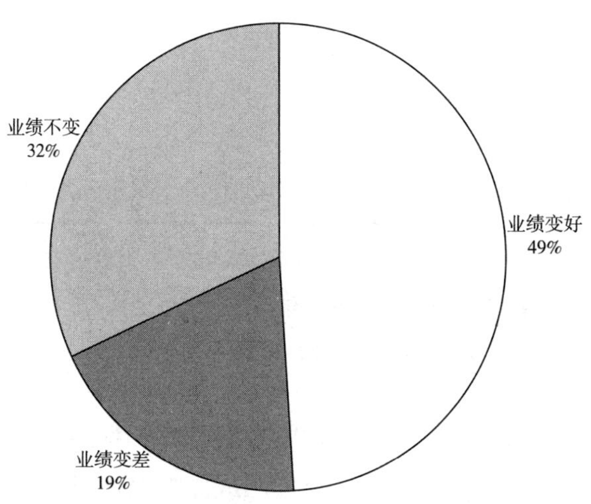

图16　2019年上半年全国49%的市场主体业绩变好

资料来源："深化商事制度改革研究"课题组。

4. 改革调结构，服务业市场主体占比70%

商事制度改革调动了市场主体的创业热情，大量新市场主体登记注册，这为产业转型提供了契机，为中国经济向以服务业为主导转型奠定了市场主体数量基础。按照市场主体登记注册时间，可以计算2018年、2019年市场主体的行业分布。如图17所示，服务业占比从2018年的68%提高到2019年的70%。新兴产业占比14%，成为本次调研覆盖的市场主体产业构成中的第二大类别。

5. 改革促创新，44%的市场主体有进行创新

我国重视创新驱动，通过培育高质量的市场主体实现宏观上的高质量发展。2019年政府工作报告指出，要坚持创新引领发展，培育壮大新动能，提升科技支撑能力，进一步推进大众创业、万众创新。在实地调研中，调研员询问前来办事的市场主体代表，公司在过去半年是否有推出新

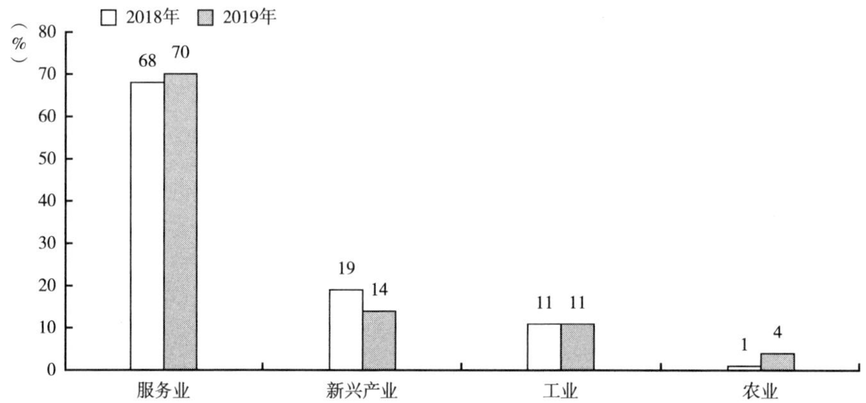

图 17　2018 年和 2019 年各产业市场主体占比

资料来源："深化商事制度改革研究"课题组。

产品或新服务？如图 18 所示，在 2019 年上半年，有推出新产品或新服务的市场主体占比为 44%。这表明，全国四成左右的市场主体在过去半年有进行创新。

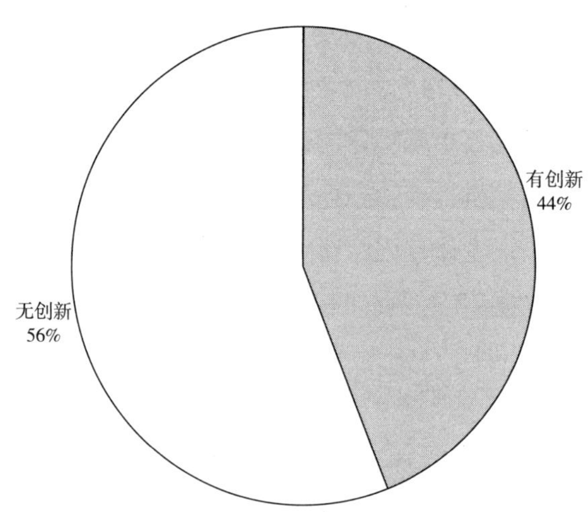

图 18　2019 年，全国 44%的市场主体有进行创新

资料来源："深化商事制度改革研究"课题组。

（五）小结

从市场主体的视角看，与2018年相比，2019年全国商事制度改革与营商环境建设的主要进展如下。

（1）“减证”工作成效显著。平均所需办理许可证数量从2018年的2个降至2019年的1.8个，时间从28天缩短到22天，其中耗时下降幅度最大三个证分属税务、银行开户、环保。

（2）“一网通办”实现四成。网上办事大厅的知晓率近七成，使用率近一半，正在进入大规模使用阶段。在使用的数量上，“一网通办”已经实现约四成，“国家政务服务平台”上线一个月后，吸引力达57%。

（3）办事效率大幅提升。从市场主体反馈看，办成一件事“最多跑一次”的比例从2018年的31%提高到2019年的42%，约七成市场主体办事实现“一窗办理”，半小时办结率从2018年的17%提升到2019年的33%。市场主体获得感显著提升。

（4）有力促进高质量发展。一是促创业，市场主体总量实现翻番。二是保就业，34%的市场主体员工规模扩大。三是稳增长，49%的市场主体业绩变好。四是调结构，服务业市场主体占比70%。五是促创新，44%的市场主体有进行创新。

三　2018～2019年各地进展

课题组从市场准入、信用监管、“互联网+政务”、服务效率四个维度，构建评价各地商事制度改革与营商环境建设进展的指标体系，采用前沿距离法测算了各地得分，本部分分析了全国110个市的得分情况（见表2）。

（一）优秀率1%，及格率92%，大部分城市处于及格水平

如表2和图19所示，深圳在调研城市中排名第1，是2019年唯一营商环境得分获得优秀水平（85～100分）的城市。4个城市达到良好水平（80～84

分），占比4%；22个城市达到中等水平（70~79分），占比24%；59个城市位于及格水平（60~69分），占比63%；处于不及格水平（60分以下）的有7个城市，占比8%。在110市的有效样本中，最高分为85分，最低分为51分。得分前六名的城市分别为广东深圳、浙江杭州、浙江湖州、广东广州、浙江宁波、广东江门。

表2　各地市营商环境进展的得分与排名

城市	2019年		2018年		城市	2019年		2018年	
	得分	等级	得分	等级		得分	等级	得分	等级
深圳	85	优秀	—	—	郑州	70	中等	65	及格
杭州	83	良好	71	中等	海口	69	及格	—	—
湖州	83	良好	71	中等	信阳	69	及格	62	及格
广州	83	良好	82	良好	盐城	69	及格	—	—
宁波	82	良好	—	—	咸宁	69	及格	—	—
江门	79	中等	76	中等	芜湖	69	及格	81	良好
金华	78	中等	69	及格	钦州	69	及格	56	不及格
衢州	78	中等	64	及格	淄博	69	及格	66	及格
北京	77	中等	78	中等	莆田	69	及格	60	及格
昭通	77	中等	55	不及格	武汉	69	及格	—	—
舟山	77	中等	63	及格	洛阳	69	及格	—	—
丽水	76	中等	63	及格	邵阳	68	及格	67	及格
上海	76	中等	—	—	常州	68	及格	—	—
宿迁	76	中等	—	—	重庆	66	及格	—	—
韶关	76	中等	—	—	曲靖	66	及格	—	—
阳江	75	中等	67	及格	银川	66	及格	60	及格
徐州	74	中等	—	—	毕节	66	及格	75	中等
青岛	73	中等	—	—	汉中	66	及格	72	中等
福州	72	中等	61	及格	常德	66	及格	68	及格
南京	72	中等	—	—	石家庄	66	及格	—	—
苏州	72	中等	—	—	周口	66	及格	58	不及格
泰州	72	中等	—	—	长春	66	及格	54	不及格
长沙	71	中等	72	中等	济南	66	及格	—	—
西安	71	中等	72	中等	蚌埠	65	及格	59	不及格
阜阳	70	中等	72	中等	随州	65	及格	—	—
合肥	70	中等	72	中等	柳州	65	及格	—	—

续表

城市	2019年		2018年		城市	2019年		2018年	
	得分	等级	得分	等级		得分	等级	得分	等级
南宁	65	及格	53	不及格	天津	68	及格	63	及格
昆明	65	及格	65	及格	衡阳	68	及格	69	及格
酒泉	65	及格	68	及格	淮北	68	及格	74	中等
怀化	64	及格	60	及格	东营	67	及格	70	中等
岳阳	64	及格	68	及格	玉林	67	及格	56	不及格
荆门	64	及格	—	—	玉溪	67	及格	53	不及格
黄冈	64	及格	—	—	鄂州	67	及格	—	—
贵港	64	及格	63	及格	安阳	67	及格	61	及格
安康	64	及格	67	及格	贵阳	67	及格	63	及格
泉州	63	及格	62	及格	漯河	67	及格	67	及格
张掖	63	及格	70	中等	普洱	67	及格	65	及格
榆林	63	及格	77	中等	宁德	66	及格	67	及格
铜陵	62	及格	54	不及格	遵义	66	及格	67	及格
兰州	62	及格	67	及格	嘉峪关	—	—	72	中等
唐山	61	及格	—	—	陇南	—	—	65	及格
铜川	61	及格	64	及格	平凉	—	—	69	及格
衡水	61	及格	—	—	潮州	—	—	72	中等
四平	60	及格	60	及格	揭阳	—	—	73	中等
松原	59	不及格	53	不及格	湛江	—	—	62	及格
固原	58	不及格	53	不及格	崇左	—	—	63	及格
廊坊	58	不及格	—	—	许昌	—	—	71	中等
张家口	58	不及格	—	—	滨州	—	—	61	及格
承德	58	不及格	—	—	枣庄	—	—	67	及格
吴忠	57	不及格	63	及格	防城港	—	—	—	—
西宁	51	不及格	—	—	大同	—	—	—	—
三明	—	—	63	及格	吕梁	—	—	—	—
白山	68	及格	61	及格	太原	—	—	—	—
吉林	68	及格	—	—	运城	—	—	—	—
宜昌	68	及格	—	—	长治	—	—	—	—

注：评级划分标准为：优秀（85～100分）、良好（80～84分）、中等（70～79分）、及格（60～69分）、不及格（59分及以下）。三明、嘉峪关、陇南、平凉、潮州、揭阳、湛江、崇左、许昌、滨州、枣庄、防城港、大同、吕梁、太原、运城、长治2019年有效样本量不足30个，2019年得分空缺。2019年新增的调研城市，其2018年得分空缺。

资料来源：中山大学“深化商事制度改革研究”课题组。

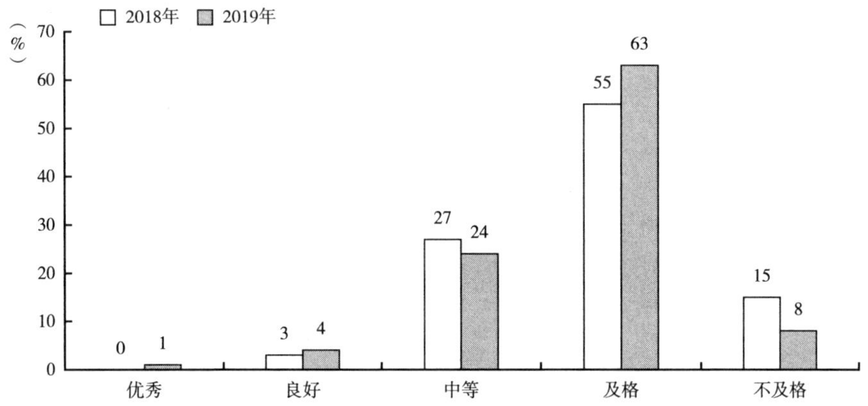

图 19　2018 年和 2019 年全国调研城市商事制度改革得分分布

注：评级划分标准为：优秀（85～100 分）、良好（80～84 分）、中等（70～79 分）、及格（60～69 分）、不及格（59 分及以下）。

资料来源："深化商事制度改革研究"课题组。

（二）与2018年相比，及格率提高7个百分点，58%的城市取得进步

从全国整体来看，与 2018 年相比，全国商事制度改革与营商环境建设得分有了较大提高，具体表现在：及格率从 2018 年的 85% 提高到 2019 年的 92%，增加了 7 个百分点；不及格率由 2018 年的 15% 降低至 2019 年的 8%，减少了 7 个百分点。2019 年，在优秀水平上实现了零的突破，达到 1%。良好水平的占比也比 2018 年增加了 1 个百分点，达到 4%。总体而言，各地 2019 年商事制度改革与营商环境建设总体取得了明显的进步。

从各个城市看，如图 20 所示，在 2018 年与 2019 年调研同时覆盖的城市中，有 35 个城市在 2019 年取得的商事制度改革进展得分对比 2018 有所提高，占比 57%；其他 43% 的城市得分不变或下降。如表 2 所示，其中得分进步最大的城市分别是云南昭通（进步了 22 分），浙江衢州、浙江舟山、云南玉溪（均进步了 14 分），广西钦州、浙江丽水（均进步了 13 分）等。

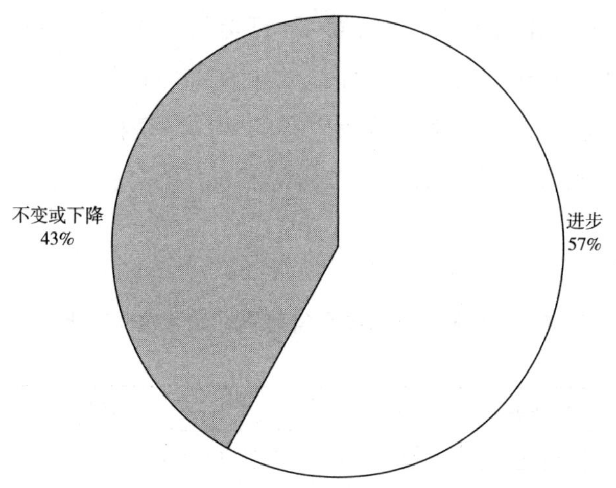

图 20　2019 年 57%的城市得分进步

资料来源："深化商事制度改革研究"课题组。

（三）从市场主体投票看，上海、广东、浙江营商环境排前三

市场主体的认可是对各地商事制度改革工作最大的肯定。在 24 省 110 市，受访者给出了其所认为的"除本省外，营商环境相对较好的三个省"名单，图 21 显示了 2019 年全国各省份的得票率情况，上海排第 1、

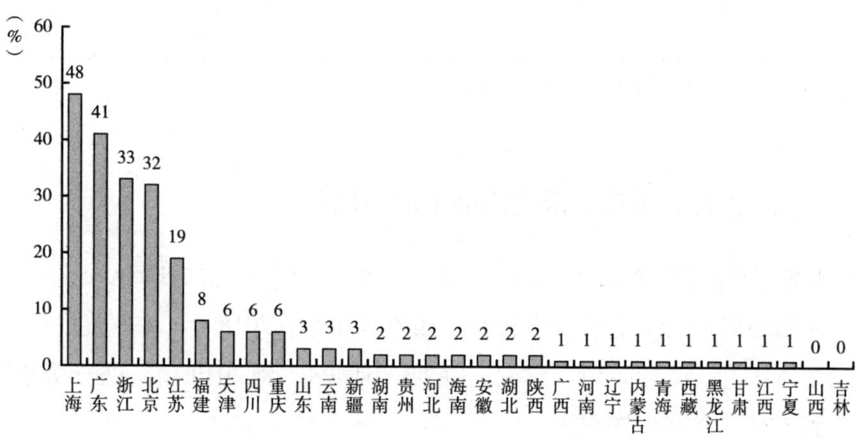

图 21　2019 年全国各省份营商环境得票率

资料来源："深化商事制度改革研究"课题组。

广东排第2、浙江排第3、北京排第4、江苏排第5、福建排第6。从具体得票率看，48%的非上海市场主体认为上海的营商环境相对较好，领跑全国；41%的非广东市场主体认为广东的营商环境相对较好，紧随其后；33%的非浙江市场主体认为浙江的营商环境相对较好，排名第3（见表3）。

表3　2018年和2019年得票率前10名省份对比

单位：%

2019年			2018年		
排名	地区	得票率	排名	地区	得票率
1	上海	48	1	上海	34
2	广东	41	2	广东	31
3	浙江	33	3	北京	25
4	北京	32	4	浙江	19
5	江苏	19	5	江苏	12
6	福建	8	6	福建	6
7	天津	6	7	天津	3
7	四川	6	7	四川	3
7	重庆	6	7	海南	3
10	山东	3	10	重庆	2
10	云南	3	10	山东	2
10	新疆	3	10	新疆	2
			10	湖南	2

资料来源：“深化商事制度改革研究”课题组。

（四）浙江、重庆、云南的进步最为显著

1. 浙江得票率位列全国第3名，“放”“管”“服”三方面进步大

从省外市场主体投票情况来看，如表3所示，2018年，19%的非浙江市场主体认可浙江营商环境建设，位列全国第4；到2019年，这一得票率提高到33%，位列全国第3。

从省内市场主体反馈情况来看，浙江省在市场准入、信用监管、服务效率方面都进步明显。如图22所示，2018年，浙江省市场主体登记注

册所需办理证件数量为 2.3 个，2019 年为 1.0 个，减少了 1.3 个，“减证”措施取得明显成效。在查看企业信用信息公示系统的市场主体比例上，2019 年达到 58%，比 2018 年高 9 个百分点。“最多跑一次”的市场主体比例从 2018 年的 44% 大幅度增长至 2019 年的 57%，服务效率明显提升。

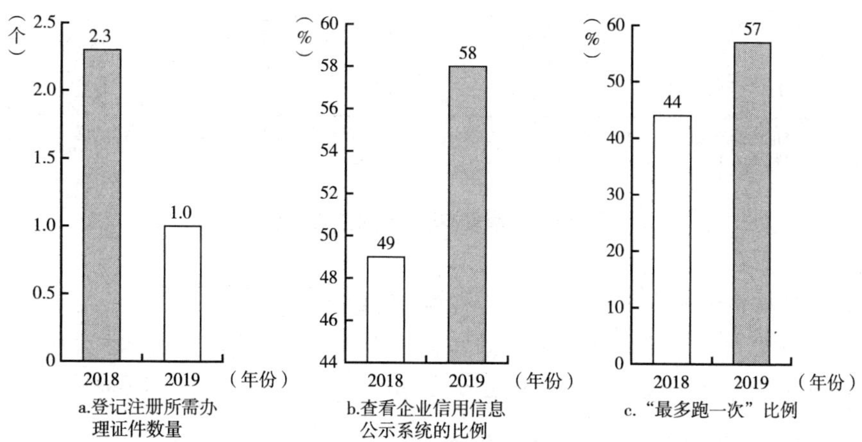

图 22　浙江省 2019 年的主要进步

资料来源：“深化商事制度改革研究”课题组。

2. 云南得票率进入前10名，“数字政府”知晓率显著提高

从省外市场主体投票情况看，2018 年，1% 的非云南市场主体认可云南营商环境建设，排在全国前 10 名之外；到 2019 年，这一得票率提高到 3%，位列全国第 10，首次进入前 10 名（见表 3）。

从省内市场主体反馈情况看，云南省的进步主要体现在市场准入、信用监管和“互联网 + 政务”等方面。如图 23 所示，在登记注册所需时间和办理证件数量上，云南省从 2018 年的 6.4 天和 2.4 个分别下降至 2019 年的 5.7 天和 2.2 个，市场准入便利度大幅提升。在信用监管普及度上，2019 年云南省查看企业信用信息公示系统的比例达 78%，比 2018 年高 19 个百分点。网上办事大厅知晓率从 2018 年的 43% 提高至 2019 年的 76%，反映了云南省“互联网 + 政务”建设取得的成效显著。

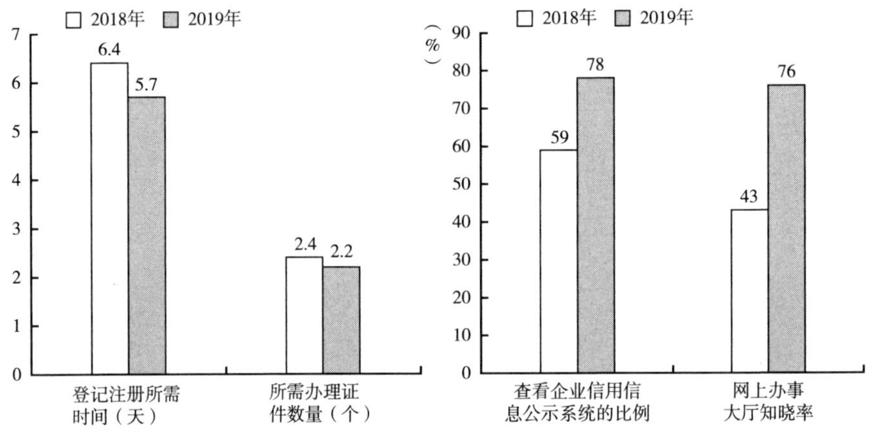

图 23　云南省 2019 年的主要进步

3. 重庆得票率从第10名进步至第7名，市场准入便利度高

从省外市场主体投票情况看，如表 3 所示，2018 年，2% 的非重庆市场主体认可重庆营商环境建设，排全国第 10；到 2019 年，这一得票率提高到 6%，位列全国第 7，进步了 3 个位次。

从省内市场主体反馈情况看，重庆在"减证"改革和信用监管方面的表现优于全国平均水平。如图 24 所示，重庆市 2019 年登记注册所需办理证件数为 1.4 个，比 2014 ~2018 年平均所需减少 0.6 个，进步幅度大于全国

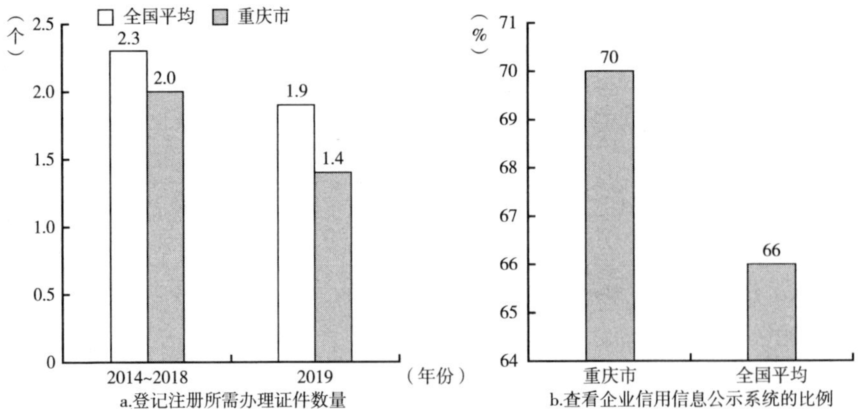

图 24　重庆市 2019 年的进步

资料来源："深化商事制度改革研究"课题组。

平均水平。重庆市70%的市场主体会查看企业信用信息公示系统，高于全国平均水平4个百分点。

（五）陕西、安徽、湖南的部分地市退步

1. 陕西40%的地市营商环境得分降级，主要原因是“一网通办”比例低

从省外市场主体投票情况看，陕西2018年得票率1%，2019年得票率2%。从省内市场主体反馈情况看，在调研的5个地级市中，4个地级市得分下降，其中的主要原因是“一网通办”比例较低。2019年，陕西省只使用一个网上办事大厅平台的比例为22%，低于全国平均水平9个百分点，使用2～3个平台的比例为63%（见图25）。平均而言，陕西省市场主体使用网上办事大厅平台的数量为2.3个，离实现“一网通办”还有较大的差距。

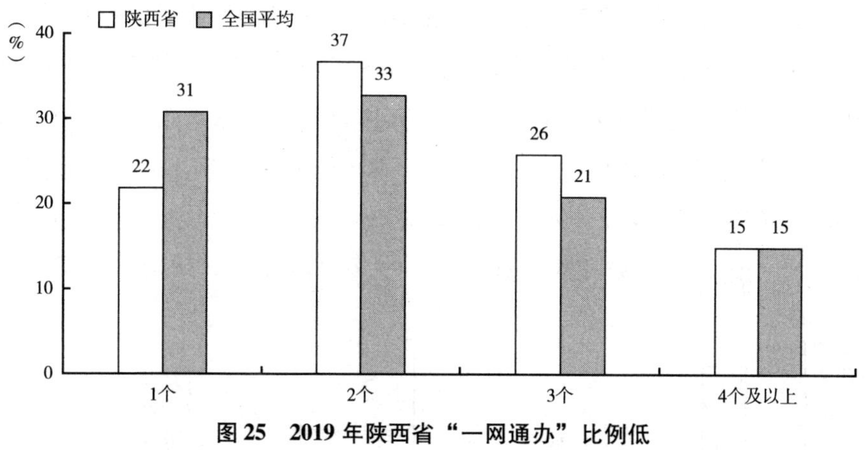

图25　2019年陕西省“一网通办”比例低

2. 安徽33%的地市营商环境得分降级，主要原因是市场准入便利度降低

从省外市场主体投票情况看，安徽2018年得票率1%，2019年得票率2%。从省内市场主体反馈情况看，主要是办理证照不够便捷。在调研的6个市中，有4个市得分下降，主要原因体现在市场准入便利度上，2019年登记注册时间为9.3天，高于2018年约3天。所需交涉窗口和办理许可证数量从2018年的1.6个和1.6个分别增加至2019年的2.6个和1.8个。这表明安徽省的市场准入便利度整体有所降低（见图26）。

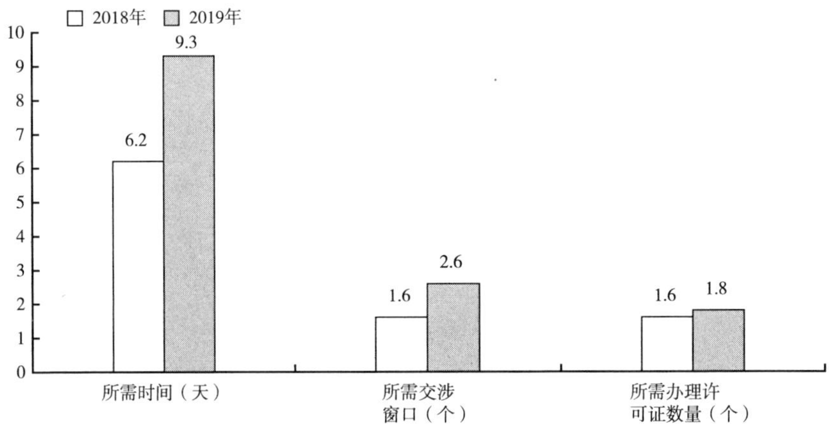

图 26　2019 年安徽省市场准入便利度降低

3. 湖南营商环境得票率排名下滑，主要原因是信用监管普及度降低

从省外市场主体投票情况看，湖南 2018 年得票率 2%，排名全国第 10。2019 年得票率依然为 2%，但已经排在前 10 名之后。从省内市场主体反馈情况看，湖南省市场主体被上门检查多。在调研的 6 个市中，4 个市的得分下降，占 67%。如图 27 所示，湖南省 2019 年分别有 37% 和 26% 的市场主体表示上门检查的次数和部门数量有所增多。相较于 2018 年，2019 年有

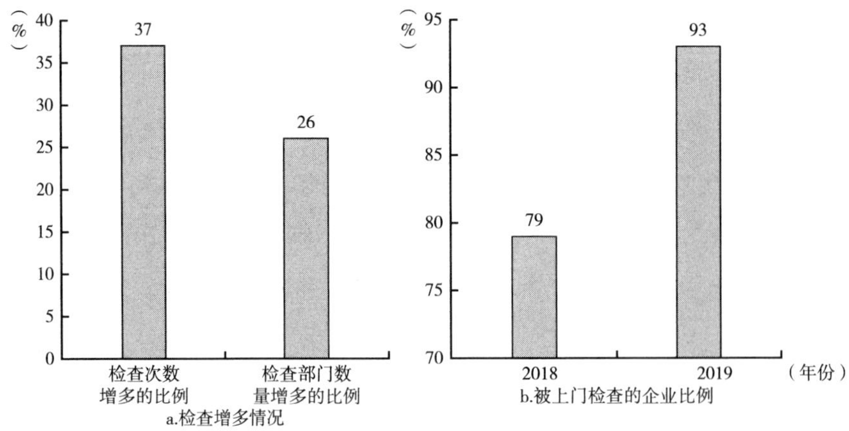

图 27　湖南省市场主体被上门检查比例高

93%的市场主体被上门检查，增加了14个百分点。这反映了湖南省的信用监管普及度有所降低。

四 营商环境建设面临的核心问题

当前我国商事制度改革面临的主要问题是各地改革进展不均衡。伴随着改革带来的短时间内企业数量倍增的巨大成就，企业面临竞争大、招工难、成本高等诸多新问题，小微企业成长面临困难。

（一）在市场准入上，各地准入便利度差距大

放宽市场准入是“放管服”改革的第一步，尽管从全国平均来看，便利市场准入工作取得了显著进步，但从地区间的差异来看，各地在市场准入便利度上存在很大的差异。如图28所示，在全国最佳省份，市场主体完成登记注册所需天数为3天，而在全国最差省份需要9.3天，最差省份所需天数约是最佳省份的3倍；从完成登记注册所需打交道的窗口数量上看，在全国最佳省份为1.4个窗口，全国最差省份为3.1个窗口，最差省份是最佳省

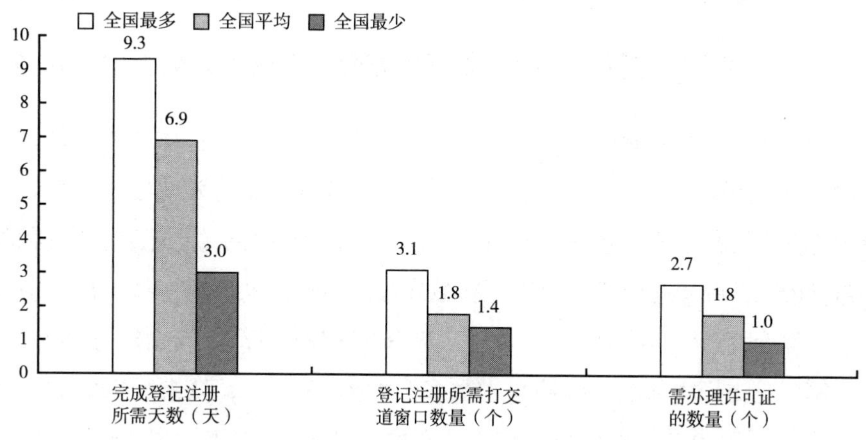

图28 在市场准入上，地区间便利度差距大

资料来源：“深化商事制度改革研究”课题组。

份的 2. 2 倍；办理许可证最少的省份平均只需要 1 个证，实现了“一证”办理，最差省份需要 2. 7 个证，最差省份是最佳省份的近 3 倍。这表明，在市场准入上，各地区间便利度具有明显差距，最差省份的市场准入便利度，大致仅为最佳省份的 1/3。

即使在同一省内，不同地区的市场主体对市场准入的便利程度也有不同感知。以山东省为例，在淄博市，一位受访市场主体表示差不多一天半的时间就可以完成登记注册；而在滨州市，有市场主体表示办证需好几个月，跑了几个区的大厅都未能办好。市内不同区的市场主体也存在不同评价。在青岛市西海岸新区政务服务大厅内，有市场主体反映，一般行业的执照办理一天半就能搞定；在青岛市城阳区，有市场主体则表示为了补材料已经跑了三四趟，至今还没有办完。

从市场主体的反馈看，“多证合一”落实不到位、办理许可证耗时长，导致市场准入不便利。比如，在广西，有较多的市场主体认为办理许可证是做生意时面临的困难之一：“办理营业执照的这些业务还是挺简单的，可是对于要办理许可证的企业来说，有些证是很难办的。”在浙江金华，对于商改带来的改变，有市场主体反映：“三证合一、五证合一其实没有什么影响，名义上许可证是合一了，但也是换汤不换药，其实要花的时间与精力并不会少。”

（二）在市场监管上，信用监管不充分，市场主体被上门检查多

商事制度改革强调加强事中事后监管，随着大量市场主体的进入，事中事后监管工作量倍增，信用监管成为新型监管模式，国家为此建成以统一的信用为核心的新型监管系统。同时，以信用监管为核心、建立随机抽查和联合监管模式，旨在减少线下检查的次数和部门数量。从市场主体的反馈情况来看，现阶段仍然存在市场主体被上门检查的次数和部门数量增多的问题。

第一，市场主体被上门检查次数多。如图 29 所示，从市场主体的反馈情况看，在 2019 年，81% 的市场主体有被政府部门上门检查的经历。其中，35% 的市场主体认为检查的次数增加，比 2018 年的 33% 高 2 个百分点；5% 的市场主体认为检查的次数减少，比 2018 年低 3 个百分点。

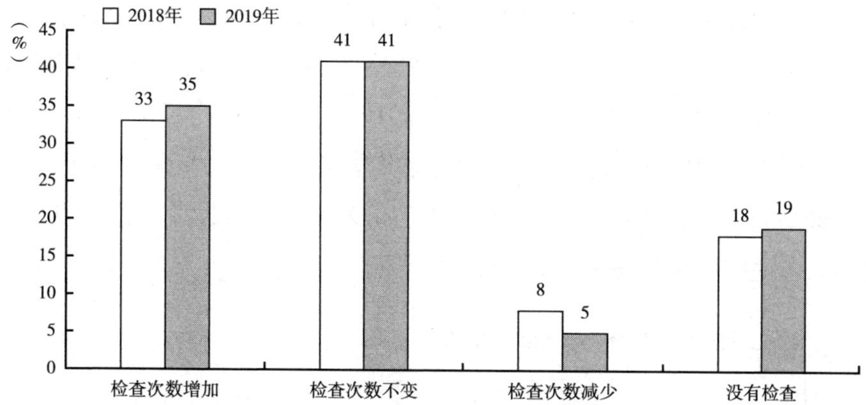

图 29　市场主体被上门检查次数情况

资料来源："深化商事制度改革研究"课题组。

第二，上门检查的政府部门数量多。如图 30 所示，从市场主体的反馈看，在 2019 年，约 24% 的市场主体认为上门检查的政府部门数量与上年相比有所增加，比 2018 年的 20% 高 4 个百分点。6% 的市场主体认为上门检查的政府部门数量减少，与 2018 年持平。

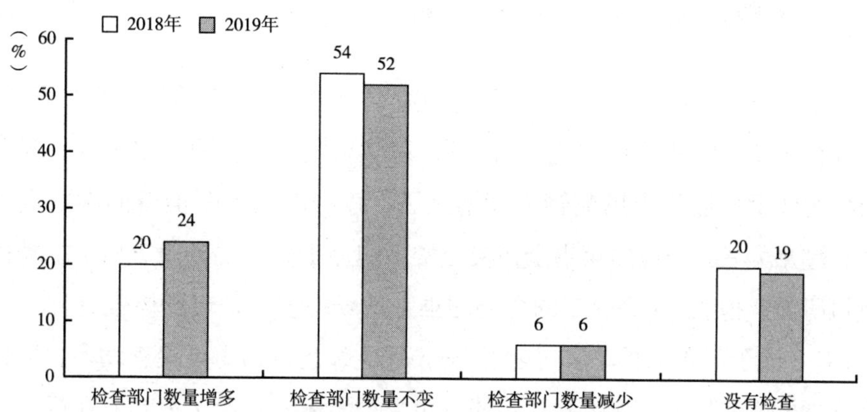

图 30　市场主体被上门检查部门数量情况

资料来源："深化商事制度改革研究"课题组。

从各地进展看，各地信用监管普及度各异。如图 31 所示，全国平均而言，19% 的企业没有被上门检查；分省来看，没有被上门检查比例最高的省份，为 37%，最低的省份仅为 6%。在 2019 年，66% 的市场主体表示在与其他市场主体交易前，会通过国家企业信用信息公示系统查看对方的信用信息，最高的省份使用率为 79%，最低的省份为 47%，与最高省份差 32 个百分点，各地信用监管普及度存在明显的差距。

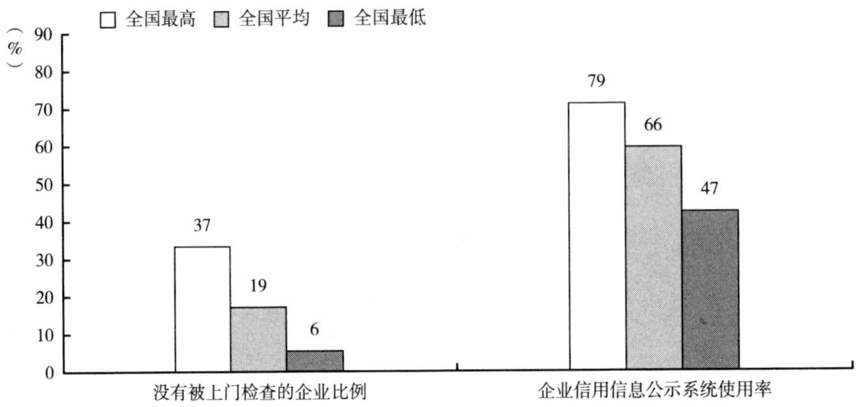

图 31　不同地区信用监管普及度存在较大差距

资料来源：“深化商事制度改革研究”课题组。

市场主体认为，检查增多虽然是政府更负责任、规范市场运行的表现，但为企业经营带来了不少困扰。比如，在甘肃兰州、广西南宁等的大部分市场主体反映近年市场监管力度增大了，政府部门上门检查的次数变多了；湖州吴兴区一位中年男士在楼上楼下跑完工商、税务业务后，主动找到调研员，抱怨道：“现在的主要困难是市场检查多，市场检查有种‘一刀切’、流于形式之嫌。”广西的部分市场主体也认为市场检查增多，导致在本地做生意的难度加大。广州的不少受访者表示，近年来其所在行业需要具备的许可资格提高了，政府部门检查的次数增加了不少，跟过去相比，开办一家同类型企业，现在需要做更多的准备才能满足市场准入的要求。

（三）在“互联网+政务”上，各地知晓率、使用率差距大

“互联网+政务”建设是党中央、国务院的一项重要决策部署。如图32所示，到2019年上半年，全国网上办事知晓率达66%，网上大厅使用率达48%，全国“数字政府”需求侧建设已经进入大规模知晓阶段，并正在进入大规模使用阶段。但是不可否认，地区间的差距较大，在全国最佳省份，网上办事知晓率达84%，而最差省份只有47%；使用率最高的省份为73%，已经进入大规模使用阶段，但最低的省份使用率仅为27%，约为最佳省份的1/3。

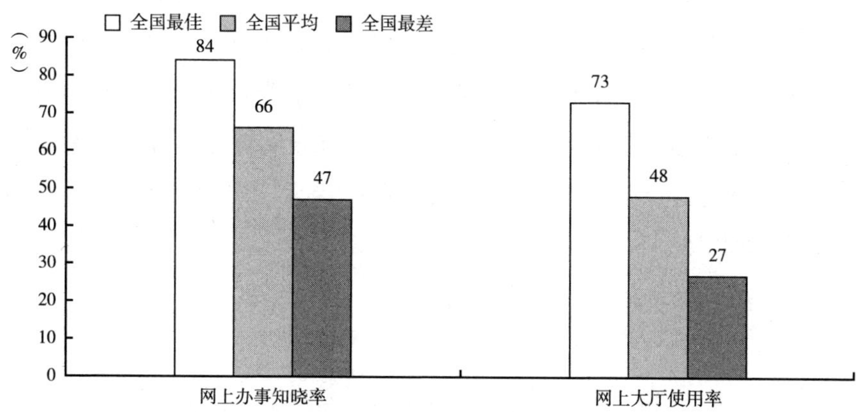

图32　在网上办事大厅建设上，地区间进展差距较大

资料来源：“深化商事制度改革研究”课题组。

对于“数字政府”的重视程度不同，是各地“数字政府”发展不平衡的重要原因之一。在将“数字政府”作为工作重心及宣传重点的地级市，办事大厅推出“全流程/半流程电子化”服务，在宣传推广及建设网上政务平台的过程中做出了较大努力，提升了市场主体的知晓率和使用率。比如，在山东淄博，在被问及是怎么知道可以网上办事时，市场主体表示：“是工作人员告诉我的，我之前来办事，窗口上跟我说可以在电脑上办，大厅里也有很多资料可以看，跟着上面做也不是很难。”在吉林，调研人员在访谈中

发现，市场主体大多都表示知道可以在网上办事，且大部分是通过工作人员得知。而尚未重视“数字政府”建设、将“数字政府”作为线下办理的补充的市，尽管办事大厅内配有电脑或竖起宣传标语，但办事人员未能主动推广，当地的“数字政府”的知晓率与使用率较低，当地对于“数字政府”的重视程度仍然不够。

（四）在服务效率上，各地“最多跑一次”差距大

2018 年“两会”上，李克强总理明确提出“放管服”改革“六个一”的目标。到 2019 年上半年，一年时间过去，全国市场主体中办成一件事只需跑一次的比例为 42%，与 2018 年的 31% 相比，取得了阶段性进步。但从各省来看，如图 33 所示，表现最佳的省份“最多跑一次”的比例为 61%，最差省份为 20%，最差省份约为最佳省份的 1/3；在“一窗办理”上，最佳省份为 81%，最差省份为 32%，最差省份比最佳省份低 49 个百分点；在半小时办结率上，最佳省份为 57%，最差省份为 6%，最差省份不足最佳省份的 1/9，地区间差距大。

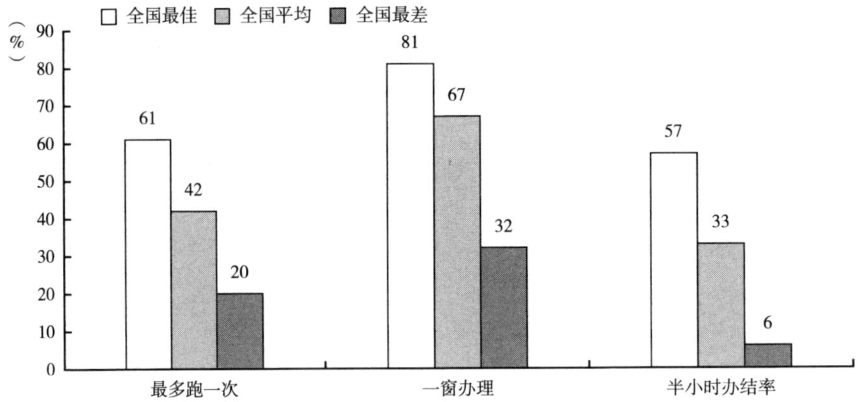

图 33　在建设服务型政府上，不同地区进展差距较大

资料来源：“深化商事制度改革研究”课题组。

即使在省内不同市、市内不同区，政府服务效率也存在差异。比如在江苏常州的三个区中，天宁区的工作人员在上一位市场主体复印补材料期间，

会立马接待下一位市场主体，减少市场主体等待时间；新北区的工作人员不厌其烦地解答市场主体问题，即使在自助服务区，每一位需要帮助的市场主体都能及时得到回应；在武进区湖塘分局，市场主体数量庞大，办事窗口只有六个，虽然工作人员效率很高，但市场主体普遍需要等待 40 分钟左右后才可以得到服务。再如，在贵州遵义汇川区、播州区的政务大厅，我们总能听到市场主体夸奖红花岗区的服务办事态度以及办事效率，一位市场主体这样说："遵义市里面，红花岗区最好办事，其他区稍差，办事效率低，服务态度也不见得好。"

从市场主体的反馈情况看，办事大厅工作人员的告知不到位，是政务服务效率低的首要原因。在湖南邵阳，一位受访者表示："明明一件事情只要 10 分钟就能讲完办事流程和需要带齐的文件，但工作人员常常不做细致讲解，只是直接把材料拿给我们，让我们自行到填表区按模板填写。"更有市场主体表示："我年纪大了，学历也不高，看着那些模板和文件还是很难理解到底要怎么办理，万一有哪里理解得不对，就得重新再排队，经常花三四个小时才能办完。"由此可见，工作人员对办事流程及注意事项的讲解不足、告知不到位，给当地的市场主体带来了不便。另外，不同窗口之间的标准不统一，也是政务服务效率低的主要原因。在甘肃嘉峪关，许多受访者表示办完一个业务需要跑几次取决于资料准备得怎么样，有些业务需要跑三四趟才能办理完，就是因为每次带的材料都会被指出存在不同的问题，无奈也只能每次根据不同的"修改意见"重新准备材料后再来排队办理。一位女士抱怨道："每次材料都有问题，换一个窗口换一个人，材料就又有新问题。他们就不能一次性把问题说完吗?"即使在"最多跑一次"的发源地浙江杭州，无法实现"最多跑一次"的市场主体也会抱怨道："承诺只要跑一次，这样就形成了只要跑一次的预期，但是实际上还是要跑好几次，就会不满意……网上说要准备什么资料，但是来到现场，要求交的资料又和网上写的有出入。"还有一位市场主体提到自己办事时资料带不齐，来了三次，每次都是不同工作人员，但是不同工作人员的说法不同，增加了她跑办事大厅的次数。不同工作人员、不同窗口的不同标准，给市场主体造成了极大的困扰，同时也降低了窗口办事效率和市场主体的满意度。

同时，也存在办事人员效率低，导致市场主体等待时间长、对服务不满意的问题。比如在北京市朝阳区，不少市场主体都反映本区排号时间过长，经常需要花费一下午的时间在政务大厅等候办事。在福建莆田，很多被访市场主体反映，大厅排队时间非常长。我们观察到许多市场主体一坐就是一上午，甚至很多等到了下午后还要重新排队等待。在访问一名中年男士时，他告诉我们："八点钟就已经提前过来拿号，但等了一个多小时了还没有排到，根据以往经验需要等上一个早晨，而等到下午能够排到号的机会就更小。"在福建福州，大厅工作人员上班时间是九点，但是市场主体一般七点半就开始排队取号，如果八点才来排队一般得等到下午才能办上业务。当我们八点半提前到达大厅时，访问到一家公司的财务主管，她无奈地表示："这里的工作人员效率很低，态度很不好，没有一个上午根本不可能办完事情，甚至还要等到下午。"在整个调研过程中，这位女士确实一直处于等待之中，即使到了十二点还坐在原位。

（五）市场主体普遍面临"新三难"，小微企业"难上加难"

市场竞争激烈、招工困难和成本高是市场主体面临的"新三难"。商事制度改革围绕着解决"办照难""办证难""退出难"等难点和痛点不断深化，不过，从2019年市场主体的反馈情况看，这些问题已经不再是其面临的主要困难，提及开办企业难、办理许可证难和退出市场难的市场主体比重分别只有3%、7%和3%，与2018年相比几乎没有变化，成为"旧三难"。2019年全国市场主体提及频率最高的三个困难分别是市场竞争激烈、劳动力成本高和招工困难。这三个困难被提及的比重分别为27%、17%和14%，比2018年进一步提升1~2个百分点，成为市场主体当下最普遍的难点和痛点，是"新三难"（见图34）。

对于小微企业而言，相较于大中型企业市场竞争更激烈、劳动力成本更高。如图35所示，基于市场主体面临的主要困难，按照市场主体规模进行

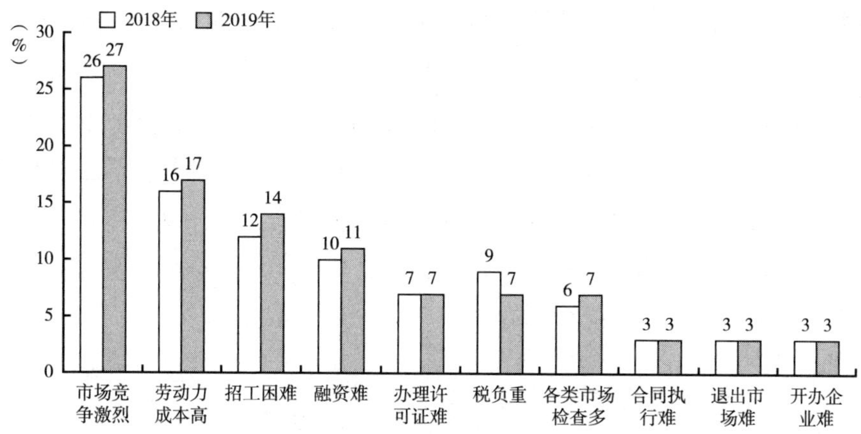

图 34　2019 年，市场竞争激烈、劳动力成本高、招工困难是“新三难”

资料来源：“深化商事制度改革研究”课题组。

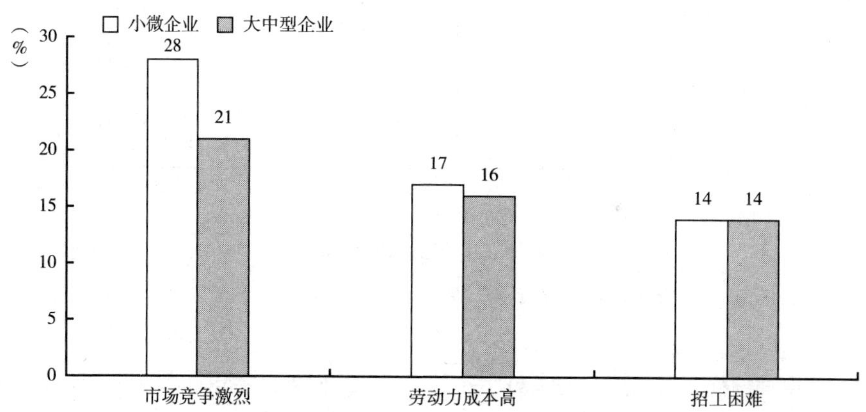

图 35　2019 年，小微企业面临的竞争较大中型企业更激烈

资料来源：“深化商事制度改革研究”课题组。

划分，分别考察小微企业和大中型企业面临困难程度的差异。其中，28% 的小微企业认为市场竞争激烈，而大中型企业为 21%，低于小微企业 7 个百分点。在劳动力成本上，17% 的小微企业认为劳动力成本高，而大中型企业为 16%，低于小微企业 1 个百分点。在招工问题上，小微企业和大中型企业面临相同的招工压力，均有 14% 的表示招工困难。因此，尽管商事制度改革益于小微企业准入，但随着企业数量增多，小微企业的成长面临很大的困难，需要进一步予以扶持。

在竞争压力下，小微企业创造就业机会少、提升业绩比例低、创新比例低，成长面临困难。如图 36 所示，从就业来看，小微企业扩大员工规模的比例约为 32%，而大中型企业为 47%；从创新来看，小微企业的创新比例为 40%，而大中型企业为 60%；从业绩看，47% 的小微企业过去半年业绩变好，而大中型企业为 60%。

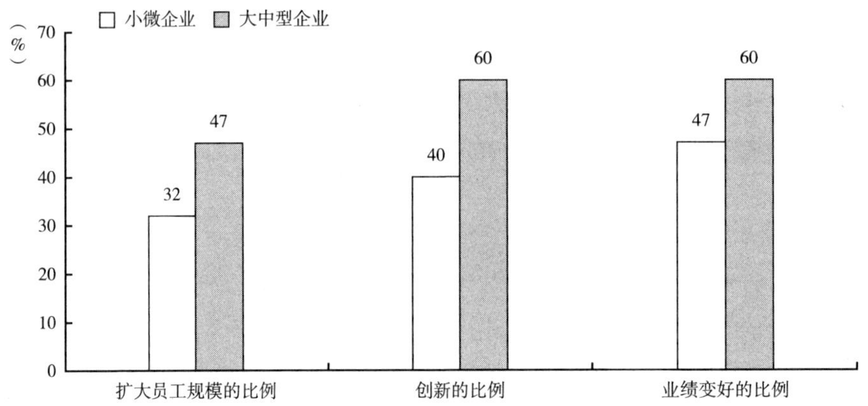

图 36　小微企业成长难

资料来源："深化商事制度改革研究"课题组。

在实地调研中，市场主体对于招工难、扩张难、生意不好做的抱怨存在全国各地。比如在河北廊坊，调研员遇到了很多前来办理公司注销业务的办事人员，据他们反映，企业之所以倒闭正是因为劳动力的流失，一些需要大量劳动力的工厂面临倒闭。在吉林白山，一位老板直言："在这里招工比较困难，这个地方不好招人，年轻人留下得少，都去外地打拼了。"在安徽芜湖，提到"做生意的大环境"，很多受访者表示"越来越难做"。在调研过程中，调研员遇到了公司正在经历转型的几位市场主体，在生意不好做的情况下，他们积极应对，及时调整。有位受访者提道："要变好，我们更期待的还是政府部门的支持和帮助。"

五　优化营商环境建设的方向

商事制度改革坚持以人民为中心的发展思想，提高市场主体获得感，做到老百姓关心什么、期盼什么，改革就抓住什么、推进什么，改革注定是一场攻坚战和持久战。根据全国商事制度改革进展、取得效果、面临问题，结合中国经济发展新形势，我们提出进一步深化商事制度改革的三个方向。

在短期，推动标准化政务服务建设，缩小区域间发展差距。全国各市处于优秀、良好、中等、及格、不及格的比例分别为1%、4%、24%、63%、8%，各地进展不均衡。其中，在市场准入上，最差省份准入所需时间、窗口、办证数量几乎都是最佳省份的3倍；在市场监管上，信用信息公示系统的使用率最高的省份约为最低省份的2倍；在“互联网+政务”建设上，全国最佳省份的网上办事知晓率是最低省份的近2倍，使用率超过最低省份的2倍；最佳的省份“最多跑一次”的比例约是最低省份的3倍以上。因此，为缩小地区间商事制度改革的差距，需要推动政务服务标准化，细化与量化服务标准及工作流程，提升全国服务效率，实现全国各地市场准入、信用监管、“互联网+政务”、服务效率一体化与均等化。

在中期，继续加强信用监管，建设竞争中性营商环境。相较于2018年，2019年市场主体被政府上门检查的次数和部门数量有所提升，在职能部门的角度上占用了大量的人力物力，在市场主体的角度上对正常经营造成了严重的困扰。市场主体受到检查的压力加大，说明信用监管的落实不够充分，以市场主体信用为核心的新型监管体制建设尚未完成。因此，进一步强化信用监管落地，一是要充分发挥以信用信息为核心、大数据为基础的“互联网+监管”优势，继续推进信用监管和“双随机、一公开”监管落地；二是要按照一视同仁的规则监管市场，建设竞争中性的市场环境。

在长期，加强服务型政府建设，深化国内市场开放，扶持小微企业成长。一方面，服务型政府建设还不够充分，比如“最多跑一次”目前实现了42%，距离100%的目标还有一定差距。另一方面，市场主体面临的主要困难从与政务服务相关的“旧三难”转变为植根于市场供需层面的“新三难”，小微企业成长难。因此，深化商事制度改革，需要持续推进政府职能转变，提升政府的服务效率和水平；需要不断开放与建设更多的市场领域，从根本上解决竞争激烈、成本高和招工困难问题。通过“提升政务服务”与“开放市场领域”的组合拳，助力不同市场主体的成长和转型，尤其是小微企业的成长，持续释放市场活力，促进经济高质量发展。

中国“数字政府”需求侧建设调查报告

一 报告概览

“数字政府”建设是党中央、国务院的一项重要决策部署。从党的十九大报告提出要加强“数字中国”建设，到2018年政府工作报告再次强调深入推进“互联网+政务服务”，全国“数字政府”建设不断推进，以“数字政府”为抓手，改善营商环境，提高市场主体获得感，服务经济高质量发展。

本报告以市场主体感受为依据，基于实地走访24省、110市的8293份市场主体调研问卷，评价全国“数字政府”建设情况。报告将网上办事大厅、移动端办事平台等办事渠道统称“数字政府”，从“数字政府”潜在使用率、实际知晓率、实际使用率三个维度构建指标体系，系统分析截至2019年8月全国“数字政府”需求侧建设的进展及其面临的问题，提出进一步深化“数字政府”需求侧建设的方向（见表1）。

表1 2019年全国“数字政府”需求侧建设指标体系及最新进展

指标	得分	评级	最大值	最小值
一级指标 “数字政府”需求侧建设	71	B	95	35
二级指标 “数字政府”潜在使用率	92	A	100	74

续表

指标	得分	评级	最大值	最小值
“数字政府”实际知晓率	69	C	95	18
“数字政府”实际使用率	53	D	90	13

注：“最大值”和“最小值”指的是在调研覆盖的110市中的最大值和最小值。评级划分标准为：A级（85～100分）、B级（70～84分）、C级（60～69分）、D级（60分以下）。总得分为三个二级指标的平均值。

资料来源：中山大学“深化商事制度改革研究”课题组。

报告发现，我国“数字政府”建设的潜在需求大，已经进入大规模知晓阶段，正在进入大规模使用阶段。如表1所示，我国“数字政府”需求侧建设平均得分71分，处于B级水平。其中，“数字政府”潜在使用率92分，处于A级水平，市场主体对于“数字政府”的使用意愿高，具备坚实的发展基础。“数字政府”实际知晓率69分，处于C级水平，“数字政府”已经进入大规模知晓阶段。“数字政府”实际使用率53分，处于D级水平，正在进入大规模使用阶段。

当前“数字政府”需求侧建设的主要问题是不充分、不平衡。一是39%的潜在需求未满足，“数字政府”需求侧建设不充分。其中，31%的市场主体不知道“数字政府”，宣传工作不充分；34%的市场主体认为“数字政府”业务不全，业务建设不充分；26%的市场主体认为“数字政府”不能全流程办理，流程建设不充分。二是“数字政府”需求侧建设不平衡。从各地的进展看，6%的地市“数字政府”为A级，56%的为B级，22%的为C级，17%的为D级。

进一步深化“数字政府”需求侧建设的方向有四个。一是要重视“数字政府”的需求侧建设，进一步加大主动推广“数字政府”的力度，提高“数字政府”知晓率。二是要加快“数字政府”的供给侧建设，增加“数字政府”业务供给，推动“数字政府”全流程办理，继续提高“数字政府”使用率。三是要通过“数字政府”标准化建设，推动区域间平衡发展。四是推进政务服务线上线下融合发展。

二　全国“数字政府”需求侧建设的最新进展

本部分从想用、知道、使用、好用四个维度考察全国“数字政府”需求侧建设。从市场主体反馈情况看，全国“数字政府”需求侧建设已经进入大规模知晓阶段，正在进入大规模使用阶段。

（一）93%的市场主体认为“数字政府”是大势所趋

如图1所示，市场主体在被问及是否认为“数字政府”是政务服务的大势所趋时，全国93%的市场主体认为“数字政府”是大势所趋，5%的市场主体表示不确定，只有2%的市场主体认为不是。这表明，全国市场主体普遍认同“数字政府”建设是大势所趋。

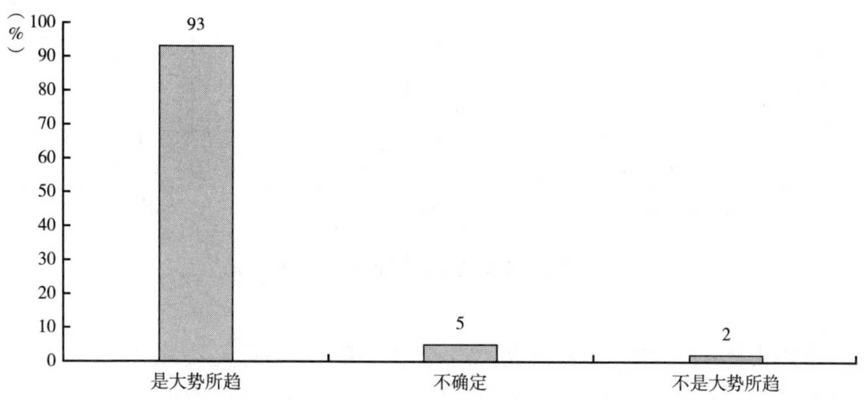

图1　93%的市场主体认为“数字政府”是大势所趋

市场主体认为“数字政府”的发展能够带来便利，从而认可“数字政府”是大势所趋。在河南信阳，一位准备创办农产品贸易公司、正在办理工商营业执照的市场主体代表对于目前“数字政府”所带来的变化感到十分新奇和欣喜：“以前要办个业务总是要跑很多趟，现在搞网上办理，基本上一下子就办成了。”在湖北武汉洪山区，一位市场主体表示：“我当时办那个营业执照，全都是在网上办的，很快就搞好了，没来过这里。从电脑写申请到最后快递收件，一气呵成。”在重庆潼南区，不少市场主体都表示：“比以前方便多了，现在很多事情都可以网上办，很方便。”

（二）92%的市场主体表示愿意使用“数字政府”

如图2所示，如果“数字政府”能办理所需业务，平均而言，全国92%的市场主体表示愿意使用。其中，愿意使用网上办事大厅的市场主体占比89%，愿意使用移动端App的市场主体占比85%。这表明，“数字政府”建设的潜在市场需求大，全国绝大部分市场主体都愿意使用“数字政府”。

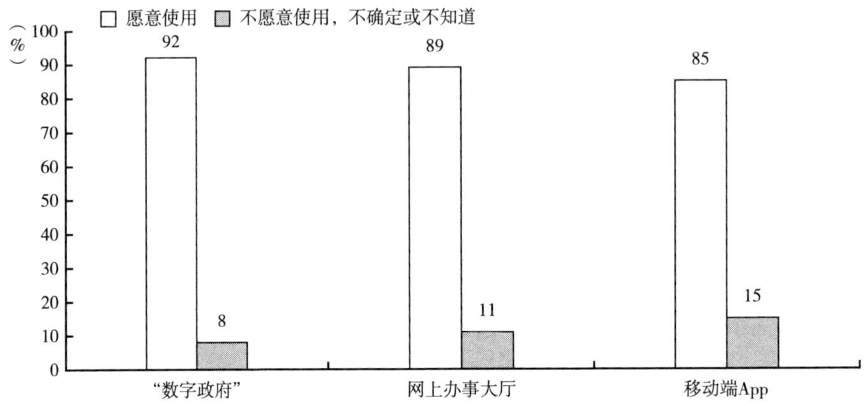

图2　92%的市场主体愿意使用“数字政府”

市场主体因为省时、省钱而愿意使用“数字政府”。在山东枣庄，在被问及大厅人员较少的原因时，市场主体告诉调研员：“网上办理业务越来越方便了，很多人在网上就可以办完事儿，就不用非要过来（大厅）啦。”当调研员询问用电脑或手机办理业务是否为大势所趋时，绝大部分市场主体给出了肯定的回复：“那肯定的呀！那多方便呀，谁想跑过来呀！”在广东揭阳，市场主体认为若政府能加快推广网上政务服务的话，会带来更多的便利，因为多跑几次的时间成本也是较高的，她们十分愿意尝试网上政务服务。从受访者的反馈情况来看，只要“数字政府”能真正方便办事，绝大多数市场主体有强烈的使用意愿。

（三）69%的市场主体知晓“数字政府”

本文把市场主体知道“数字政府”的比例定义为知晓率。如图 3 所示，平均而言，全国“数字政府”的知晓率为 69%。其中，网上办事大厅的知晓率为 66%，移动端 App 的知晓率为 46%。

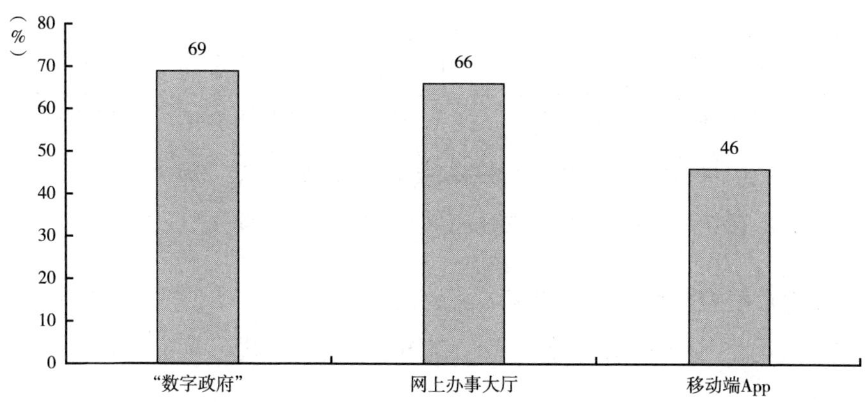

图 3　69%的市场主体知道“数字政府”

（四）约60%的市场主体通过政府职能部门主动推广获知“数字政府”

政府职能部门主动推广是当前市场主体知晓“数字政府”的主要途径。如图 4 所示，有 46% 的市场主体表示通过办事大厅工作人员知晓网上办事大厅，15% 的表示通过办事大厅广告知晓网上办事大厅，加总来看，61% 的市场主体通过职能部门主动推广获知。同时，通过办事大厅工作人员、办事大厅广告知晓移动端 App 的比例分别为 44% 与 16%，加总来看，为 60%。这说明，政府职能部门的主动推广在提高“数字政府”知晓率上起到了主要作用。

在山东淄博，在被问及是怎么知道可以全程电子化时，市场主体表示：“是工作人员告诉我的，我之前来办事，窗口上跟我说可以在电脑上办，大

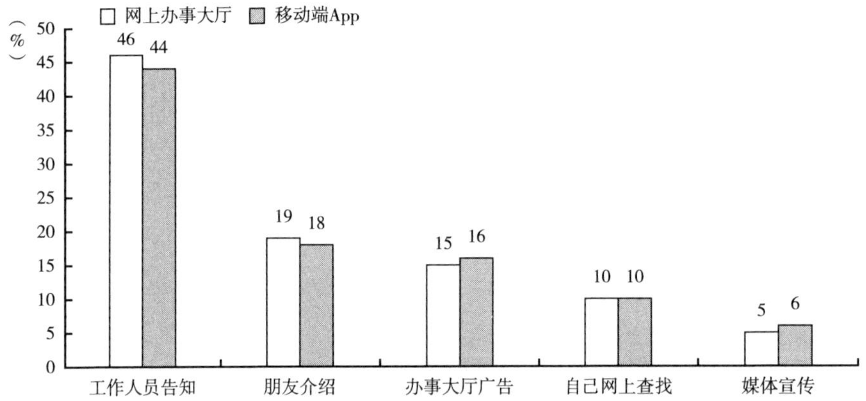

图4　60%的市场主体通过政府职能部门主动推广知晓“数字政府”

注：另有6%的市场主体通过选项外的其他途径知道“数字政府”。

厅里也有很多资料可以看，跟着上面做也不是很难。”在吉林，调研人员在访谈中发现，市场主体大多都表示知道可以在网上办事，且都是通过工作人员得知的。

近20%的市场主体通过朋友介绍知晓“数字政府”。这表明，“数字政府”较具口碑，使用过“数字政府”的市场主体认为“数字政府”好用，从而推广给其他市场主体使用，助推“数字政府”知晓率的提升。

（五）53%的市场主体使用“数字政府”

本研究把市场主体使用“数字政府”的比例定义为使用率。如图5所示，平均而言，全国“数字政府”的使用率为53%。其中，有48%的市场主体表示会使用网上办事大厅办理业务，26%的表示会使用移动端App。这表明，在使用“数字政府”平台的市场主体中，发展较早的网上办事大厅已成为近半数市场主体的办事方式，近年来主推的移动端办事渠道也取得了显著成效，已经有近三成的市场主体选择使用。

本研究把知道“数字政府”的市场主体中使用“数字政府”的比例定义为吸引力，即“数字政府”使用率与“数字政府”知晓率的比值。如图6所示，全国“数字政府”的吸引力为77%（53%÷69%），即在知道“数

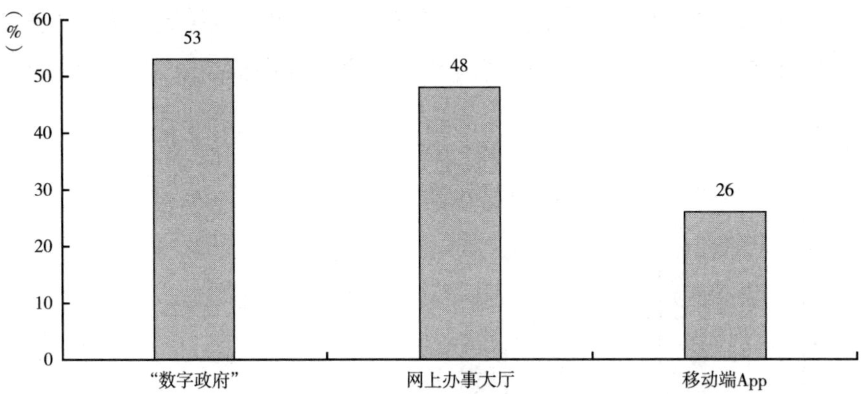

图5　53%的市场主体使用"数字政府"

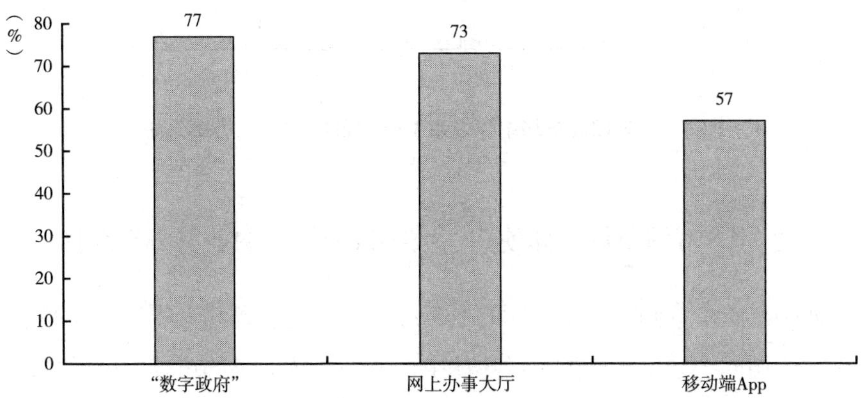

图6　"数字政府"吸引力为77%

字政府"的市场主体中，77%的市场主体会选择使用"数字政府"。其中，网上办事大厅的吸引力为73%（48%÷66%），移动端App的吸引力为57%（26%÷46%）。

（六）三至四成的市场主体常用一个办事系统

李克强总理在2018年记者会上提出"六个一"的改革目标，其中"一网"代表政务服务"一网办通"。如图7所示，全国而言，31%的市场主体表示办理业务时只需使用一个电脑端办事系统，44%的市场主体表示只需使用一个移动端办事系统。办理业务所需使用的电脑端或移动端系统数量越少，代表着线上办理系统功能集约化程度越高，操作越简便，市场主体获得感越高。

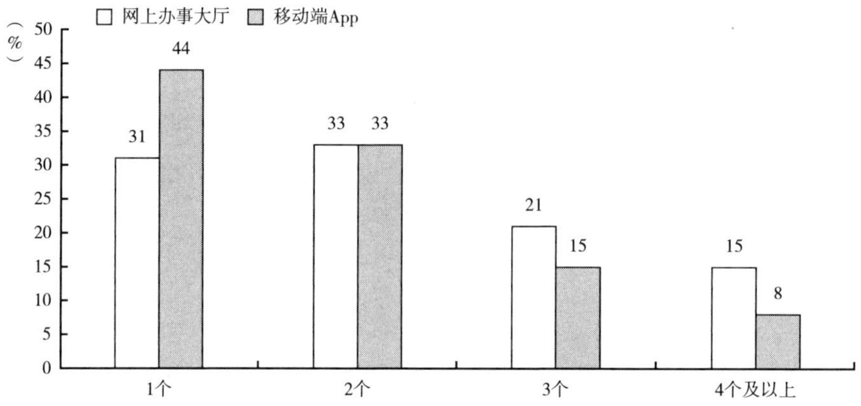

图7　三至四成市场主体使用1个“数字政府”办事系统

（七）46%的市场主体使用“数字政府”上的业务办理功能

如图8所示，网上办事大厅的业务办理、查询、预约三项功能发展不均衡。在使用网上办事大厅的市场主体中，办理具体业务的市场主体居多，占46%，查询办事信息和预约业务的市场主体分别占34%和18%。

移动端App的业务办理、查询、预约三项功能发展较为均衡。其中，办理具体业务和查询办事信息的市场主体占比大致相当，分别为39%和36%；21%的市场主体使用移动端进行预约业务。

（八）68%的市场主体认为“数字政府”不能完全取代窗口办理

如图9所示，在被问及市场主体是否认为“数字政府”能完全取代窗口办理时，全国68%的市场主体认为不能完全取代。这表明，尽管93%的市场主体认为数字政府是大势所趋，也有92%的市场主体表示愿意使用，但大多数市场主体认为线下办事大厅仍具有不可替代性。

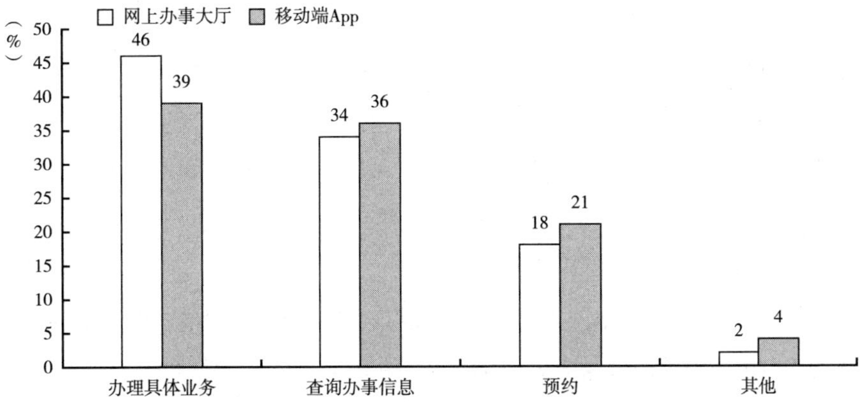

图 8　市场主体通过“数字政府”主要进行业务办理、查询、预约

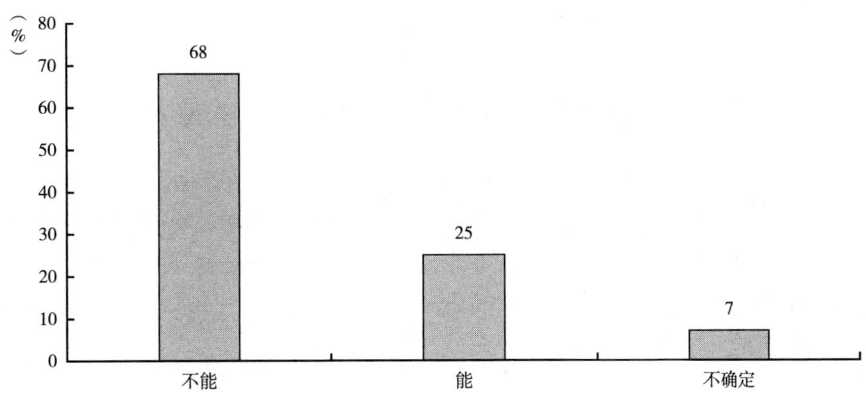

图 9　68%的市场主体认为“数字政府”不能完全取代窗口办理

市场主体认为线下窗口办事更放心、更贴心，因而不能完全取代。比如，在湖北咸宁市，部分不知道或不使用“数字政府”的市场主体表示，相较于机器与网络，他们更喜欢工作人员人性化的服务。在陕西汉中，一位未选择网上办理的市场主体直言：“网上就是看看，还是来现场有人指引着放心。”

（九）本部分小结

以上分析表明，“数字政府”潜在需求大，处于可快速发展的机遇期；现阶段“数字政府”需求侧建设已经处于大规模知晓阶段，正在进入大规模使用阶段，具体表现如下。

93%的市场主体认为“数字政府”大势所趋，92%的市场主体表示愿意使用“数字政府”。

“数字政府”知晓率为69%，进入大规模知晓阶段。其中，网上办事大厅知晓率为66%，移动端App知晓率为46%。61%的市场主体通过政府职能部门的主动宣传推广获知“数字政府”。

“数字政府”使用率为53%，正在进入大规模使用阶段。其中，网上办事大厅使用率为48%，移动端App使用率为26%。数字政府吸引力为77%，即在知晓“数字政府”的市场主体中有77%使用“数字政府”。

“数字政府”与线下窗口的发展关系上，68%的市场主体认为“数字政府”不能完全替代窗口办理。

三 “国家政务服务平台”需求侧建设的最新进展

“国家政务服务平台”是国务院办公厅于2019年6月上线试运行的国家一体化政务服务平台，旨在加快推动政务服务在全国范围内实现“一网通办、异地可办”，提升市场主体的便捷度与获得感。从市场主体的反馈情况看，经过1个月的时间，知晓率达到28%，使用率达到16%。

（一）28%的市场主体知晓“国家政务服务平台”

如图10所示，全国28%的市场主体知晓“国家政务服务平台”。从2019年6月上线到2019年7月调研时，经过1个月的时间，全国已有近三成的市场主体知晓“国家政务服务平台”，成效显著。

（二）16%的市场主体使用“国家政务服务平台”

如图10所示，全国16%的市场主体使用“国家政务服务平台”。本研究把在知道“国家政务服务平台”的市场主体中使用“国家政务服务平台”的比例定义为吸引力，即“国家政务服务平台”使用率与“国家政务服务

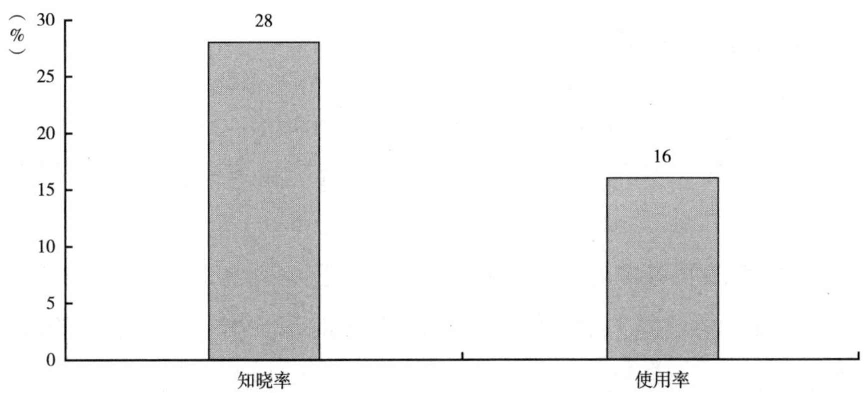

图 10 “国家政务服务平台”知晓率 28%、使用率 16%

平台”知晓率的比值。“国家政务服务平台”的吸引力达 57%（16% ÷ 28%），即在知道“国家政务服务平台”的市场主体中，57% 的市场主体会选择使用“国家政务服务平台”。

（三）知晓“国家政务服务平台”的市场主体中，17% 的每次都使用

如图 11 所示，在知晓“国家政务服务平台”的市场主体中，有 17% 的每次都会使用“国家政务服务平台”，39% 的偶尔使用，几乎不用的比例是 43%。

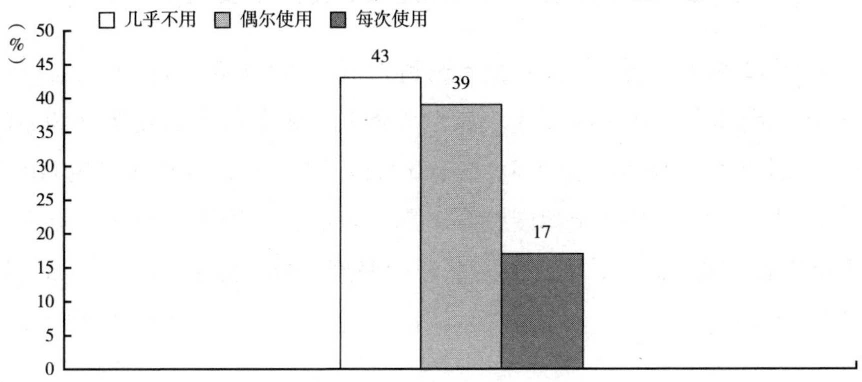

图 11 在知晓“国家政务服务平台”的市场主体中，17% 的每次使用

（四）本部分小结

以上分析表示，从2019年6月试运行至2019年7月调研期间，经过1个月的时间，“国家政务服务平台”取得了显著的成效，具体表现如下。

“国家政务服务平台”知晓率为28%。“国家政务服务平台”作为新生事物，在试运营仅1个月的时间取得28%的知晓率，具备良好的发展基础。

“国家政务服务平台”的使用率为16%，吸引力为57%，即在知晓“国家政务服务平台”的市场主体中57%的会选择使用。

在知晓“国家政务服务平台”的市场主体中，有17%的会每次使用，39%的会偶尔使用。

四　全国各地“数字政府”建设的需求侧分析

本部分考察全国110个市“数字政府”需求侧建设进展，110个市“数字政府”得分情况见表2。

（一）各地“数字政府”需求侧建设总得分主要位于B级

如图12和表2所示，有6个市达到A级（85～100分），占比约6%。59个市达到B级（70～84分），占比为56%。23个市达到C级（60～69分），占比22%。18个市处于D级（60分以下），占比约17%。在110个市中，“数字政府”需求侧建设总得分最高分95分，最低分42分；前六名分别为云南昭通、北京、浙江湖州、云南普洱、浙江杭州、广东深圳（见表3）。

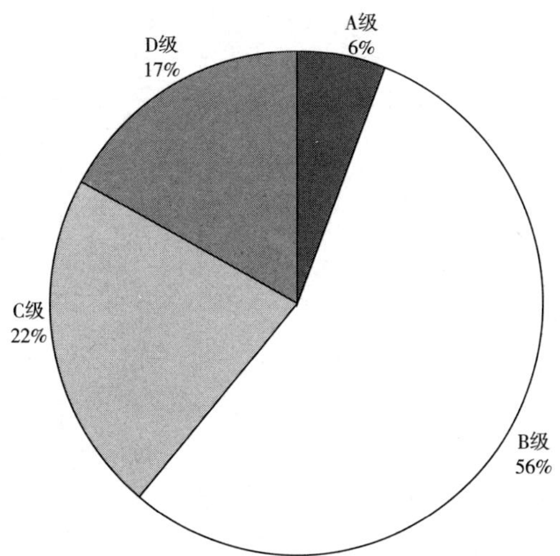

图 12 “数字政府”需求侧建设总得分评级为 B 级的占 56%

表 2 全国 110 个市“数字政府”需求侧建设的得分与排名

市	得分	等级	排名	二级指标		
				潜在使用率	实际知晓率	实际使用率
昭通	95	A	1	100	94	90
北京	89	A	2	98	90	80
湖州	87	A	3	89	95	77
普洱	87	A	3	92	90	79
杭州	85	A	5	100	83	72
深圳	85	A	5	99	86	70
长沙	84	B	7	93	87	73
平凉	84	B	7	93	90	70
白山	84	B	7	97	89	66
宁波	84	B	7	96	87	68
青岛	83	B	11	93	81	76
许昌	83	B	11	91	85	73
酒泉	83	B	11	94	91	64
合肥	82	B	14	96	82	69
汉中	82	B	14	94	91	61
阜阳	81	B	16	94	82	67
曲靖	81	B	16	93	79	69
长春	80	B	18	96	81	63

续表

市	得分	等级	排名	二级指标		
				潜在使用率	实际知晓率	实际使用率
洛阳	80	B	18	95	79	66
西安	79	B	20	95	80	64
玉溪	79	B	20	100	75	63
莆田	79	B	20	97	78	62
钦州	78	B	23	100	76	59
武汉	78	B	23	90	79	65
郑州	78	B	23	81	83	68
黄冈	77	B	26	100	71	60
昆明	77	B	26	92	77	61
贵阳	77	B	26	96	73	61
滨州	77	B	26	90	80	60
信阳	76	B	30	97	74	59
遵义	76	B	30	96	74	58
防城港	76	B	30	86	81	62
吉林	76	B	30	96	74	58
徐州	76	B	30	90	73	65
宿迁	76	B	30	85	78	63
福州	76	B	30	93	76	59
芜湖	75	B	37	96	74	56
天津	75	B	37	94	74	57
嘉峪关	74	B	39	82	72	69
邵阳	74	B	39	86	78	59
周口	74	B	39	95	77	50
金华	74	B	39	86	74	62
泰州	74	B	39	95	71	55
安康	74	B	39	94	78	49
咸宁	73	B	45	80	78	61
玉林	73	B	45	100	70	48
岳阳	73	B	45	95	64	59
淮北	73	B	45	92	74	52
漯河	73	B	45	83	75	60
江门	72	B	50	97	67	53
安阳	72	B	50	92	68	56
陇南	72	B	50	83	73	60

续表

市	得分	等级	排名	二级指标		
				潜在使用率	实际知晓率	实际使用率
南宁	71	B	53	96	63	55
丽水	71	B	53	91	77	46
鄂州	71	B	53	88	74	52
运城	71	B	53	88	69	57
海口	71	B	53	93	67	52
张掖	71	B	53	92	71	49
衡阳	71	B	53	90	71	52
银川	71	B	53	90	73	48
盐城	70	B	61	85	71	56
随州	70	B	61	97	67	48
蚌埠	70	B	61	88	66	56
石家庄	70	B	61	97	66	46
济南	70	B	61	94	66	49
宜昌	69	C	66	85	73	50
苏州	69	C	66	95	67	45
怀化	69	C	66	97	59	50
毕节	69	C	66	94	70	42
常州	68	C	70	93	63	48
舟山	67	C	71	91	65	46
常德	67	C	71	82	66	54
重庆	67	C	71	92	63	45
兰州	67	C	71	94	57	49
太原	66	C	75	91	60	48
上海	66	C	75	98	61	41
泉州	66	C	75	92	60	46
南京	66	C	75	85	64	49
柳州	66	C	75	96	63	38
湛江	65	C	80	93	63	41
衢州	65	C	80	92	63	40
荆门	65	C	80	94	58	42
广州	64	C	83	84	61	46
榆林	62	C	84	83	60	42
松原	61	C	85	94	66	24
贵港	61	C	85	91	54	37

续表

市	得分	等级	排名	二级指标		
				潜在使用率	实际知晓率	实际使用率
大同	60	C	87	88	54	38
淄博	60	C	87	88	55	36
唐山	59	D	89	78	57	43
韶关	59	D	89	88	52	38
东营	59	D	89	87	59	32
西宁	59	D	89	93	51	32
宁德	58	D	93	93	51	29
潮州	57	D	94	95	39	37
阳江	57	D	94	85	52	32
四平	57	D	94	91	45	33
铜川	56	D	97	69	65	35
固原	56	D	97	88	56	25
张家口	55	D	99	94	44	27
廊坊	55	D	99	88	45	30
铜陵	53	D	101	97	38	25
衡水	53	D	101	82	50	26
吴忠	52	D	103	74	55	26
承德	52	D	103	87	39	29
三明	47	D	105	86	39	17
揭阳	42	D	106	95	18	13
长治						
吕梁						
枣庄						
崇左						

注：评级划分标准为：A 级（85～100 分）、B 级（70～84 分）、C 级（60～69 分）、D 级（60 分以下）。总得分为 3 个二级指标的平均值。山西长治、山西吕梁、山东枣庄、广西崇左的有效样本量不足 30 个，没有计算得分。

资料来源：中山大学“深化商事制度改革研究”课题组。

（二）各地“数字政府”潜在使用率主要位于 A 级

如图 13 和表 2 所示，有 6 个市“数字政府”潜在使用率获得了满分 100，分别为云南昭通、浙江杭州、云南玉溪、湖北黄冈、广西钦州、广西玉林。94 个市达到 A 级水平，11 个市达到 B 级水平，1 个市位于 C 级水平，没有市为 D 级。从占比看，位于 A、B、C、D 等级的市分别占 89%、10%、1%、0，绝大部分市的“数字政府”潜在使用率为 A 级。

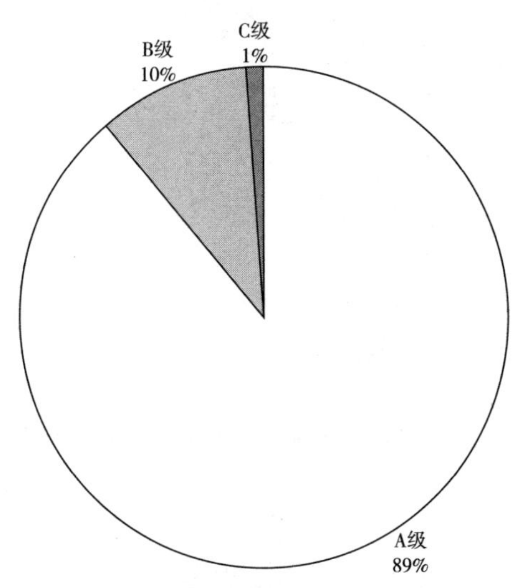

图 13 “数字政府”潜在使用率评级为 A 级的占 89%

（三）各地“数字政府”实际知晓率主要位于 B 级

如图 14 和表 2 所示，12 个市“数字政府”实际知晓率得分为 A 级，最高分为浙江湖州和云南昭通，分别为 95 分和 94 分。45 个市为 B 级，26 个市为 C 级，23 个市为 D 级。从占比看，位于 A、B、C、D 等级的市分别占 11%、42%、25%、22%，绝大部分市的“数字政府”实际知晓率为 B 级。

（四）各地“数字政府”实际使用率主要位于 D 级

如图 15 和表 2 所示，有 1 个市“数字政府”实际使用率为 A 级，9 个为 B 级水平，26 个市为 C 级水平，70 个市为 D 级水平。从占比看，位于 A、B、C、D 等级的市分别占 1%、8%、25%、66%，绝大部分市的“数字政府”实际使用率为 D 级。

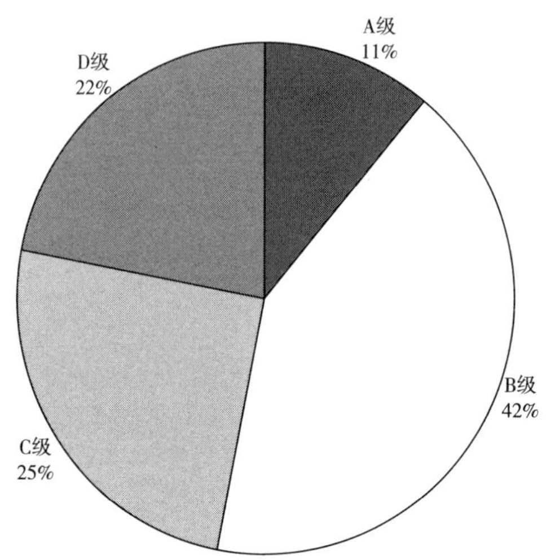

图 14　“数字政府”实际知晓率评级为 B 级的占 42%

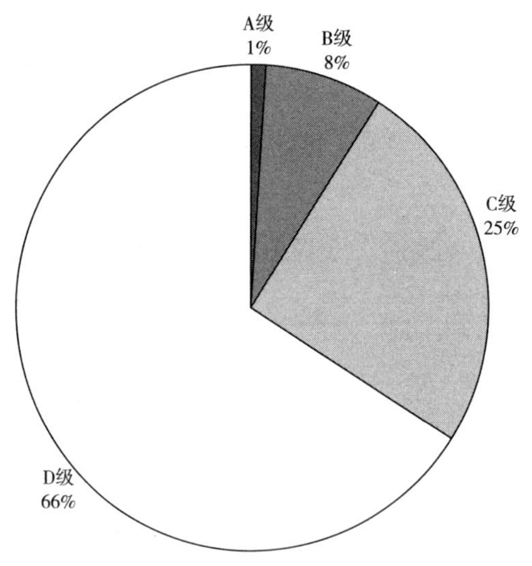

图 15　“数字政府”实际使用率评级为 D 级的占 66%

总分排名靠前的市，主要得益于实际知晓率和实际使用率得分较高。总得分得到 A 级（85～100 分）的有 6 个地级市，如表 3 上半部分所示。从这 6 个市来看，潜在使用率平均 96 分，高于全国平均水平 4 分，平均排名第25名。实际知晓率平均90分，高于全国平均水平21分，平均排名第6名。实际使用率平均78分，高于全国平均水平25分，平均排名第5名。由此可见，达到A级的6个地区，在实际知晓率与实际使用率有绝对的领先优势。

总分排名靠后的地级市，实际知晓率和实际使用率均处于较低水平。与总分前6名相对应，再看总得分后6名的市，如表3下半部分所示。从这6个地区来看，潜在使用率平均87分，低于全国平均水平5分，平均排名第69名。实际知晓率平均40分，低于全国平均水平29分，平均排第101名。实际使用率平均23分，低于全国平均水平30分，平均排第102名。如果将比较范围扩大到全部位于D级的18个市，其实际知晓率和实际使用率两项几乎全部为D级。由此可见，排名后6位的市，在实际知晓率与实际使用率上明显不足。

表3　“数字政府”建设得分前六名与后六名的比较分析

地区	得分				排名			
	总得分	潜在使用率	实际知晓率	实际使用率	总排名	潜在使用率	实际知晓率	实际使用率
前六名（A级）								
昭通	95	100	94	90	1	1	2	1
北京	89	98	90	80	2	8	5	2
湖州	87	89	95	77	3	75	1	4
普洱	87	92	90	79	3	56	5	3
杭州	85	100	83	72	5	1	13	8
深圳	85	99	86	70	5	7	11	9
六地平均	88	96	90	78	3	25	6	5
后六名（D级）								
铜陵	53	97	38	25	101	10	105	102
衡水	53	82	50	26	101	99	98	100
吴忠	52	74	55	26	103	105	90	100
承德	52	87	39	29	103	84	102	97
三明	47	86	39	17	105	86	102	105
揭阳	42	95	18	13	106	27	106	106
六地平均	50	87	40	23	103	69	101	102

资料来源：中山大学“深化商事制度改革研究”课题组。

因此，从全国110个市来看，在当前“数字政府”需求侧建设中，潜在使用率差异小，实际知晓率和实际使用率差异大。

五　全国“数字政府”需求侧建设的主要问题

从需求侧的视角看，全国“数字政府”建设面临的主要问题是，当前“数字政府”需求侧建设不充分、不平衡。不充分是指，“数字政府”的潜在使用率为92%，实际使用率为53%，有39%的潜在需求没有得到满足。不平衡是指，在“数字政府”的实际知晓率和实际使用率上，全国最佳地区比全国最低地区均高77分，区域发展不均衡。

（一）“数字政府”需求侧建设不充分

“数字政府”需求侧建设不充分，还有39%的潜在需求未满足。从需求侧的视角看，如图16所示，“数字政府”的潜在使用率为92%，实际使用率为53%，说明39%的市场主体潜在需求没有得到满足。具体而言，分别有89%和85%的市场主体明确表示愿意使用网上办事大厅和移动端App，二者的实际使用率分别只有48%和26%。这表明，网上办事大厅和移动端

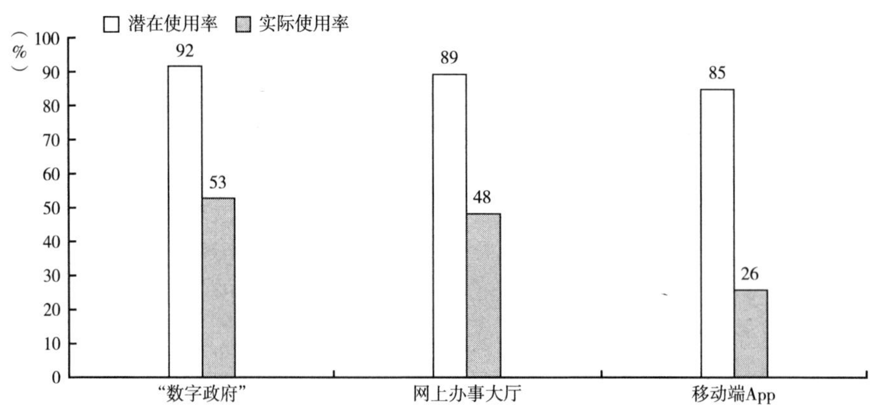

图16　“数字政府”潜在使用率和实际使用率相差39个百分点

App 分别有 41% 和 59% 的潜在需求没有得到满足。

从需求侧视角看，全国“数字政府”建设不充分的主要原因有四个。

1. 宣传工作不充分，31%的市场主体不知道“数字政府”

全国“数字政府”实际知晓率为 69%，意味着还有 31% 的市场主体不知道“数字政府”。知晓是使用的前提和基础，三成市场主体不知道“数字政府”，继而不会使用“数字政府”，使得“数字政府”潜在使用率与实际使用率存在缺口。

政府职能部门的主动推广力度不够，可能是“数字政府”知晓率不足的原因。职能部门主动推广是市场主体获知“数字政府”的主要途径，“数字政府”知晓率低，意味着大厅工作人员的主动告知、大厅广告的宣传可能还不够。实地调研发现，即使大厅中配备了多台电脑，市场主体却并不知道可以进行网上办理。比如，在山东东营市，调研员看到大厅已放置 4 台办事专用电脑，许多市场主体仍然表示“不知道还能在电脑上办”；在河北唐山市，办事大厅除了电脑，也张贴有网上政务广告标语，但少数市场主体对于“本区是否可以在电脑或者网上办理业务”这个问题时都回答“不知道啊”或者“应该不行吧”。

2. 业务建设不充分，34%的市场主体认为“数字政府”业务不全

业务不全是市场主体不使用“数字政府”的最大原因。如图 17 所示，由于业务不全，分别有 34% 和 36% 的市场主体没有使用网上办事大厅和移动端 App 办事系统。

在实地调研中，对于“数字政府”存在的问题市场主体普遍反映是业务不全。在上海市徐汇区行政服务中心，一位办理外资业务的市场主体表示：“网上没有外资企业业务和信息查询，必须现场来拿资料，这是很大的弊端，非常不方便。”在湖南省，据市场主体反映，全省统一使用的湖南省企业登记全程电子化系统能办理的只有企业登记等一些简单业务，迁入、迁出、注销等一些其他业务没有办法在网上办理。在青海西宁，市场主体反映许多政务系统只能办理企业相关的业务，个人个体的业务大部分还需要来现场办理。

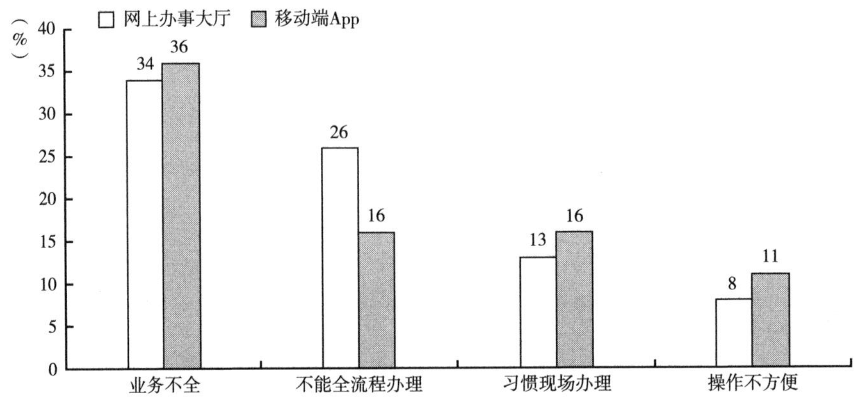

图 17　市场主体不使用“数字政府”的原因

注：另有 19% 和 21% 的市场主体因为其他原因未选择使用网上办事大厅和移动端 App 办理业务。

3. 流程建设不充分，26%的市场主体认为“数字政府”不能全流程办理

“数字政府”不能实现线上全流程办理，仍需线下跑，因而市场主体不使用“数字政府”。如图 17 所示，有 26% 的市场主体表示在网上办事大厅未能办完业务，仍然需要到大厅现场办理，16% 的市场主体也表示因此没有选择使用移动端。这表明，未能实现全流程办理降低了“数字政府”的使用率，削弱了“数字政府”的吸引力。

在调研期间，不少群众抱怨不能全流程办理。上海市的市场主体普遍反映在网上递交材料后还是要线下再交纸质版：“既然网上认可了，为什么还要来交纸质材料?”在青岛市市北区，有市场主体表示网上办事存在信息更新不及时、信息上传不完整、网上表格不齐等情况；用移动端办理，容易出现流程显示不全的问题。在湖北武汉市，一位市场主体直言“网上说的信息跟现场的不一样”，向调研员解释道：“网站搜出来的信息没及时更新，业务办理流程还是过去的流程，这样一来，按网上提前准备好的材料到现场无法使用，还得从头再来。”在鄂州市，不少市场主体对“全程电子化”实现不了表示不满：“电脑办完手机办，手机办完还要跑到现场办，太麻烦了。”在广西柳州，市场主体表示有时网上办事系统也会遇到麻烦：“网上

的系统不行啊，本来我只用跑两次的，因为工商和税务的数据不同步，我现在反而要跑三次了。”从受访者的反馈情况来看，“数字政府”还未能实现全流程办理、全程电子化办理，极大降低了市场主体对“数字政府”的获得感。

4. 主动指引不充分，13%的市场主体习惯线下办理

尽管全国有 93% 的市场主体认为“数字政府”是大势所趋，但是有 68% 的市场主体认为“数字政府”不能完全取代窗口办理，13% 的市场主体习惯线下办理。

线下人工咨询更贴心、人工办理更放心，从而不用“数字政府”。在实地调研中发现，市场主体因为线下办理有人工咨询服务从而更放心，同时也因为线上办理无人引导、线上咨询无人应答而不愿用“数字政府”。在上海，有市场主体表达了想用“数字政府”但又不会用的无奈：“我本人很愿意去尝试在电脑系统办理工商这一块的业务，如上海的一窗通办系统，但是有时候我去上面想办理一些业务，就是找不到入口在哪，不知道在哪可以进行相关操作，所以没办法还是得本人过来现场咨询。”在安徽芜湖，多位制造业公司的市场主体提到“线下办理还可以随时咨询，线上办理没有那么及时的反馈”，另一位市场主体也表示：“网上很多材料的填写自己也并不是很清楚，打电话给窗口的工作人员常常是没有回音，最后只得再跑线下咨询。网上提交的材料再三被退回，最后还不如来跑线下更直接。”在山东济南，市场主体也说“网上办事时候存在疑问时不知道找谁咨询，还是更倾向于到现场跟工作人员面对面咨询”。在河南郑州，工作人员的帮助对市场主体使用“数字政府”起到了很大作用。一位平时没有怎么接触过电脑，对“数字政府”也不熟悉的市场主体对志愿者连连赞赏：“这里的志愿者可好了。就前些天我在这边办一个许可证，要用电脑操作。有个小伙子可热情了，‘阿姨’‘阿姨’地喊着，看我不太会用电脑，直接就全部帮我操作办理了。一会儿就办完了。”志愿者的帮助让未曾使用过“数字政府”的市场主体感受到了“数字政府”带来的快捷与方便。这表明，尽管部分市场主体线下办理的习惯无法在短期内迅速改变，但如果办事大厅对市场主

体网上办理业务缺乏主动、指引不充分，可能反而会制约“数字政府”使用率的提升。

（二）“数字政府”需求侧建设不平衡

区域发展不平衡，是“数字政府”建设不充分在空间上的表现。“数字政府”建设表现最好的市为95分，最低为42分，最佳市得分是最低市的2倍以上。如图18所示，在潜在使用率、实际知晓率和实际使用率上，得分最高地区与得分最低地区也分别存在26分、77分、77分的差距，区域发展不平衡。

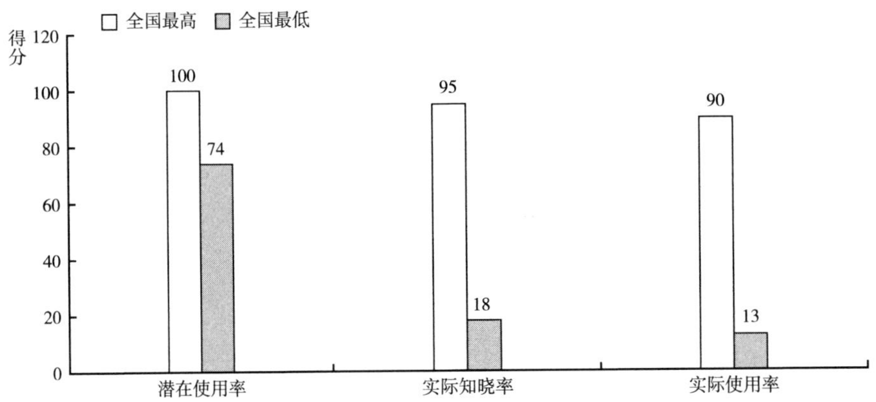

图18　地区间“数字政府”发展不平衡

各地“数字政府”潜在需求普遍高，实际知晓率和实际使用率差距大。潜在使用率得分评级A、B、C、D的比例分别为89%、10%、1%、0；实际知晓率得分评级A、B、C、D的比例分别为11%、42%、25%、22%；实际使用率得分评级A、B、C、D的比例分别为1%、8%、25%、66%。由此可见，各地“数字政府”都面临很高的潜在需求，但实际知晓率和实际使用率差距大。

1. 各地职能部门主动告知的差异大，“数字政府”知晓率不平衡

如图19所示，全国110个市中，通过工作人员而获知“数字政府”比

例最高为 71%，最低为 21%，两者相差 50 个百分点。朋友介绍渠道获知“数字政府”比例，最高与最低相差约 43 个百分点，通过自己网上查找获知“数字政府”的比例，最高与最低相差 27 个百分点。由此可见，政府工作人员主动告知的差异，是各地“数字政府”知晓率差异的主要原因。

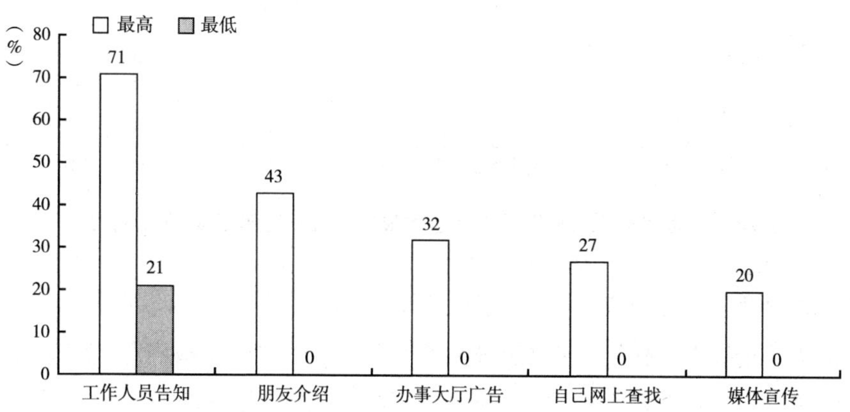

图 19　通过工作人员而获知“数字政府”的最高与最低比例相差 50 个百分点

2. 业务不全、不能全流程办理，“数字政府”使用率不平衡

如图 20 所示，全国 110 个市中，认为“数字政府”业务不全的市场主体比例最高为 64%，最低为 6%，两者相差 58 个百分点。认为“数字政府”不能全流程办理比例，最高与最低相差 53 个百分点。不选择“数字政府”而习惯现场办理、操作不方便的市场主体比例最高与最低相差均近 40 个百分点。由此可见，业务不全、不能全流程办理的差异，是各地“数字政府”使用率差异的主要原因。

3. 各地对于“数字政府”的重视程度不同，各地“数字政府”发展不平衡

各地对“数字政府”的重视程度、做法，影响了其实际知晓率和使用率。将“数字政府”作为工作重心及宣传重点的地级市，办事大厅推出“全流程/半流程电子化”服务，在宣传推广及建设网上政务平台的过程中做出了较大努力，从而提升了市场主体的知晓率和使用率。在安徽阜阳，办事大厅的工作人员告诉调研人员，当地的业务办理大多实现全程电子化，以

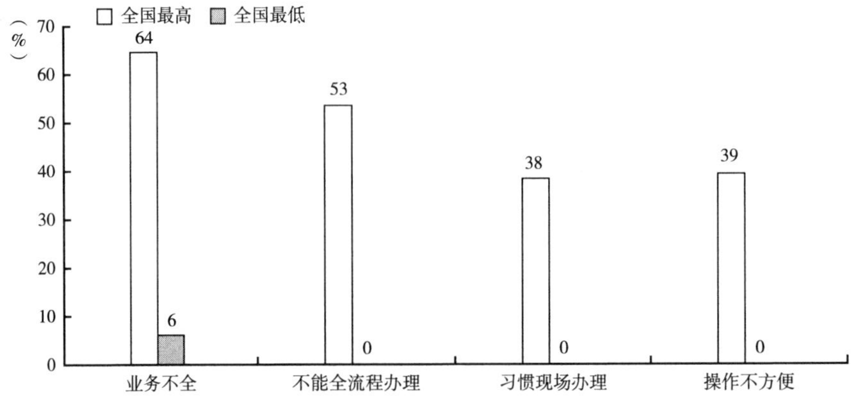

图 20　认为“数字政府”业务不全的最高与最低比例相差 58 个百分点

尽量减少群众的时间成本。在云南曲靖，办事大厅的工作人员也表示当地已经实现“全程电子化”，这也使得曲靖的市场主体“数字政府”的知晓率与使用率较高。而尚未重视“数字政府”建设、将“数字政府”作为线下办理的补充的市，尽管办事大厅内已经设置有电脑或竖起宣传标语，但办事人员未能主动推广，“数字政府”的知晓率与使用率较低，当地对于“数字政府”的重视程度仍然不足。

六　全国深化“数字政府”需求侧建设的方向

市场主体使用“数字政府”过程中所面临的痛点与难点，是“数字政府”建设的出发点，也是落脚点。根据当前“数字政府”建设所处阶段、面临的主要矛盾，本研究提出深化“数字政府”需求侧建设的建议，助力“数字政府”大规模使用。

重视“数字政府”需求侧建设，进一步加大主动推广“数字政府”的力度，提高“数字政府”的知晓率。当前全国有 92% 的市场主体愿意使用“数字政府”，如果这些市场主体都知道“数字政府”，即使按照现在的吸引力计算，全国“数字政府”的使用率将从 53% 提升到达到 71% （92% ×77% =71%），从而使全国“数字政府”进入大规模使用阶段。因此，相关职能部门需继续加大主动宣传推广“数字政府”的力度，尽快提高“数字政府”知晓率。

加快“数字政府”供给侧建设，增加“数字政府”业务供给，推动“数字政府”全流程办理，继续提高“数字政府”的使用率。当前全国“数字政府”的吸引力为77%，如果“数字政府”吸引力能达到100%的目标，即使按照当前“数字政府”的知晓率，全国“数字政府”的使用率也将从53%提升达到69%（69%×100%=69%），进入大规模使用阶段。在未选择使用“数字政府”的市场主体中，34%的认为网上业务不全，26%的认为不能全流程办理。因此，直面这些市场主体使用中的困难，应着手推进“数字政府”全流程办理、上线更多“数字政府”业务、提升使用体验，努力实现100%吸引力的目标。

推进政务服务线上线下融合发展。全国68%的市场主体认为“数字政府”应与线下办理融合发展。未选择网上办事大厅的市场主体中，13%的是因为习惯现场办理，未选择移动端办事的市场主体中，16%的也是习惯现场办理。因此，需要打通线上线下办事渠道，线上加快建设“一网通办”系统，线下推进落实只跑一次、只跑一窗服务，构建线上线下综合优质政务服务体系，从而为市场主体提供多渠道、方便易用的政务服务。

通过“数字政府”标准化建设，推动区域间平衡发展。各地在“数字政府”需求侧建设的知晓率和使用率方面发展不平衡，源于各地政府职能推广力度、功能建设方面的差距大。因此，需要推进“数字政府”标准化建设，细化量化“数字政府”建设标准，缩小地区间差距，实现全国“数字政府”需求侧建设均等化。

典型省份营商环境篇

吉林省营商环境报告*

一　吉林省报告概览

2019年，课题组对吉林省进行了第二次调研。通过分层随机抽样，在吉林省调研了5个市，分别为长春市、吉林市、四平市、白山市、松原市，随机访谈中回收的有效问卷为354份。表1为吉林省营商环境指标体系及最新进展。

表1　吉林省营商环境指标体系及最新进展

一级指标	二级指标	三级指标	吉林均值	全国均值	全国最大	全国最小
主要进展	市场准入	2019年登记注册所需时间(天)	4.2	6.9	9.3	3.0
		2019年登记注册所需打交道窗口数量(个)	1.9	1.8	3.1	1.4
		2019年办理许可证的数量(个)	2.1	1.8	2.7	1.0
	信用监管	国家企业信用信息公示系统使用率(%)	55	66	79	47
	互联网+政务	网上办事大厅知晓率(%)	71	66	84	47
		网上办事大厅使用率(%)	48	48	73	27
	服务效率	过去半年,办成一件事需跑几次(次)	1.9	1.9	2.7	1.6
		过去半年,办成一件事需打交道窗口数量(个)	1.5	1.4	2.2	1.2
		外省市场主体对本省营商环境评价得票率(%)	0		48	0

* 执笔人：杨冰玉、苏逸宁、徐现祥。

续表

一级指标	二级指标	三级指标	吉林均值	全国均值	全国最大	全国最小
宏观成效	就业	过去半年,扩大员工规模的市场主体占比(%)	27	34	45	22
	成长	过去半年,业绩提升的市场主体占比(%)	39	49	58	34
	创新	过去半年,创新的市场主体占比(%)	39	44	56	32
	结构	商改后登记注册的市场主体中服务业占比(%)	66	70	97	50

注："全国最大"和"全国最小"为省级层面的最大值和最小值。
资料来源：中山大学"深化商事制度改革研究"课题组。

二 2018～2019年吉林省商事制度改革最新进展

商事制度改革的重点是"放、管、服"。从调研结果来看，2019 年，吉林省平均登记注册时间变短，信用监管系统正在进入大规模使用阶段，"减费"工作得到市场主体认可。

（一）登记注册更便利：登记注册平均需4.2天，比2018年减少了3.3天

在登记注册所需时间上，吉林省保持全国领先优势。如图 1 所示，2018 年，吉林省市场主体登记注册所需时间平均为 7.5 天。2019 年，吉林平均登记注册时间大致为 4.2 天，优于全国平均水平。

（二）信用信息系统使用率提高：55%的市场主体使用，比2018年增加了6个百分点

信用监管的起点是市场主体到国家信用信息系统查看相关企业的信用信息。如图 2 所示，2018 年，吉林 49% 的市场主体表示在与其他市场主体交易前，会通过国家企业信用信息公示系统查看对方的信用信息，

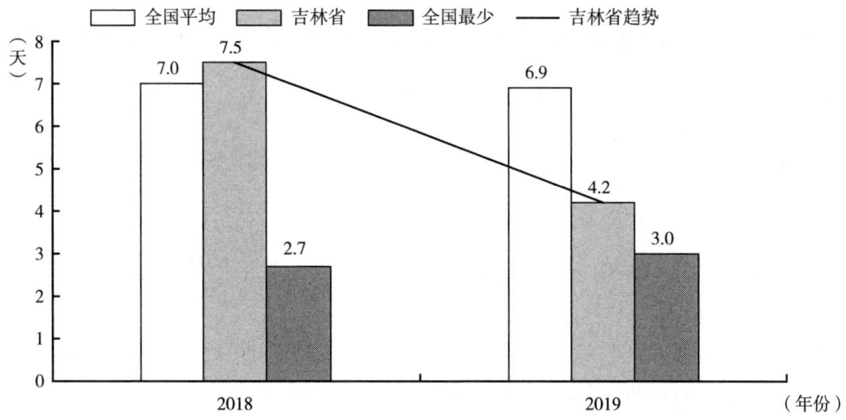

图1　2019年，吉林登记注册所需时间为4.2天，比2018年的平均时间减少了3.3天

全国平均水平为65%，吉林省低于全国平均水平。2019年，在吉林，55%的市场主体选择到国家信用信息系统上查看交易对象的信用信息，全国平均水平为66%，吉林省仍低于全国平均水平，但两者差距缩小了。吉林省2018～2019年的信用监管有效推进，更加接近全国平均水平。

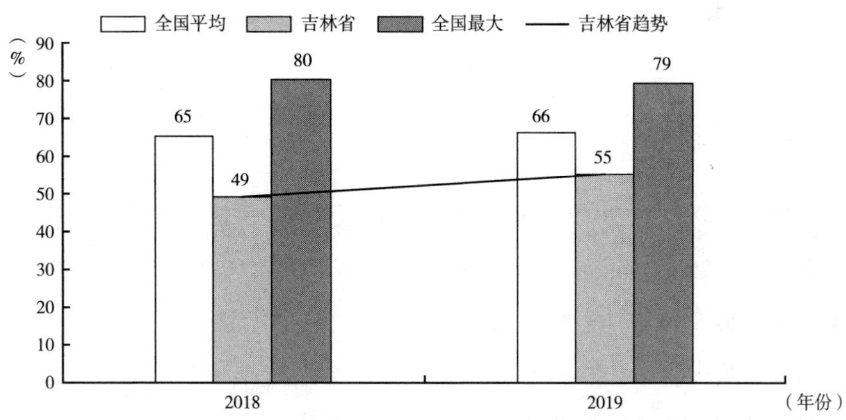

图2　在吉林，企业主体查看国家信用信息系统的比例从2018年的49%提高到2019年的55%

（三）办事费用减少：认为费用降低的市场主体比例从65%提高到79%

减费是2019年的重点工作之一。如图3所示，2019年，吉林省79%的市场主体认为，商改措施能够降低市场主体与政府打交道费用，与2018年相比，提高了14个百分点。这表明，在减费工作上，2019年吉林省市场主体获得感显著提高。

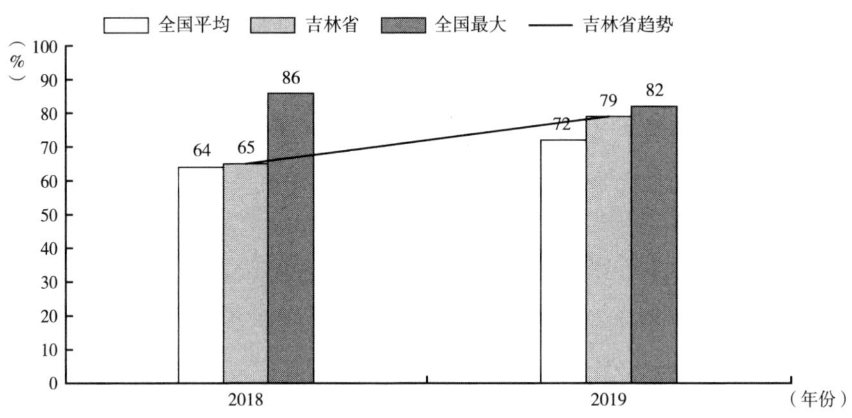

图3　在吉林，市场主体认为费用降低的比例从2018年的65%上升到2019年的79%

（四）小结

与2018年相比，2019年吉林省商事制度改革取得的进步具体如下。

第一，吉林省市场登记注册平均时长从2018年的7.5天下降到2019年的4.2天，2019年吉林省的平均登记注册时长低于全国平均水平。

第二，2019年，吉林省55%的市场主体会通过国家信用信息系统查看交易对象的信用信息，比2018年提高了6个百分点。

第三，在减费工作上，认可费用降低的市场主体从65%提高到79%。绝大部分市场主体认可商事制度改革中减费工作取得的成效。

三　吉林省商事制度改革的宏观成效

吉林商事制度改革能够促进经济发展吗？商事制度改革支撑经济发展，体现在促进新市场主体进入，创造就业岗位、增加业绩、推动结构转型、促进创新、改善营商环境等方面。从调研结果看，吉林省商事制度改革有力促进了经济发展。

（一）商改后登记注册的市场主体占48%

如图4所示，在吉林省随机抽样的调研样本中，2014年之前登记注册的市场主体比例为52%；2014～2019年登记注册的市场主体占比为48%。这一结果表明，改革后登记注册、进行创业、进入市场的新市场主体数量占比接近全部在位市场主体的一半，实现市场主体总量翻番。

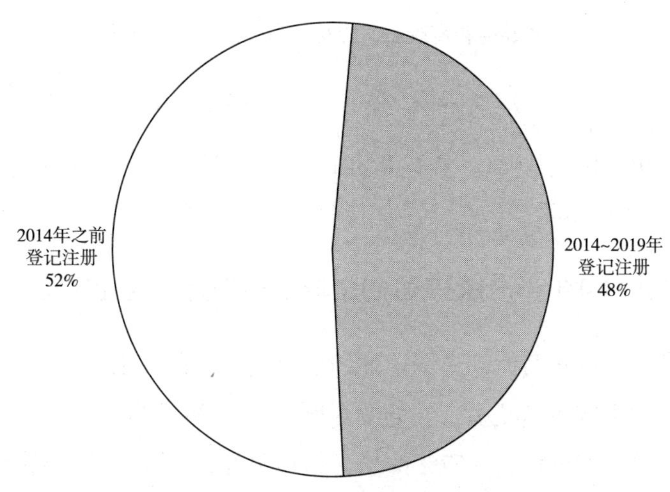

图4　商改后，吉林省市场主体总量翻番

（二）商改后，吉林服务业市场主体占比增加17个百分点

如图5所示，将市场主体划分为2014年商改前登记注册、2014年商改

后登记注册两个集合，分别计算每个集合中不同产业的市场主体占比，结果表明，吉林省在2014年商改之前登记注册的市场主体中，49%为服务业市场主体；在2014年之后登记注册的市场主体中，服务业市场主体的比例为66%，增加了17个百分点。

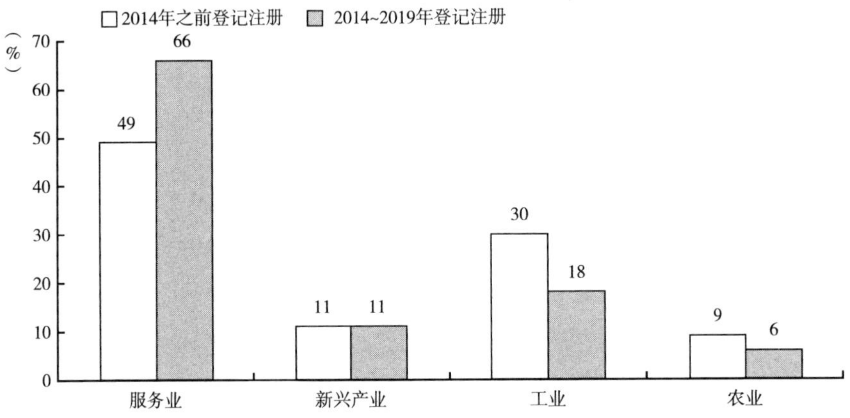

图5　商改前和商改后，吉林省各产业市场主体占比

同期，工业市场主体的市场占比从30%下降到18%，农业市场主体的市场占比从9%下降到6%。新兴产业市场主体在所有市场主体中的比重为11%，与2018年持平。

（三）2019年，吉林27%的市场主体创造了就业岗位

在调研中，调研员询问市场主体的办事代表，在过去半年，公司的员工规模是扩大或不变还是减少了？如图6所示，在2019年上半年，有27%的市场主体的员工规模扩大，57%的员工规模不变，15%的员工规模缩小。本报告进一步把员工规模扩大的市场主体比例与员工规模缩小的市场主体比例之间的差值定义为市场主体净增就业面。员工规模扩大的市场主体与员工规模缩小的市场主体之间，差值为12个百分点，即市场主体净增就业面12%。这表明，2019年上半年，吉林省市场主体创造了更多就业岗位，提供了更多就业机会。

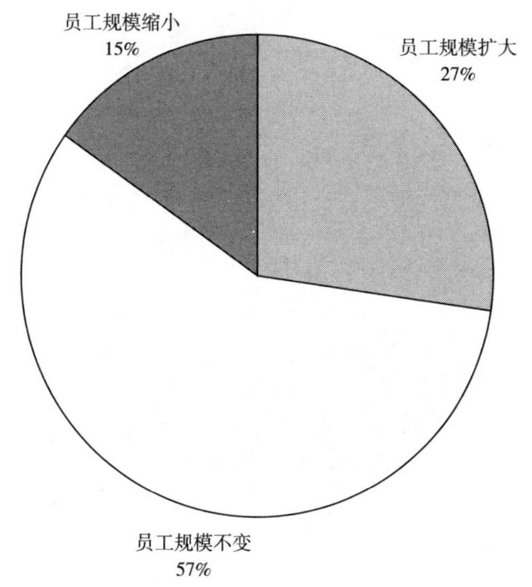

图 6　2019 年，吉林省 27%的市场主体员工规模扩大

（四）2019年，吉林39%的市场主体业绩提升

在调研中，调研员询问市场主体的办事代表，在过去半年，公司的销售业绩是变好或不变还是变差了？如图 7 所示，在 2019 年上半年，吉林省 39% 的市场主体表示业绩变好，业绩不变的占 27%，业绩变差的比例为 34%。这表明，2019 年上半年，近四成的市场主体业绩更好。

（五）2019年，吉林39%的市场主体有进行创新

在实地调研中，调研员询问前来办事的市场主体办事代表，公司在过去半年是否推出新产品或新服务？如图 8 所示，在 2019 年上半年，有推出新产品或新服务的市场主体占比为 39%。这表明，吉林省近四成的市场主体在过去半年有进行创新。

（六）小结

从调研结果来看，吉林省商事制度改革通过促创业、保就业、稳增

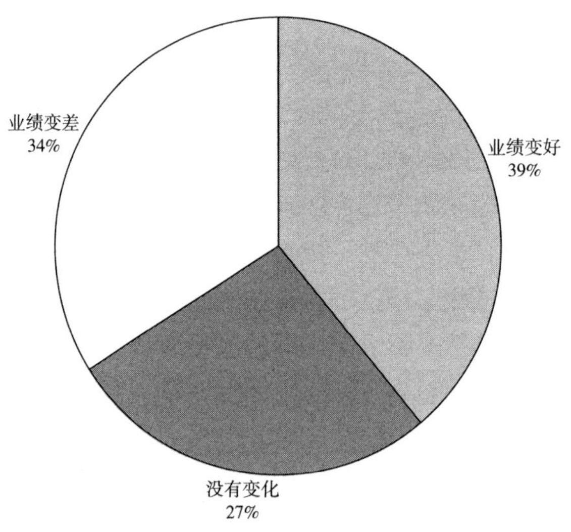

图7　2019 年，吉林省 39%的市场主体业绩变好

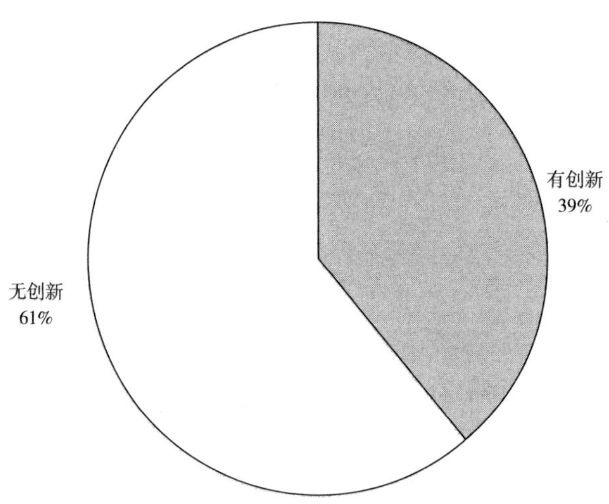

图8　2019 年，吉林省 39%的市场主体推出了新产品或新服务

长、调结构、促创新、改善营商环境，有力支撑了经济高质量发展，具体如下。

商事制度改革促进大众创业，改革后登记注册的市场主体占比为 48%，市场主体数量翻番。商事制度改革创造了更多就业机会，2019 年上半年

27%的市场主体的员工规模扩大。商事制度改革促进了市场主体成长。2019年上半年39%的市场主体业绩变好。商事制度改革促进了万众创新，2019年上半年，39%的市场主体有进行创新。

四　吉林省商事制度改革面临的问题

（一）减证成果不大：吉林平均办理证件2.1个，与2018年持平

如图9所示，2018年，吉林市场主体平均要办2.1个许可证，接近全国平均水平；到2019年，市场主体登记注册所需办理证件数仍为2.1个，但与全国平均水平差距拉大了，吉林减证工作的进展并不明显。

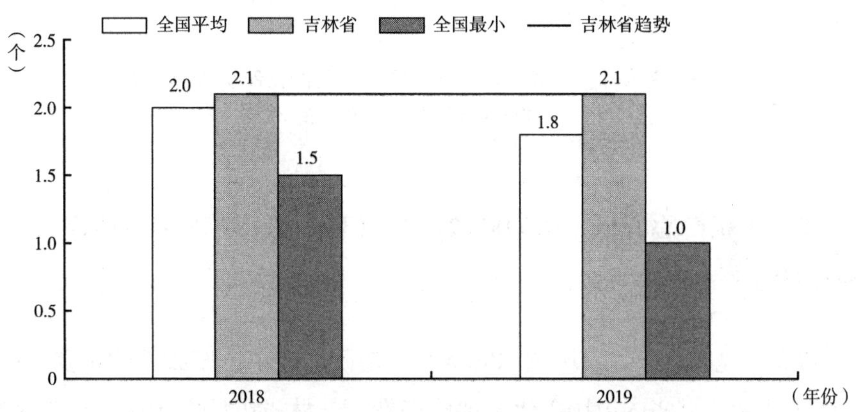

图9　在吉林，市场主体登记注册所需办理证件数2018年与2019年持平，均为2.1个

（二）服务效率略有下降：吉林"最多跑一次"比例从49%下降至39%

"企业和群众办事力争只进一扇门、最多跑一次"是中央政府于2018年初所提出的商事制度改革的目标，更是市场主体的诉求。如图10所示，从2018年调研结果来看，吉林省的市场主体中有49%的办事"最多跑一

次”，高于全国平均水平；到 2019 年，“最多跑一次” 的比例从 49% 降低到 39%，减少了 10 个百分点，低于全国平均水平。这表明，吉林省 2019 年“最多跑一次”的改革进程放缓了。

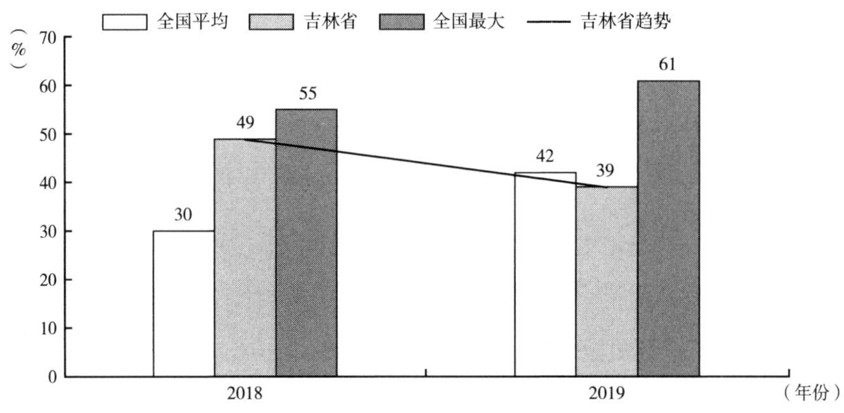

图 10　在吉林，市场主体“最多跑一次”的比例从 2018 年的 49%降低到了 2019 年的 39%

（三）获得感降低：认为商改对经营有积极影响的比例从71%下降到66%

营商环境的改善、市场主体的认可，是评价商事制度改革的重要维度。如图 11 所示，从省内市场主体的评价来看，吉林省市场主体认为商改对经营有积极影响的比例从 2018 年的 71% 下降到了 2019 年的 66%，省内市场主体对商事制度改革的获得感降低了。

如图 12 所示，省外市场主体投票结果显示，吉林营商环境投票率为 0，排名最末。这反映出吉林省的营商环境尚未得到全国性认可，营商环境优化工作有待加强。

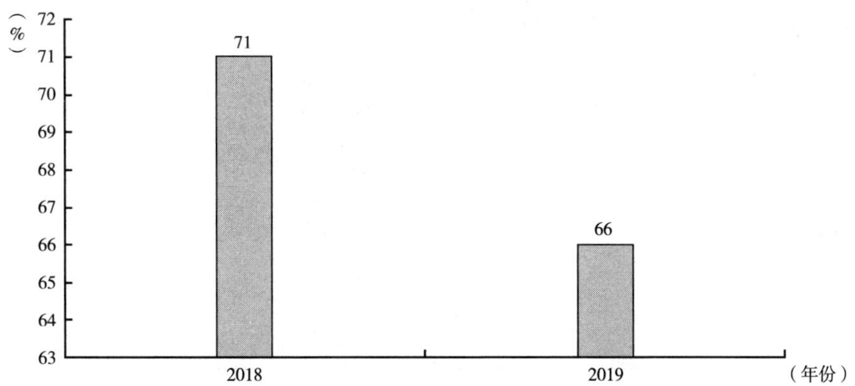

图 11　在吉林，认为商改对经营有积极影响的比例从 2018 年的 71% 下降到 2019 年的 66%

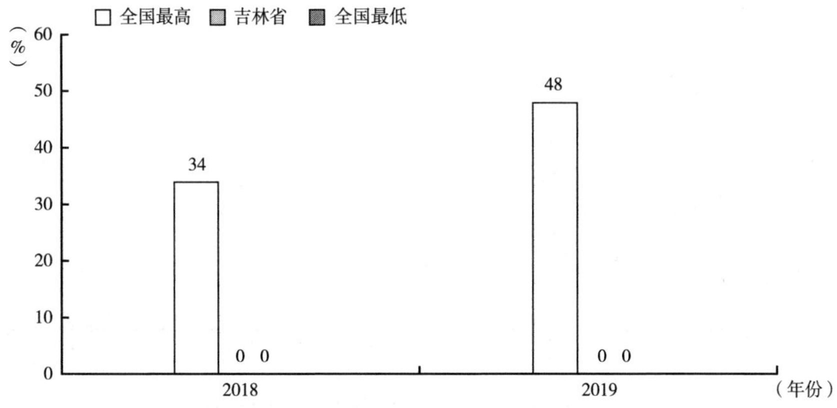

图 12　吉林省营商环境的得票率为 0

(四) 在"互联网 + 政务"上，网上办事大厅使用率不高、"一网通办"率低

"互联网 + 政务服务"是信息化时代的必然趋势。不过，从市场主体反馈情况看，吉林市场主体对网上办事大厅的使用率不高，"一网通办"率低。

吉林网上办事系统的使用率与全国平均水平持平，如图 13 所示，吉

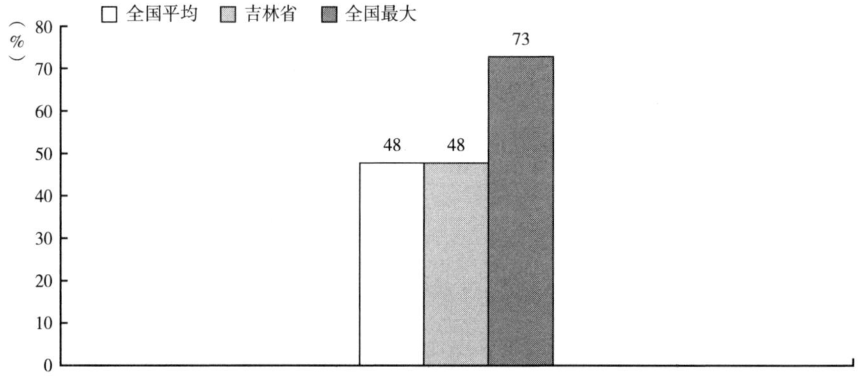

图 13　吉林网上办事大厅使用率为 48%

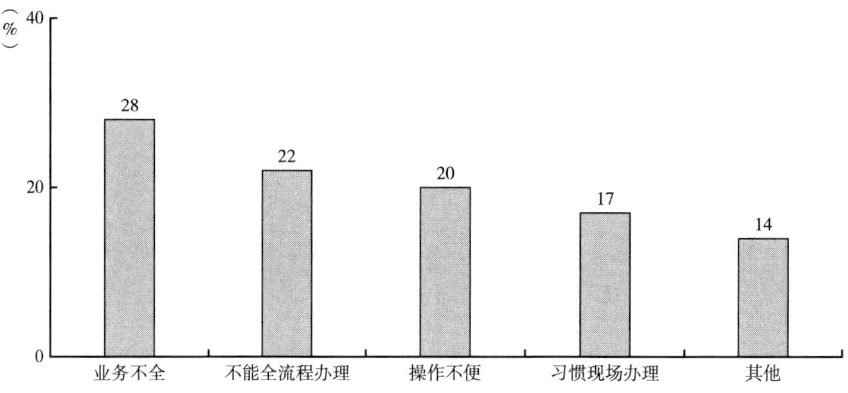

图 14　吉林省市场主体未选择网上办事的原因

林网上办事大厅的使用率为 48%。如图 14 所示，市场主体不使用网上办事系统的主要原因是业务不全，28% 的市场主体认为网上缺少所需业务。

在实地调研中，“不会网上办事”是不少市场主体的心声。比如，在四平，一位办事群众表示“网上没有到现场办方便，网上那个系统审批过程和实名验证比较麻烦，而且操作起来难，还是来窗口办更方便”。从调研员的访谈来看，如果网上办事系统好用的话，大部分四平市的办事群众还是愿意使用的，目前使用率低的原因可能是“不会用”，办事群众直言“网上办事当然是快，就是不会用”。在白山，调研员了解到很多年纪较大的办事主体表示“从来没有接触过电脑”，他们一方面在办理业务时不会操作，另一方面与工作人员的沟通也非常不顺畅，常常出现准备的资料格式不正确等问题，需要工作人员多次解释电脑上的操作流程，造成了很大的不便，同时效率随之降低。

同时，2019 年吉林“一网通办”的比例较 2018 年降低。如图 15 所示，2018 年吉林 60% 的市场主体表示经常使用一个网上办事系统；2019 年，这一比例下降到 32%。

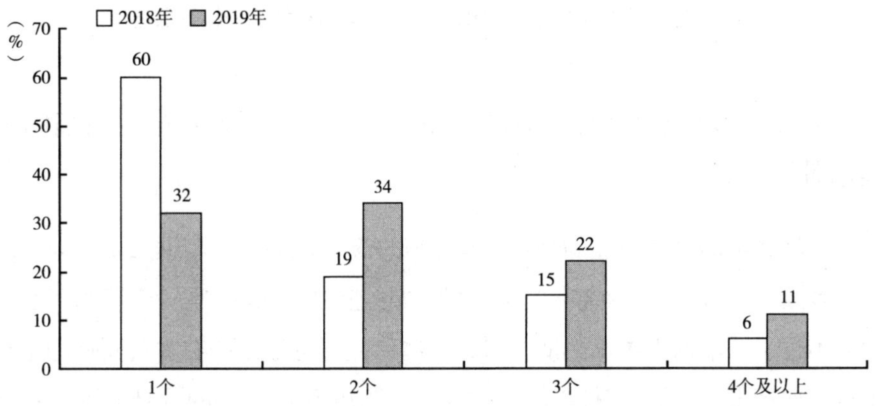

图 15　在吉林，“一网通办”比例从 2018 年的 60% 下降到 2019 年的 32%

（五）信用监管不充分：83% 的市场主体在过去一年间有被上门检查的经历，35% 的市场主体表示被政府部门上门检查的次数变多了

如图 16 所示，在吉林省，83% 的市场主体反馈在过去一年间有被上门检查的经历，略高于全国平均水平。其中吉林省 35% 的市场主体表示政府上门检查的次数变多了，42% 的市场主体表示上门检查的次数没有变化，6% 的市场主体表示上门检查的次数变少了。这说明，在吉林，市场主体被上门检查的次数多，信用监管不充分。

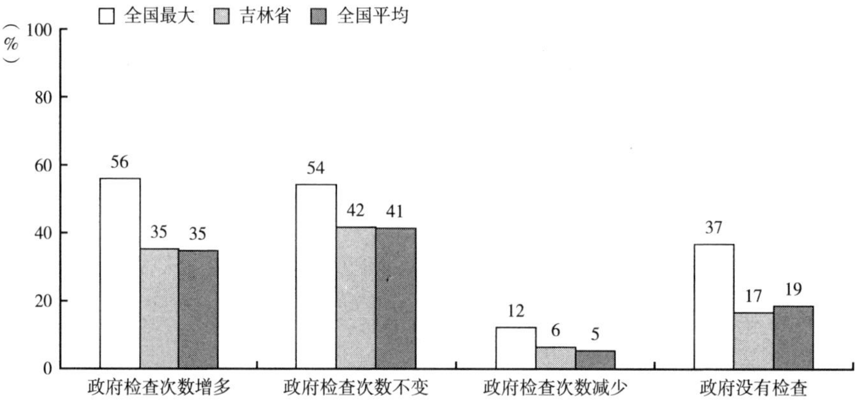

图 16　在吉林 83%的市场主体在过去一年间有被上门检查的经历

（六）市场竞争激烈、劳动力成本高、招工困难是企业面临的主要困难

吉林省市场主体面临的困难，与全国市场主体面临的困难基本一致。商事制度改革一直围绕着解决“办照难”“办证难”“退出难”等问题不断深化，不过，从市场主体反馈情况看，这些已经不再是市场主体所面临的主要困难。如图 17 所示，吉林市场主体反映，2019 年最主要的困难分别是：市场竞争激烈、劳动力成本高、招工困难和融资难，这四个困难被提及的比重分别为 25%、16%、13% 和 13%。这四个困难也是全国市场主体普遍面临的。

与 2018 年相比，2019 年劳动力成本高的问题进一步加剧。如图 18 所示，相较于 2018 年，2019 年市场主体经营面临的市场竞争激烈、劳动力成本上升、融资难、税负重、各类市场检查多、合同执行难等问题加剧。在白山江源区，一位来办事的网吧老板告诉我们：“在江源区招工比较困难，这个地方不好招人，大部分年轻人都去外地打拼，留在本地的太少了。”他告诉我们，城市里的年轻人长大后，大多选择到营商环境较好的城市打拼，很少有人再回到白山扶持家乡的发展，城市中新鲜血液的流失，造成了本地劳动力缺口大、招工困难等问题。

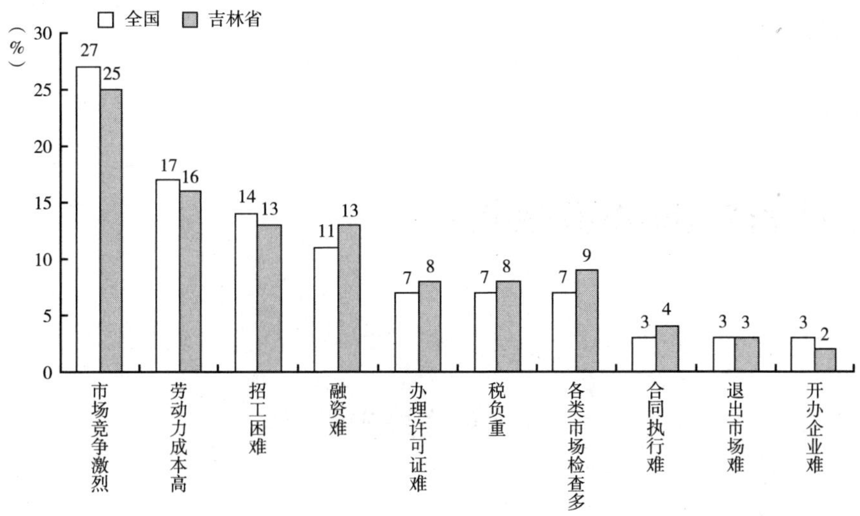

图 17　市场竞争激烈、劳动力成本高、招工困难等是吉林企业面临的主要困难

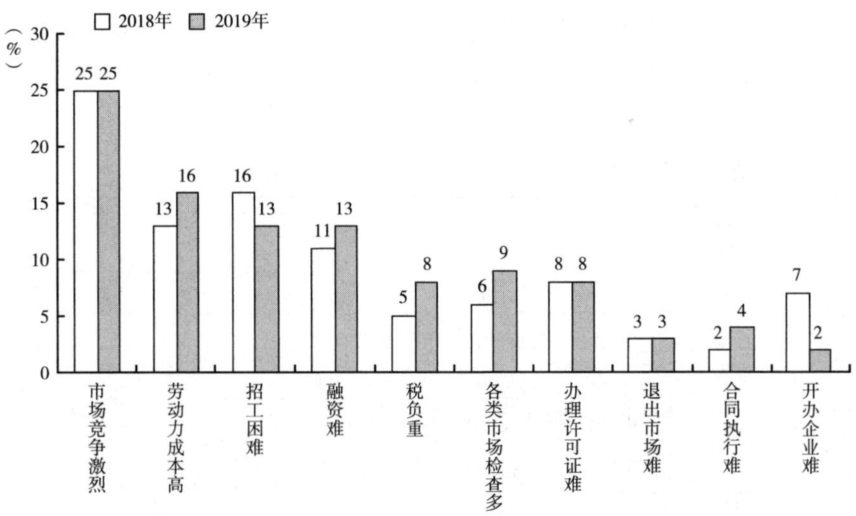

图 18　2018～2019 年市场主体面临的主要困难对比

江苏省营商环境报告*

一　江苏省报告概览

2019年，课题组首次对江苏省进行调研，通过分层随机抽样，调研了7个市，分别为南京、苏州、常州、盐城、泰州、宿迁和徐州，随机访谈中回收的有效问卷为508份。调研结束后，课题组整理了有关全国和江苏商事制度改革的第一手资料与舆情反馈，并从全国视野考察了江苏商事制度改革的新进展、新挑战和新方向（见表1）。

表1　2019年江苏省营商环境指标体系及最新进展

一级指标	二级指标	三级指标	江苏均值	全国均值	全国最大	全国最小
主要进展	市场准入	2019年登记注册所需时间(天)	8.6	6.9	9.3	3.0
		2019年登记注册所需打交道窗口数量(个)	2.4	1.8	3.1	1.4
		2019年办理许可证的数量(个)	2.7	1.8	2.7	1.0
	信用监管	国家企业信用信息公示系统使用率(%)	74	66	79	47
	互联网+政务	网上办事大厅知晓率(%)	67	66	84	47
		网上办事大厅使用率(%)	50	48	73	27

* 执笔人：谢明倩、隋婧媛、申广军。

续表

一级指标	二级指标	三级指标	江苏均值	全国均值	全国最大	全国最小
主要进展	服务效率	过去半年，办成一件事需跑几次(次)	2.0	1.9	2.7	1.6
		过去半年，办成一件事需打交道窗口数量(个)	1.4	1.4	2.2	1.2
		外省市场主体对本省营商环境评价得票率(%)	19		48	0
宏观成效	就业	过去半年，扩大员工规模的市场主体占比(%)	38	34	45	22
	成长	过去半年，业绩提升的市场主体占比(%)	54	49	58	34
	创新	过去半年，创新的市场主体占比(%)	49	44	56	32
	结构	商改后登记注册的市场主体中服务业占比(%)	55	70	97	50

注："全国最大"和"全国最小"为省级层面的最大值和最小值。
资料来源：中山大学"深化商事制度改革研究"课题组。

二　江苏省商事制度改革最新进展

商事制度改革主要体现在"放、管、服"三个方面。从调研结果来看，与商事制度改革前相比，江苏省市场准入的快捷便利度提高，办理"照""证"的时间和数量缩减；信用监管系统正在进入大规模使用阶段；数字政府的推广和应用进一步提升办事效率与服务质量。

（一）准入快捷：市场主体登记注册所需时间从商改前的11.1天下降至2019年的8.6天

如图1所示，在2014年前（商事制度改革前），市场主体在江苏省登记注册，平均需要11.1天，比全国平均数（9.3天）多1.8天。商事制度改革后，江苏省登记注册所需时间总体略有下降。2014～2018年，迅速下降至8.7天，但仍比全国平均所需天数多0.4天；2019年则下降至8.6天，但高于全国平均水平1.7天，与改革前相比进步显著。

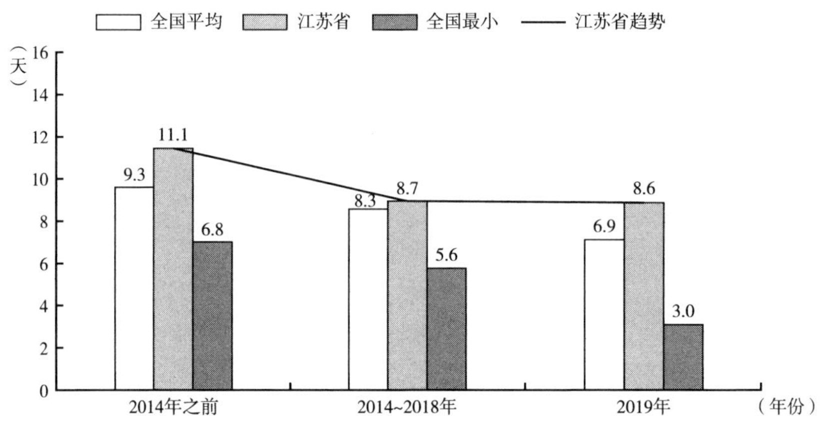

图1　在江苏，登记注册时间缩短至2019年的8.6天

（二）准入便利：市场主体登记注册所需交涉的窗口数从商改前的3.0个下降至2019年的2.4个，一窗登记实现率32%

如图2所示，2014年之前，在江苏登记注册一家市场主体平均需要与3.0个办事窗口打交道，比全国平均2.6个多了0.4个窗口，落后于全国平均水平。商事制度改革后，在江苏省登记注册所需交涉的窗口数量呈下降趋势：2014～2018年，需要交涉窗口数量下降至2.8个，2019年下降至2.4个。

（三）办证减少：市场主体登记注册所需办理证件从商改前的4.0个下降至2019年的2.7个

如图3所示，2014年之前，在江苏省，市场主体登记注册所需办理证件数平均为4.0个，比全国平均水平3.5个多0.5个，落后于全国平均水

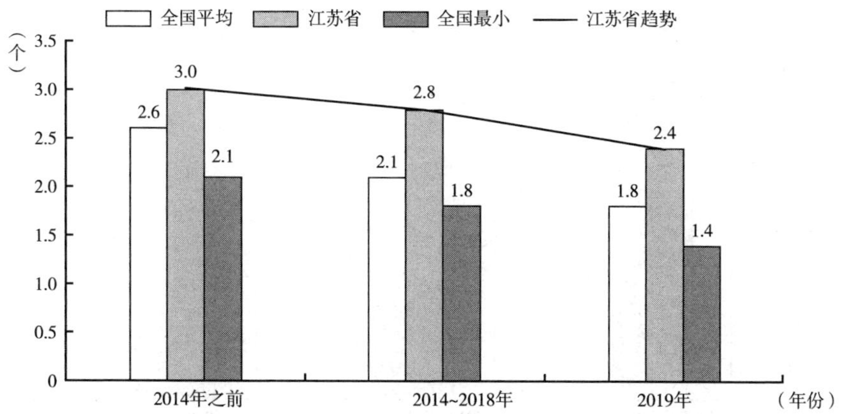

图 2　在江苏，登记注册所需交涉的窗口数量持续下降至 2019 年的 2.4 个

平。从总体来看，商事制度改革后，在江苏省登记注册所需办理证件的数量大幅下降，由原来的 4.0 个下降至 2.7 个。

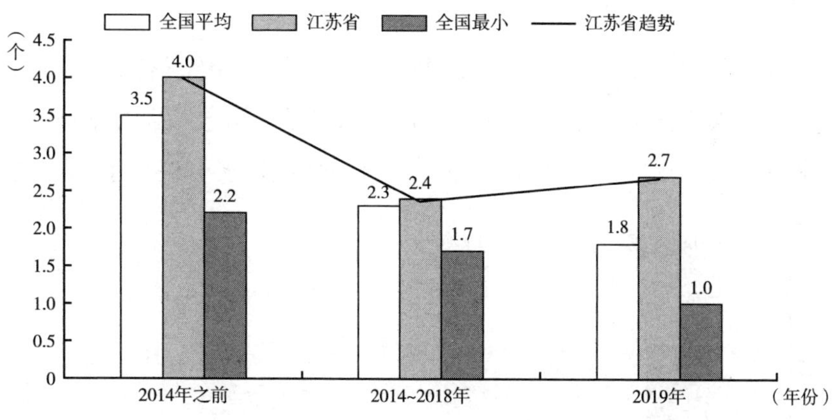

图 3　在江苏，登记注册所需办理的证件数量下降

（四）办证加快："办理许可证最长耗时"天数大幅下降一半

如图 4 所示，商事制度改革前，江苏省"办理许可证最长耗时"为 56.5 天，到 2019 年，这一时间减少为 35.3 天。

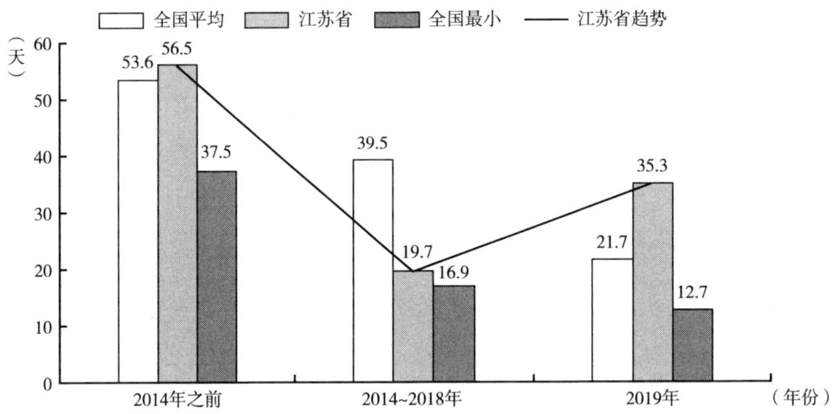

图 4　江苏省平均办理许可证最长耗时下降

（五）信用监管：74%的市场主体使用网上信用信息系统，高于全国平均水平

信用监管的起点是市场主体到国家企业信用信息系统查看相关企业的信用信息。如图 5 所示，在江苏省，有 74% 的市场主体选择到国家企业信用信息系统上查看交易对象的信用信息，高于全国平均水平 8 个百分点。在江

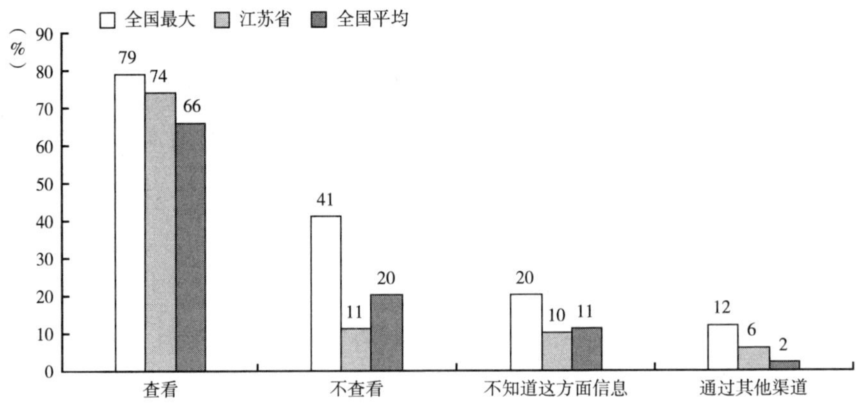

图 5　在江苏，约 74%的市场主体查看国家信用信息系统

苏，约21%的市场主体不知道或不使用国家企业信用信息系统，与全国平均水平相比低10个百分点；6%的市场主体通过其他渠道查看交易对象的信用信息，高于全国平均水平4个百分点。

（六）“数字政府”：67%的市场主体知道网上办事大厅，50%的市场主体使用网上办事系统，高于全国平均水平

“互联网+政务”是深化商事制度改革的重要举措。如图6所示，在江苏省，67%的市场主体明确表示知道网上办事大厅（系统）。在全国，66%的市场主体明确表示知道；在国内最佳省份，84%的市场主体明确表示知道。从全国视野看，在江苏，网上办事大厅的知晓率比全国平均水平高1个百分点，但比国内最高水平低17个百分点；江苏50%的市场主体使用“互联网+政务”，高于全国平均水平2个百分点。

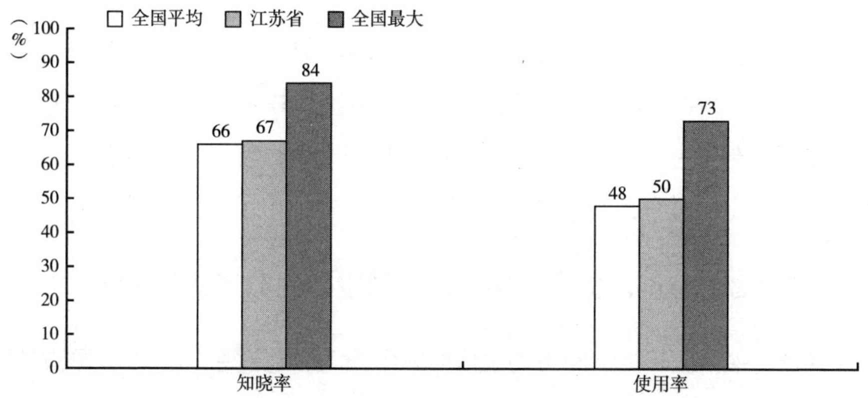

图6　在江苏，67%的市场主体知道网上办事大厅、50%的使用

如图7所示，在知道网上办事大厅（系统）的市场主体中，江苏有30%的市场主体常用1个网上办事系统，30%的常用2个办事系统，与全国平均水平大致相当。

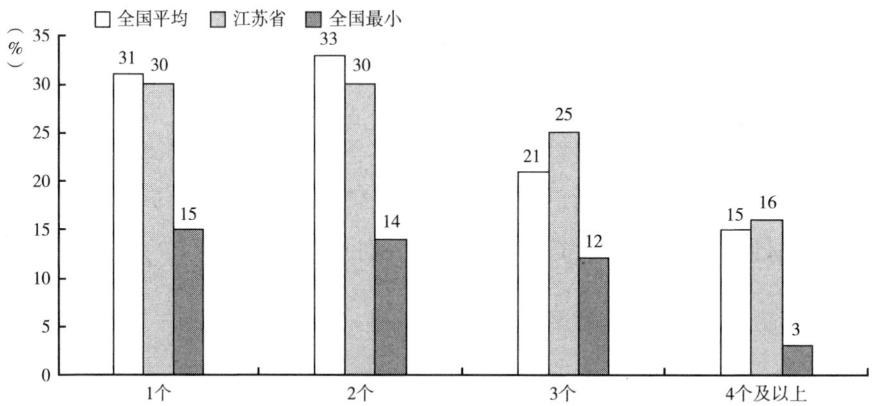

图7　知道有网上办事系统的江苏市场主体中有60%的使用1～2个办事系统

三　江苏省商事制度改革的成效

（一）商改后，江苏省市场主体总量实现翻番

如图8所示，在江苏省调研样本中，2014年之前登记注册的比例为43%；2014～2019年登记注册的市场主体占比为57%。这一结果表明，改革后登记注册、进行创业、进入市场的新市场主体数量赶超改革前的市场主体总量，占比超过全部在位市场主体的一半，实现市场主体总量翻番。

（二）2019年，江苏省38%的市场主体创造了就业岗位

在调研中，调研员询问市场主体的办事代表，在过去半年，公司的员工规模是扩大或不变还是减少了？如图9所示，在2019年上半年，有38%的市场主体员工规模扩大，54%的员工规模不变，8%的员工规模缩小。本报告进一步把员工规模扩大的市场主体比例与员工规模缩小的市场主体比例之间的差值定义为市场主体净增就业面。员工规模扩大的市场主体与员工规模缩小的市场主体之间，差值为30个百分点，即市场主体净增就业面30%。这表明，2019年上半年，江苏省市场主体创造了更多就业岗位，提供了更多就业机会。

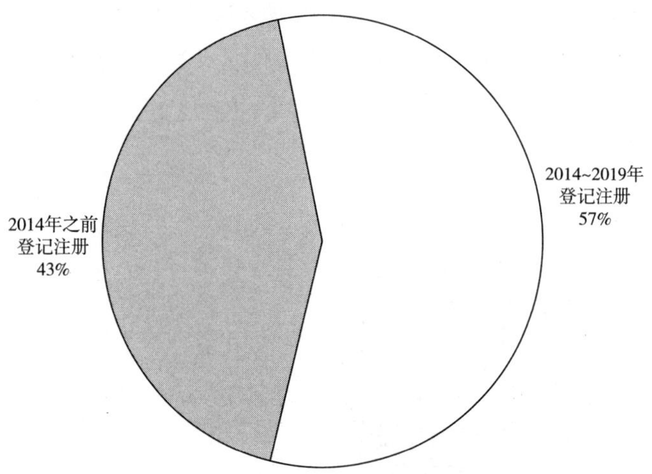

图 8　江苏省 2014～2019 年登记注册的市场主体占全部市场主体的 57%

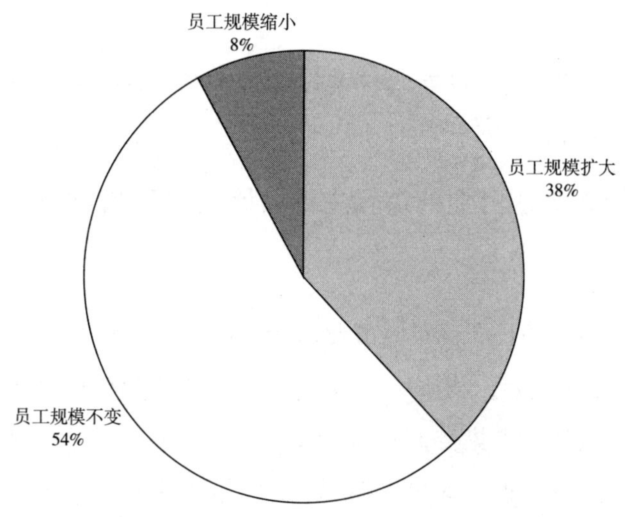

图 9　2019 年，江苏省 38%的市场主体员工规模扩大

（三）2019年，近一半市场主体业绩提升

在调研中，调研员询问市场主体的办事代表，在过去半年，公司的销售

业绩是变好或不变还是变差了？如图 10 所示，在 2019 年上半年，江苏省 54% 的市场主体表示业绩变好，业绩不变的为 12%，业绩变差的为 33%。这表明，2019 年上半年，约一半市场主体的业绩变好。

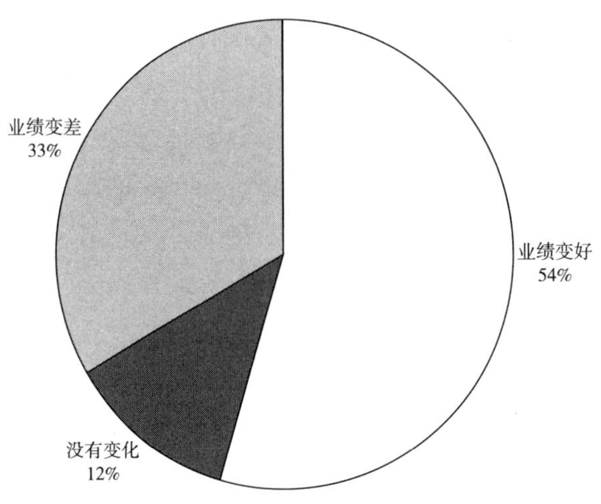

图 10　2019 年，江苏省 54% 的市场主体业绩变好

（四）江苏省服务业的市场主体占比增加7个百分点，工业占比下降15个百分点

商事制度改革后，江苏省服务业市场主体的比重从商改前的 48% 增加到 55%。如图 11 所示，将市场主体划分为 2014 年商改前登记注册、2014 年商改后登记注册两个集合，分别计算每个集合中不同产业的市场主体占比。结果表明，江苏省在 2014 年商改之前登记注册的市场主体中，48% 为服务业市场主体；在 2014 年之后新登记注册的市场主体中，服务业市场主体的比例为 55%，增加了 7 个百分点。

同时，商改前后，工业市场主体的市场占比从 28% 下降到 13%，新兴产业市场主体在所有市场主体中的比重从 20% 上升为 29%，上升 9 个百分点，超过工业市场主体占比。

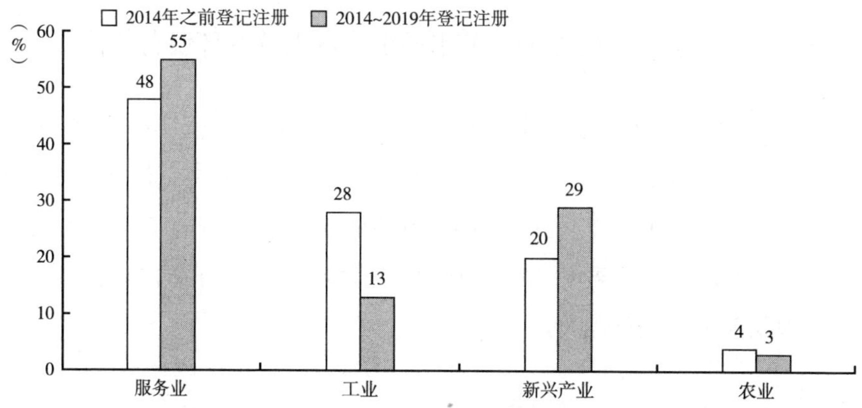

图 11　商改前后，江苏省各产业市场主体占比

（五）2019年，江苏省接近一半的市场主体推出了新产品或新服务

在实地调研中，调研员询问前来办事的市场主体代表，公司在过去半年是否推出新产品或新服务？如图 12 所示，在 2019 年上半年，有推出新产品或新服务的市场主体占比为 49%。这表明，江苏省近一半的市场主体在过去半年有进行创新。

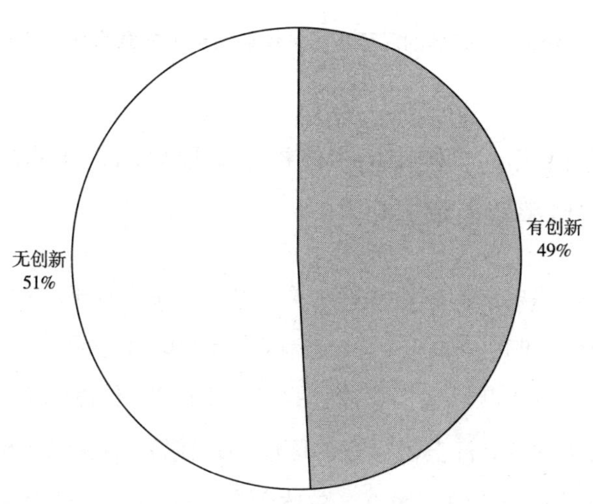

图 12　2019 年，江苏省 49%的市场主体推出了新产品或新服务

（六）2019年，61%的江苏市场主体认为营商环境有改善

如图 13 所示，在江苏，61%（12%+49%）的市场主体认为营商环境有所改善，比全国平均水平高了 9 个百分点；15% 的市场主体认为没有改善，与全国平均水平基本持平；24%（16%+8%）的市场主体认为变差，低于全国平均水平。这表明，在 2019 年，从全国横向比较的角度看，江苏营商环境改善幅度相对较大。

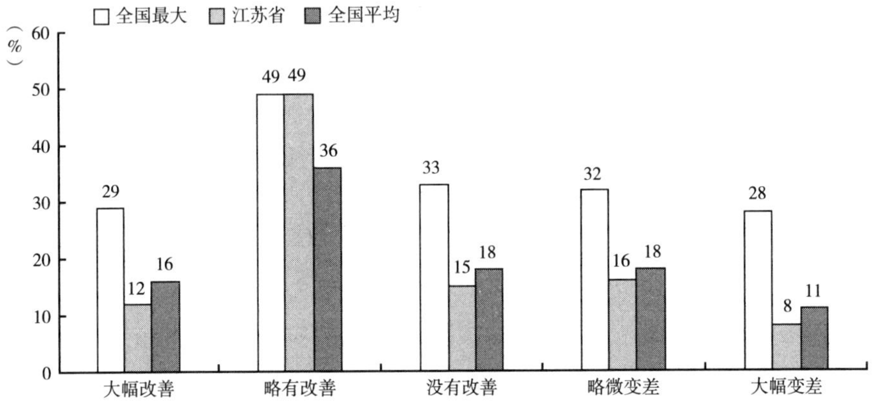

图 13　2019 年，61%的江苏市场主体认为当地的营商环境有所改善

（七）2019年，全国市场主体投票结果显示，江苏营商环境排全国第五名，得票率较上年上升

市场主体的认可是对改革工作最真实的肯定。图 14 报告了市场主体对全国各地营商环境的主观评价。在全国 24 省 110 市，每一位受访者都给出了其所认为的“做生意环境相对较好的三个省市”。具体而言，全国约 19% 的非江苏市场主体认为江苏做生意的环境相对较好。而在 2018 年的调研中，江苏省以 12% 的得票率排名第五。总体而言，江苏省营商环境得票率上升 7 个百分点，在全国排名稳定。

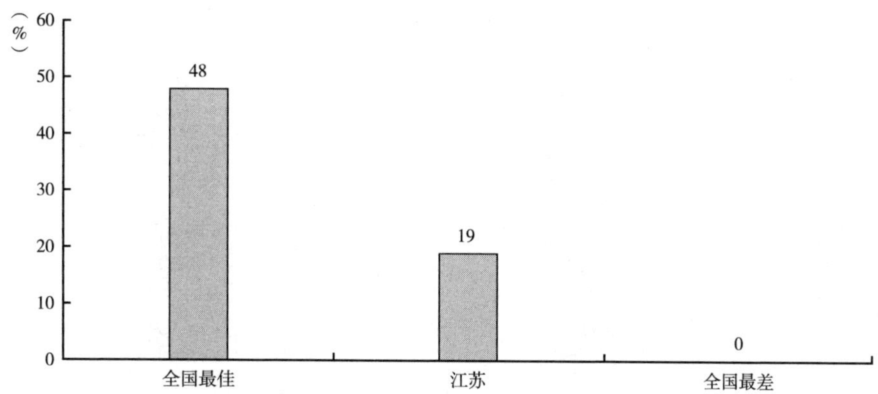

图 14　2019 年省外市场主体对江苏营商环境的投票率

（八）2019年，83%的江苏市场主体认为商事制度改革降低了与政府打交道的时间，69%认为降低了与政府打交道的费用

如图 15 所示，在江苏省，83% 的市场主体认为，商改措施能够降低市场主体与政府打交道时间，比全国平均水平低 4 个百分点，比全国最佳水平低 11 个百分点。

另外，69% 的市场主体认为，商改措施能够降低市场主体与政府打交道费用，比全国平均水平低 3 个百分点，比全国最佳水平低 13 个百分点。这表明，江苏省商事制度改革在降低时间和成本上有显著作用。

（九）2019年，66%的江苏市场主体认为商改对经营有积极影响，与全国平均水平持平

如图 16 所示，在江苏，66% 的市场主体认为商改对经营有积极影响，与全国平均水平持平，比全国最佳水平低了 10 个百分点。32% 的市场主体认为对经营没有影响，比全国平均水平高了 1 个百分点；3% 的市场主体认为对经营有消极影响，与全国平均水平持平。这表明，从全国比较的角度，江苏商事制度改革对市场主体经营的影响与全国平均水平相差不大。

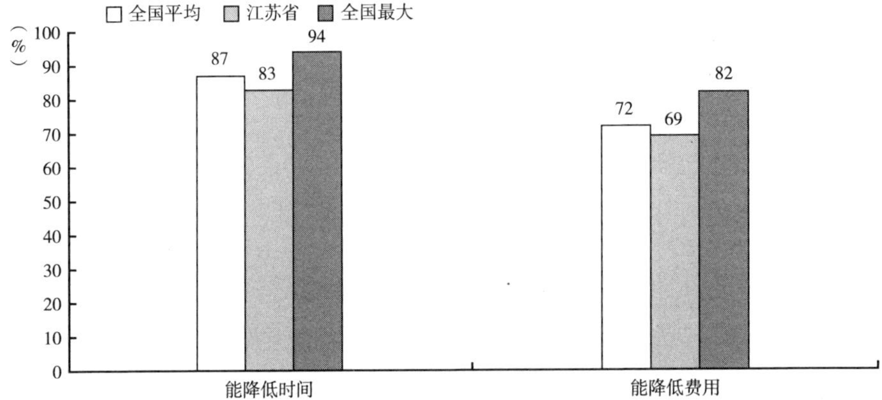

图 15　商改降低了企业与政府打交道的时间与成本

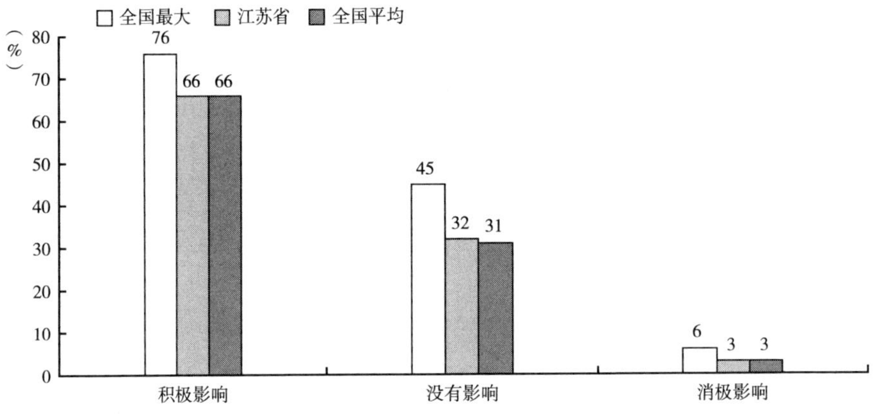

图 16　2019 年，66%的江苏市场主体认为商改对经营有积极影响

四　江苏省商事制度改革面临的问题

（一）在市场准入上的进展滞后于全国平均水平，部分指标出现反弹

江苏省部分指标落后于全国平均水平。2019 年，在市场准入方面，江苏市场主体登记注册所需时间、所需交涉窗口数量、所需办理证件数量分别

平均为 8.6 天、2.4 个窗口、2.7 个证件，全国平均水平分别为 6.9 天、1.8 个窗口、1.8 个证件，江苏省均落后于全国平均水平。

江苏省部分指标出现反弹。在市场主体登记注册所需办理证件数、办证时长指标上，江苏省 2014～2018 年的平均水平已经较改革前有了进步，但 2019 年数据表现落后于 2014～2018 年平均水平，出现了反弹。

（二）2019年，江苏的“最多跑一次”改革滞后于全国平均水平

2019 年政府工作报告中，李克强总理再次强调，“不能让烦琐证明来回折腾企业和群众”“让企业多用时间跑市场、少费功夫跑审批”。进一步推进“最多跑一次”改革，是持续优化营商环境、深化“放管服”改革的必然要求。如图 17 所示，在 2019 年，27%的江苏市场主体办成一件事需要跑一次，比全国平均水平低了 15 个百分点，未及全国最佳水平的一半。这意味着，江苏在“最多跑一次”改革上明显滞后了。

“最多跑一次”意味着办事次数和办事时间的减少，这背后离不开办事窗口的简化、办事时限的压缩、办证数量的减少，即全方位的办事效率提高。而江苏省在以上三个方面表现均落后于全国平均水平，造成了整体“最多跑一次”水平的落后，具体分析如下。

接受访谈的市场主体反映，工作人员业务不熟、大厅业务安排配置不均

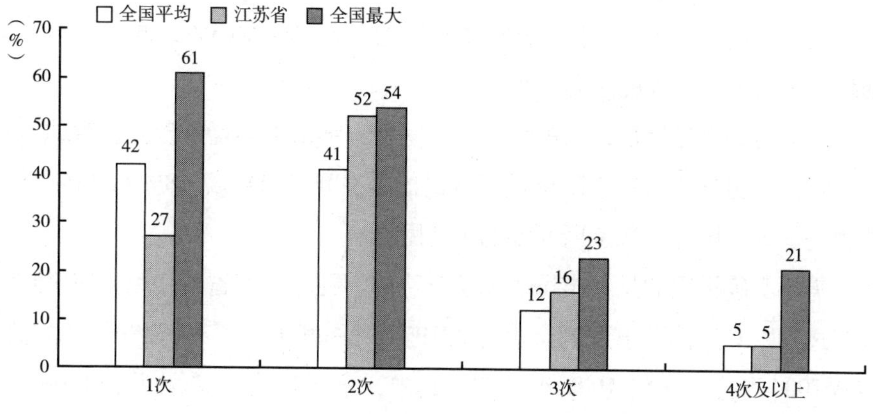

图 17　2019 年，27%的江苏市场主体实现了“最多跑一次”

衡是阻碍办事速度提高的主要原因。在泰州市，可能是由于多个部门合并，新工作人员受限于工作经验，对群众的咨询往往显得力不从心，同时市场主体需要等待较长的时间。姜堰区市场主体反映："我们老来办事，也能理解工作人员的不容易，之前工作人员也有反映过工作安排得不合理，但到了现在仍然没有解决，希望能快点解决吧，工作人员可以轻松点，我们也可以少等一会。"另外，群众认为江苏各地大厅业务设置不合理。在大厅内部，经常出现窗口开放不足的情况。在苏州，吴江区太湖新城为民服务中心设立了"综合窗口"，但这个"综合窗口"目前并不能为市场主体提供准确的办事指引；姑苏区金阊街道为民服务中心窗口布局狭窄，降低了群众办事体验。在南京市浦口区，大厅内办事窗口超过 40 个，但办理工商业务的窗口只有 5 个，市场主体在这 5 个窗口前大量聚集，而其他业务窗口却少人问津。

（三）目前，江苏市场主体所面临的主要困难在商事制度改革范围之外

商事制度改革一直围绕着解决"办照难""办证难""退出难"等问题不断深化，不过，从市场主体反馈情况看，这些不再是其所面临的主要困难。如图 18 所示，对于"在本地做生意目前遇到的主要困难是什么"，江苏市场主体提及开办企业难、办理许可证难、退出市场难的比重分别为 3%、8% 和 4%，可见，这些不再是市场主体目前所面临的主要困难。在全国范围内，这三个困难被提及的比重分别为 3%、7% 和 3%，同样已不再是市场主体目前所面临的主要困难。

江苏市场主体反映，目前最主要的困难分别是市场竞争激烈、劳动力成本高和招工困难。这三个困难被提及的比重分别为 24%、18% 和 14%，而这也是全国市场主体普遍所面临的主要困难。

需要明确指出的是，市场主体所反映的问题是江苏省持续深化商事制度改革过程中必然伴随出现的。截至 2019 年三季度末，江苏省市场主体总数突破 1000 万户，达到 1002.4 万户。其中，全省日均新登记企业 1460 户，居全国第二。商事制度改革一方面激发了市场主体巨大的活力，加快了市场

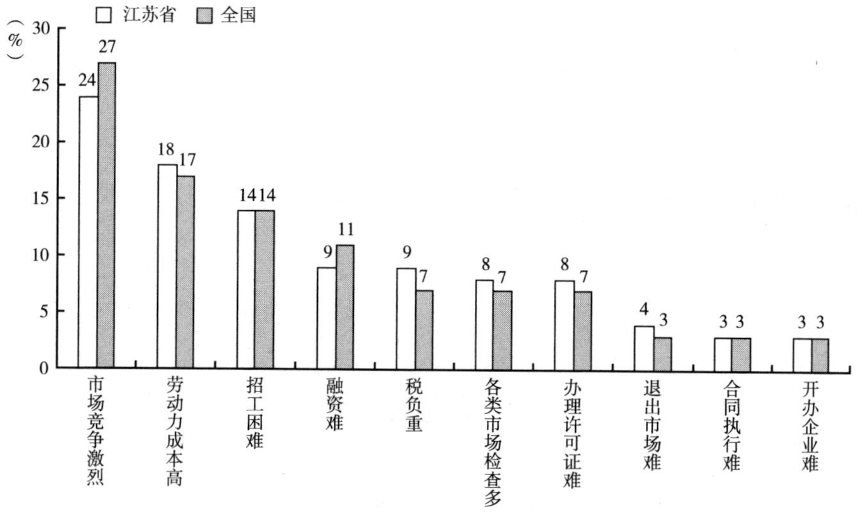

图 18　目前市场主体经营面临的主要困难

准入速度，扩大了市场规模，在充分尊重市场规律、充分发挥市场配置资源的决定性作用背景下，在市场份额、生产要素方面的竞争必然会加剧，加大市场竞争压力。为此，政府在进一步深化商事制度改革、优化营商环境中，需要关注市场主体在成长中面临的新困难，促进市场主体的成长。

浙江省营商环境报告*

一　浙江省报告概览

2019年，课题组在2018年对浙江省调研的基础上，继续走访了杭州、金华、丽水、宁波、衢州、湖州和舟山7个市，在其下属的15个区的政务大厅内随机访问办事群众，共收回648份有效问卷。表1为浙江省营商环境指标体系及最新进展。

表1　浙江省营商环境指标体系及最新进展

一级指标	二级指标	三级指标	浙江均值	全国均值	全国最大	全国最小
主要进展	市场准入	2019年登记注册所需时间(天)	4.8	6.9	9.3	3.0
		2019年登记注册所需打交道窗口数量(个)	1.9	1.8	3.1	1.4
		2019年办理许可证的数量(个)	1.0	1.8	2.7	1.0
	信用监管	国家企业信用信息公示系统使用率(%)	58	66	79	47
	互联网+政务	网上办事大厅知晓率(%)	77	66	84	47
		网上办事大厅使用率(%)	58	48	73	27
	服务效率	过去半年,办成一件事需跑几次(次)	1.6	1.9	2.7	1.6
		过去半年,办成一件事需打交道窗口数量(个)	1.3	1.4	2.2	1.2
		外省市场主体对本省营商环境评价得票率(%)	33		48	0

* 执笔人：黄晖榕、李子君、申广军。

续表

一级指标	二级指标	三级指标	浙江均值	全国均值	全国最大	全国最小
宏观成效	就业	过去半年，扩大员工规模的市场主体占比(%)	30	34	45	22
	成长	过去半年，业绩提升的市场主体占比(%)	51	49	58	34
	创新	过去半年，创新的市场主体占比(%)	42	44	56	32
	结构	商改后登记注册的市场主体中服务业占比(%)	77	70	97	50

注："全国最大"和"全国最小"为省级层面的最大值和最小值。

资料来源：中山大学"深化商事制度改革研究"课题组。

二　2018～2019年浙江省商事制度改革的进展

（一）便利准入：64%市场主体1天完成登记注册，为全国最佳水平

浙江省登记注册办理周期短。如图1所示，从一天完成登记注册的市场主体比例来看，浙江市场主体一天完成登记注册的比例从2018年的53%提高至2019年的64%，为全国最佳水平。2018年，53%的浙江省市场主体可以在一天内完成登记注册，大幅领先于同期全国平均水平，为全国最佳水平。2019年，共有64%的市场主体表示可以在一天内完成登记注册，高于同期全国平均水平，在调研的省市中保持领先地位。从完成注册所需的平均天数看，浙江省市场主体完成登记注册平均需要4.8天，比全国平均所需的6.9天快了2.1天。

（二）持续减证：市场主体平均办理1.0个证，为全国最佳水平

2019年，浙江省市场主体平均所需办理许可证数量约为1.0个，在

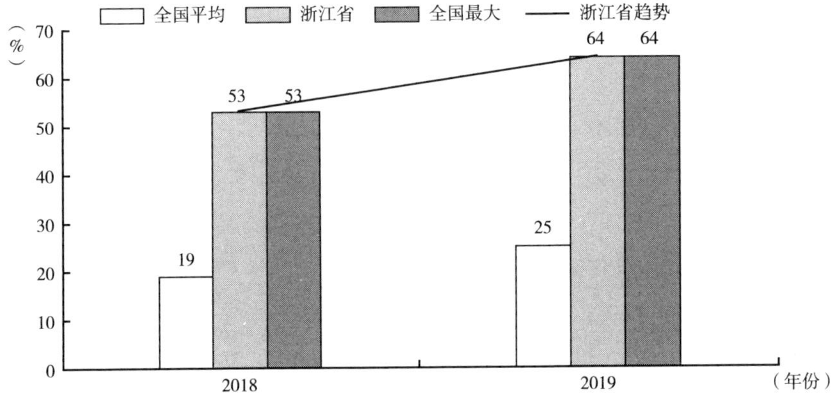

图 1　在浙江，市场主体 1 天完成登记注册的比例从 2018 年的 53%提高至 2019 年的 64%

2018 年基础上进一步减少 1.3 个。如图 2 所示，2018 年，在浙江省，市场主体登记注册所需办理证件数平均为 2.3 个，比全国平均水平多 0.3 个，略高于全国平均水平。2019 年，在浙江省登记注册所需办理证件的数量大幅减少至 1.0 个，少于全国平均所需办理的 1.8 个，达到了全国最佳水平。

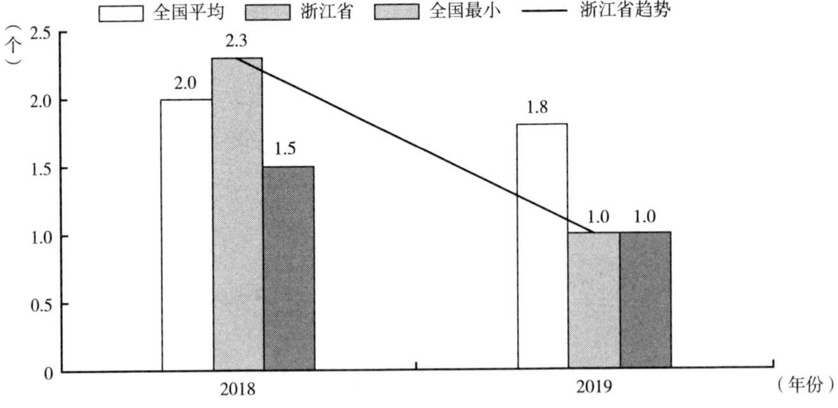

图 2　在浙江登记注册所需办理的证件数量大幅下降

（三）信用监管：查看国家企业信用信息公示系统的比例从49%提升到58%

信用监管的起点是市场主体到国家企业信用信息公示系统查看相关市场主体的信用信息。如图 3 所示，在浙江省，58% 的市场主体选择到国家企业信用信息系统上查看交易对象的信用信息。2019 年，浙江省这一指标较上年取得了一定的进步。在浙江，企业主体查看国家企业信用信息公示系统的比例由 2018 年的 49% 提升到 2019 年的 58% 。这说明，浙江省信用监管需求侧建设取得积极进展，离进入国家企业信用信息公示系统的大规模使用阶段更近了一步。

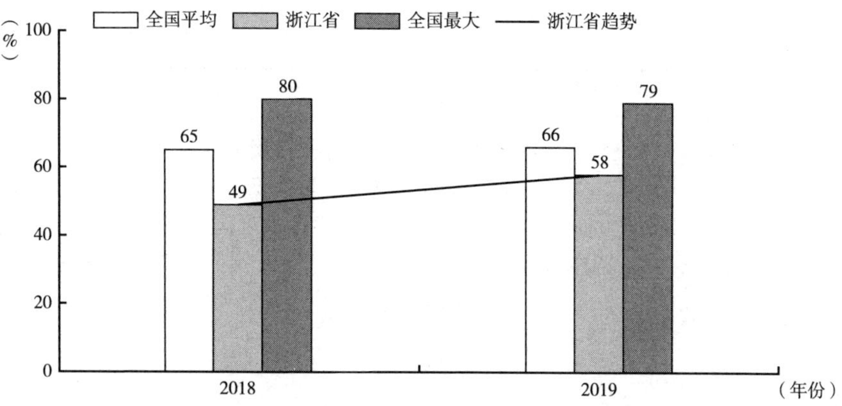

图 3　在浙江，查看国家企业信用信息公示系统的比例由 2018 年的 49%提升到 2019 年的 58%

（四）数字政府：网上办事大厅知晓率77%、使用率58%，高于全国平均水平

如图 4 所示，在浙江省，有 77% 的市场主体明确表示知道其所在地有网上办事大厅（在浙江省，网上办事大厅即“浙江政务服务网”）。在全国，66% 的市场主体明确表示知晓网上办事大厅。从全国视野比较，在浙江，知晓网上办事大厅的市场主体比例比全国平均水平高了 11 个百分点。在浙江，

2019 年网上办事系统的知晓率和使用率都有大幅提升。从 2018 年到 2019 年，浙江省网上办事系统的知晓率由 50% 提升到 77%，使用率由 38% 提升到 58%。这表明，浙江省“数字政府”已经从大规模知晓阶段进入大规模使用阶段。

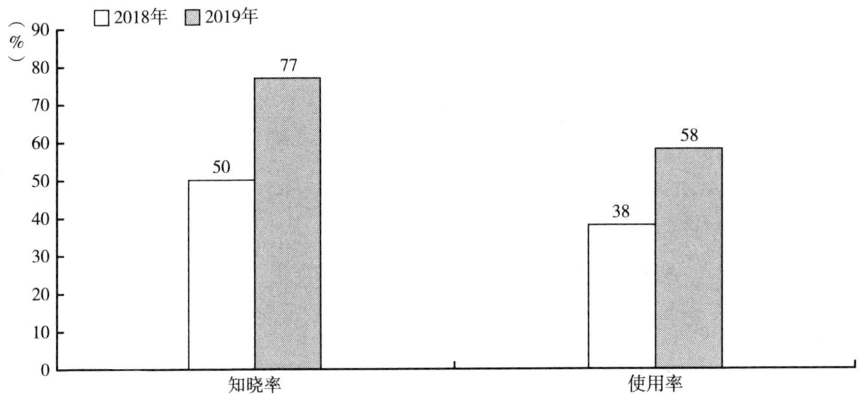

图 4　在浙江，2019 年 77% 的市场主体知道网上办事大厅，58% 的使用网上办事系统

如图 5 所示，从 2018 年到 2019 年浙江省“一网通办”建设的进展来看，市场主体常用的网上办事系统数量由 2018 年的 2.1 个减少到 2019 年的

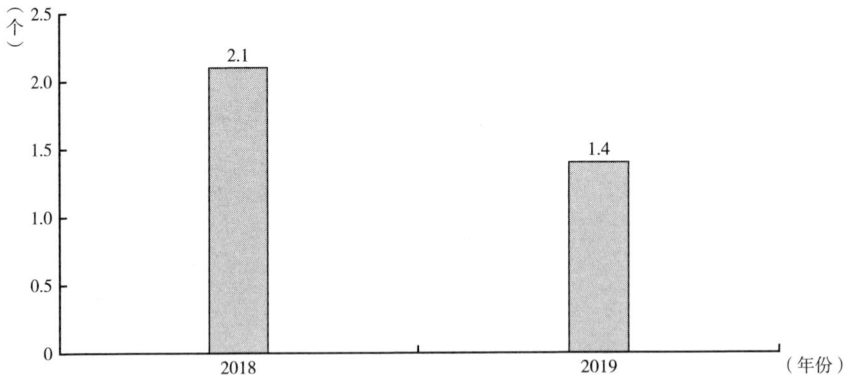

图 5　在浙江，市场主体常用的网上办事系统数量由 2018 年的 2.1 个减少到 2019 年的 1.4 个

1.4 个，取得显著成效，离“一网通办”更近了一步。

2019 年课题组进一步针对“浙里办”App 进行了调研。2014 年 8 月，浙江推出“浙江政务服务网”App，并于 2018 年改名为“浙里办”App。经过更新、发展、整合功能和优化升级，“浙里办”App 在浙江的知晓率达到 65%，使用率达到 38%（见图 6）。

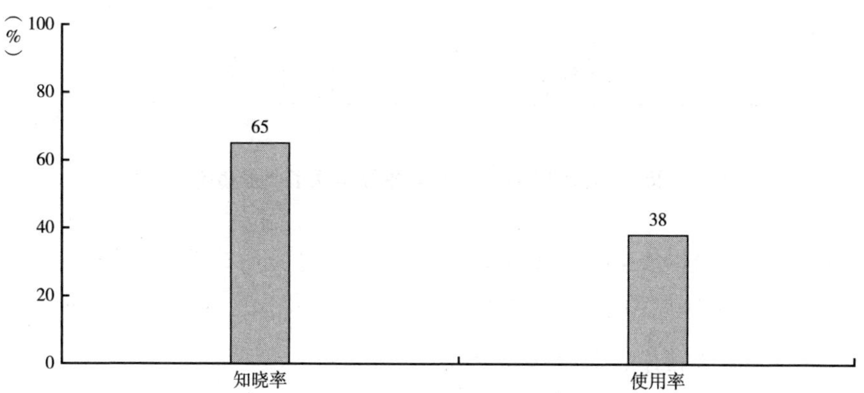

图 6　在浙江，“浙里办”App 使用率为 38%

（五）提高效率：“最多跑一次”比例57%，高于全国平均水平

“企业和群众办事力争只进一扇门、最多跑一次”，是中央政府于 2018 年初提出的商事制度改革的目标，更是市场主体的诉求。如图 7 所示，在 2019 年，57% 的浙江市场主体办成一件事只需要跑一次，比全国平均水平高了 15 个百分点，与自身 2018 年相比提升了 13 个百分点。这说明“最多跑一次”的改革在 2018 ~2019 年取得了较大进展。

（六）减费节时：89%和75%的市场主体分别认为与政府打交道的时间和费用降低

如图 8 所示，在浙江省，认为商改措施能够降低市场主体与政府打交道的时间的群众比例由 2018 年的 84% 增加到 2019 年的 89%，增加了 5 个百

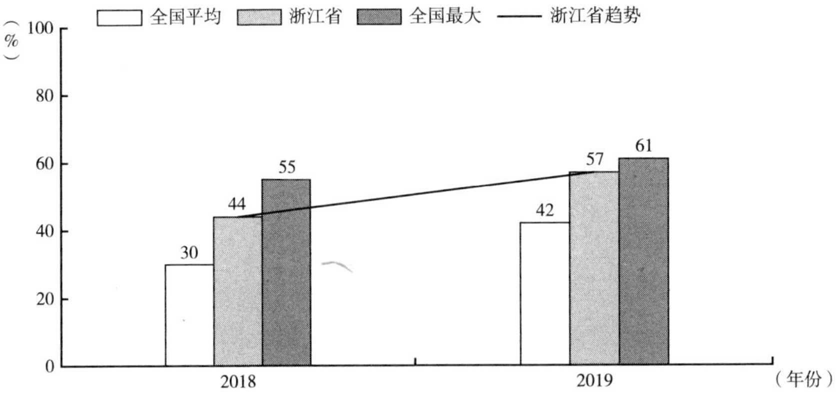

图 7　2019 年，57%的浙江市场主体实现了“最多跑一次”

分点；认为商改措施能够降低市场主体与政府打交道的费用的群众比例由 2018 年的 63%增加到 2019 年的 75%，增加了 12 个百分点。这说明，商事制度改革在减少费用、节省时间上取得了进步。

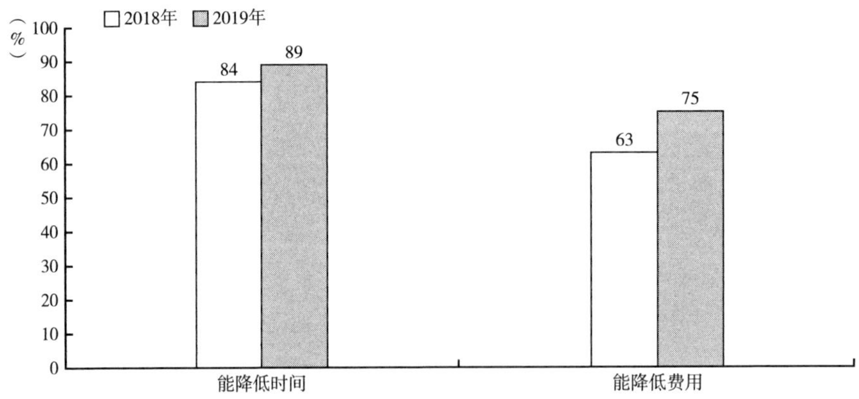

图 8　2019 年认为商改降低了企业与政府打交道成本的比例增加

（七）获得感高：省内七成认可，省外得票率居全国第三

市场主体的认可是最直接的肯定。营商环境的改善、市场主体的认可，是商事制度改革的重要维度。在浙江省内，如图 9 所示，浙江市场主体认为

商改对经营有积极影响的比例从2018年的59%上升到了2019年的68%，省内市场主体对商事制度改革的获得感不断提升。

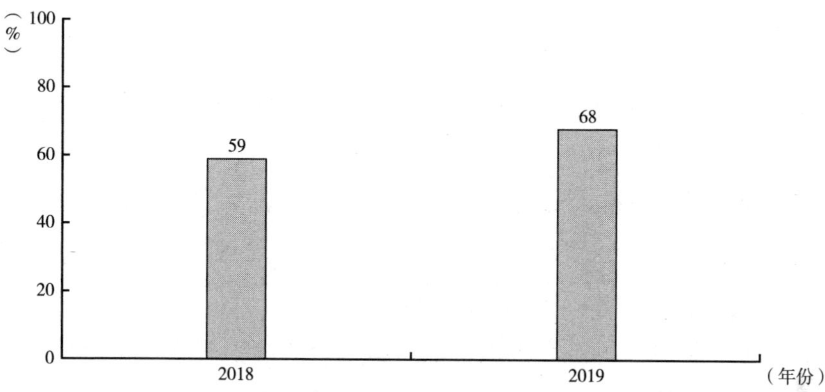

图9　在浙江，认为商改对经营有积极影响的比例从2018年的59%上升到2019年的68%

在省外，市场主体投票结果显示，浙江营商环境得票率为33%，排名全国第三。从其他省份市场主体的评价来看，浙江省营商环境建设也取得了进步。如图10所示，从浙江省外市场主体的投票来看，2018年，省外19%的市场主体认为浙江做生意的环境好；2019年，这一比例提高到33%，增

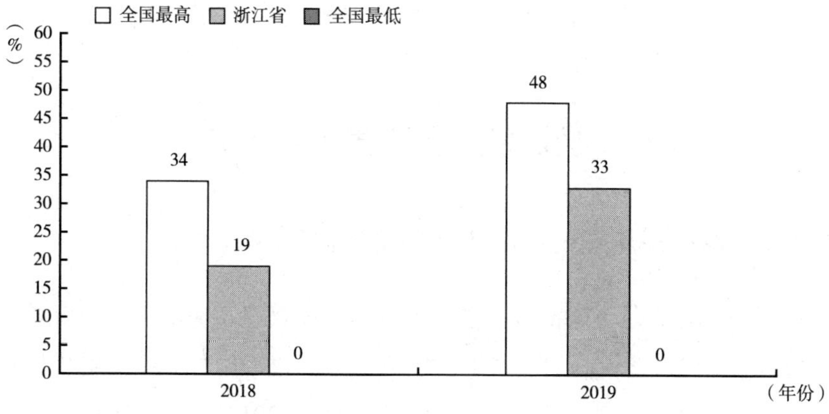

图10　浙江省的营商环境得票率由2018年的19%上升到2019年的33%

加了 14 个百分点。这是全国市场主体对浙江商事制度改革以及营商环境建设的充分肯定。

（八）小结

与 2018 年相比，2019 年浙江省商事制度改革取得明显积极成效，具体如下。

一是浙江省市场准入便利度不断提升。完成登记注册平均需要 4.8 天、1.9 个窗口，其中一天注册比例为 64%，为全国最佳水平；办理许可证数量从 2.3 个减少到 1.0 个，为全国最佳水平。

二是浙江省 58% 的市场主体会通过国家企业信用信息系统查看交易对象的信用信息，即将进入大规模使用阶段，“数字政府”建设在全国处于前列水平。

三是浙江省市场主体“最多跑一次”的比例达到 57%；网上办事大厅知晓率 77%，使用率 58%，均为全国领先水平。

四是在减费节时工作上，认可费用降低的市场主体从 63% 提高到 75%，认可节省时间的市场主体从 84% 提高到 89%，绝大部分市场主体认可商事制度改革中减费节时工作取得的成效。

五是市场主体获得感高。省内 68% 的市场主体认为商事制度改革为企业经营带来积极影响，省外 33% 的市场主体认为浙江营商环境好。

三　浙江省商事制度改革的成效

（一）商改后新登记注册的市场主体占56%

商事制度改革促使更多市场主体创业的一个直观体现是，在位市场主体中，2014 ~ 2019 年登记注册的市场主体占比高。如图 11 所示，在浙江省调研样本中，2014 年之前登记注册的比例为 44%；2014 ~ 2019 年登记注册的市场主体占比为 56%。这一结果表明，改革后登记注册、进行创业、进入市场的新市场主体数量赶超改革前的市场主体总量，占比超过全部在位市场主体的一半，实现市场主体总量翻番。

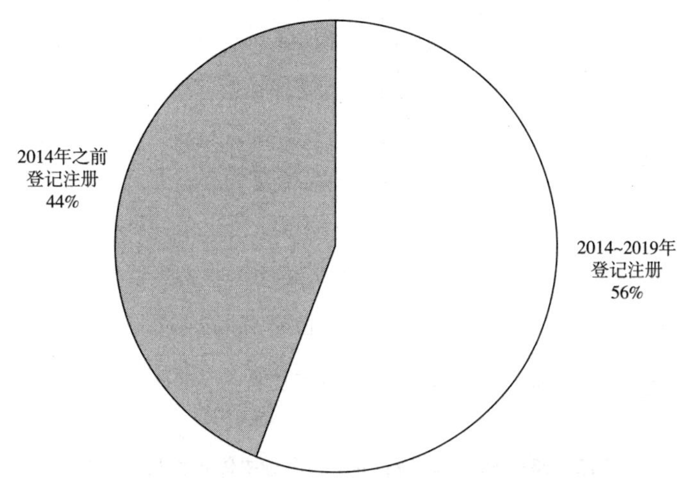

图 11　浙江省 2014～2019 年登记注册的市场主体占 56%

（二）2019年，浙江省30%的市场主体创造了就业岗位

在调研中，调研员询问市场主体的办事代表，在过去半年，公司的员工规模是扩大或不变还是减少了？如图 12 所示，在 2019 年上半年，有 30% 的市场主体员工规模扩大，62% 的员工规模不变，8% 的员工规模缩小。本报告进一步把员工规模扩大的市场主体比例与员工规模缩小的市场主体比例之间的差值定义为市场主体净增就业面。员工规模扩大的市场主体与员工规模缩小的市场主体之间，差值为 22 个百分点，即市场主体净增就业面 22% 。这表明，2019 年，浙江省市场主体创造了更多就业岗位，提供了更多就业机会。

（三）2019年，浙江省一半以上的市场主体业绩变好

在调研中，调研员询问市场主体的办事代表，在过去半年，公司的销售业绩是变好或不变还是变差了？如图 13 所示，在 2019 年上半年，浙江省

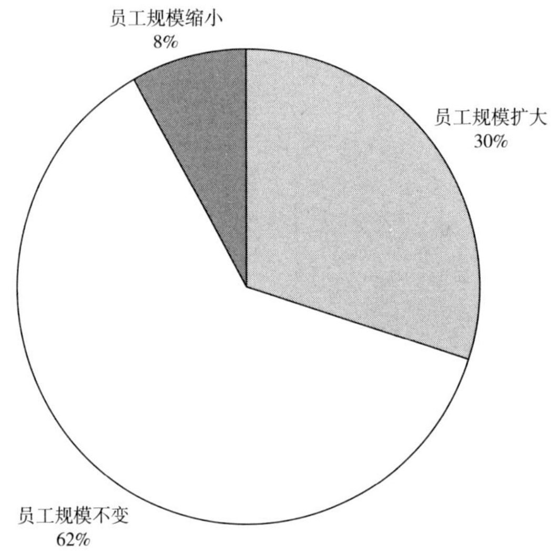

图 12　2019 年，浙江省 30%的市场主体扩大员工规模

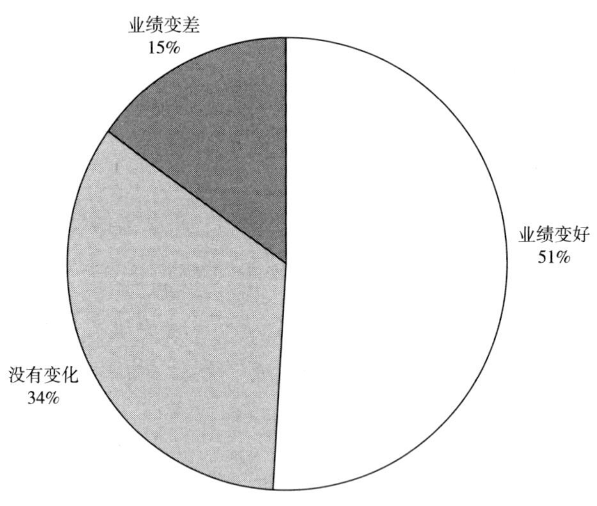

图 13　2019 年，浙江省 51%的市场主体业绩变好

51%的市场主体表示业绩变好，业绩不变的占 34%，业绩变差的比例为 15%。这表明，2019 年上半年，伴随商改进一步深化，半数以上企业的经营情况有着不同程度的变好。

（四）浙江省服务业的市场主体占比增加26个百分点，工业占比下降20个百分点

商事制度改革后，浙江省服务业市场主体的比重从商改前的51%增加到77%。如图14所示，将市场主体划分为2014年商改前登记注册、2014年商改后登记注册两个集合，分别计算每个集合中不同产业的市场主体占比，结果表明，浙江省在2014年商改之前登记注册的市场主体中，51%为服务业市场主体；在2014年之后新登记注册的市场主体中，服务业市场主体的比例为77%，增加了26个百分点。同期，工业市场主体的占比从33%下降到13%，新兴产业市场主体在所有市场主体中的比重由10%下降到7%。

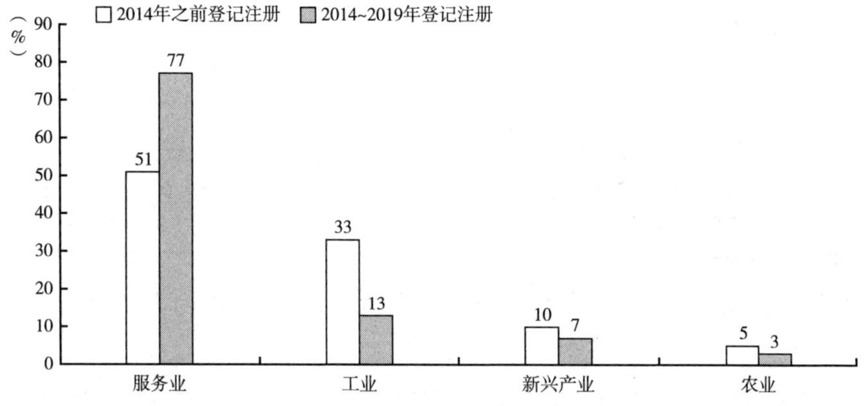

图14　商改前和商改后，浙江省各产业市场主体占比

（五）2019年，浙江省超过四成的市场主体推出了新产品或新服务

在实地调研中，调研员询问前来办事的市场主体代表，公司在过去半年是否推出新产品或新服务？如图15所示，在2019年上半年，有推出新产品或新服务的市场主体占比为42%。这表明，浙江超过四成的市场主体在过去半年进行了创新。

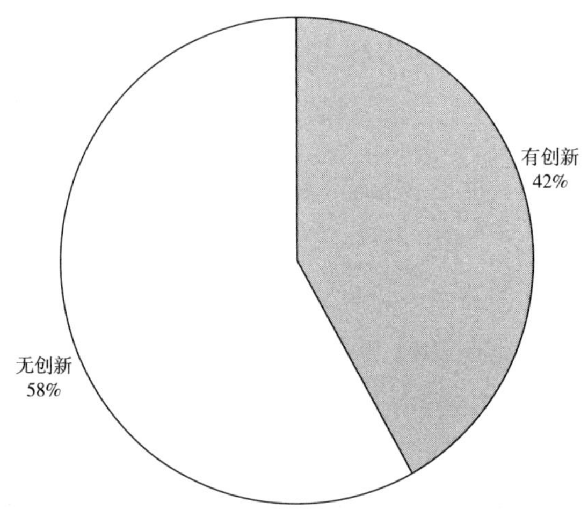

图15　2019年，浙江省42%的市场主体推出了新产品或新服务

（六）小结

从调研结果来看，浙江省商事制度改革通过促创业、保就业、稳增长、调结构、促创新、改善营商环境，有力地支撑了经济高质量发展，具体如下。

商事制度改革促进大众创业，改革后登记注册的市场主体占比为56%，市场主体数量翻番。

商事制度改革创造更多就业机会，2019年上半年30%的市场主体的员工规模扩大。

商事制度改革促进市场主体成长。2019年上半年51%的市场主体业绩变好。

商事制度改革促进万众创新，2019年上半年42%的市场主体进行了创新。

四　浙江省商事制度改革面临的问题

（一）在市场准入方面，浙江尚未在企业注册办理上实现“一窗通办”，部分准入许可证办理效率亟待提高

2019年浙江省完成企业注册所需打交道窗口数量为1.9个，略高于全

国平均水平 1.8 个。这说明，浙江省作为办事群众投票选出的营商环境排名全国第三的省份，在商改市场准入“一窗通办”的目标实现上存在不足，略差于全国平均水平，还存在改进空间。

虽然浙江省 2019 年市场准入所需办理的许可证数量为 1.0 个，为全国最佳水平，但部分许可证办理所需时间显得较长。如图 16 所示，浙江省市场主体在被问及“所需办结时间最长的证件”和“该证件办结花了多长时间”时，消防、环保、场地、外贸和安全相关证件所需最长办结时间都超过一个月，分别为 58.1 天、50.4 天、45.0 天、45.0 天和 38.2 天，其中消防、环保相关证件所需最长办结时间接近两个月。这说明，这部分准入许可证办理效率亟待提高，提升市场主体的办事体验。

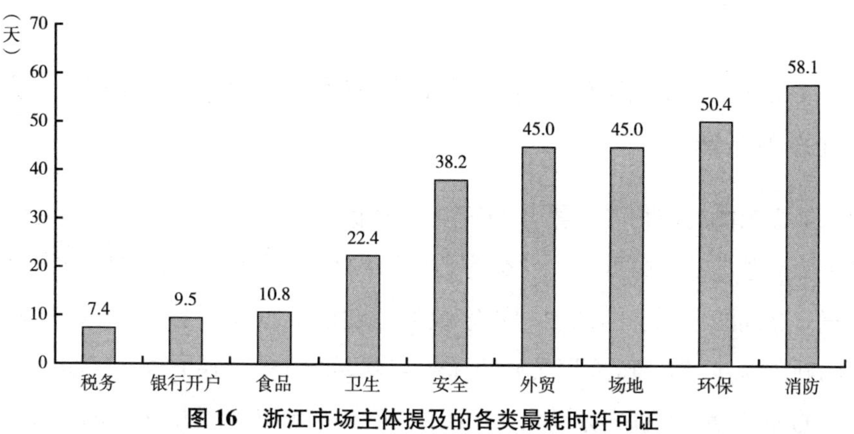

图 16　浙江市场主体提及的各类最耗时许可证

（二）在信用监管方面，国家企业信用信息公示系统使用率较2018年虽有提高，但仍低于全国平均水平

市场主体查看信用信息是信用监管的起点。2019 年，国家企业信用信息公示系统使用率从 2018 年的 49% 提升到 58%。但是，如图 17 所示，2019 年，浙江省有 58% 的市场主体在与其他企业做生意或打交道前通过国家企业信用信息公示系统查看对方信用信息状况，这一比例低于全国平均的 66%，与全国最佳水平更是有 21 个百分点的差距。由此可见，浙江信用信息系统建设有待加快。

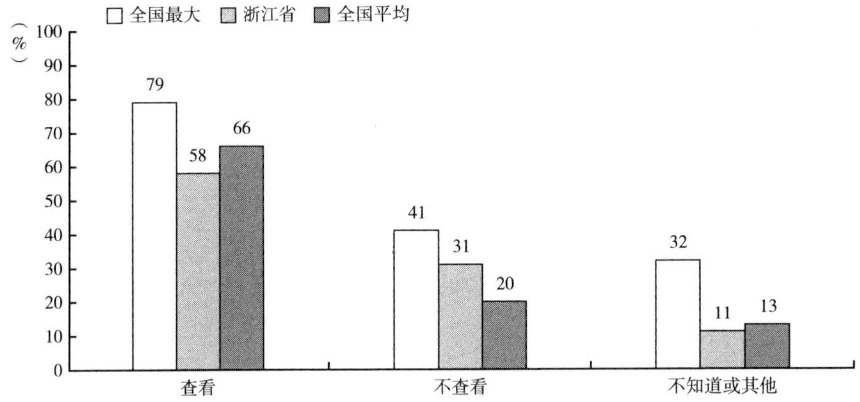

图 17　在浙江，约 58%的市场主体查看国家信用信息系统

（三）在“数字政府”需求侧建设方面，“互联网 + 政务”需求侧建设不充分

从需求侧的视角看，截至 2019 年 7 月底，浙江“数字政府”建设面临的主要问题是，办事群众对“数字政府”的强烈需要与“数字政府”建设不充分之间的矛盾。浙江省“数字政府”建设不充分，主要体现在从需求侧的视角看，“数字政府”的建设水平与办事群众的潜在需求不匹配，办事群众的需求没有得到充分满足。如图 18 所示，有 93% 的办事群众明确表示愿意使用“数字政府”，79% 的办事群众知道“数字政府”，但其实际使用率只有 61%，这表明，浙江省“数字政府”还有 32%（93% −61% =32%）的潜在需求没有得到满足，再看网上办事大厅和“浙里办”App 的这一比例，分别有 91% 和 86% 的办事群众愿意使用网上办事大厅和“浙里办”App，二者的实际使用率为 57% 和 38%。其中，网上办事大厅的未得到满足需求有 34%（91% −57% =34%），“浙里办”App 的未得到满足需求达 48%（86% −38% =48%），相对较高。

具体而言，造成浙江省“数字政府”建设不充分的主要原因可以归纳如下。第一是“数字政府”上的业务不全，不能全方位满足群众办事需求。

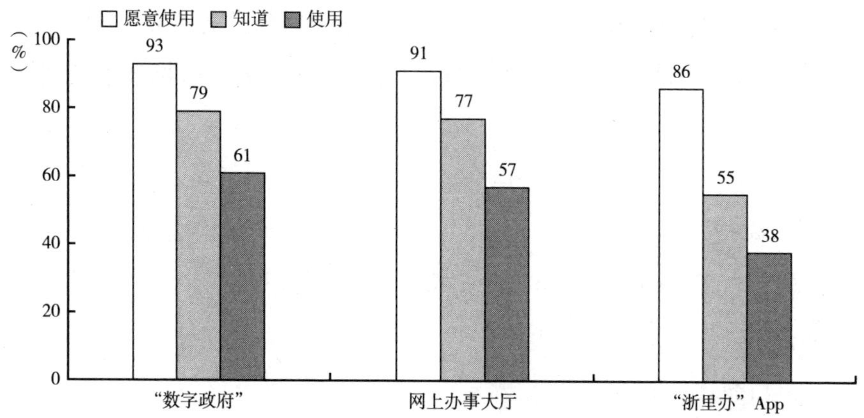

图 18　浙江愿意使用、知道、使用“数字政府”、网上办事大厅和“浙里办”App 的办事群众比例

如图 19 所示，在未使用网上办事大厅的办事群众中，29% 的是因为网上缺少所需业务；在未使用“浙里办”App 的办事群众中，32% 的表示“浙里办”App 没有相关业务。第二是“数字政府”无法在网上全流程办理所需业务。如图 19 所示，在未选择网上办事大厅的办事群众中，有 24% 的表示网上无法全流程办理，在网上办了还得现场办。未在“浙里办”App 办理业务的群众选择这一原因的比例为 18%。

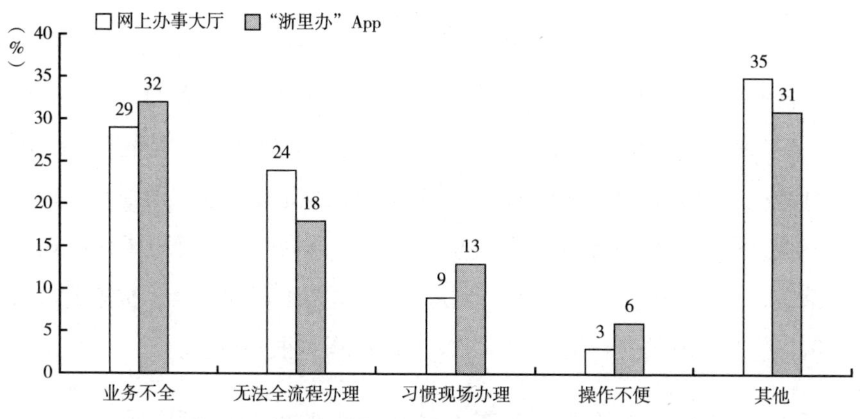

图 19　浙江办事群众未选择网上办事大厅、“浙里办”App 的原因

（四）在商事制度改革的绩效方面，浙江的“最多跑一次”改革领先于全国平均水平，但距离100%“最多跑一次”目标还有差距

如图20所示，在2019年，57%的浙江市场主体办成一件事只需要跑一次，比全国平均水平高了15个百分点，但与全国最佳水平仍有4个百分点的差距。33%的市场主体办成一件事需要跑两次。平均而言，群众办成一件事需要跑1.6次，仍未实现100%“最多跑一次”的目标。这意味着，浙江在“最多跑一次”改革上有成就也有不足。

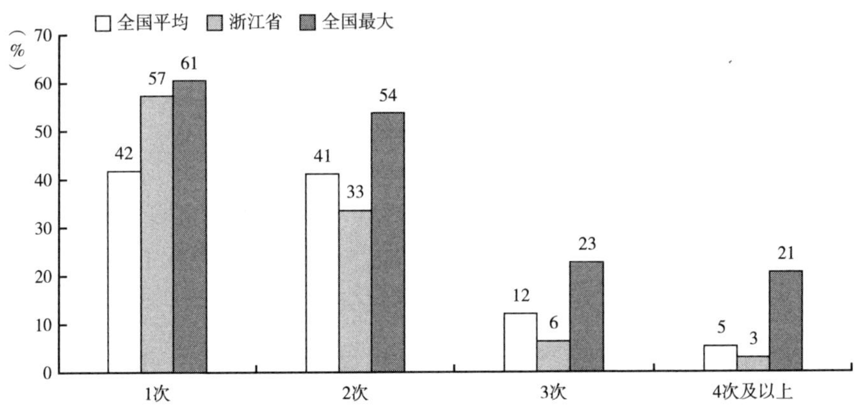

图20　2019年，57%的浙江市场主体实现了“最多跑一次”

从“最多跑一次”方面的群众反馈来看，“最多跑一次”改革依然需要进一步深化。在杭州，有办事群众在被问及办理营业执照等的方便快捷程度时表示：“承诺只要跑一次，就形成了只要跑一次的预期。但是实际上还是要跑好几次，就会不满意……网上说要准备什么资料，但是来到现场，要求交的资料又和网上写的有出入。”在丽水，部分群众认为虽然办事大厅在努力贯彻落实“只跑一次”，但是绝大多数情况还是要跑多次，第一次需要过来咨询，第二次带过来的资料又不对，来来回回就得跑很多趟了。

（五）市场竞争激烈是浙江市场主体面临的最主要困难

商事制度改革一直围绕着解决“办照难”“办证难”“退出难”等问题

不断深化，不过，从市场主体反馈情况看，这些已经不再是市场主体所面临的主要困难。在被问及“在本地做生意目前遇到的主要困难是什么”时，浙江市场主体提及开办企业难、办理许可证难、退出市场难的比重分别为2%、4%和2%，这些不再是市场主体目前所面临的主要困难。在全国范围内，这三个困难被提及的比重分别为3%、7%和3%，同样不再是市场主体目前面临的主要困难。

浙江市场主体表示目前最主要的困难分别是市场竞争激烈、劳动力成本高和招工困难。这三个困难被提及的比例分别为27%、22%和17%。虽然这三个困难也是全国市场主体普遍所面临的，但是浙江的情况略微严重些，主要表现为，浙江市场主体提及市场竞争激烈、劳动力成本高和招工难的比例高于全国平均水平。显然，这些困难不是目前商事制度改革所能够直接解决的。

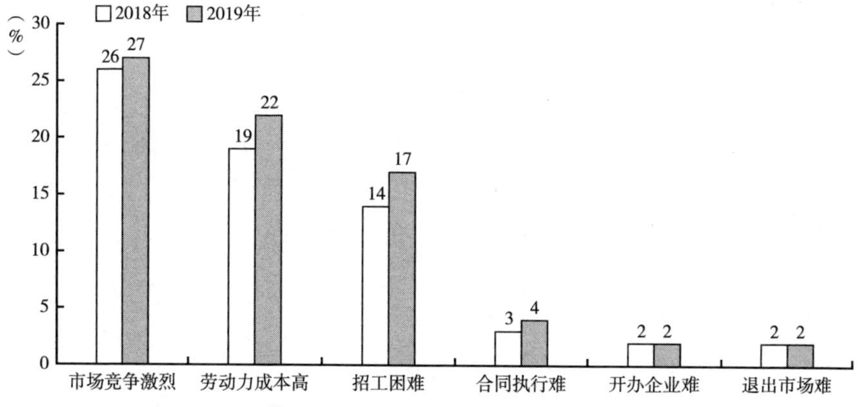

图21　2018年和2019年浙江市场主体面临的主要困难基本相同

需要明确指出的是，这些新困难是浙江商事制度改革过程中所必然出现的。截至2019年12月底，浙江省共有各类市场主体724.25万户，同比增长10.70%。2019年新登记各类市场主体143.56万户，同比增长16.35%，其中新登记企业49.79万户，同比增长12.32%。每万人市场主体拥有量为1262户，平均不到8人中就有一位市场主体，人均市场主体拥有量位居全国榜首。市场主体快速增加，是商事制度改革取得的巨大成就，但又对商事制度改革提出了新的挑战。市场主体增加，意味着，在产品市场上，市场供给可能是增加的，这必然导致产品市场上竞争越来越激烈；在生产要素市场上，市场需求可能是增加的，必然导致招工越来越困难，生产要素价格不断上升，企业成本不断上升。因此，浙江市场主体目前所面临的新困难，根植于商事制度改革带来的市场主体倍增，需要进一步优化营商环境，促进市场主体成长。

安徽省营商环境报告*

一　安徽省报告概览

在2018年对安徽省实地调研的基础上，2019年课题组继续在合肥市、芜湖市、蚌埠市、淮北市、铜陵市和阜阳市开展调研，随机访谈中回收的有效问卷为415份。调研结束后，课题组整理了有关全国和安徽商事制度改革的第一手资料与舆情反馈，并从全国视野考察安徽商事制度改革的新进展、新挑战以及新方向（见表1）。

表1　2019年安徽省营商环境指标体系及最新进展

一级指标	二级指标	三级指标	安徽均值	全国均值	全国最大	全国最小
主要进展	市场准入	2019年登记注册所需时间(天)	9.3	6.9	9.3	3.0
		2019年登记注册所需打交道窗口数量(个)	2.6	1.8	3.1	1.4
		2019年办理许可证的数量(个)	1.8	1.8	2.7	1.0
	信用监管	国家企业信用信息公示系统使用率(%)	75	66	79	47
	互联网+政务	网上办事大厅知晓率(%)	69	66	84	47
		网上办事大厅使用率(%)	54	48	73	27

* 执笔人：刘懿瑾、钟子健、申广军。

续表

一级指标	二级指标	三级指标	安徽均值	全国均值	全国最大	全国最小
主要进展	服务效率	过去半年,办成一件事需跑几次(次)	1.9	1.9	2.7	1.6
		过去半年,办成一件事需打交道窗口数量(个)	1.5	1.4	2.2	1.2
		外省市场主体对本省营商环境评价得票率(%)	2		48	0
宏观成效	就业	过去半年,扩大员工规模的市场主体占比(%)	38	34	45	22
	成长	过去半年,业绩提升的市场主体占比(%)	47	49	58	34
	创新	过去半年,创新的市场主体占比(%)	44	44	56	32
	结构	商改后登记注册的市场主体中服务业占比(%)	77	70	97	50

注："全国最大"和"全国最小"为省级层面的最大值和最小值。
资料来源：中山大学"深化商事制度改革研究"课题组。

二　2018～2019年安徽省商事制度改革的进展

商事制度改革的重点是"放、管、服"。从调研结果来看，2019 年，安徽省"互联网+政务"服务进一步推进，以"最多跑一次"为代表的服务效率大幅提升，信用监管系统正在进入大规模使用阶段。

（一）"互联网+政务"服务水平：网上办事大厅知晓率、使用率分别为69%、54%，高于全国平均水平

"互联网+政务"是商事制度改革的主要内容之一，也是信息化时代的必然趋势。安徽省网上办事大厅功能集中，安徽省政务服务网、"皖事通"App的广泛使用，大幅提升了安徽省"一网通办"的能力。在阜阳市的调研中，调研员听到了许多对网上办事大厅的赞美之词，有受访者表示："网上办事真

的很方便，直接在电脑上就可以办理营业执照，办完了只要来拿一下就行，如果太忙的话，甚至可以不到现场，直接快递也可以！”如图1所示，在安徽省，69%的市场主体知道其所在地有网上办事大厅（系统），高于全国平均水平。如图2所示，54%的市场主体使用网上办事大厅，高于全国平均水平。

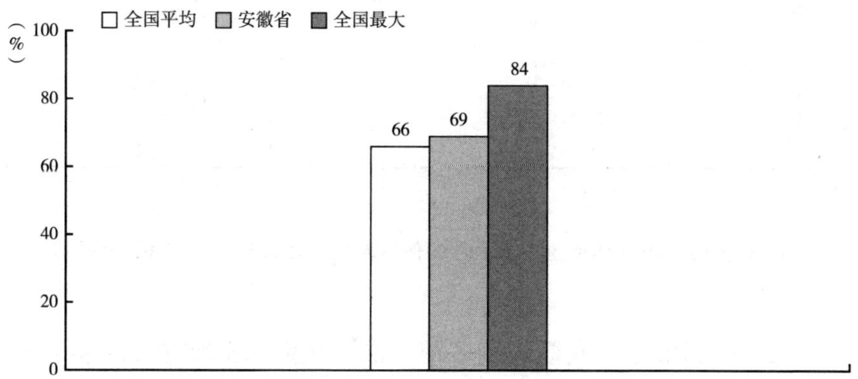

图1　在安徽，网上办事大厅知晓率为69%

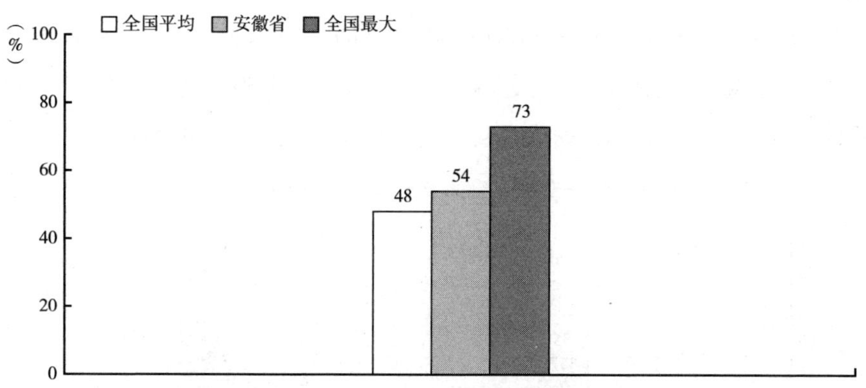

图2　在安徽，网上办事大厅使用率为54%

由图3可知，2018年安徽省网上办事大厅的知晓率与使用率分别为57%和40%。2019年，网上办事大厅的知晓率提升为69%，使用率提升为54%。虽然与全国最佳水平相比有一定差距，但由2018～2019年的增速可以看出，安徽省网上办事大厅的建设及推广在过去一年取得了巨大成效。

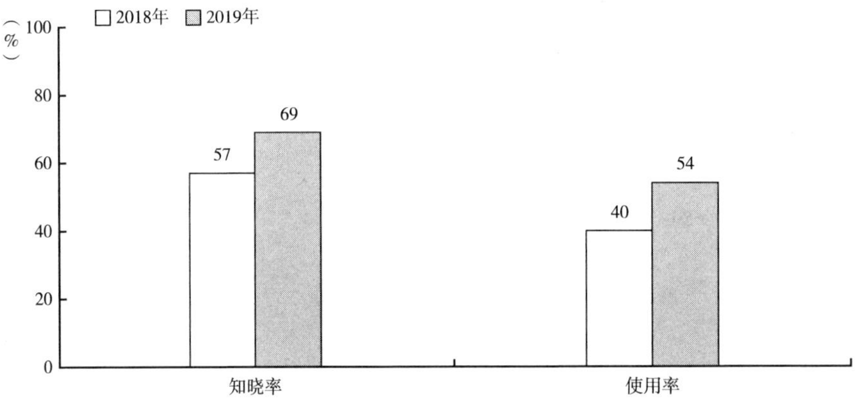

图 3　在安徽，2019 年网上办事大厅的使用率与知晓率与 2018 年相比均提升

（二）提高效率：安徽“最多跑一次”比例从30%提高到41%

“企业和群众办事力争只进一扇门、最多跑一次”，是中央政府于 2018 年初提出的商事制度改革的目标，更是市场主体的诉求。如图 4 所示，从 2018 年调研来看，安徽省的市场主体中有 30% 的办事“最多跑一次”，到 2019 年，虽然低于全国最佳水平，但“最多跑一次”的比例从 30% 增加到 41%，增加了 11 个百分点。这表明，安徽省在“最多跑一次”改革上进展显著。

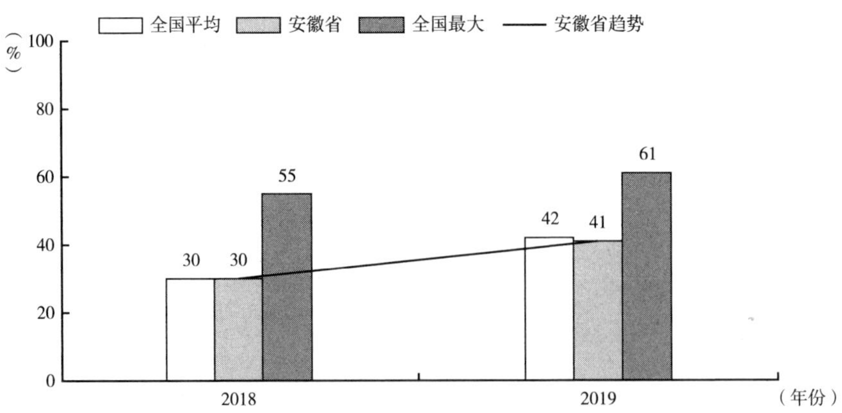

图 4　在安徽，市场主体实现了“最多跑一次”的比例从 2018 年的 30%上升到 2019 年的 41%

在淮北市的采访过程中，办事群众普遍反映与以前相比办事效率大大提升。很多群众都表示："每次来办事都很快，基本上很多业务可以在网上办理了，来大厅办也不用像以前一样来回跑很多次，需要的材料基本上都能在网上提前看到。"网上办事大厅给办事群众提供了诸多便利，同时也使线下办理的效率进一步提高。而大厅也配备电脑供办事群众使用，以促成更高的办事效率。

（三）信用监管：75%的市场主体使用国家企业信用信息公示系统，高于全国平均水平9个百分点

信用监管的起点是市场主体到国家企业信用信息系统查看相关企业的信用信息。近年来，国家市场监管总局会同各部门、各地区共同推进国家企业信用信息公示系统建设，该系统已成为查看市场主体相关信用信息的重要渠道。如图 5 所示，在安徽省，75% 的市场主体表示在与其他市场主体交易前，会通过国家企业信用信息公示系统查看对方的信用信息，高于全国平均水平 9 个百分点，与全国最佳水平只相差 4 个百分点。与 2018 年相比，2019 年安徽省查看国家企业信用信息公示系统的比例保持在 75%，领先于全国平均水平。安徽省有 75% 的市场主体在做生意时会主动查看国家企业信用信息公示系统，这表明，国家企业信用信息公示系统在安徽进入了大规模使用阶段。

（四）全国范围认可度：全国市场主体投票结果显示，安徽省营商环境得票率提高

在全国其他省份市场主体的评价中，安徽营商环境得票率为 2%。图 6 反映了全国市场主体对各省营商环境的主观评价。在全国 24 省 110 市，每一位受访者都给出了其所认为的"除本省外，做生意环境相对较好的三个省市"。安徽在中部六省中位列第二。如图 7 所示，与 2018 年相比，在全国其他省份市场主体的评价中，安徽省得票率由 1% 升为 2%。这表明，安徽省营商环境建设具有一定成效，获得了更多其他省份市场主体对安徽商事制度改革成效的认可。

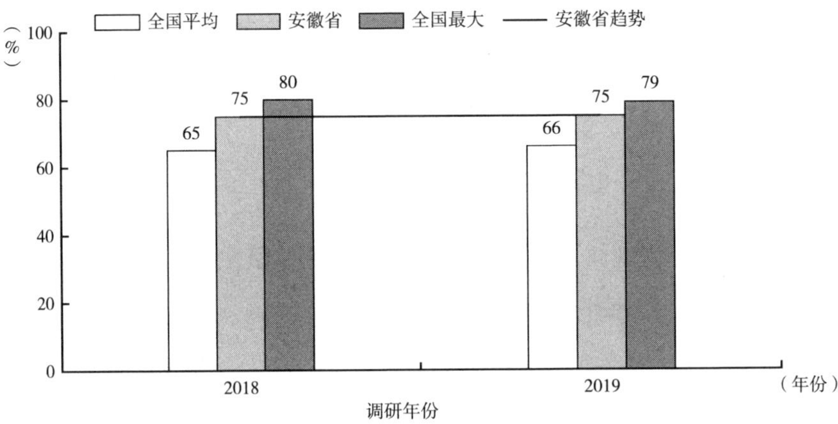

图5　在安徽，约75%的市场主体查看国家企业信用信息公示系统

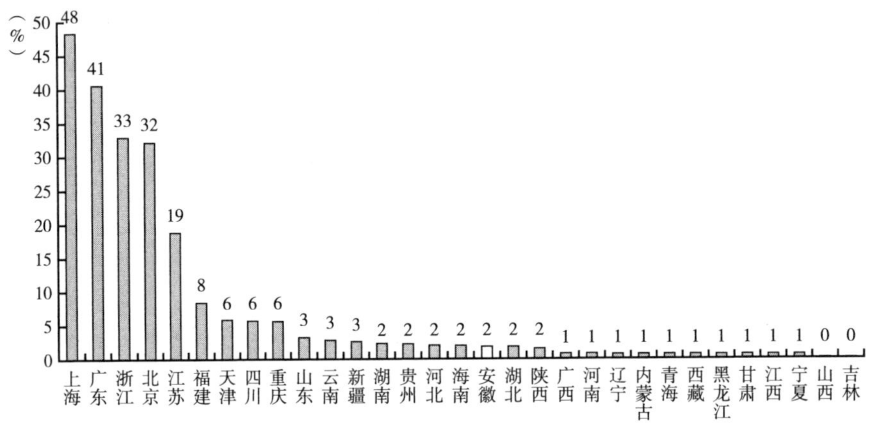

图6　全国营商环境排名

（五）小结

与2018年相比，2019年安徽省商事制度改革取得显著进步，具体如下。

一是“互联网+政务”服务水平不断提升。安徽省网上办事大厅知晓率、使用率分别为69%、54%，均高于全国平均水平。

二是安徽省市场主体“最多跑一次”的比例从30%提高到41%。

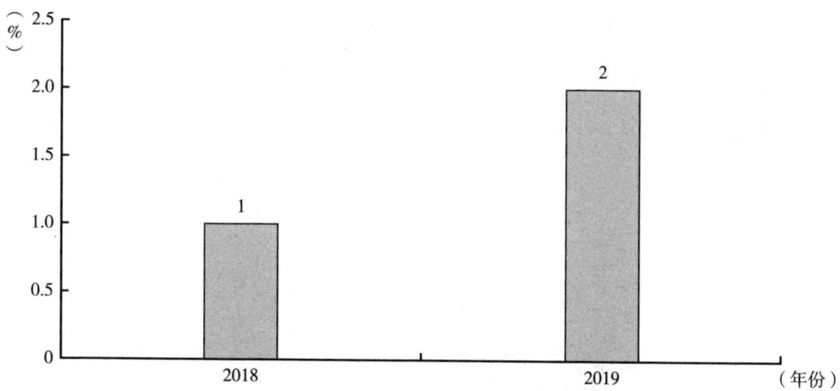

图 7　2018 年与 2019 年其他省份市场主体营商环境投票中安徽的得票率提高 1 个百分点

三是安徽省 75% 的市场主体会通过国家企业信用信息公示系统查看交易对象的信用信息，进入大规模使用阶段。

四是全国范围认可度提高，全国省外市场主体投票结果显示，安徽省营商环境得票率提高 1 个百分点。

三　安徽省商事制度改革的宏观成效

安徽商事制度改革能够支撑经济高质量发展吗？商事制度改革支撑经济高质量发展体现在促进新市场主体进入后，创造就业岗位、增加业绩、推动结构转型、促进创新、改善营商环境等方面。从调研结果看，安徽省商事制度改革有力支撑经济高质量发展。

（一）商改后，安徽省市场主体总量实现倍增

2019 年调研随机访谈的安徽省全部在位市场主体中，在 2014 年商改后登记注册、进入市场的比例约为 58%。商事制度改革促进更多市场主体创业的一个直观体现是，在位市场主体中，2014 ~ 2019 年登记注册的市场主体占比高。如图 8 所示，在安徽省调研样本中，2014 年之前登记注册的比

例为 42%；2014～2019 年登记注册的市场主体占比为 58%。这一结果表明，商改后登记注册、进行创业、进入市场的新市场主体数量赶超改革前的市场主体总量，占比超过全部在位市场主体的一半，实现了市场主体总量超过一倍的增长。

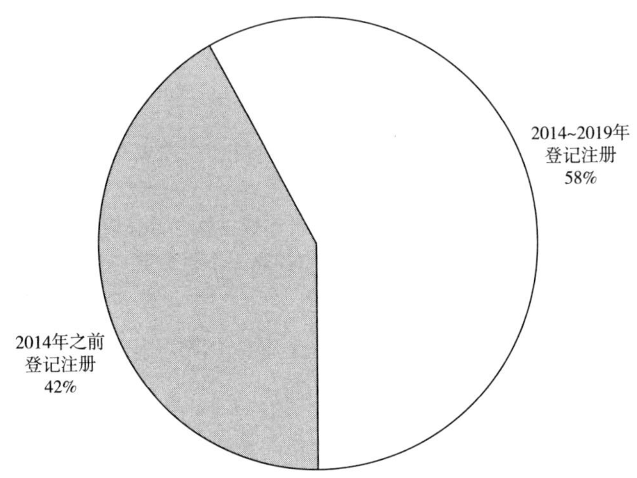

图 8　安徽省 2014～2019 年登记注册的市场主体占全部市场主体的 58%

（二）商改后，安徽省服务业的市场主体占比增加11个百分点

商事制度改革后，安徽省服务业市场主体的比重从商改前的 66% 增加到 77%。如图 9 所示，将市场主体划分为 2014 年商改前登记注册、2014 年商改后登记注册两个集合，分别计算每个集合中不同产业的市场主体占比，结果表明，安徽省在 2014 年商改之前登记注册的市场主体中，66% 为服务业市场主体；在 2014 年之后新登记注册的市场主体中，服务业市场主体的比例为 77%，较上年增加了 11 个百分点。

同时，商改后，工业市场主体的占比从 16% 下降到 11%，新兴产业市场主体在所有市场主体中的比重由 16% 下降到 12%，超过工业市场主体占比。

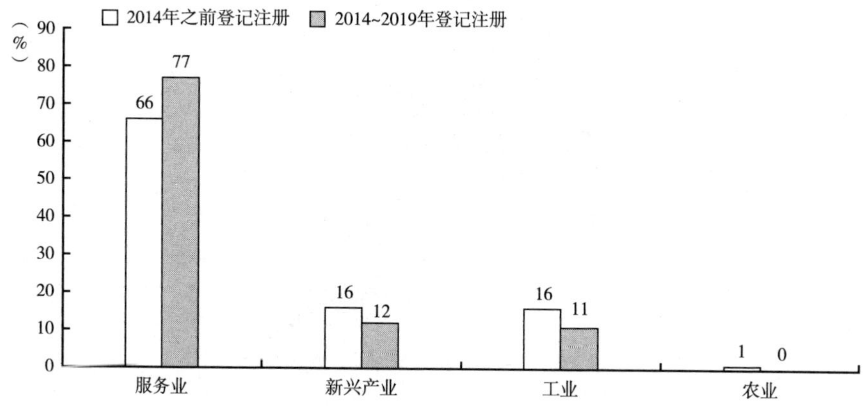

图 9　商改前后安徽省各产业市场主体占比

（三）2019年，安徽省38%的市场主体创造了就业岗位

在调研中，调研员询问市场主体的办事代表，在过去半年，公司员工规模是扩大或不变还是减少了？如图 10 所示，在 2019 年上半年，有 38% 的市场主体员工规模扩大，47% 的员工规模不变，16% 的员工规模缩小。本报告进一步把员工规模扩大的市场主体比例与员工规模缩小的市场主体比例之间的差值定义为市场主体净增就业面。员工规模扩大的市场主体与员工规模缩小的市场主体之间，差值为 22 个百分点，即市场主体净增就业面 22% 。这表明，2019 年上半年，安徽省市场主体创造了更多就业岗位，提供了更多就业机会。

（四）2019年，近一半市场主体业绩提升

在调研中，调研员询问市场主体的办事代表，在过去半年，公司的销售业绩变好或不变或变差？如图 11 所示，在 2019 年上半年，安徽省 47% 的市场主体表示业绩变好，业绩不变的占 22% ，业绩变差的比例为 32% 。这表明，2019 年上半年，近一半市场主体的业绩变好。

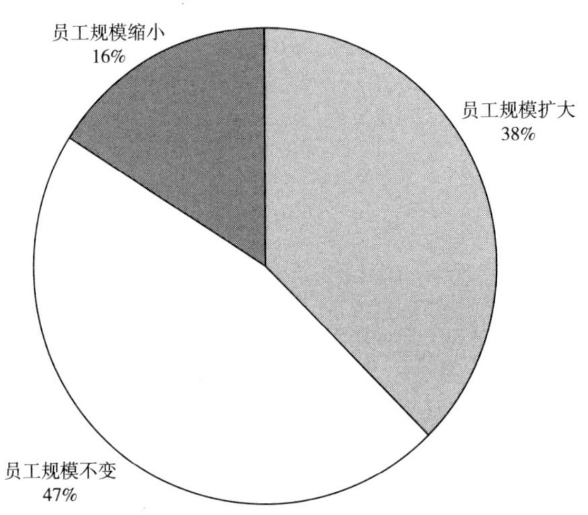

图10　2019 年，安徽省 38%的市场主体员工规模扩大

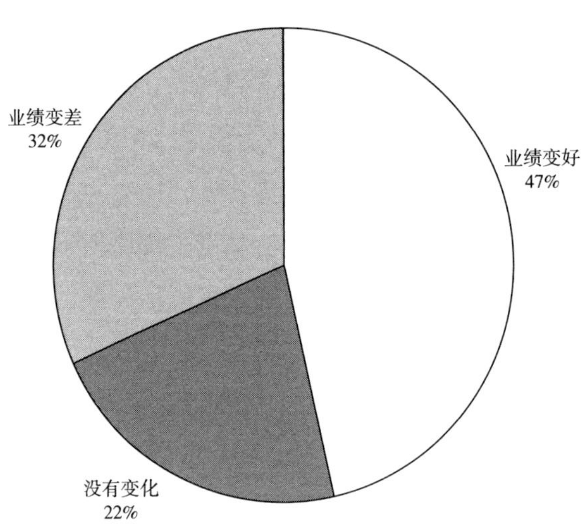

图11　2019 年，安徽省 47%的市场主体业绩变好

（五）2019年，安徽省接近一半的市场主体推出了新产品或新服务

在实地调研中，调研员询问前来办事的市场主体代表，公司在过去半年

是否推出新产品或新服务？如图 12 所示，在 2019 年上半年，有推出新产品或新服务的市场主体占比为 44%。这表明，安徽近一半的市场主体在过去半年有进行创新。

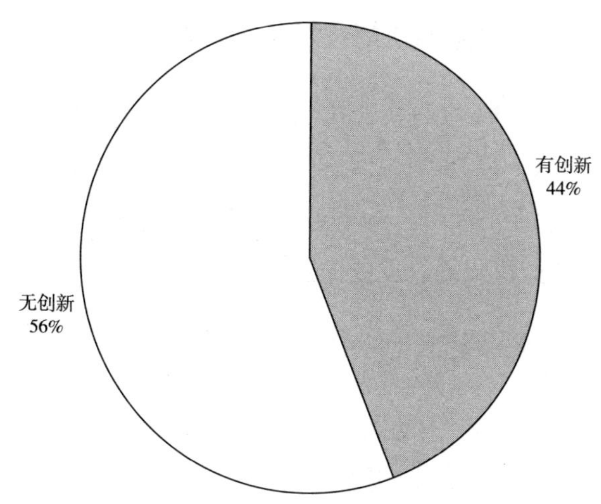

图 12　2019 年，安徽省 44%的市场主体推出了新产品或新服务

（六）小结

从调研结果来看，安徽省商事制度改革通过促创业、保就业、稳增长、调结构、促创新、改善营商环境，有力支撑经济高质量发展，具体如下。

商事制度改革大大促进大众创业，改革后登记注册的市场主体占比为 58%，市场主体数量翻番。

商事制度改革创造更多就业机会，2019 年上半年 38% 的市场主体有扩大员工规模。

商事制度改革促进市场主体成长。2019 年上半年 47% 的市场主体业绩变好。

商事制度改革促进万众创新，2019 年上半年 44% 的市场主体有进行创新。

四　安徽省商事制度改革面临的问题

（一）办理营业执照的快捷程度亟须提高

其一，市场主体对于办理营业执照快捷程度提高的认可度低于全国平均水平。如图 13 所示，有 38% 的市场主体认为办理营业执照快捷程度大幅提高，低于 48% 的全国平均水平，与全国最佳水平 72% 有较大差距；而 13% 的市场主体认为营业执照的办理更加复杂。

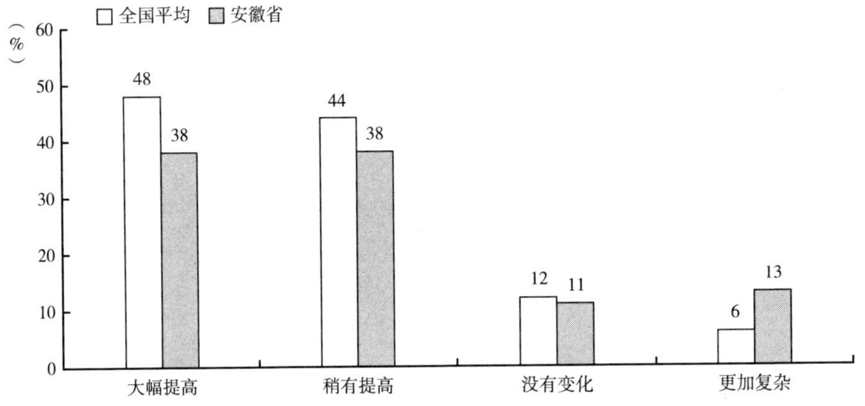

图 13　2019 年，13% 的市场主体认为营业执照的办理更加复杂

其二，安徽登记注册平均需 9.3 天，高于全国平均水平。如图 14 所示，在 2018 年，市场主体在安徽省登记注册，平均需要 6.2 天，比全国平均数（7 天）快 0.8 天。2019 年登记注册所需时间出现增加，增至 9.3 天，比全国平均水平 6.9 天慢 2.4 天，比全国最佳省份的 3 天慢 6.3 天。2019 年，在安徽省，只有约 11% 的市场主体在 1 天内完成登记注册，大大低于全国平均值（25%），而在全国最佳省份，2019 年市场主体在 1 天内完成登记的比例为 64%，差距较大。

其三，安徽登记注册所需交涉的窗口数量约 2.6 个，仍高于全国平均水

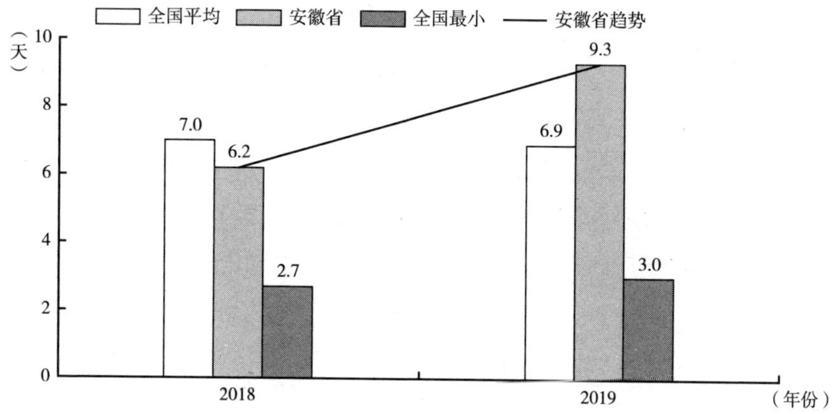

图 14　2019 年在安徽登记注册所需时间为 9.3 天

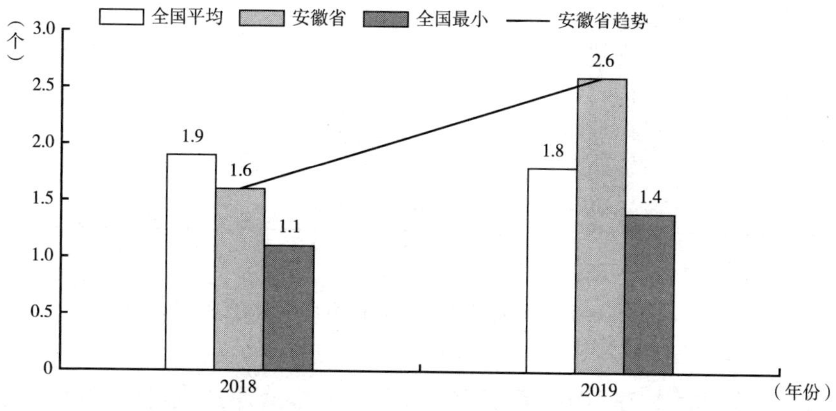

图 15　在安徽登记注册所需交涉的窗口数量为 2.6 个

平。如图 15 所示，2018 年，安徽省市场主体登记注册所需要交涉窗口数量为 1.6 个，低于全国平均水平，2019 年增至 2.6 个，高全国平均水平 0.8 个窗口，与全国最佳水平（1.4 个窗口）仍有一定差距。

（二）市场主体获得感不足

总体而言，安徽省商事制度改革中，市场主体获得感不强，改革对市场主体的积极影响低于全国平均水平，具体表现如下。

第一，62%的市场主体认为商改对其经营有积极影响，低于全国平均水平。如图16所示，在安徽，62%的市场主体认为商改对经营有积极影响，比全国平均水平低4个百分点，比全国最佳水平低14个百分点。34%的市场主体认为商改对经营没有影响，比全国平均水平高3个百分点；4%的市场主体认为商改对经营有消极影响，略高于全国平均水平。这表明，从全国比较的角度看，安徽商事制度改革对市场主体经营的积极影响小于全国平均水平，市场主体的获得感有待提升。

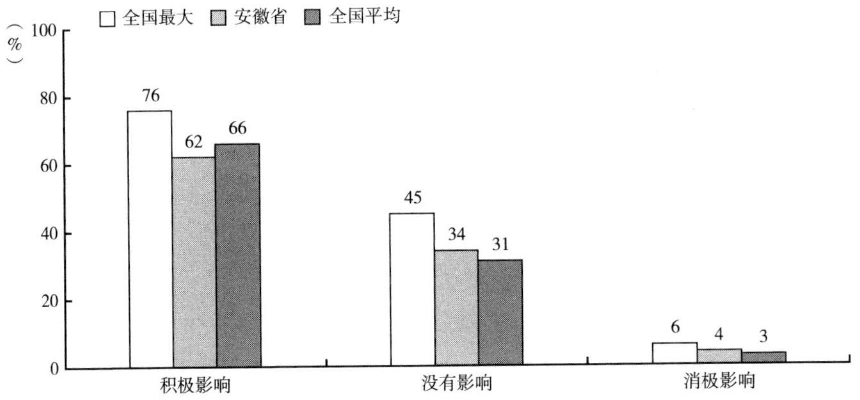

图16　2019年，62%的安徽市场主体认为商改对经营有积极影响

如图17所示，在2018年，74%的市场主体认为商改对经营有积极影响。而2019年只有62%的市场主体认为商改对经营有积极影响，较上年低了12个百分点。由此可以看出，安徽省2018~2019年商事制度改革对企业的积极影响下降，市场主体的获得感不强。

第二，43%的市场主体认为营商环境有改善，低于全国平均水平。如图18所示，2019年，在安徽，43%的市场主体认为营商环境有所改善，比52%的全国平均水平低9个百分点；22%的市场主体认为没有改善，高于全国水平4个百分点；36%的市场主体认为变差了，高于29%的全国平均水平。这表明，在2019年，从全国横向比较来看，虽然43%的市场主体

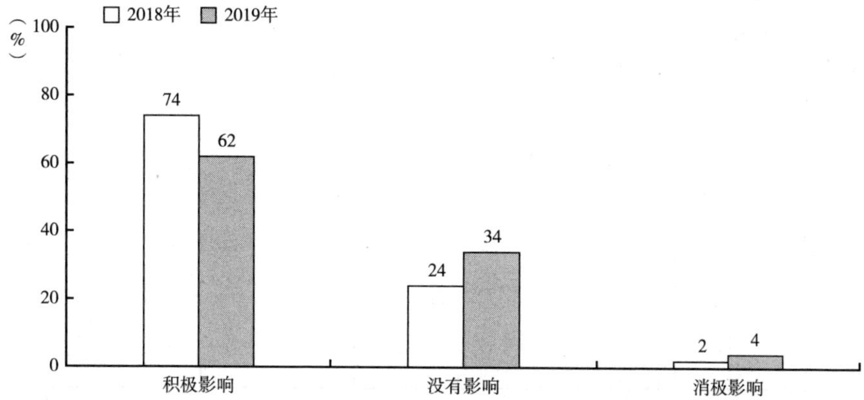

图 17　2019 年安徽认为商改对企业经营有积极影响的市场主体比例减少

认为安徽省营商环境有所改善，但安徽的营商环境改善幅度小于全国平均水平。

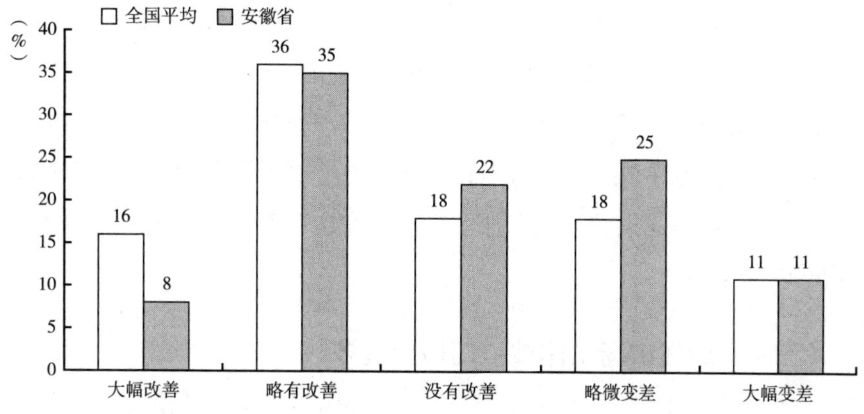

图 18　2019 年，43%的安徽市场主体认为商改对营商环境有积极影响

如图 19 所示，2018 年，在安徽，52%的市场主体认为营商环境有所改善，27%的市场主体认为营商环境变差；在 2019 年，认为商改对营商环境有改善的比例降为 43%，而认为营商环境变差的市场主体比例上升为 36%。这表明，2019 年安徽省商事制度改革对营商环境的积极影响降低，营商环境的改善没有被更多市场主体所认可。

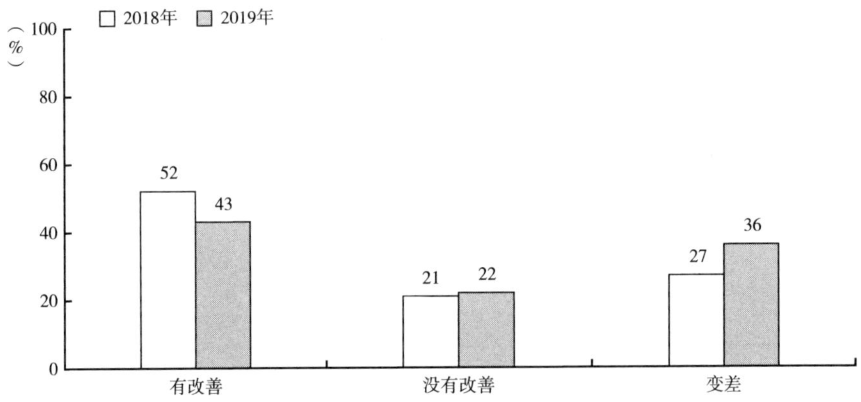

图 19　认为商改对当地的营商环境有积极影响的市场主体比例下降

第三，85% 的市场主体认为商事制度改革降低了与政府打交道的时间，65% 的市场主体认为降低了与政府打交道的费用。安徽的商事制度改革一定程度上降低了企业的制度性交易成本，受到了市场主体的好评，但与全国平均水平相比略有差距。如图 20 所示，2019 年，在安徽省，85% 的市场主体认为商改措施能够降低市场主体与政府打交道的时间，比全国平均水平略低，比全国最佳水平低 9 个百分点；65% 的市场主体认为商改措施能够降低市场主体与政府打交道的费用，低于全国平均水平 7 个百分点，比全国最佳水平低 17 个百分点。

（三）安徽省市场主体被上门检查过多

商事制度改革中一直强调要加强事中事后监管，建设以信用监管为核心的市场监管新机制。随机抽查理念逐步推广到整个市场监管领域，要求随机抽取检查对象，随机选派执法检查人员、抽查检查结果及时公开，强调要实现“双随机、一公开”全覆盖。然而，从市场主体的反馈情况看，在过去一年，高达 90% 的市场主体都有被政府部门上门检查的经历。

整体而言，在安徽省，90% 的市场主体表示在过去一年有被上门检查的经历，比全国平均水平 81% 高了 9 个百分点。41% 的市场主体反馈检查次

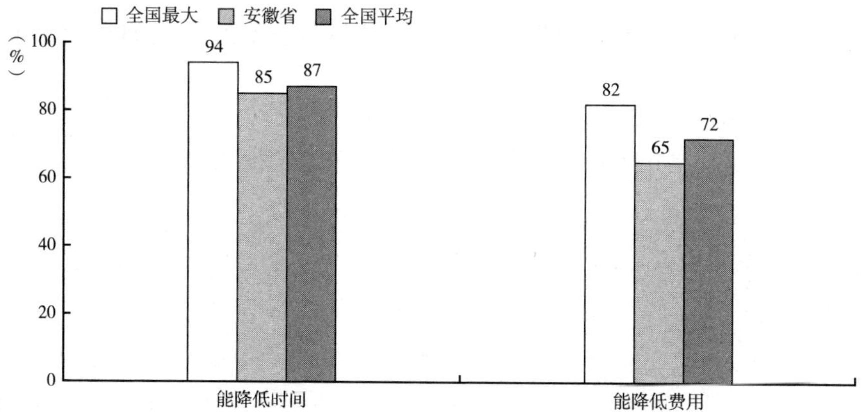

图 20　商改降低了企业与政府打交道的成本

数增多，高于全国平均水平（35%），27%的市场主体反馈被上门检查的政府部门数量增多，略高于全国平均水平。这表明，信用监管不充分，市场主体被上门检查的比重过高。

由图 21 可知，在 2018 年，过去一年有被上门检查经历的市场主体比例为 69%。2019 年，这一比例增至 90%，增加了 21 个百分点，政府部门对于市场主体的检查次数明显增多。

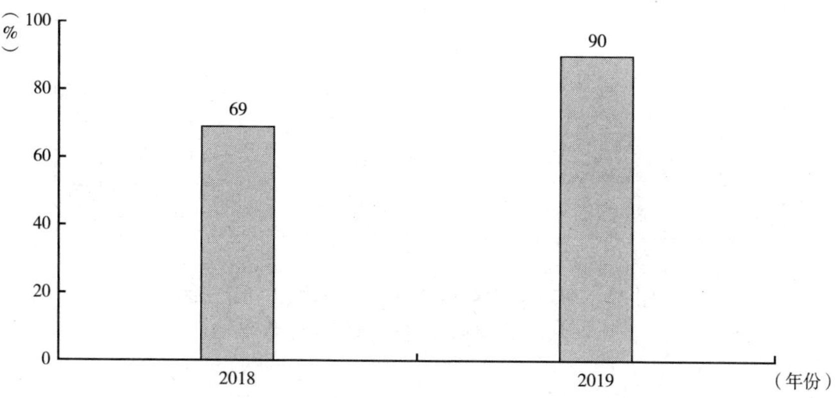

图 21　在安徽，过去一年有被上门检查经历的市场主体比例

（四）在服务型政府建设上，安徽省办事效率低于全国平均水平

“一网通办”“一次办结”“一窗受理、集成服务”是安徽省创优政务服务的目标，更是市场主体的诉求。总体来讲，安徽省“一网、一次、一窗”的服务效率低于全国平均水平，距全国最优水平还有较大差距。如图22所示，在2019年，29%的市场主体常用1个网上办事系统，略低于全国平均水平31%；41%的安徽市场主体办成一件事只需要跑一次，比全国平均水平略低；56%的市场主体办成一件事只需要与一个窗口打交道，距全国平均水平相差11个百分点。在合肥市的调研中，调研小组发现，“一网、一次、一窗”相关服务并不到位。在合肥市庐阳区的采访中，有一位受访者提道：“本来说网上可以办理，又说要线下办理，来来回回我现在跑了5次还没办成。”也有受访者表示，因为“黄牛党”的存在，很难排到前面的号，办成一件事经常需要在大厅等待半天以上，效率很低。由此看来，安徽省“一网、一次、一窗”的改革，还需进一步加强。

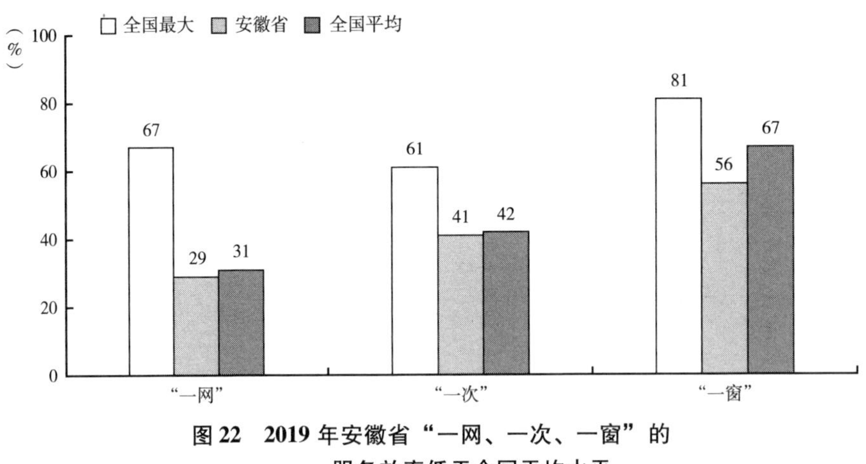

图22　2019年安徽省“一网、一次、一窗”的服务效率低于全国平均水平

（五）市场主体所面临的主要困难是市场竞争激烈

商事制度改革一直围绕着解决“办照难”“办证难”“退出难”等问题

不断深化，不过，从市场主体反馈情况看，这些已经不再是安徽市场主体所面临的主要困难。如图 23 所示，对于“在本地做生意目前遇到的主要困难是什么”这一问题，安徽市场主体提及开办企业难、办理许可证难、退出市场难的比重分别为 3%、10% 和 3%，相关事项不再是市场主体目前所面临的主要困难。这一现象具有普遍性，在全国范围内，这三个困难被提及的比重分别为 3%、7% 和 3%。

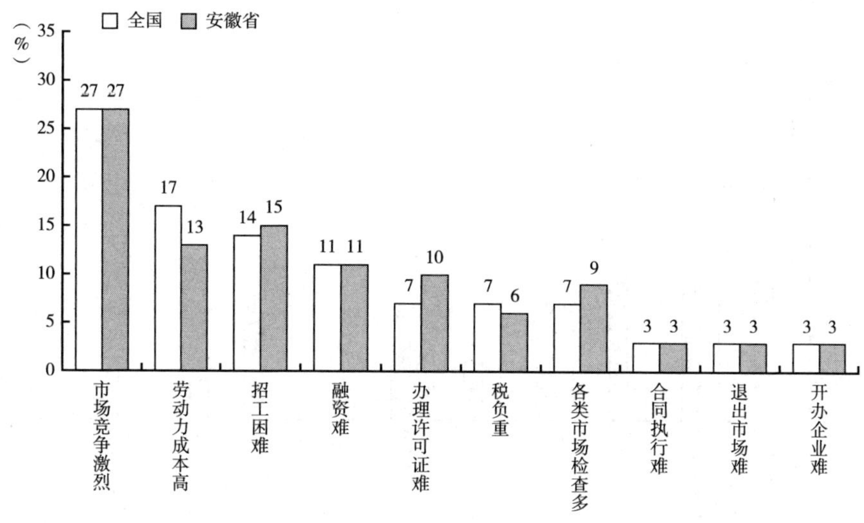

图 23　目前市场主体经营面临的主要困难在商事制度改革之外

安徽市场主体表示目前最主要的困难分别是市场竞争激烈、招工困难和劳动力成本高，这三个困难被提及的比重分别为 27%、15% 和 13%。同样，这三个困难也是全国范围内最主要的困难，安徽省面临的困难与全国基本相似。其中市场竞争激烈尤为突出；招工困难、劳动力成本高的比重也较高，这表明劳动力问题在安徽乃至全国范围都很突出。在蚌埠市的调研中，一位老奶奶告诉调研员：“现在啊，很多年轻人都离开这儿去外面闯荡，年轻人越来越少了，招工真的是越来越难。”而类似的回答不在少数，这表明，劳动力问题在安徽省十分突出。

由图 24 可知，在 2018 年，32% 的市场主体认为遇到的最主要困难是市场竞争激烈，与2019年相同，市场竞争激烈依旧为市场主体反映的最主要困难。2018年，9%的市场主体认为遇到的最主要困难为招工困难，19%的市场主体认为劳动力成本高，总体来看劳动力问题占28%，与2019年持平。这表明，从2018年到2019年，市场竞争激烈、招工困难、劳动力成本高依旧被认为是市场主体遇到的主要困难。同时，退出市场难、合同执行难和开办企业难等问题在2018年与2019年市场主体的反馈中占比相差不大，均占较小比例。

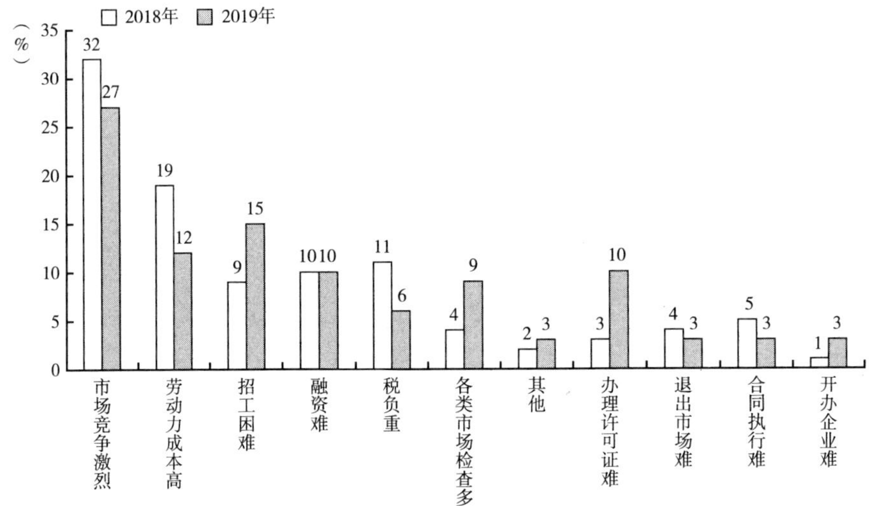

图24　2018年、2019年市场主体经营面临的主要困难对比

显然，这些困难不是目前商事制度改革所能够直接解决的。需要明确指出的是，这些新困难是商事制度改革过程中必然出现的。在深化改革的五年间，安徽省的市场主体数量从200多万户增加到超过470万户。市场主体快速增加，是商事制度改革所取得的巨大成就，但又对商事制度改革提出了新的挑战。市场主体增加，意味着，在产品市场上，市场供给可能是同步增加的，必然导致产品市场上竞争越来越激烈；在生产要素市场上，市场需求可能是同步增加的，必然进一步导致招工越来越困难，劳动力成本高，企业成本不断上升。

山东省营商环境报告*

一　山东省报告概览

在山东省，课题组在2018年的基础上，进一步调研了省内6个市20个区，收回有效问卷480份。这6个市分别为济南、青岛、淄博、枣庄、东营、滨州。调研结束后，课题组整理了有关全国和山东商事制度改革的第一手资料与舆情反馈，并从全国视野考察了山东商事制度改革的新进展、新挑战以及新方向（见表1）。

表1　2019年山东省营商环境指标体系及最新进展

一级指标	二级指标	三级指标	山东均值	全国均值	全国最大	全国最小
主要进展	市场准入	2019年登记注册所需时间(天)	4.2	6.9	9.3	3.0
		2019年登记注册所需打交道窗口数量(个)	1.4	1.8	3.1	1.4
		2019年办理许可证的数量(个)	1.0	1.8	2.7	1.0
	信用监管	国家企业信用信息公示系统使用率(%)	66	66	79	47
	互联网+政务	网上办事大厅知晓率(%)	67	66	84	47
		网上办事大厅使用率(%)	50	48	73	27

* 执笔人：魏锦萌、李子君、申广军。

续表

一级指标	二级指标	三级指标	山东均值	全国均值	全国最大	全国最小
主要进展	服务效率	过去半年,办成一件事需跑几次(次)	1.5	1.9	2.7	1.6
		过去半年,办成一件事需打交道窗口数量(个)	1.3	1.4	2.2	1.2
		外省市场主体对本省营商环境评价得票率(%)	3		48	0
宏观成效	就业	过去半年,扩大员工规模的市场主体占比(%)	30	34	45	22
	成长	过去半年,业绩提升的市场主体占比(%)	54	49	58	34
	创新	过去半年,创新的市场主体占比(%)	42	44	56	32
	结构	商改后登记注册的市场主体中服务业占比(%)	68	70	97	50

注："全国最大"和"全国最小"为省级层面的最大值和最小值。

资料来源：中山大学"深化商事制度改革研究"课题组。

二　2018～2019年山东省商事制度改革最新进展

商事制度改革的重点是"放、管、服"。从调研结果来看，2019年，山东省市场准入更加便利，办理"照""证"的时间和数量缩减；信用监管系统正在进入大规模使用阶段；以"最多跑一次"为代表的服务效率大幅提升，"减费"工作得到市场主体认可。

（一）便利准入：山东登记注册平均需打交道1.4个窗口，为全国最佳水平

在登记注册所需打交道窗口上，山东省在2019年达到全国最佳水平。如图1所示，在山东，2018年市场主体登记注册平均需要交涉1.6个窗口，到2019年，下降到1.4个，达到全国最佳水平。这表明，与2018年相比，

2019 年在山东登记注册一家企业更加高效、便利，市场准入便利度进一步提升。

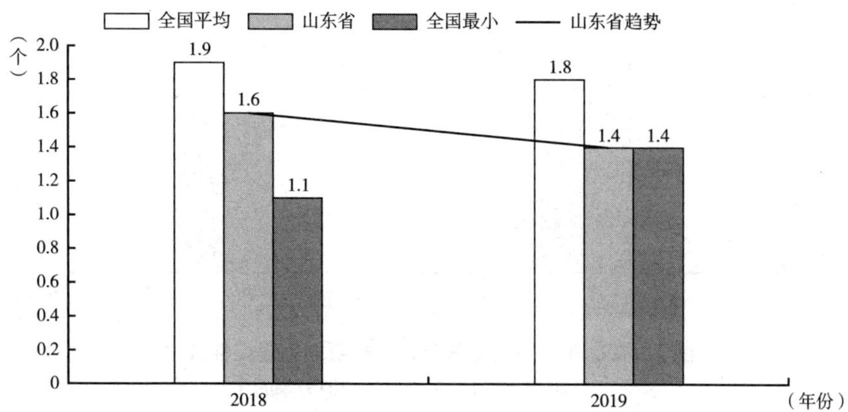

图 1　在山东，登记注册所需交涉的窗口数从 2018 年的 1.6 个降至 2019 年的 1.4 个

（二）持续减证：山东平均所需办理证件1个，为全国最佳水平

2019 年，山东省市场主体平均所需办理许可证数量仅为 1 个，在 2018 年基础上进一步减少了 0.9 个。如图 2 所示，2018 年，山东市场主体平均要办 1.9 个许可证，达到全国平均水平；到 2019 年，市场主体登记注册所需办理证件数下降至 1 个，比自身 2018 年的数量减少 0.9 个，达到全国最佳水平。由此可见，2019 年山东省减证工作取得了积极的进展。

（三）信用监管：山东66%的市场主体使用国家企业信用信息公示系统，比2018年增加了3个百分点

信用监管的起点是市场主体到国家企业信用信息系统查看相关企业的信用信息。如图 3 所示，在 2018 年，山东 63% 的市场主体表示在与其他市场主体交易前，会通过国家企业信用信息公示系统查看对方的信用

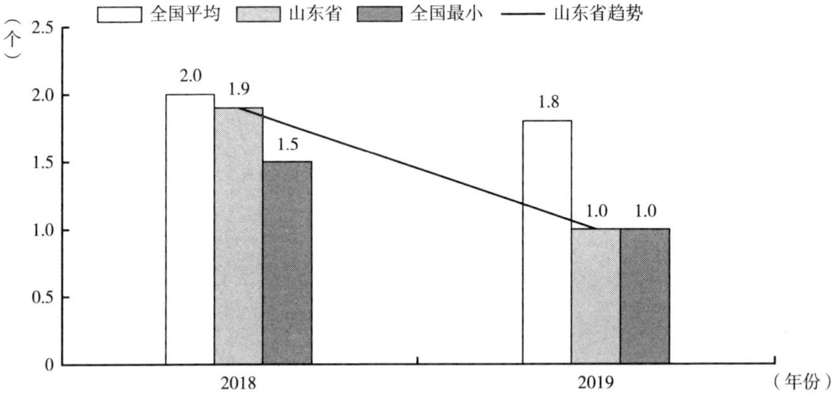

图2　在山东，市场主体登记注册所需办理证件数由2018年的1.9个降至2019年的1个

信息，全国平均水平为65%，山东省低于全国平均水平。2019年，在山东，66%的市场主体选择到国家企业信用信息公示系统上查看交易对象的信用信息，与全国平均水平持平。这表明，目前山东已经有近七成市场主体使用国家企业信用信息公示系统，该系统在山东进入大规模使用阶段。

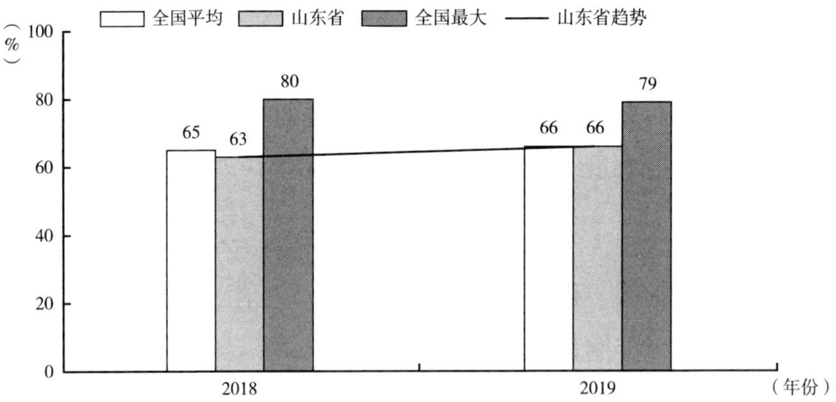

图3　在山东，查看国家企业信用信息系统的比例从2018年的63%升至2019年的66%

（四）提高效率：2019年，山东“最多跑一次”比例为61%，为全国最佳水平

“企业和群众办事力争只进一扇门、最多跑一次”，是中央政府 2018 年初提出的商事制度改革的目标，更是市场主体的诉求。如图 4 所示，从 2018 年调研来看，山东省市场主体中有 55% 的办事“最多跑一次”，达到全国最佳水平；到 2019 年，“最多跑一次”的比例增加到 61%，依旧是全国最佳水平。这表明，山东省 2019 年“最多跑一次”改革进展显著。

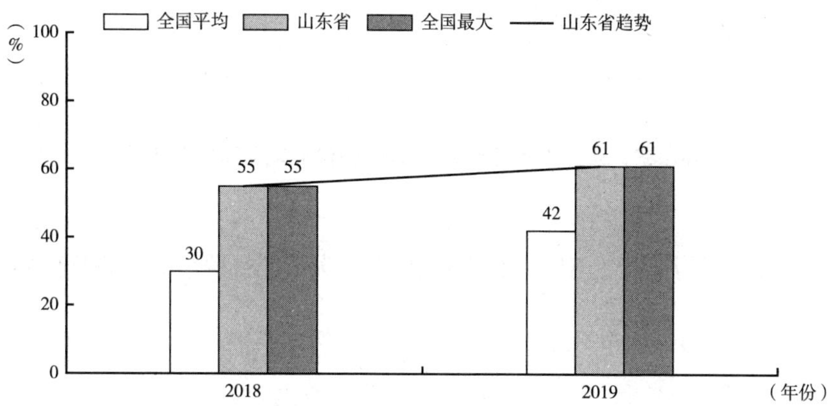

图 4　在山东，市场主体实现了“最多跑一次”的比例为 61%

调研采访的济南市场主体普遍表示，现在办理业务和以前相比确实是方便快捷了许多，“以前比较慢，可能要跑好几次才能办完，现在好了，很多时候一次就搞定了”。并且办事大厅工作人员也十分认真负责，若市场主体的资料不齐全，办事窗口工作人员会认真地答复他们应该准备哪些材料、办哪些手续等。

（五）减少费用：认为费用降低的市场主体比例从76%提高到79%

“减费”是 2019 年的重点工作之一。如图 5 所示，在 2019 年，山东省

79% 的市场主体认为，商改措施能够降低市场主体与政府打交道的费用，与 2018 年相比，提高了 3 个百分点。这表明，在减费工作上，2019 年山东市场主体获得感有所提高。

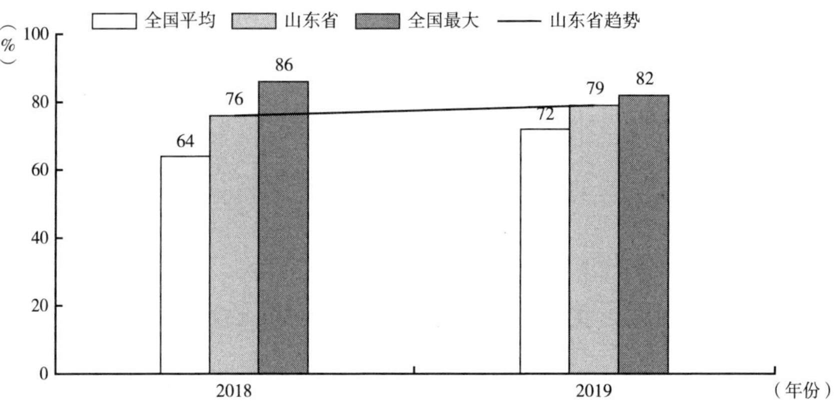

图 5　在山东，认为能降低费用的比例从 2018 年的 76% 上升到 79%

（六）获得感高：60% 的市场主体认为商改对经营有积极影响

在省内，60% 的市场主体认为商改对经营有积极影响。营商环境的改善、市场主体的认可，是商事制度改革的重要维度。如图 6 所示，从省内市场主体的评价来看，山东市场主体认为商改对经营有积极影响的比例从 2018 年的 51% 上升到 2019 年的 60%，省内市场主体在商事制度改革中的获得感不断提升。

（七）认可度：山东营商环境投票率为3%，排名全国第十

在省外，市场主体投票结果显示，山东营商环境得票率为 3%。从其他省份市场主体的评价来看，山东省在营商环境优化方面也取得了进步。如图 7 所示，从山东省外市场主体的投票来看，在 2018 年，省外 2% 的市场主体认为山东做生意的环境好；2019 年，这一比例提高到 3%，增加了 1 个百分点。这是全国市场主体对山东商事制度改革以及营商环境建设的肯定。

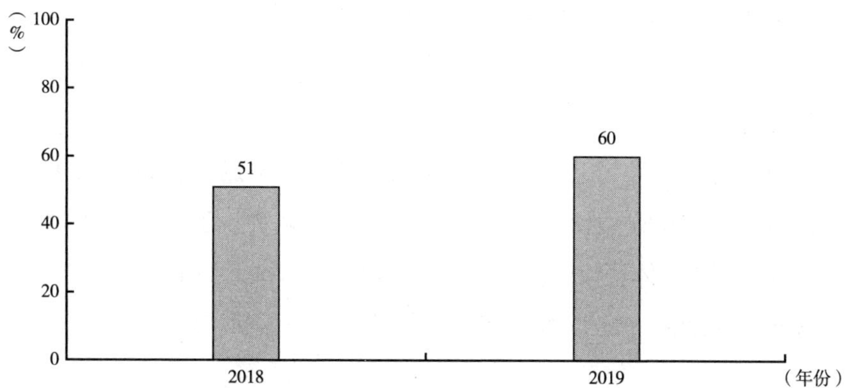

图6　在山东，认为商改对经营有积极影响的比例从2018年的51%上升到2019年的60%

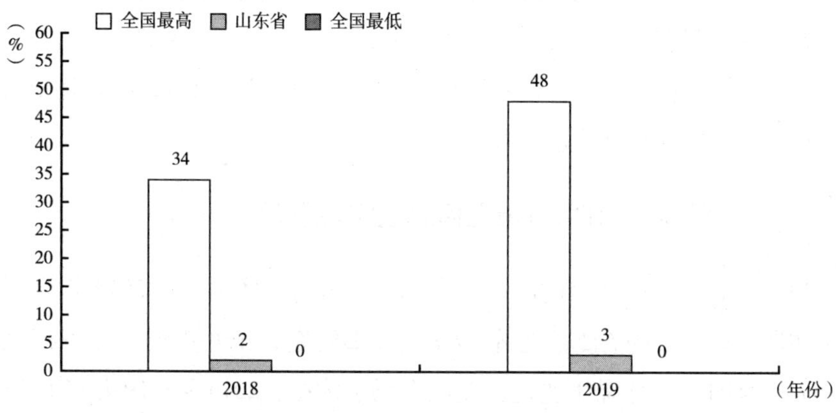

图7　山东营商环境的得票率从2018年的2%增加到2019年的3%

（八）小结

与2018年相比，2019年山东省商事制度改革有着显著进步，具体如下。

其一，山东省市场准入便利度不断提升。完成登记注册平均需要打交道1.4个窗口，达到全国最佳水平；办理许可证数量从1.9个减少到1个，实现了“一证”。

其二，山东省66%的市场主体会通过国家企业信用信息公示系统查看交易对象的信用信息，进入大规模使用阶段。

其三，山东省市场主体“最多跑一次”的比例从55%提高到61%，保持全国最佳水平。

其四，在“减费”工作上，认可费用降低的市场主体从76%提高到79%，绝大部分市场主体认可商事制度改革中“减费”工作取得的成效。

其五，市场主体获得感高。省内六成市场主体认为商事制度改革为企业经营带来积极影响，省外3%的市场主体认为山东营商环境好。

三　山东省商事制度改革的宏观成效

山东商事制度改革能够支撑经济高质量发展吗？商事制度改革支撑经济高质量发展体现在促进新市场主体进入后，创造就业岗位、增加业绩、推动结构转型、促进创新、改善营商环境等方面。从调研结果看，山东省商事制度改革有力支撑经济高质量发展。

（一）商改后，山东市场主体总量实现翻番

2019年调研随机访谈的山东省全部在位市场主体中，在2014年商改后登记注册、进入市场的比例约为59%。商事制度改革对市场主体进行创业有较大影响的一个直观体现是，在位市场主体中，2014～2019年登记注册的市场主体占比达到59%。如图8所示，在山东省调研样本中，2014年之前登记注册的比例为41%，2014～2019年登记注册的市场主体占比为59%。这一结果表明，改革后登记注册、进行创业、进入市场的新市场主体数量占比超过全部在位市场主体的一半，实现市场主体总量翻番。

（二）商改后，山东服务业市场主体占比增加21个百分点

商事制度改革后，山东省服务业市场主体的比重从商改前的47%增加到68%。如图9所示，将市场主体划分为2014年商改前登记注册、2014年商改后登记注册两个集合，分别计算每个集合中不同产业的市场主体占比。

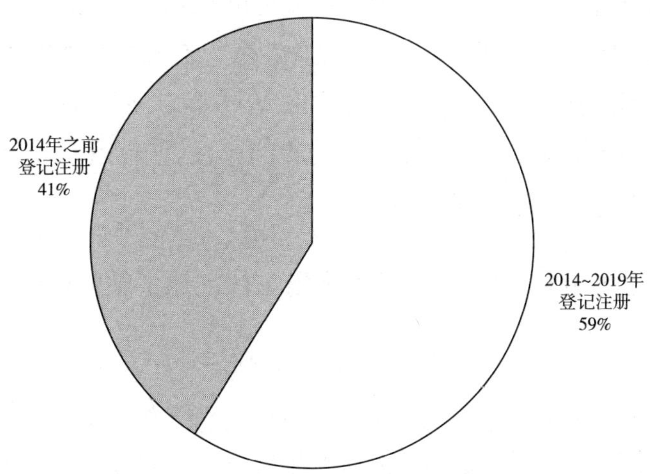

图 8　商改后，山东省市场主体总量翻番

结果表明，山东省在 2014 年商改之前登记注册的市场主体中，47% 为服务业市场主体；在 2014 年之后新登记注册的市场主体中，服务业市场主体的比例为 68%，增加了 21 个百分点。

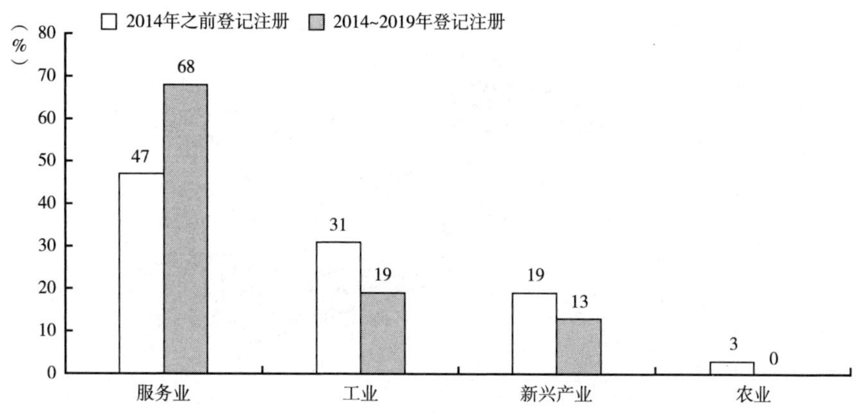

图 9　商改前和商改后，山东省各产业市场主体占比

商事制度改革后，工业市场主体的占比从 31% 下降到 19%。如图 9 所示，在 2014 年商改之前登记注册的市场主体中，31% 为工业市场主体；在

2014 年之后新登记注册的市场主体中，工业市场主体的比例减少到 19%。

商事制度改革后，新兴产业市场主体在所有市场主体中的比重为 13%，低于工业市场主体占比。如图 9 所示，在 2014 年商改之前登记注册的市场主体中，19% 为新兴产业市场主体，在 2014 年之后登记注册的市场主体中，这一比例为 13%，减少了 6 个百分点。

（三）2019年，山东30%的市场主体创造了就业岗位

在调研中，调研员询问市场主体的办事代表，在过去半年，公司的员工规模是扩大或不变还是减少了？如图 10 所示，在 2019 年上半年，有 30% 的市场主体员工规模扩大，57% 的员工规模不变，13% 的员工规模缩小。本报告进一步把员工规模扩大的市场主体比例与员工规模缩小的市场主体比例之间的差值定义为市场主体净增就业面。员工规模扩大的市场主体与员工规模缩小的市场主体之间，差值为 17 个百分点，即市场主体净增就业面 17%。这表明，2019 年上半年，山东省市场主体创造了更多就业岗位，提供了更多就业机会。

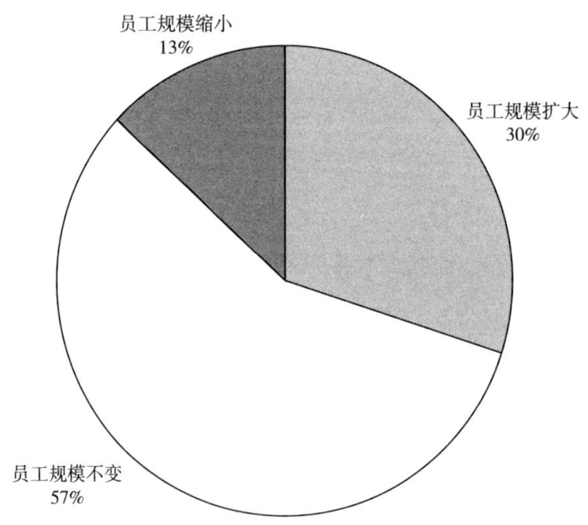

图 10　2019 年，山东省 30% 的市场主体员工规模扩大

（四）2019年，山东省54%的市场主体业绩提升

在调研中，调研员询问市场主体的办事代表，在过去半年，公司的销售业绩是变好或不变还是变差了？如图 11 所示，在 2019 年上半年，山东省 54% 的市场主体表示业绩变好，业绩不变的占 20%，业绩变差的比例为 26%。这表明，2019 年上半年，约一半市场主体的业绩更好。

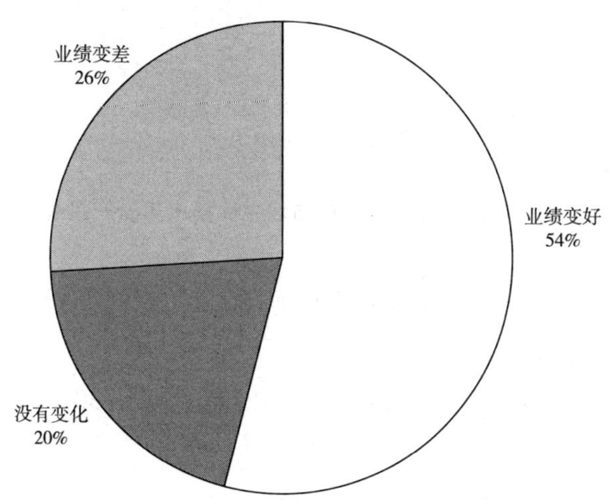

图 11　2019 年，山东省 54%的市场主体业绩变好

（五）2019年，山东42%的市场主体有进行创新

在实地调研中，调研员询问前来办事的市场主体代表，公司在过去半年是否推出新产品或新服务？如图 12 所示，在 2019 年上半年，有推出新产品或新服务的市场主体占比为 42%。这表明，山东近一半的市场主体在过去半年有进行创新。

（六）小结

从调研结果来看，山东省商事制度改革通过促创业、保就业、稳增长、调结构、促创新、改善营商环境，有力支撑经济高质量发展，具体如下。

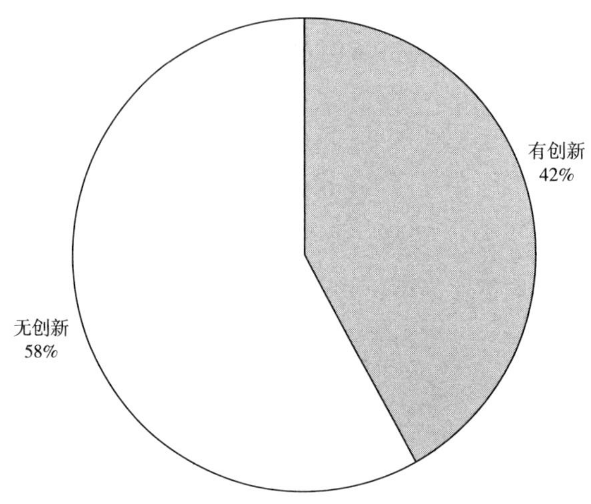

图12　2019年，山东省42%的市场主体推出了新产品或新服务

商事制度改革促进大众创业，改革后登记注册的市场主体占比为59%，市场主体数量翻番。

商事制度改革创造更多就业机会，2019年上半年30%的市场主体员工规模扩大。

商事制度改革促进市场主体成长，2019年上半年54%的市场主体业绩变好。

商事制度改革促进万众创新，2019年上半年42%的市场主体有进行创新。

四　山东省商事制度改革面临的问题

（一）在“互联网+政务”上，对标全国最佳水平，表现为“两低一不足”

“互联网+政务服务”是信息化时代的必然趋势，山东省在2019年高度重视“数字政府”建设。不过，从市场主体反馈情况看，山东市场主体“互联网+政务”与全国平均水平持平，这与山东省的经济地位不匹配。与最佳省份比较来看，主要表现为“两低一不足”。

一是网上办事大厅的知晓率低。如图 13 所示，山东网上办事大厅的知晓率为 67%，全国平均水平为 66%，山东省低于全国最佳水平 17 个百分点。

二是网上办事系统的使用率低。如图 13 所示，山东网上办事大厅的使用率为 50%，全国平均水平为 48%，山东省低于全国最佳水平 23 个百分点。

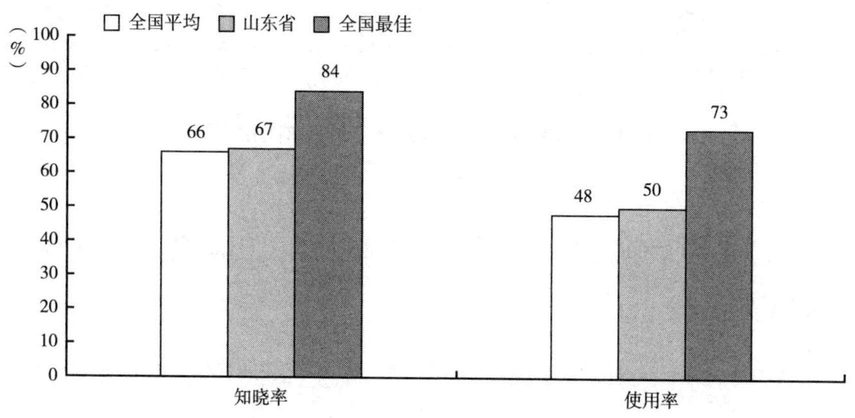

图 13　山东网上办事大厅知晓率为 67%、使用率为 50%

“一不足”指的是“互联网 + 政务”建设不充分。在山东，有 17% 的知道网上办事系统的市场主体选择不使用网上办事系统。根据受访者的反馈，原因如下：第一，网上办事系统业务不全，且部分业务不能实现全流程办理。如图 14 所示，分别有 28% 和 24% 的市场主体因网上业务不全和网上不能全流程办理而不选择“数字政府”。济南市历下区一位市民表示，网上办事非常便捷，但部分业务不能全部在网上办理，需要线上线下两边跑，反而更加不方便了。淄博市临淄区的领导也表示，网络办事系统正在不断完善中，可能会有一些不方便之处，但随着山东省“数字政府”的不断完善，这一问题会得到较好的解决。第二，部分市场主体难以适应，电子化自助办公。在东营市垦利区自助服务区，部分群众从填写到打印签字都需要工作人员予以实时指引，即便如此也经常出现系统报错现象，办事效率不高。

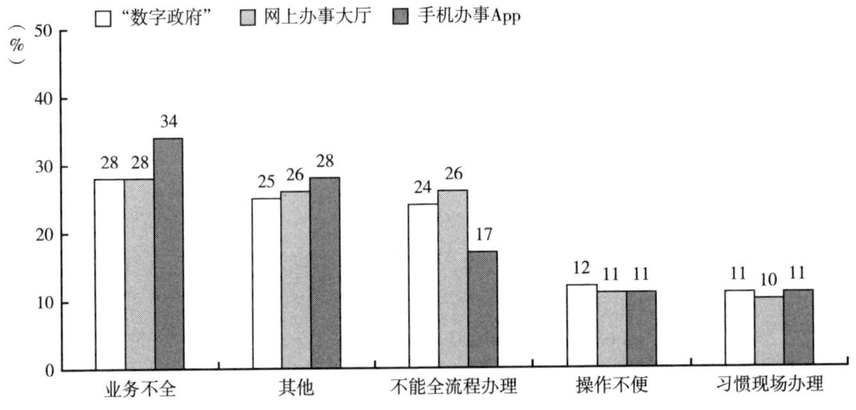

图 14　山东市场主体未选择数字政府的原因

（二）市场竞争激烈、劳动力成本高、招工困难是山东市场主体面临的主要困难

山东省市场主体面临的困难，与全国市场主体面临的困难基本一致。商事制度改革一直围绕着解决“办照难”“办证难”“退出难”等问题不断深化，不过，从市场主体反馈情况看，这些已经不再是市场主体所面临的主要困难。如图 15 所示，山东市场主体表示，2019 年最主要的困难分别是市场竞争激烈、劳动力成本高和招工困难。这三个困难被提及的比重分别为 26%、19%和 15%。这三个困难也是全国市场主体所普遍面临的。

与 2018 年相比，2019 年劳动力成本高的问题明显加剧。如图 16 所示，相较于 2018 年，2019 年市场主体经营面临的市场竞争激烈、劳动力成本高、招工困难、融资难等问题加剧。需要明确指出的是，这些新困难在一定程度上是商事制度改革中必然出现的。山东市场主体倍增，是商事制度改革所取得的巨大成就，但又对商事制度改革提出了新的挑战。市场主体倍增意味着，在产品市场上，市场供给可能是倍增的，必然导致产品市场上竞争越来越激烈；在生产要素市场上，市场需求可能是倍增的，必然导致招工越来越难，生产要素价格不断上升，企业成本不断上升。

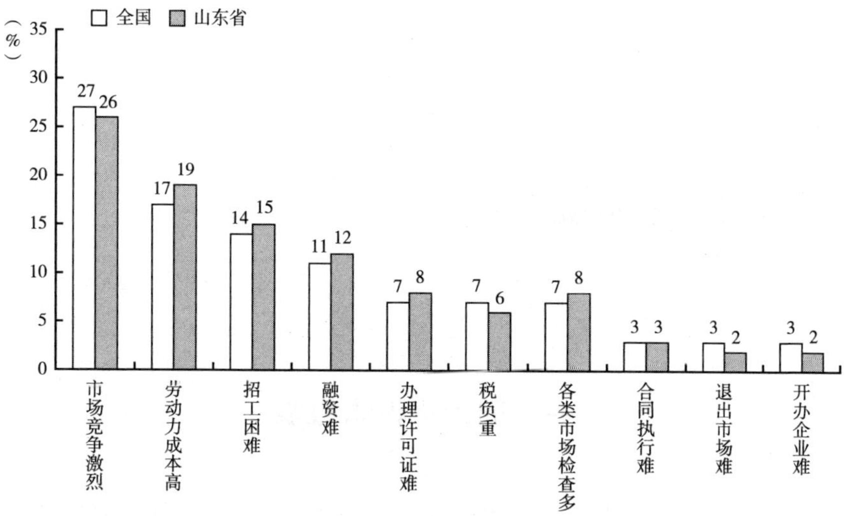

图 15　市场竞争激烈、劳动力成本高、招工困难是山东面临的主要困难

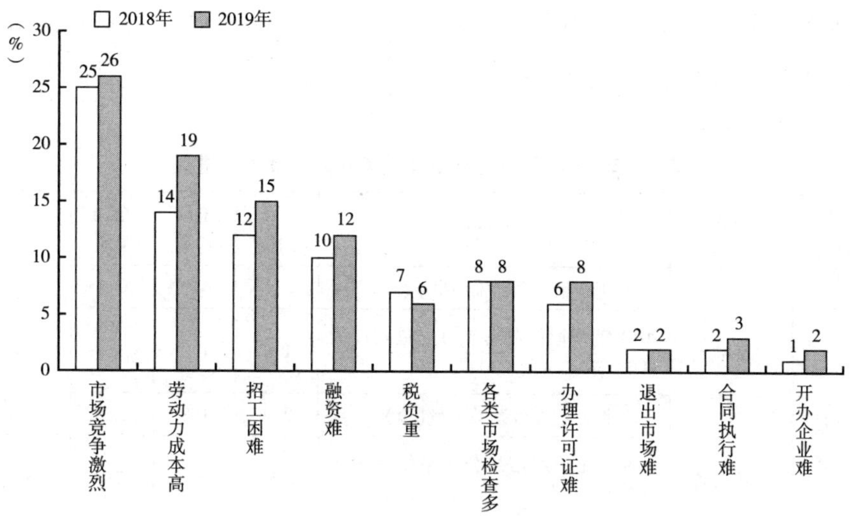

图 16　2018 年、2019 年市场主体经营面临的主要困难对比

因此，山东市场主体所面临的新困难，源于商事制度改革带来的市场主体倍增，而目前的商事制度改革又难以直接解决。

河南省营商环境报告*

一 河南省报告概览

在2018年调研的基础上，2019年课题组在河南继续调研了省内7个市16个区，收回有效问卷397份。这7个市分别为郑州、洛阳、安阳、许昌、漯河、信阳、周口。调研结束后，课题组整理了有关全国和河南商事制度改革的第一手资料与舆情反馈，并从全国视野考察了河南商事制度改革的新进展、新挑战以及新方向（见表1）。

表1 2019年河南省营商环境指标体系及最新进展

一级指标	二级指标	三级指标	河南均值	全国均值	全国最大	全国最小
主要进展	市场准入	2019年登记注册所需时间(天)	8.2	6.9	9.3	3.0
		2019年登记注册所需打交道窗口数量(个)	1.8	1.8	3.1	1.4
		2019年办理许可证的数量(个)	2.0	1.8	2.7	1.0
	信用监管	国家企业信用信息公示系统使用率(%)	65	66	79	47
	互联网+政务	网上办事大厅知晓率(%)	75	66	84	47
		网上办事大厅使用率(%)	56	48	73	27

* 执笔人：肖淇泳、隋婧媛、申广军。

续表

一级指标	二级指标	三级指标	河南均值	全国均值	全国最大	全国最小
主要进展	服务效率	过去半年,办成一件事需跑几次(次)	1.7	1.9	2.7	1.6
		过去半年,办成一件事需打交道窗口数量(个)	1.3	1.4	2.2	1.2
		外省市场主体对本省营商环境评价得票率(%)	1		48	0
宏观成效	就业	过去半年,扩大员工规模的市场主体占比(%)	36	34	45	22
	成长	过去半年,业绩提升的市场主体占比(%)	43	49	58	34
	创新	过去半年,创新的市场主体占比(%)	42	44	56	32
	结构	商改后登记注册的市场主体中服务业占比(%)	76	70	97	50

注:“全国最大”和“全国最小”为省级层面的最大值和最小值。
资料来源:中山大学“深化商事制度改革研究”课题组。

二 2018~2019年河南省商事制度改革最新进展

商事制度改革的重点是“放、管、服”。从调研结果来看,2019 年,河南省市场准入更加便利;办事效率大幅提高,“最多跑一次”改革进展显著;“数字政府”建设由大规模知晓阶段向大规模使用阶段过渡;市场主体在商事制度改革中的获得感显著增强。

(一)便利准入:河南登记注册平均需交涉1.8个窗口,比2018年减少1.4个

如图 1 所示,在河南,2018 年市场主体登记注册平均需要交涉 3.2 个窗口,到 2019 年,下降到 1.8 个。登记注册窗口数量大幅度缩减,表明与 2018 年相比,2019 年在河南登记注册一家企业更加高效、便利,市场准入便利度进一步提升。

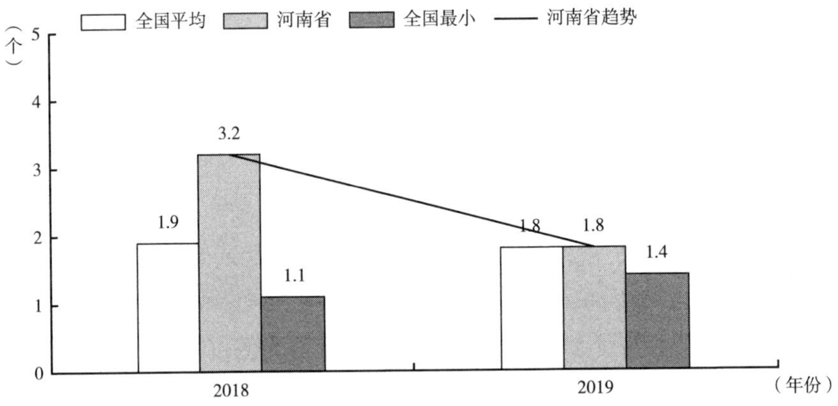

图1　在河南，登记注册所需交涉的窗口数从2018年的3.2个降至2019年的1.8个

（二）持续减证：河南平均办理证件2.0个，比2018年减少0.1个

如图2所示，2019年，河南省市场主体平均所需办理许可证数量约为2.0个，在2018年基础上进一步减少0.1个。河南省“减证”工作取得了一定的进展。

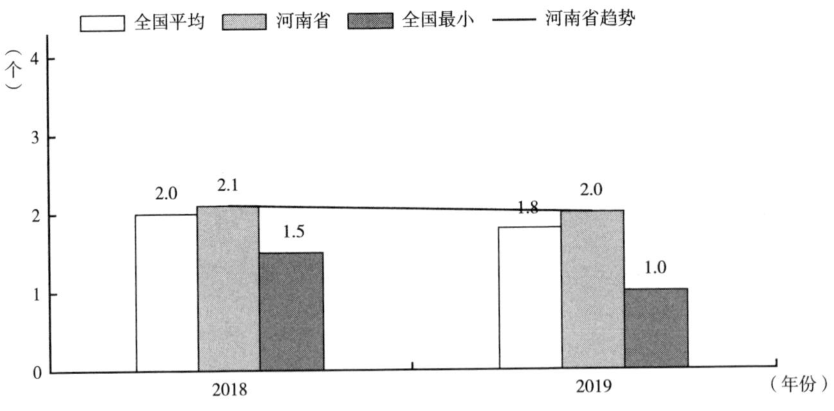

图2　在河南，市场主体登记注册所需办理证件数由2018年的2.1个降至2019年的2.0个

（三）提高效率：河南“最多跑一次”比例从17%提高到54%

“企业和群众办事力争只进一扇门、最多跑一次”，是中央政府于2018年初提出的商事制度改革的目标，更是市场主体的诉求。如图3所示，从2018年调研来看，河南省的市场主体中有17%的办事“最多跑一次”，低于全国平均水平；到2019年，“最多跑一次”的比例增加到54%，增加了37个百分点。这表明，河南省2019年在“最多跑一次”改革上进展显著。

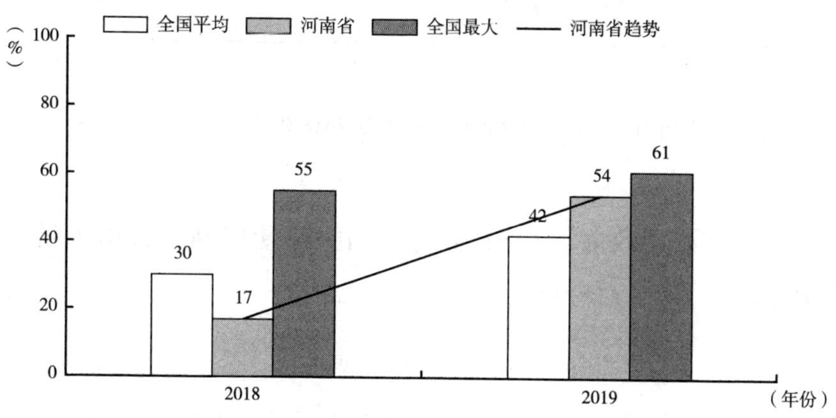

图3 在河南，市场主体实现“最多跑一次”的比例从2018年的17%上升到2019年的54%

（四）节省时间：认为节省时间的市场主体比例从80%提高到91%

2019年，河南省91%的市场主体认为，商改措施能够节省市场主体与政府打交道的时间，与2018年相比，提高了11个百分点。如图4所示，2018年，河南80%的市场主体认为商事制度改革能够节省与政府打交道的时间，低于全国平均水平；到2019年，认为能节省时间的市场主体比例上升至91%，比2018年提高了11个百分点，也比2019年全国平均水平高4个百分点。由此可见，2019年河南在节省市场主体与政府打交道的时间方面的工作取得了积极进展。

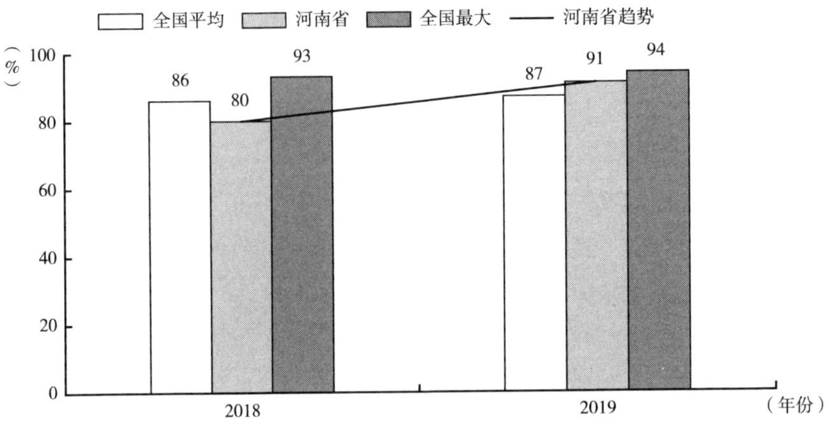

图4　在河南，认为能节省时间的比例从2018年的80%上升到91%

（五）“数字政府”：56%的市场主体使用网上办事系统，比2018年提高了6个百分点

“互联网+政务”是商事制度改革的主要内容之一。如图5所示，在河南，2018年反馈知道网上办事大厅的市场主体占比为55%；2019年这一比例为75%，大幅增加。这表明，河南省对网上办事大厅的宣传取得了突出

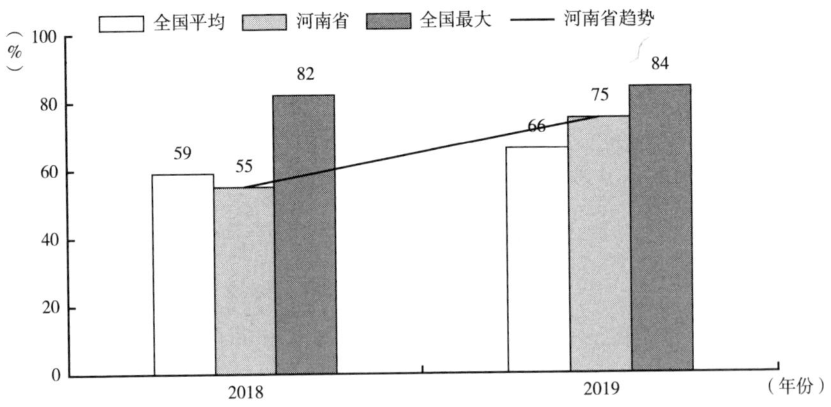

图5　在河南，反馈知道网上办事大厅的市场主体占比从2018年的55%增加到2019年的75%

效果。

如图 6 所示，在河南，2018 年使用网上办事系统的市场主体占比为 50%，2019 年为 56%，有所增加。河南有五成以上的市场主体使用网上办事系统，河南“数字政府”建设由大规模知晓阶段向大规模使用阶段过渡。

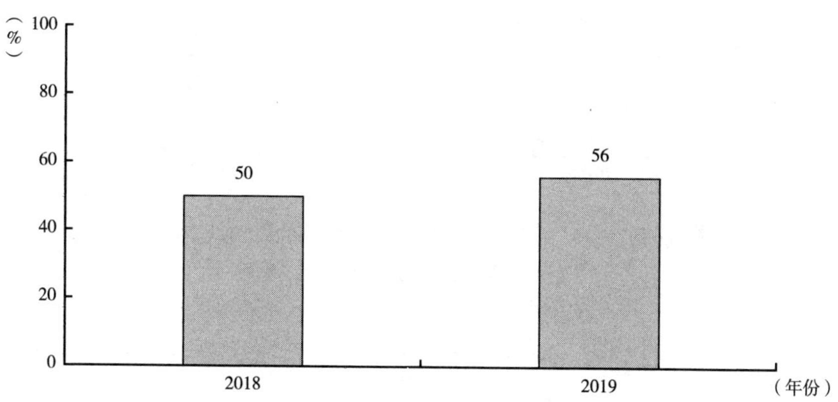

图 6　在河南，使用网上办事系统的市场主体占比从 2018 年的 50%增加到 2019 年的 56%

（六）获得感高：认为商改对经营有积极影响的市场主体比例为 76%，为全国最佳水平

2019 年，河南省 76% 的市场主体认为商改对经营有积极影响，高于全国平均水平。营商环境的改善、市场主体的认可，是商事制度改革的重要维度。如图 7 所示，从省内市场主体的评价来看，河南市场主体认为商改对经营有积极影响的比例从 2018 年的 69% 上升到 2019 年的 76%，提高了 7 个百分点，为全国最佳水平。这反映了市场主体在商事制度改革中的获得感不断提升。

（七）小结

与 2018 年相比，2019 年河南省商事制度改革取得显著进步，具体如下。

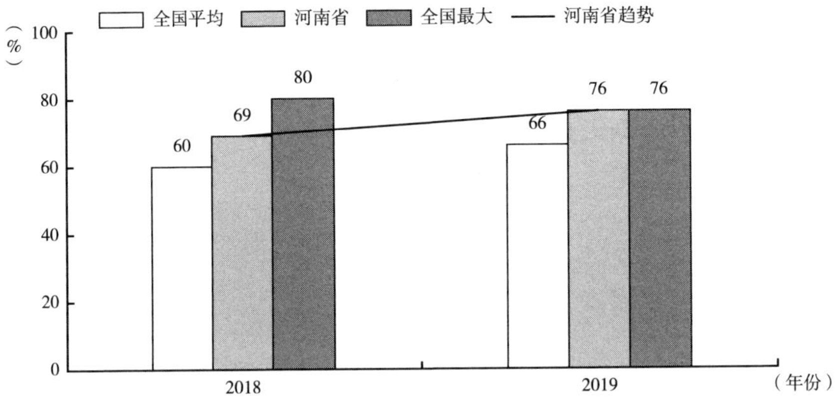

图 7　在河南，认为商改对经营有积极影响的比例从 2018 年的 69%上升到 2019 年的 76%

一是河南省市场准入便利度不断提升。登记注册所要交涉窗口从 3. 2 个减少到 1. 8 个，办理许可证数量从 2. 1 个减少到 2. 0 个。

二是河南省市场主体“最多跑一次”的比例从 17% 提高到 54% 。

三是认可商改降低与政府打交道时间的市场主体比例从 80% 提高到 91% 。

四是网上办事系统的知晓率从 55% 提升到 75% ，网上办事系统的使用率从 50% 提升到 56% 。

五是市场主体获得感高。河南省 76% 的市场主体认为商事制度改革为企业经营带来积极影响。

三　河南省商事制度改革的宏观成效

河南商事制度改革能够支撑经济高质量发展吗？商事制度改革支撑经济高质量发展体现在促进新市场主体进入后，创造就业岗位、增加业绩、推动结构转型、促进创新、改善营商环境等方面。从调研结果看，河南省商事制度改革有力支撑经济高质量发展。

（一）商改后，河南省市场主体总量实现翻番

2019 年调研随机访谈的河南省全部在位市场主体中，在 2014 年商改后登记注册、进入市场的比例约为 52%。商事制度改革促进更多市场主体创业的一个直观体现是，在位市场主体中，2014 ~ 2019 年登记注册的市场主体占比高。如图 8 所示，在河南省调研样本中，2014 年之前登记注册的比例为 48%，2014 ~ 2019 年登记注册的市场主体占比为 52%。这一结果表明，改革后登记注册、进行创业、进入市场的新市场主体数量赶超改革前的市场主体总量，占比超过全部在位市场主体的一半，实现市场主体总量翻番。

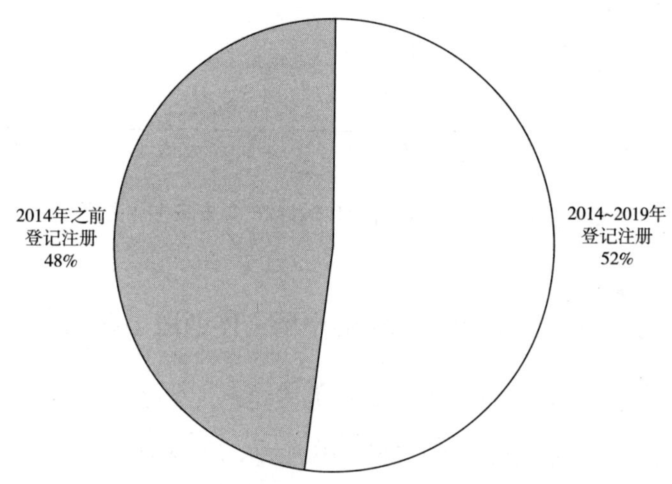

图 8　河南省 2014 ~ 2019 年登记注册的市场主体占全部市场主体的 52%

（二）商改后，河南服务业市场主体占比增加18个百分点

商事制度改革后，河南省服务业市场主体的比重从商改前的 58% 增加到 76%。如图 9 所示，将市场主体划分为 2014 年商改前登记注册、2014 年商改后登记注册两个集合，分别计算每个集合中不同产业的市场主体占比，结果表明，河南省在 2014 年商改之前登记注册的市场主体中，58% 的为服

务业市场主体；在2014年之后新登记注册的市场主体中，服务业市场主体的比例为76%，增加了18个百分点。

同期，商改后，工业市场主体的占比从34%下降到15%，新兴产业市场主体在所有市场主体中的比重从6%下降到5%。

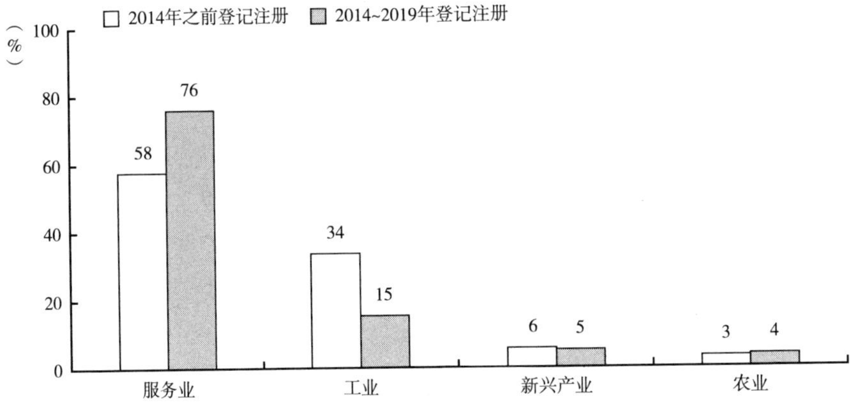

图9　商改前和商改后，河南省各产业市场主体占比

（三）2019年，河南省36%的市场主体创造了就业岗位

在调研中，调研员询问市场主体的办事代表，在过去半年，公司的员工规模是扩大或不变还是减少了？如图10所示，在2019年上半年，有36%的市场主体员工规模扩大，51%的员工规模不变，13%的员工规模缩小。本报告进一步把员工规模扩大的市场主体比例与员工规模缩小的市场主体比例之间的差值定义为市场主体净增就业面。员工规模扩大的市场主体与员工规模缩小的市场主体之间，差值为23个百分点，即市场主体净增就业面23%。这表明，2019年上半年，河南省市场主体创造了更多就业岗位，提供了更多就业机会。

（四）2019年，河南43%的市场主体业绩提升

在调研中，调研员询问市场主体的办事代表，在过去半年，公司的销售

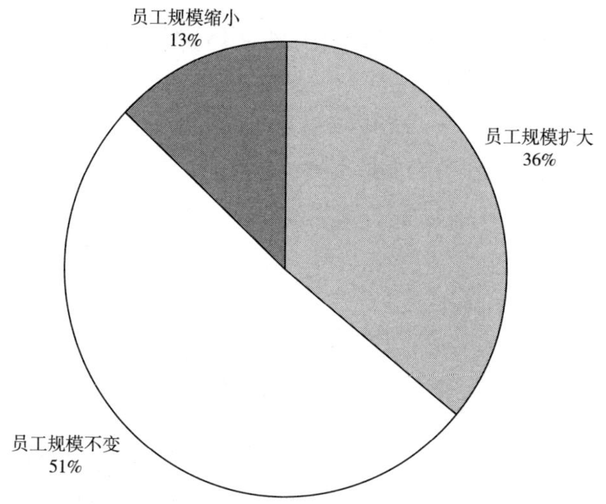

图 10　2019 年，河南省 36%的市场主体员工规模扩大

业绩是变好或不变还是变差了？如图 11 所示，在 2019 年上半年，河南省 43%的市场主体表示业绩变好，业绩不变的占 30%，业绩变差的比例为 26%。这表明，2019 年上半年，超过四成的市场主体业绩更好。

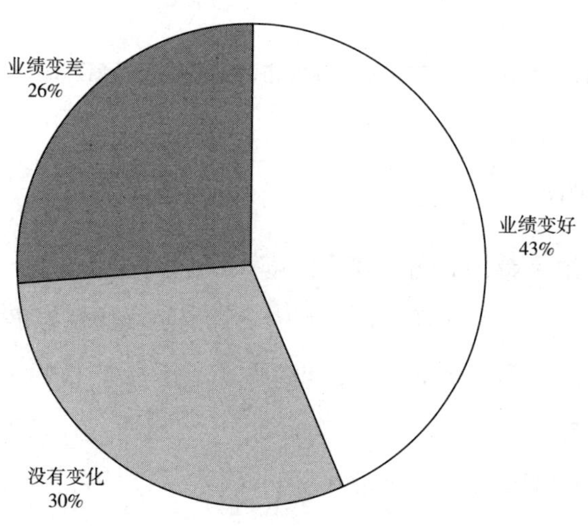

图 11　2019 年，河南省 43%的市场主体业绩变好

（五）2019年，河南42%的市场主体进行创新

在实地调研中，调研员询问前来办事的市场主体代表，公司在过去半年是否推出新产品或新服务？如图 12 所示，在 2019 年上半年，推出新产品或新服务的市场主体占比为 42%。这表明，河南超过四成的市场主体在过去半年有进行创新。

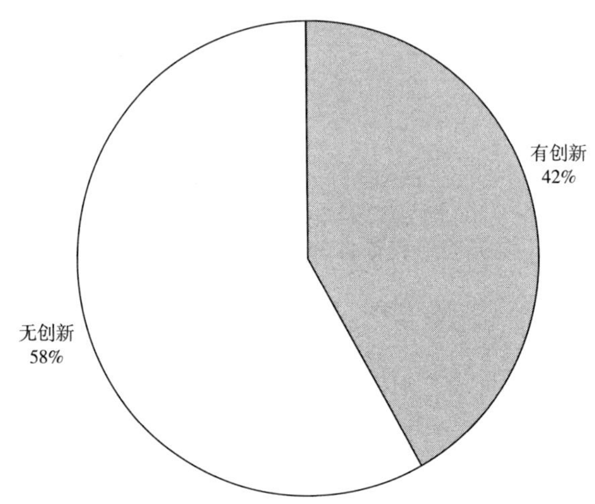

图 12　2019 年，河南省 42%的市场主体推出了新产品或新服务

（六）小结

从调研结果来看，河南省商事制度改革通过促创业、保就业、稳增长、调结构、促创新、改善营商环境，有力支撑经济高质量发展，具体如下。

商事制度改革促进大众创业，改革后登记注册的市场主体占比为 52%，市场主体数量翻番。

商事制度改革创造更多就业机会，2019 年上半年 36% 的市场主体员工规模扩大。

商事制度改革促进市场主体成长，2019 年上半年 43% 的市场主体业绩变好。

商事制度改革促进万众创新，2019 年上半年 42% 的市场主体有进行创新。

四　河南省商事制度改革面临的问题

从市场主体需求侧调研结果看，主要存在以下问题：第一，市场主体登记注册所需时间不减反增，网上办事系统尚不完善；第二，办事提交材料标准不统一、工作人员主观随意性大；第三，"数字政府"方面缺乏专门人员指导群众操作；第四，市场竞争激烈、劳动力成本高和招工困难成为市场主体面临的主要困难。

（一）市场主体登记注册所需时间不减反增，"一次性告知"不到位

由图13可知，2019年，在河南登记注册所需要的平均时间为8.2天，比2018年增加了0.4天。2019年，河南省比全国平均水平（6.9天）多了1.3天，比全国最佳时间（3.0天）多了5.2天。市场主体登记注册所需时间没有缩短，反而增加。同时，2019年，在河南省仅有9%的市场主体在1天内完成登记注册，低于全国平均水平（25%），与全国最佳水平（64%）相差55个百分点。

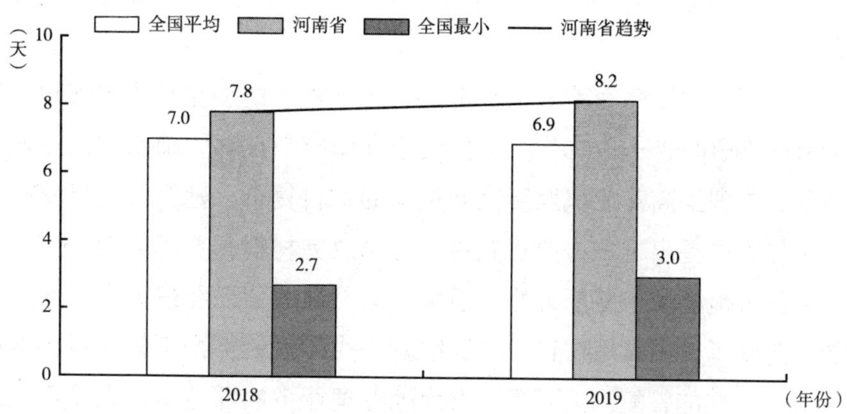

图13　在河南，登记注册所需时间从2018年的7.8天升至2019年的8.2天

在河南省调研的7个市中，只有许昌市民之家的市场监督局窗口做出了企业开办“一日办结”的承诺，但仅限于现场办理，市场主体反馈大概需花费7个小时。其他的地区则一般是承诺3天之内。但即使这样，很多市场主体表示实际需要花费的时间远超承诺时间。

网上办事系统不完善是其中的重要原因之一。网上登记注册，需要通过网上“数字政府”或“河南掌上工商”App提交材料，然后由工作人员审核。因为办事大厅业务繁多，一份材料可能要在提交后的1～3天才能进入受理审核环节。3天内办妥的承诺实际上是指所提交的材料在3天能被审核，若是材料出现问题还需要修改后重新提交再等3天。很多办事群众对网上的办事系统不熟悉，对电子政务操作不熟练。网上办事系统不完善，也提高了办事群众办事的门槛。

另一个原因是“一次性告知”落实不到位。在漯河市源汇区行政服务大厅，一位阿姨向调研员反映，她在网上提交申请材料，但每次总是遇到新的问题，修改完再提交上去往往还要再等上两三天才能出结果，出了结果不通过还要再修改。她为办理工商营业执照的事情已经耗费了将近一个月的时间，前前后后也跑了好几次。就在调研员调研当天，阿姨提交的材料又出现了错误，网上系统也没有显示具体错误是什么，办事大厅的工作人员也不知道怎么解决，阿姨只能再次无功而返。

办事提交材料标准不一也是市场主体所抱怨的。在河南省郑州市管城回族区调研时，一位二十多岁的女士向调研员反映，她所在的行业比较特殊，办理工商营业执照所需要提交的材料复杂。她第一次提交材料时，工作人员提出了一些改进意见。她修改完材料重新提交时，另一位工作人员又提出了一些新的修改意见。虽然她表示已经按上个工作人员的要求改好了，但只是收到了“那你就去找你说的那个工作人员去给你办理呀”这样的答复。然而第一次为她办理业务的那位工作人员正在出差而无法受理。为此，她来来回回跑了好多次，花了快一个月的时间，才把营业执照给办理下来。

（二）“数字政府”需求侧建设不足

如图 14 所示，从市场主体的反馈情况来看，河南“数字政府”吸引力不是很高主要源于在“数字政府”上不能全流程办理、“数字政府”业务不全、市场主体习惯现场办理以及“数字政府”操作不便等。

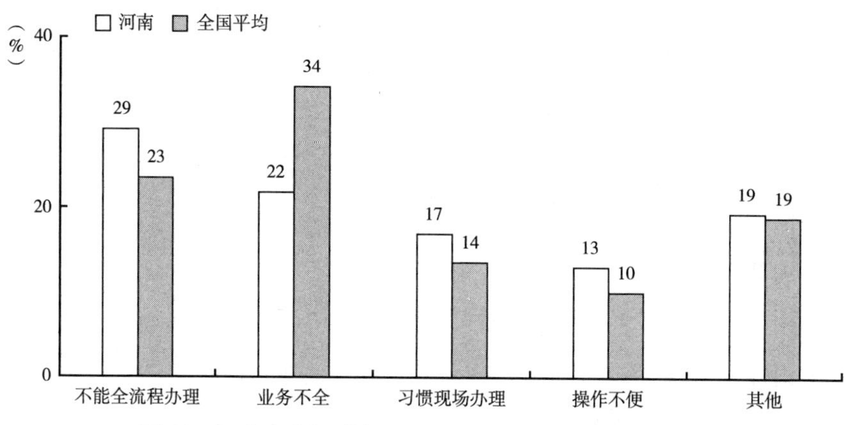

图 14　河南未选择“数字政府”的原因与全国均值对比

“数字政府”的普及，需要的不仅仅是墙上巨大的显示屏，更需要有专门的帮办人员辅导群众操作。在河南省郑州市中原区行政服务大厅，志愿者的配备工作就十分完善。一位阿姨连连向调研员夸赞这里的志愿者：“我平常电脑用得少，这系统我也不会操作。一个志愿者可热情了，直接全帮我操作办理了，一会儿就给办完了。”

而在信阳市浉河区行政服务中心，就缺少能够帮助群众操作网上系统的志愿者。有两位五六十岁的受访者，她们要办理的业务必须在网上操作，然而她们之前却并没有接触过这个系统。工作人员业务繁忙，也无法抽出时间去教她们如何使用，只是让她们去看贴在旁边的使用说明。她们看了半天也是摸不着头脑，最后还是另一位来办事的群众带着她们一步一步进行操作。在学会如何使用手机办事 App 后，她们也觉得这种方式方便快捷。可见，如果能在办事大厅安排志愿者主动帮助群众学会如何使用网上办事系统，则能够更好地普及“数字政府”。

（三）市场竞争激烈、劳动力成本高和招工困难成为市场主体面临的主要困难

商事制度改革一直围绕着解决“办照难”“办证难”“退出难”等问题不断深化，但从市场主体反馈情况看，这些已不是河南市场主体所面临的主要困难。如图15所示，对于“在本地做生意目前遇到的主要困难是什么”，河南市场主体提及开办企业难、办理许可证难、退出市场难的比重分别为3%、9%和2%。

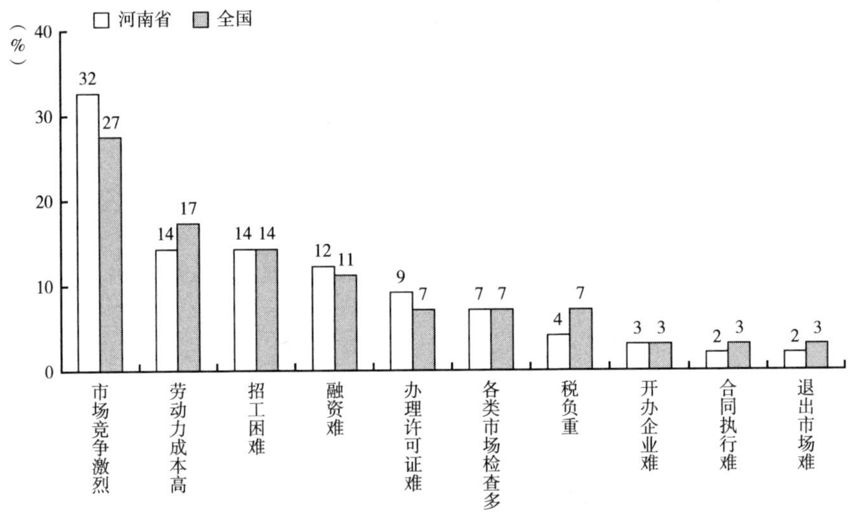

图15　市场主体经营面临的主要困难

河南市场主体表示最主要的困难分别是市场竞争激烈、劳动力成本高和招工困难。这三个困难被提及的比重分别为32%、14%和14%。这三个问题也是全国市场主体普遍所面临的，并且是目前的商事制度改革难以直接解决的。

如图16所示，相较于2018年河南省市场主体面临的主要困难及其占比，2019年河南省市场主体面临的市场竞争更为激烈，招工困难也有所加剧。而在“办照难”“办证难”“退出难”三个方面，办理许可证难度有所

降低，而开办企业难度有所上升。此外，各类困难中变化最大的是“税负重”，占比由 2018 年的 10% 下降到 4%，反映了河南省减税降费措施取得了良好的成效。

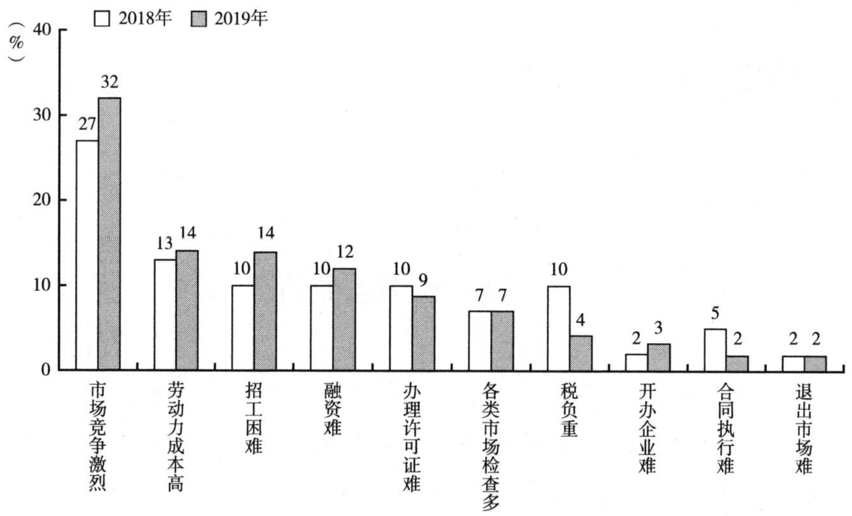

图 16　在河南，2018 年和 2019 年市场主体经营面临的主要困难

湖北省营商环境报告[*]

一　湖北省报告概览

湖北省是本次新增的调研省份，课题组通过分层随机抽样，随机抽取了7个市，随机访谈中回收的有效问卷为544份。7个市分别为武汉、宜昌、鄂州、荆门、黄冈、咸宁、随州。调研结束后，课题组整理了有关全国和湖北商事制度改革的第一手资料与舆情反馈，并从全国视野考察了湖北商事制度改革的新进展、新挑战以及新方向（见表1）。

表1　2019年湖北省营商环境指标体系及最新进展

一级指标	二级指标	三级指标	湖北均值	全国均值	全国最大	全国最小
主要进展	市场准入	2019年登记注册所需时间(天)	8.4	6.9	9.3	3.0
		2019年登记注册所需打交道窗口数量(个)	1.4	1.8	3.1	1.4
		2019年办理许可证的数量(个)	1.6	1.8	2.7	1.0
	信用监管	国家企业信用信息公示系统使用率(%)	63	66	79	47
	互联网+政务	网上办事大厅知晓率(%)	69	66	84	47
		网上办事大厅使用率(%)	51	48	73	27

* 执笔人：王博、黄怡菲、申广军。

续表

一级指标	二级指标	三级指标	湖北均值	全国均值	全国最大	全国最小
主要进展	服务效率	过去半年,办成一件事需跑几次(次)	1.8	1.9	2.7	1.6
		过去半年,办成一件事需打交道窗口数量(个)	1.4	1.4	2.2	1.2
		外省市场主体对本省营商环境评价得票率(%)	2		48	0
宏观成效	就业	过去半年,扩大员工规模的市场主体占比(%)	28	34	45	22
	成长	过去半年,业绩提升的市场主体占比(%)	50	49	58	34
	创新	过去半年,创新的市场主体占比(%)	49	44	56	32
	结构	商改后登记注册的市场主体中服务业占比(%)	77	70	97	50

注:“全国最大”和“全国最小”为省级层面的最大值和最小值。
资料来源:中山大学“深化商事制度改革研究”课题组。

二 2018~2019年湖北省商事制度改革最新进展

(一)在湖北,市场主体完成登记注册的平均时长从商改前的9天下降至2019年的8.4天

如图1所示,在2014年前(商改前),市场主体在湖北完成登记注册,平均需要9.0天,略低于全国平均水平(9.3天)。2014~2018年,这一时间下降至8.0天;2019年登记注册平均为8.4天,与商改前的9天相比小幅下降。

(二)在湖北,市场主体完成注册平均所需交涉的窗口数量从商改前的2.7个下降至2019年的1.4个,为全国最佳水平

如图2所示,在2014年之前(商事制度改革前),市场主体在湖

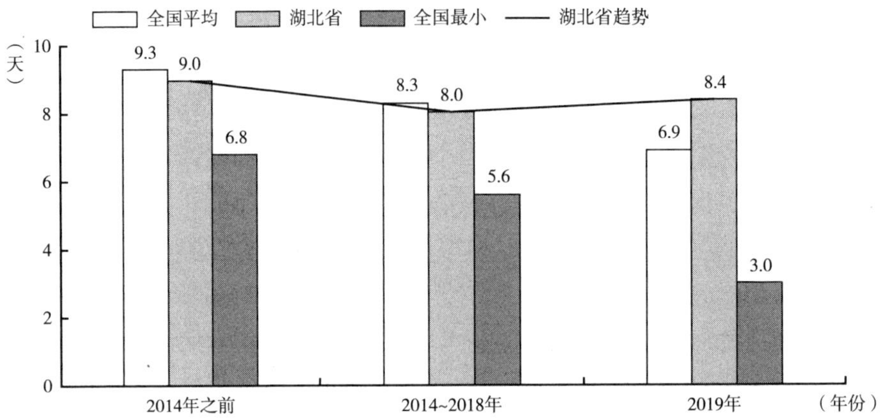

图1　在湖北，完成登记注册的平均时长小幅下降

北完成注册平均所需交涉的窗口数量为2.7个，与全国平均水平（2.6个）相当。商改后，完成注册平均所需交涉的窗口数量大幅下降，2014~2018年，快速下降至1.8个，赶超全国平均水平（2.1个），达到全国最小值（1.8个）；2019年则进一步下降至1.4个，保持全国最佳水平。

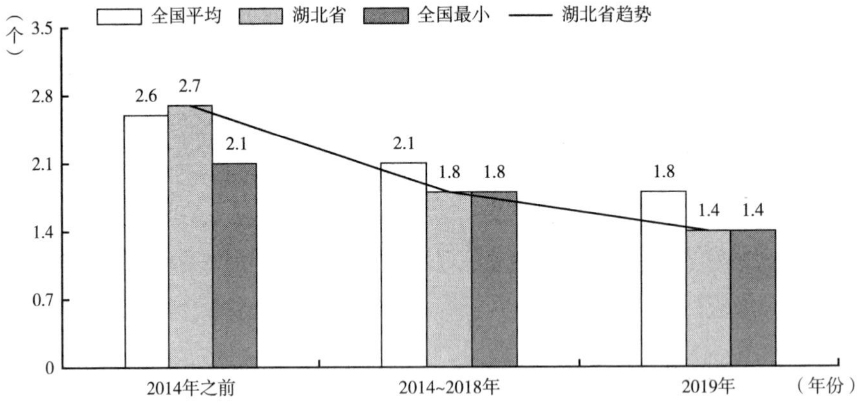

图2　在湖北，完成登记注册平均所需交涉的窗口数量大幅下降

（三）在湖北，市场主体登记注册平均所需办理许可证数量从商改前的3.4个下降至2019年的1.6个

如图3所示，在2014年前，市场主体在湖北注册登记平均所需办理的许可证数量为3.4个，与全国平均水平（3.5个）相当。商改后，注册登记平均所需办理的许可证数量大幅下降，2014～2018年，稳步下降至2.6个，但高于全国平均水平（2.3个）；2019年则迅速下降至1.6个，低于全国平均水平（1.8个）。

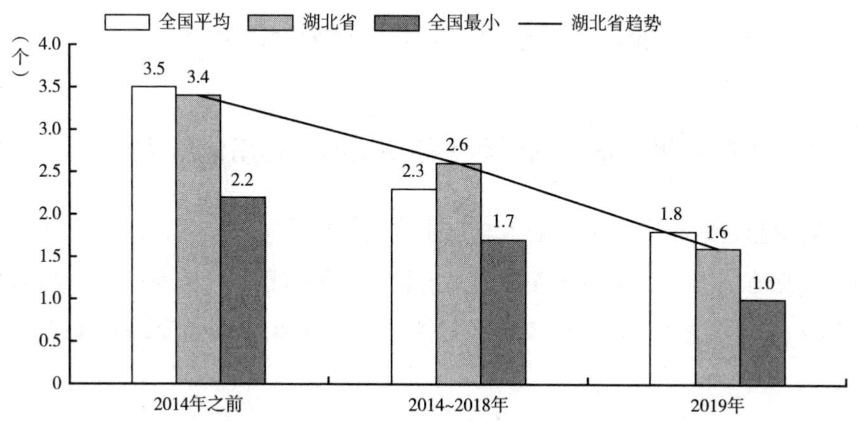

图3　在湖北，注册登记平均所需办理的许可证数量大幅下降

（四）在湖北，市场主体办理许可证的平均耗时从商改前的55.6天下降至2019年的32.9天

如图4所示，在2014年之前（商改），市场主体在湖北办理许可证的平均最久耗时为55.6天，与全国平均水平（53.6天）相当。商改后，办理许可证的平均最久耗时有所下降：2014～2018年，稳步下降至45.0天；2019年则进一步下降至32.9天。

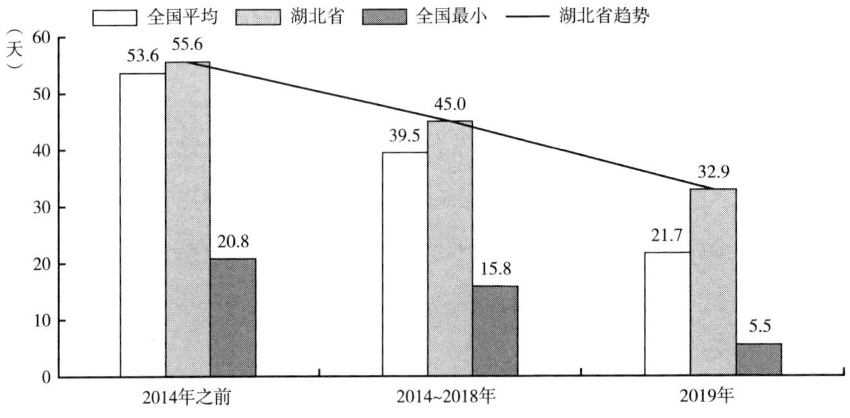

图 4　在湖北，办理许可证的最久耗时下降

（五）在湖北，63%的市场主体使用网上信用信息系统

信用监管的起点是市场主体能方便地获取相关企业信用信息，表现为到国家企业信用信息公示系统查看相关企业的信用信息。如图 5 所示，在湖北仅 63% 的市场主体选择到国家企业信用信息公示系统查看交易对象的信用信息。

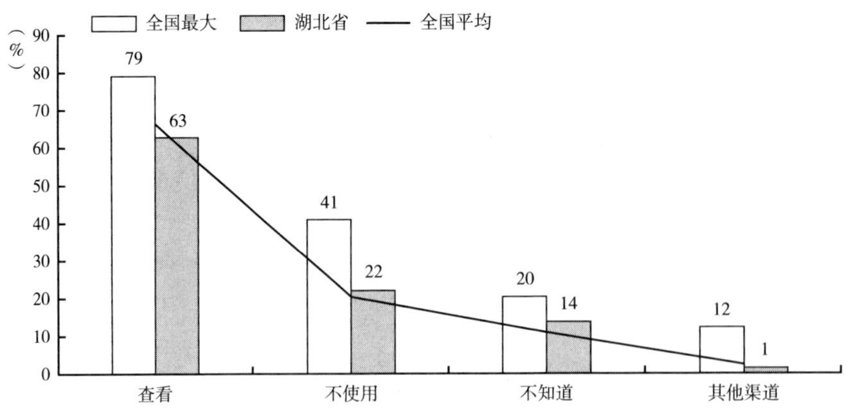

图 5　在湖北，63%的市场主体查看国家信用信息系统

（六）在湖北，近七成市场主体知道网上办事大厅，约一半市场主体使用网上办事系统

“互联网 + 政务”是商事制度改革的主要内容之一。如图 6 所示，湖北 69% 的市场主体明确表示知道其所在地有网上办事大厅，与全国平均水平（66%）相当；51% 的使用网上办事大厅，与全国平均水平（48%）相当。

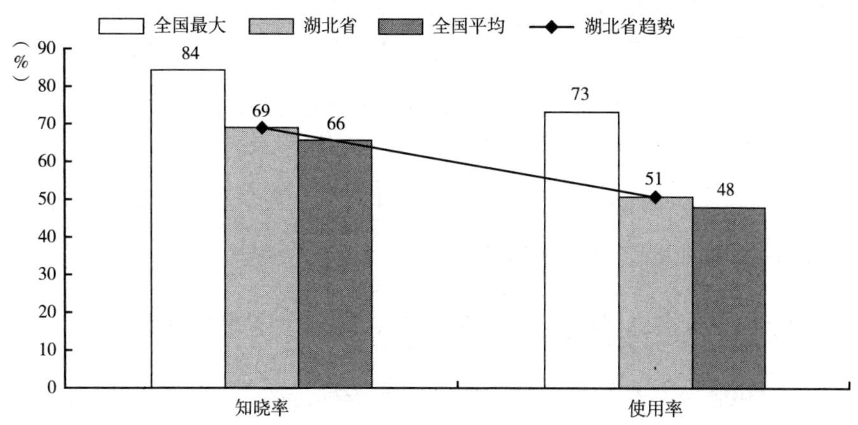

图 6　在湖北 69% 的市场主体知道网上办事大厅，51% 的使用网上办事大厅

（七）在湖北，市场主体在1个窗口完成注册的比例从商改前的31%上升至81%，为全国最佳水平

如图 7 所示，在 2014 年之前，市场主体在湖北 1 个窗口完成注册登记的比例仅为 31%，低于全国平均水平（41%）。商改后，在 1 个窗口完成注册登记的比例大幅提升，2014 ~ 2018 年，提高至 59%，大幅超过全国平均水平（44%），接近全国最大值（64%）；2019 年提高至 81%，为全国最佳水平。

在武汉市和随州市区级政务大厅的实地调研期间，市场主体普遍反映，两地已基本实现了“一窗完成注册登记”。一位年轻的受访者直言：“商事

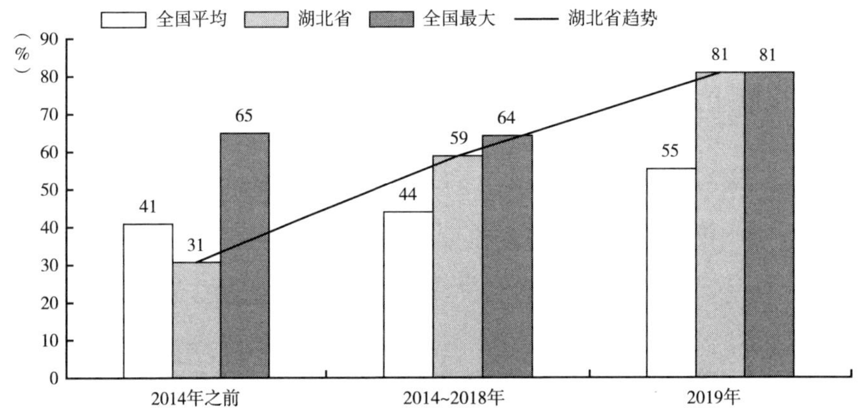

图7　在湖北，1个窗口完成注册的比例大幅上升

制度改革简化了我们办事的程序，再也不用东跑一趟，西跑一趟了！现在办事更有效率，我们的生意也变好了。”

（八）在湖北，“最多跑一次”改革领先全国平均水平

“企业和群众办事力争只进一扇门、最多跑一次”，是中央政府于2018年初提出的商事制度改革的目标，更是市场主体的诉求。如图8所示，市场主体在湖北过去半年办一件事平均需跑政务大厅1.8次，略优于全国平均水平（1.9次）。

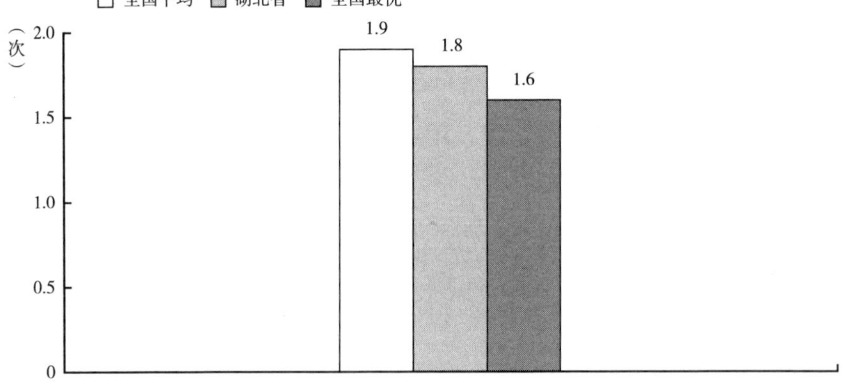

图8　在湖北，市场主体办一件事平均跑政务大厅次数略胜全国平均水平

如图 9 所示，46% 的市场主体在湖北过去半年办一件事只需跑一次，高于全国平均水平（42%）。

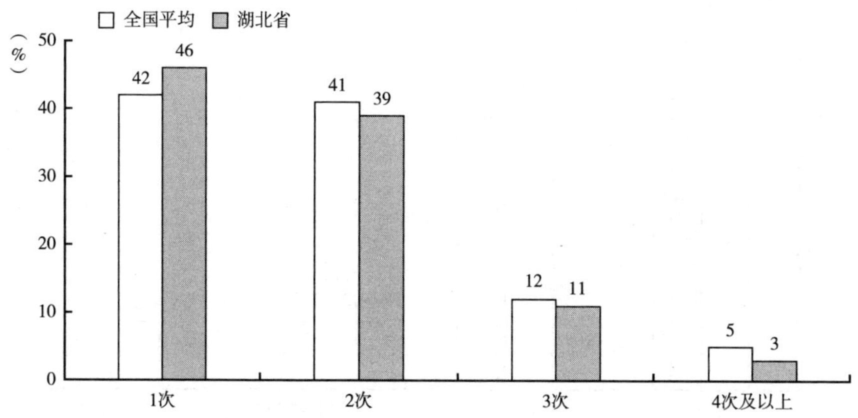

图 9　在湖北，市场主体“最多跑一次”比例高于全国平均水平

同时，每次办事所需花费时间也少于全国平均水平。如图 10 所示，市场主体在湖北过去半年办一件事（不包括交通往返时间）平均需要 1 小时，远低于全国平均水平（1.25 小时），且接近全国最小值（0.83 小时），在“缩短办事时间”上跑赢全国平均水平，接近全国最优水平。

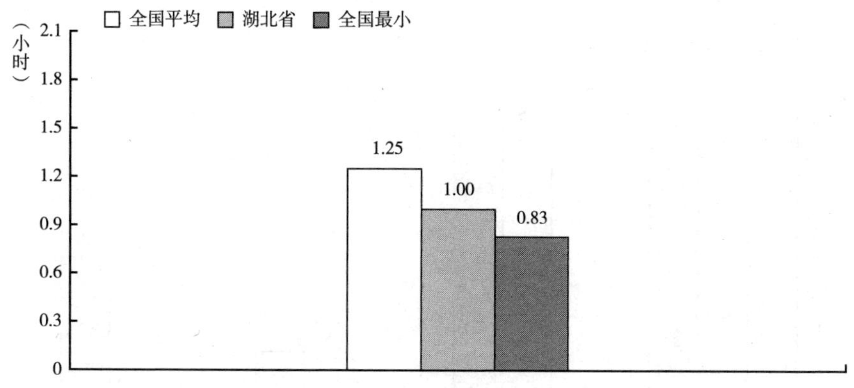

图 10　在湖北，市场主体办一件事平均时间大幅领先全国平均水平

如图 11 所示，市场主体在湖北过去半年办结一件事平均所需时间低于全国平均水平，43% 的市场主体平均在半小时内办结一件事，远高于全国平均水平（33%）。

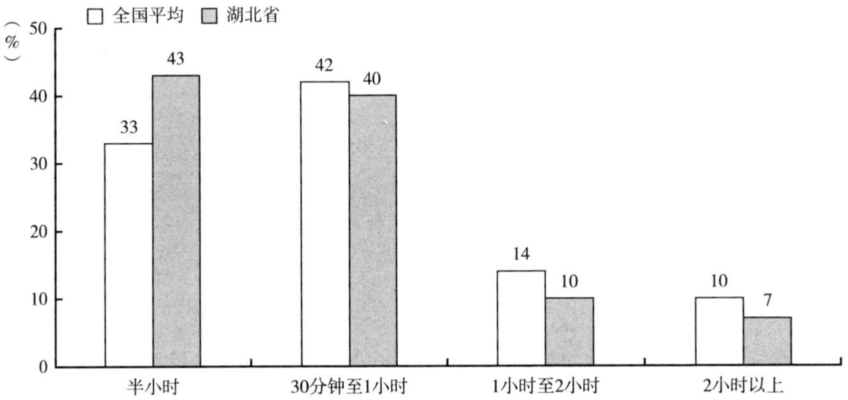

图 11　在湖北，市场主体半小时内办结一件事比例远高于全国平均水平

（九）在湖北，80% 的市场主体有被政府上门检查的经历

如图 12 所示，在湖北，80% 的市场主体过去一年有被政府上门检查的经历。其中，36% 的市场主体被检查次数有增多，38% 的次数不变；6% 的次数减少，此外，20% 的没有检查，这与全国平均水平大致同步。

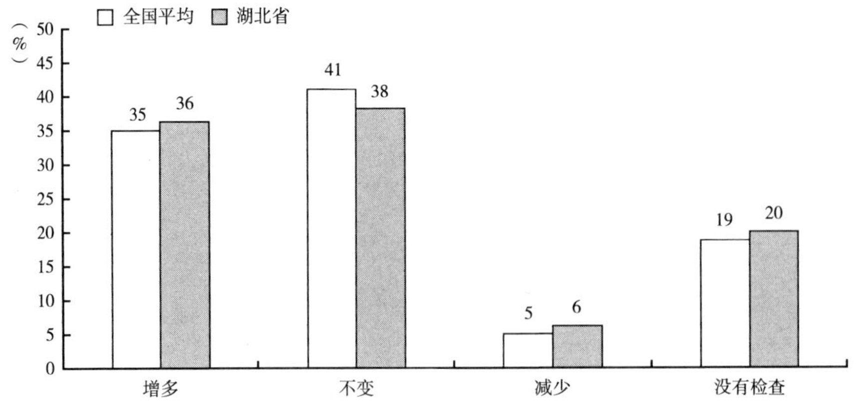

图 12　在湖北，市场主体被政府上门检查次数的变化与全国同步

（十）在湖北，市场主体对服务效率的获得感提升

如图 13 所示，在湖北 47% 的市场主体认为办事快捷程度大幅提高，35% 的认为稍有提高，12% 的认为没变化，5% 的认为更加复杂，这与全国平均水平（分别为 48%、33%、12%、6%）大致同步。

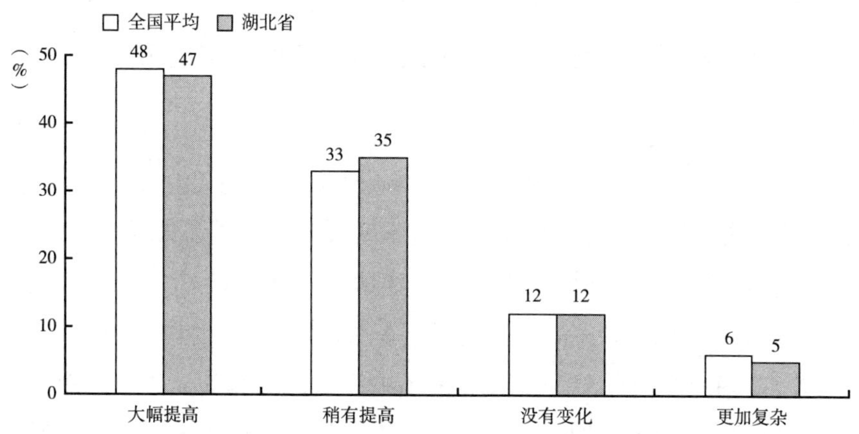

图 13　在湖北，市场主体感知的办事快捷程度的提升与全国同步

92% 的市场主体认为商改能降低与政府打交道的时间，78% 的认为能降低与政府打交道的费用，均优于全国平均水平。如图 14 所示，在湖北 92% 的市

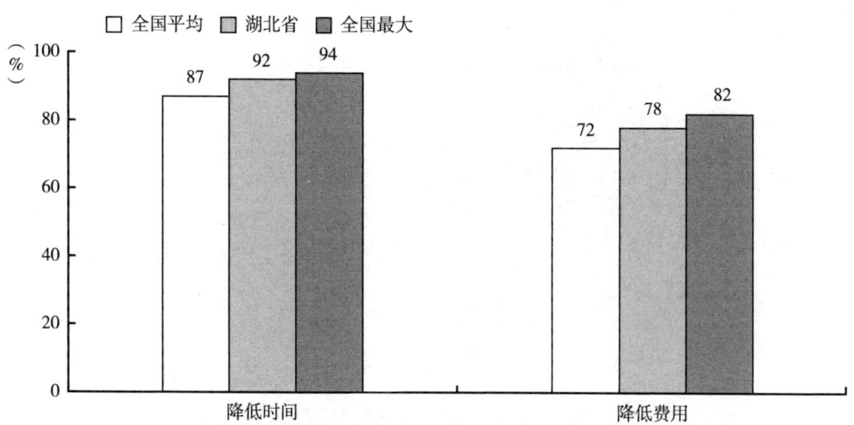

图 14　在湖北，市场主体感知到时间和费用的降低

场主体认为商改能降低与政府打交道的时间，这一比例显著高于全国平均水平（87%），接近全国最大值（94%）；78%的认为能降低与政府打交道的费用，明显高于全国平均水平（72%），与全国最大值（82%）仍有一定差距。

三　湖北省商事制度改革的宏观成效

（一）商改后，湖北省2014～2019年注册登记的市场主体占比52%

2019年调研随机访谈的湖北省在位市场主体中，在2014年商改后登记注册、进入市场的比例约为52%。商事制度改革促进更多市场主体创业的一个直观体现是，在位市场主体中，在2014～2019年登记注册的市场主体占比高。如图15所示，在湖北省调研样本中，2014年之前登记注册的比例为48%，2014～2019年登记注册的市场主体占比为52%。这一结果表明，改革后登记注册、进行创业、进入市场的新市场主体数量赶超改革前市场主体总量，占比超过全部在位市场主体的一半。

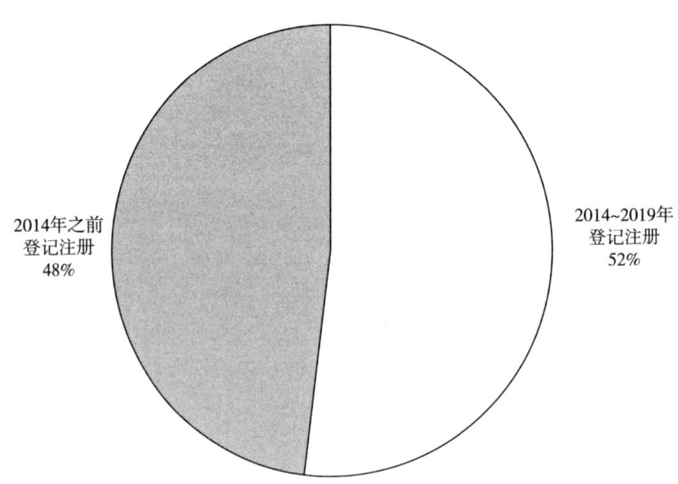

图15　湖北省2014～2019年登记注册的市场主体占全部市场主体的52%

（二）2019年，湖北省28%的市场主体创造了就业岗位

在调研中，调研员询问市场主体的办事代表，在过去半年，公司的员工规模是扩大或不变还是减少了？如图16所示，在2019年上半年，有28%的市场主体员工规模扩大，60%的员工规模不变，12%的员工规模缩小。本报告进一步把员工规模扩大的市场主体比例与员工规模缩小的市场主体比例之间的差值定义为市场主体净增就业面。员工规模扩大的市场主体与员工规模缩小的市场主体之间，差值为16个百分点，即市场主体净增就业面16%。这表明，2019年上半年，湖北省市场主体创造了更多就业岗位，提供了更多就业机会。

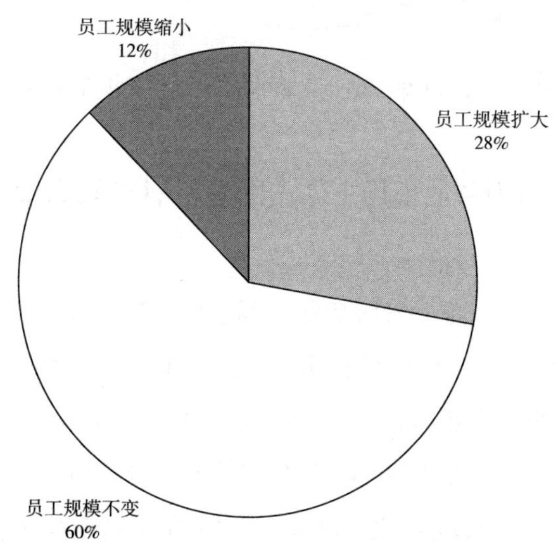

图16　2019年，湖北省28%的市场主体扩大员工规模

（三）2019年，湖北省一半市场主体业绩提升

在调研中，调研员询问市场主体的办事代表，在过去半年，公司的销售业绩是变好或不变还是变差了？如图17所示，在2019年上半年，湖北省50%的市场主体表示业绩变好，业绩不变的占20%，业绩变差的比例为30%。这表明，2019年上半年，一半市场主体的业绩变好。

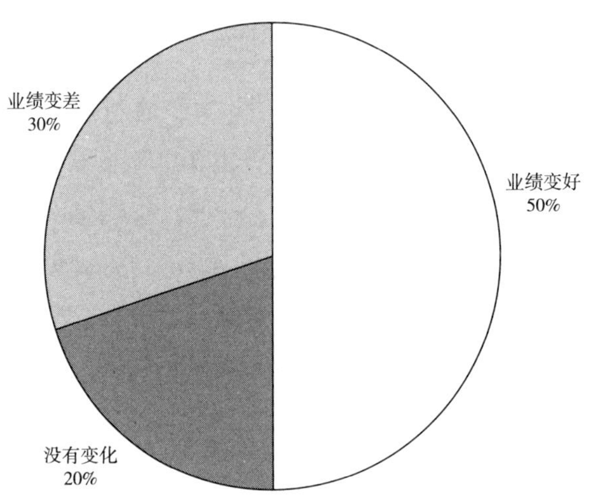

图 17　2019 年，湖北省 50%的市场主体业绩变好

（四）湖北省服务业市场主体占比增加11个百分点，工业下降14个百分点

商事制度改革后，湖北省服务业市场主体的比重从商改前的 66% 增加到 77% 。如图 18 所示，将市场主体划分为 2014 年商改前登记注册、2014 年商改后登记注册两个集合，分别计算每个集合中不同产业的市场主体占比，结果表明，湖北省在 2014 年商改之前登记注册的市场主体中，66% 为服务业市场主体；在 2014 年之后新登记注册的市场主体中，服务业市场主体的比例为 77% ，增加了 11 个百分点。

商改后，工业市场主体的占比从 27% 下降到 13% 。如图 18 所示，在 2014 年商改之前登记注册的市场主体中，27% 为工业市场主体；在 2014 年之后新登记注册的市场主体中，工业市场主体的比例减少到 13% 。

商改后，新兴产业市场主体在所有市场主体中的比重为 8% ，缩短了与工业市场主体占比的差距。如图 18 所示，在 2014 年商改之前登记注册的市场主体中，5% 为新兴产业市场主体，在 2014 年之后登记注册的市场主体中，这一比例为 8% ，有一定提升。

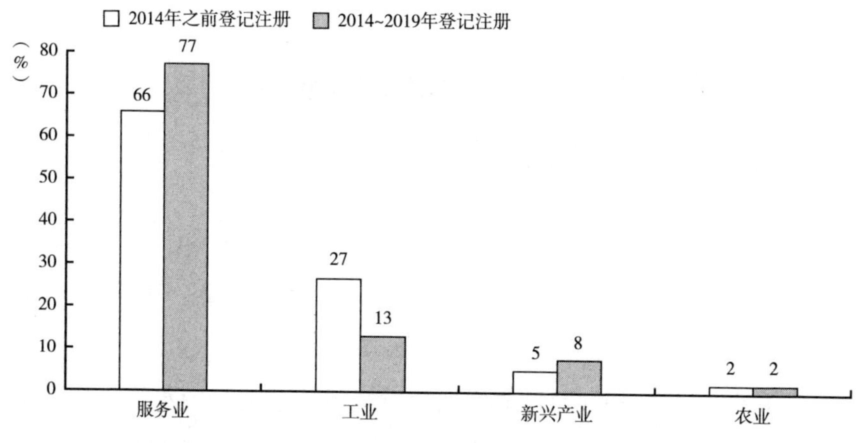

图 18　商改前和商改后，湖北各产业市场主体占比

（五）2019年，湖北省接近一半的市场主体推出了新产品或新服务

在实地调研中，调研员询问前来办事的市场主体代表，公司在过去半年是否推出新产品或新服务？如图 19 所示，在 2019 年上半年，有推出新产品或新服务的市场主体占比为 49%。这表明，湖北近一半的市场主体在过去半年有进行创新。

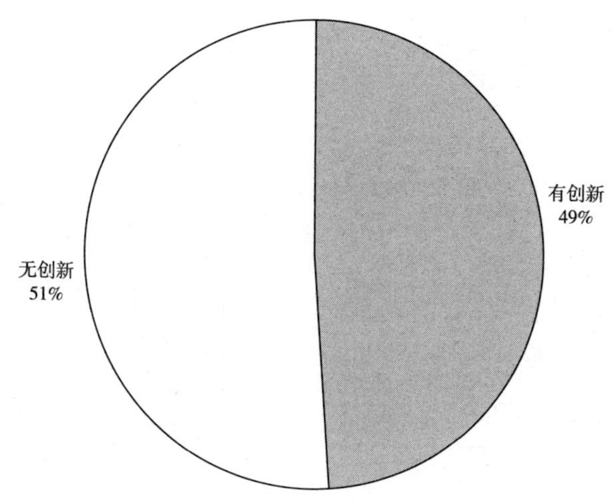

图 19　2019 年，湖北省 49%的市场主体推出了新产品或新服务

四 湖北省商事制度改革面临的问题

（一）市场准入便利度低于全国平均水平

一是市场主体完成登记注册的平均时长高于全国平均水平。2019 年湖北市场主体登记注册平均需要 8.4 天，这一时间高于全国平均水平，且与全国最小值（3.0 天）差距大。

二是市场主体办理许可证的平均耗时远低于全国平均水平。如图 4 所示，在 2014 年之前（商改），市场主体在湖北办理许可证的最久耗时为 55.6 天，与全国平均水平（53.6 天）相当。2019 年则进一步下降至 32.9 天，虽然与自身相比取得了进步，但与全国平均水平（21.7 天）的差距大。

（二）“一网通办”低于全国平均水平

如图 20 所示，在湖北知道网上办事大厅的市场主体中，22% 的常用 1 个网上办事系统，39% 的常用 2 个，22% 的常用 3 个，17% 的常用 4 个及以上。平均而言，湖北市场主体常用网上办事系统约为 2.34 个，略高于全国平均水平（2.2 个），尚未实现“一网通办”。

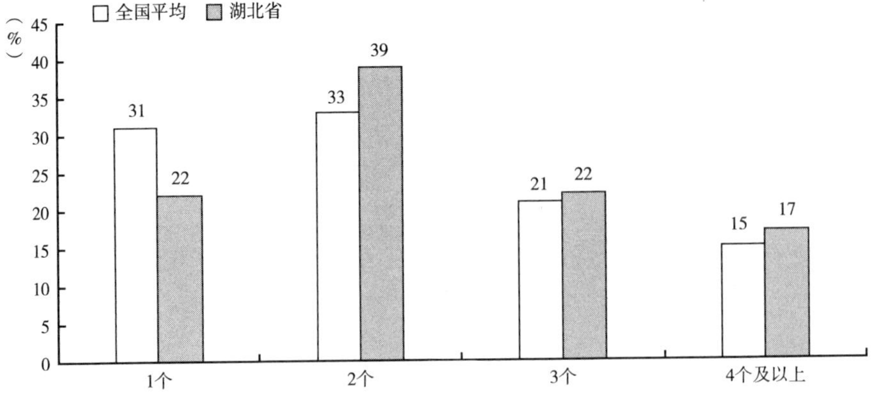

图 20　在湖北，22%的市场主体使用 1 个网上办事系统

（三）"一窗受理"低于全国平均水平

2015 年国务院明确提出"全面实行一窗受理"，这成为目前政务服务主推模式。如图 21 所示，市场主体在湖北过去半年办一件事平均需与 1.4 个窗口打交道，与全国平均水平（1.4 个）持平，与全国最小值（1.2 个）有一定差距。64% 的市场主体平均只与 1 个窗口打交道，低于全国平均水平（67%），湖北省"一窗受理"改革还有提升空间。

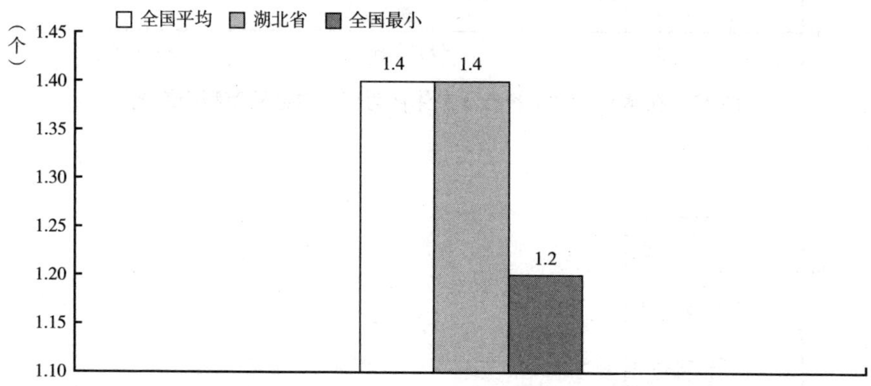

图 21　在湖北，市场主体办一件事平均需打交道窗口数为 1.4 个

（四）市场主体获得感不高

如图 22 所示，在湖北，59% 的市场主体认为商改有积极影响，这一比例低于全国平均水平（66%）；39% 的认为没有影响，高于全国平均水平（31%）；3% 的认为有消极影响，与全国平均水平持平。这说明，在湖北市场主体感知到的商改积极影响低于全国平均水平。

全国市场主体投票显示，湖北营商环境得票率 2%（见图 23）。在全国 24 个省 110 个市，每一位受访者都给出了其所认为的"除本省外，做生意环境相对较好的三个省市"，代表了市场主体对全国各地营商环境的主观评价。其中，上海排第一、广东排第二、北京排第三、浙江排第四，湖北得票率为 2%，处于全国中游偏下水平，与其经济地位不匹配。

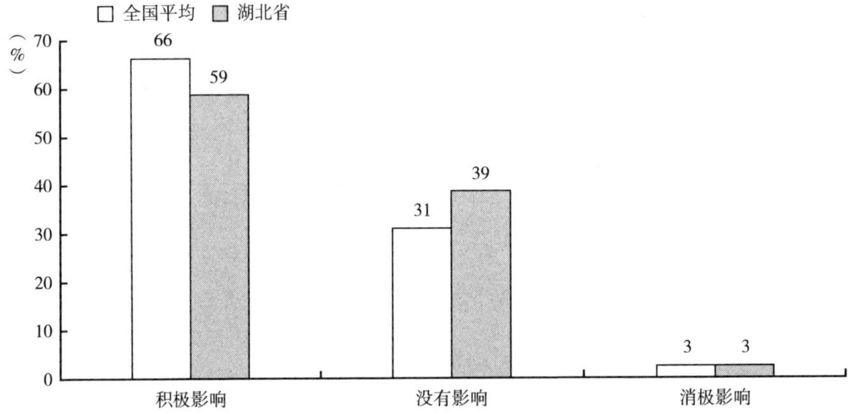

图 22　在湖北，59%的市场主体认为商改对经营有积极影响

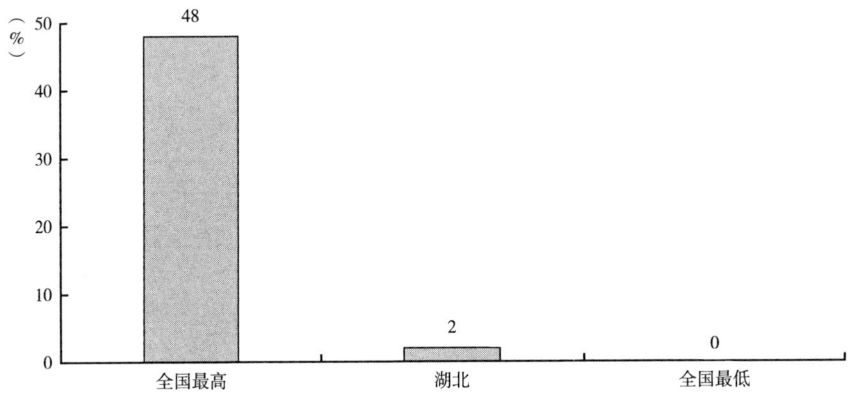

图 23　湖北营商环境排名处于全国中下游

（五）在湖北，市场主体做生意面临的主要困难在商事制度改革范围之外

如图 24 所示，在湖北，市场主体做生意主要面临的困难与全国一致，但更为严峻：在湖北 16% 的市场主体认为做生意主要面临的困难是招工困难，20% 的认为是劳动力成本高，这一比例较全国平均水平更高，说明在湖北市场主体做生意面临的困难更大。

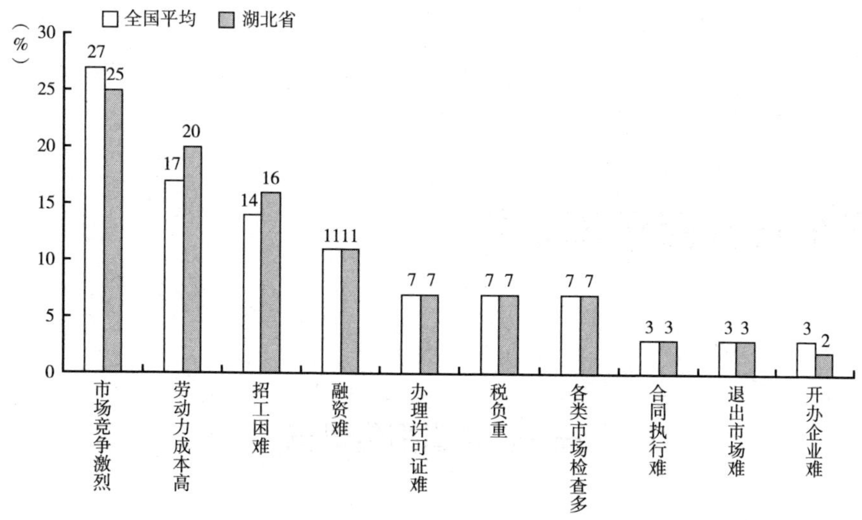

图 24　在湖北市场主体做生意面临的困难与全国一致但更严峻

需要明确指出的是，这些新困难是商事制度改革过程所必然出现的。湖北市场主体从 2014 年实施商改以来的 355 万户，增加到 2018 年的 500 万户，145 万户市场主体的增量与商改的实施密不可分。市场主体的快速增长，是商事制度改革所取得的巨大成就，但又对商事制度改革提出了新的挑战。市场主体倍增，意味着市场供给可能是倍增的，必然导致产品市场上竞争越来越激烈；在生产要素市场上，市场需求可能是倍增的，必然导致招工越来越难，生产要素价格不断上升，企业成本不断上升。

广东省营商环境报告*

一　广东省报告概览

课题组在2018年对广东调研的基础上，2019年继续对省内8个市、20个区开展实地调研，收回有效问卷480份。8个市分别为广州、韶关、深圳、江门、湛江、阳江、潮州、揭阳。调研结束后，课题组整理了有关全国和广东商事制度改革的第一手资料与舆情反馈，并从全国视野考察了广东商事制度改革的新进展、新挑战以及新方向（见表1）。

表1　2019年广东省营商环境指标体系及最新进展

一级指标	二级指标	三级指标	广东均值	全国均值	全国最大	全国最小
主要进展	市场准入	2019年登记注册所需时间(天)	3.0	6.9	9.3	3.0
		2019年登记注册所需打交道窗口数量(个)	1.4	1.8	3.1	1.4
		2019年办理许可证的数量(个)	1.4	1.8	2.7	1.0
	信用监管	国家企业信用信息公示系统使用率(%)	70	66	79	47
	互联网+政务	网上办事大厅知晓率(%)	52	66	84	47
		网上办事大厅使用率(%)	37	48	73	27

---

* 执笔人：杨艺涵、黄怡菲、张莉。

续表

一级指标	二级指标	三级指标	广东均值	全国均值	全国最大	全国最小
主要进展	服务效率	过去半年,办成一件事需跑几次(次)	1.9	1.9	2.7	1.6
		过去半年,办成一件事需打交道窗口数量(个)	1.4	1.4	2.2	1.2
		外省市场主体对本省营商环境评价得票率(%)	41		48	0
宏观成效	就业	过去半年,扩大员工规模的市场主体占比(%)	28	34	45	22
	成长	过去半年,业绩提升的市场主体占比(%)	38	49	58	34
	创新	过去半年,创新的市场主体占比(%)	43	44	56	32
	结构	商改后登记注册的市场主体中服务业占比(%)	71	70	97	50

注:“全国最大”和“全国最小”为省级层面的最大值和最小值。

资料来源:中山大学“深化商事制度改革研究”课题组。

二 2018~2019年广东省商事制度改革最新进展

商事制度改革的重点是“放、管、服”。从调研结果来看,2019年,广东省市场准入更加便利,办理“照”“证”的数量和时间都有缩减;以“最多跑一次”为代表的服务效率大幅提升,同时“减费”工作得到了市场主体认可;信用监管系统正在进入大规模使用阶段。

(一)便利准入:广东登记注册平均需3天、1.4个窗口,属全国最佳水平

在登记注册所需时间上,广东省保持全国领先优势。如图1所示,2018年,广东省市场主体登记注册所需时间平均为2.7天,是2018年的全国最佳水平。2019年,广东平均登记注册时间大致为3天,与2018年

相比没有实质变化，仍然是全国最佳水平，比全国平均所需的 6.9 天约快 1 倍。

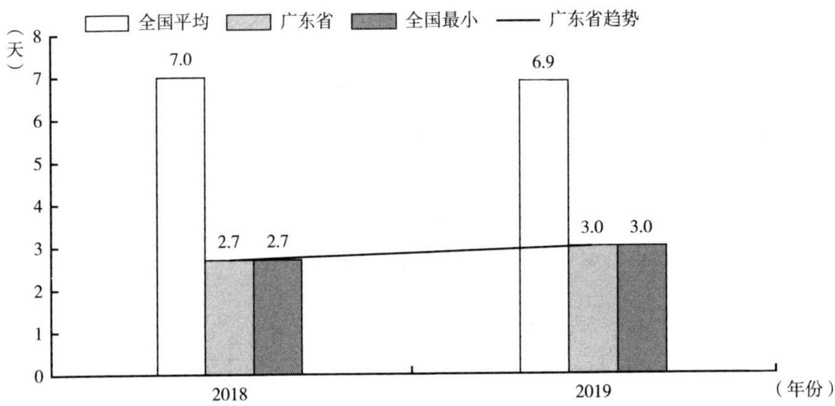

图 1　2018～2019 年，广东登记注册所需时间大致为 3 天，保持全国最佳水平

在登记注册所需窗口数上，广东省在 2019 年成为全国最佳。如图 2 所示，在广东，2018 年市场主体登记注册平均需要涉及 1.6 个窗口，到 2019 年，下降到 1.4 个，成为全国最佳水平。这表明，与 2018 年相比，2019 年在广东登记注册一家企业更加高效、便利，市场准入便利度进一步提升。

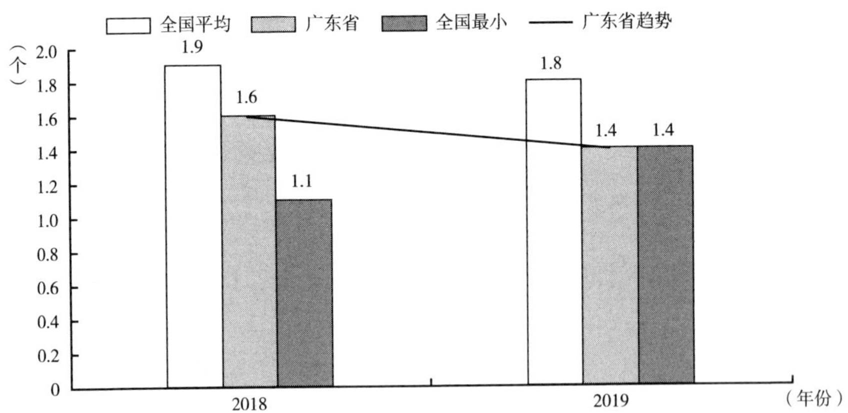

图 2　在广东，登记注册所需涉及的窗口数从 2018 年的 1.6 个降至 2019 年的 1.4 个

（二）持续“减证”：广东平均办理证件1.4个，比2018年减少0.4个证

2019 年，广东省市场主体所需办理许可证数量平均 1.4 个，在 2018 年基础上进一步减少 0.4 个。如图 3 所示，2018 年，广东市场主体平均要办 1.8 个许可证，接近全国平均水平；到 2019 年，市场主体登记注册所需办理证件数下降至 1.4 个，比自身 2018 年的数量减少 0.4 个，也比 2019 年全国平均水平低 0.4 个。由此可见，2019 年广东省“减证”工作取得了明显的进展。

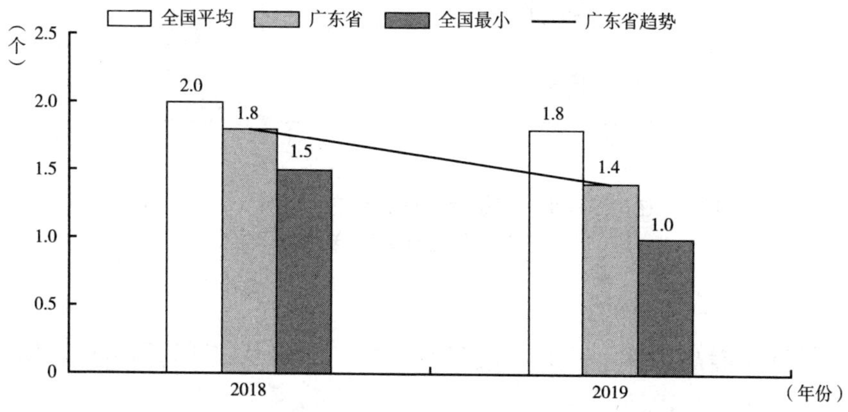

图 3　在广东，市场主体登记注册所需办理证件数由 2018 年的 1.8 个降至 2019 年的 1.4 个

（三）信用监管：广东70%的市场主体使用国家企业信用信息公示系统，比2018年增长12个百分点

信用监管的起点是市场主体能方便可信地获取相关企业信用信息，表现为到国家企业信用信息系统查看相关企业的信用信息。如图 4 所示，在 2018 年，广东 58% 的市场主体表示在与其他市场主体交易前，会通过国家企业信用信息公示系统查看对方的信用信息，全国平均水平为 65%，广东

省低于全国平均水平。2019 年，在广东，70% 的市场主体选择到国家企业信用信息公示系统查看交易对象的信用信息，全国平均水平为 66%，广东省高于全国平均水平 4 个百分点。这表明，广东已经有七成市场主体使用国家企业信用信息公示系统，该系统在广东进入大规模使用阶段。

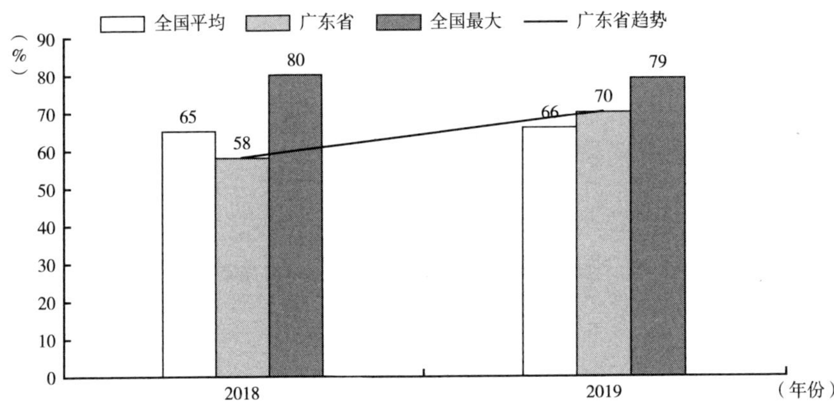

图 4　在广东，查看国家信用信息系统的比例从 2018 年的 58%升高到 2019 年的 70%

（四）提高效率：广东“最多跑一次”比例从27%提高到41%

“企业和群众办事力争只进一扇门、最多跑一次”，是中央政府于 2018 年初所提出的商事制度改革的目标，更是市场主体的诉求。如图 5 所示，从 2018 年调研来看，广东省的市场主体中，有 27% 的办事“最多跑一次”，低于全国平均水平；到 2019 年，“最多跑一次”的比例从 27% 增加到 41%，增加了 14 个百分点。这表明，广东省 2019 年在“最多跑一次”改革上成效显著。

调研采访的江门市办事群众普遍表示，现在办理业务和以前相比确实是方便快捷了许多，“以前可能需要一周的办理时间，现在基本上一两天就能办结”。办事大厅的工作人员十分认真负责，若办事群众的资料不齐全，办事窗口工作人员会认真地告知他们应该准备哪些材料、办哪些手续等。

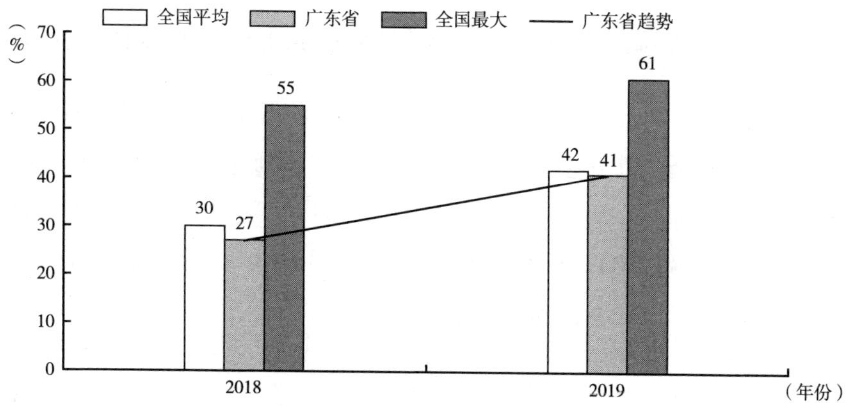

图 5　在广东，市场主体实现了“最多跑一次”的比例从 2018 年的 27%上升到了 2019 年的 41%

（五）减少费用：认为费用降低的市场主体比例从54%提高到68%

“减费”是 2019 年的重点工作之一。如图 6 所示，在 2019 年，广东省 68%的市场主体认为，商改措施能够降低市场主体与政府打交道的费用，与 2018 年相比，提高了 14 个百分点。这表明，在“减费”工作上，2019 年广东市场主体的获得感显著提高。

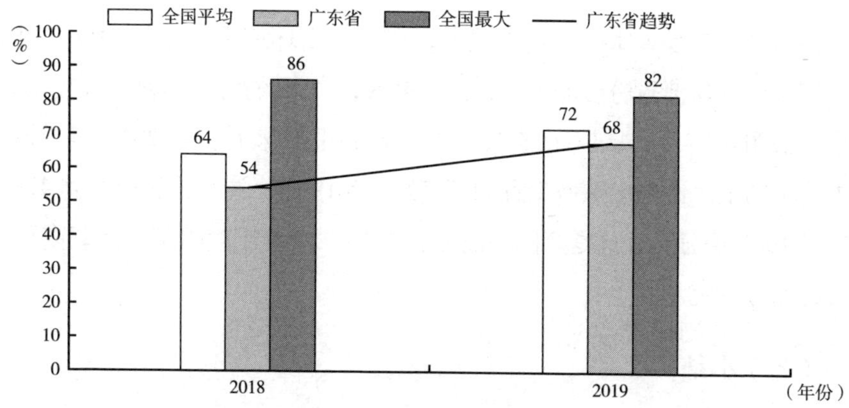

图 6　在广东，认为能降低费用的比例从 2018 年的 54%上升到 68%

（六）获得感高：广东营商环境投票率为41%，排名全国第二

在省内，72%的市场主体认为商改对经营有积极影响，高于全国平均水平。营商环境改善、市场主体的获得感增强是商事制度改革成功的重要评价标准。如图7所示，从省内市场主体的评价来看，广东市场主体认为商改对经营有积极影响的比例从2018年的56%上升到2019年的72%，省内市场主体在商事制度改革中的获得感不断提升。

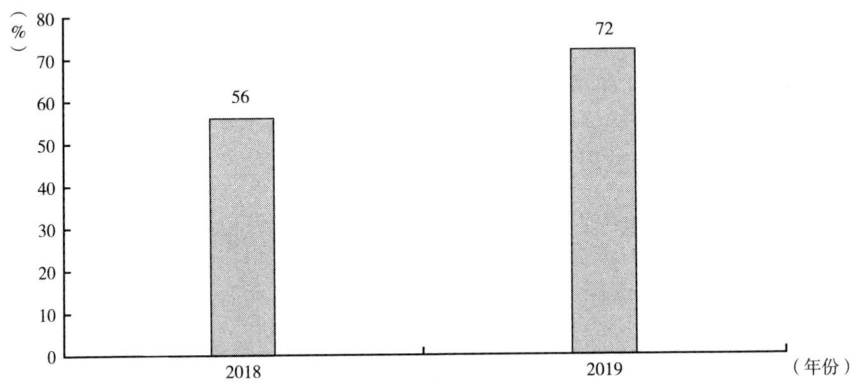

图7　在广东，认为商改对经营有积极影响的比例从2018年的56%上升到2019年的72%

在省外，市场主体投票结果显示，广东营商环境投票率为41%，排名全国第二。从其他省份市场主体的评价来看，广东省营商环境也取得了明显进步。如图8所示，从广东省外市场主体的投票来看，在2018年，省外31%的市场主体认为广东做生意的环境好；2019年，这一比例提高到41%，增加了10个百分点。这是全国市场主体对广东商事制度改革以及营商环境建设的充分肯定。

（七）小结

与2018年相比，2019年广东省商事制度改革取得显著进步，具体如下。

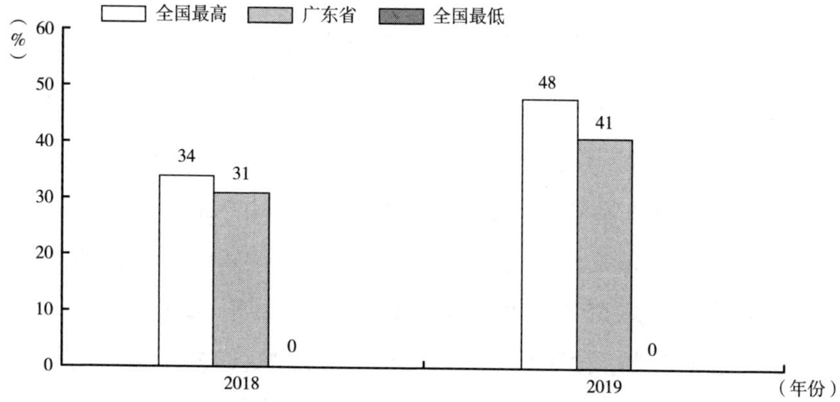

图8　广东营商环境的得票率从2018年的31%增加到2019年的41%

一是广东省市场准入便利度不断提升。完成登记注册平均需要3天、1.4个窗口，均为全国最佳水平；办理许可证数量从1.8个减少到1.4个，接近“一证”。

二是广东省70%的市场主体会通过国家信用信息系统查看交易对象的信用信息，进入大规模使用阶段。

三是广东省市场主体“最多跑一次”的比例从27%提高到41%。

四是在“减费”工作上，认可费用降低的市场主体从54%提高到68%，绝大部分市场主体认可商事制度改革在“减费”工作上的成效。

五是市场主体获得感高。省内约七成市场主体认为商事制度改革为企业经营带来积极影响，省外41%的市场主体认为广东营商环境好，排名全国第二。

三　广东省商事制度改革的宏观成效

广东商事制度改革能够助力经济高质量发展吗？商事制度改革促进经济高质量发展体现在促进新市场主体进入市场后，创造就业岗位、鼓励创新、增加业绩、促进结构转型等方面。从调研结果看，广东省商事制度改革有力支持经济高质量发展。

（一）商改后，广东市场主体总量实现翻番

2019 年调研随机访谈的广东省在位市场主体中，在 2014 年商改后登记注册、进入市场的比例约为 50%。商事制度改革对市场主体创业有较大影响的一个直观体现是，在位市场主体中，2014～2019 年登记注册的市场主体占比达到 50%。如图 9 所示，在广东省调研样本中，2014 年之前登记注册的比例为 50%，2014～2019 年登记注册的市场主体占比为 50%。这一结果表明，改革后登记注册、进行创业、进入市场的新市场主体数量占比为全部在位市场主体的一半，实现市场主体总量大幅增加。

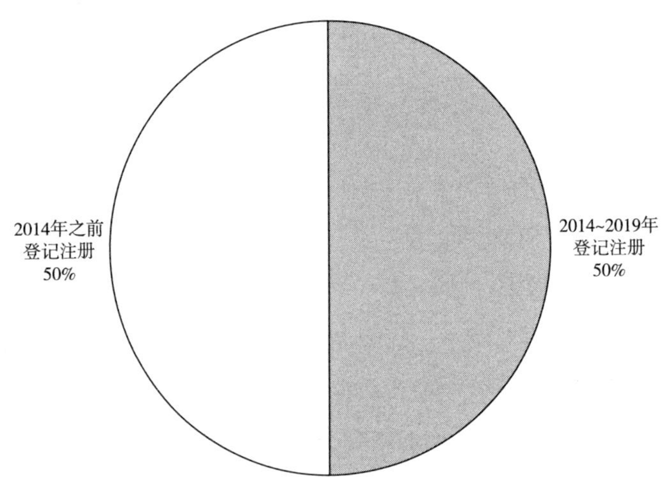

图 9　商改后，广东省市场主体总量翻番

（二）商改后，广东服务业市场主体占比增加 24 个百分点

商事制度改革后，广东省服务业市场主体的比重从商改前的 47% 增加到 71%。如图 10 所示，将市场主体划分为 2014 年商改前登记注册、2014 年商改后登记注册两个集合，分别计算每个集合中不同产业的市场主体占比，结果表明，广东省在 2014 年商改之前登记注册的市场主体中，47% 为

服务业市场主体；在2014年之后新登记注册的市场主体中，服务业市场主体的比例为71%，较上年增加了24个百分点。

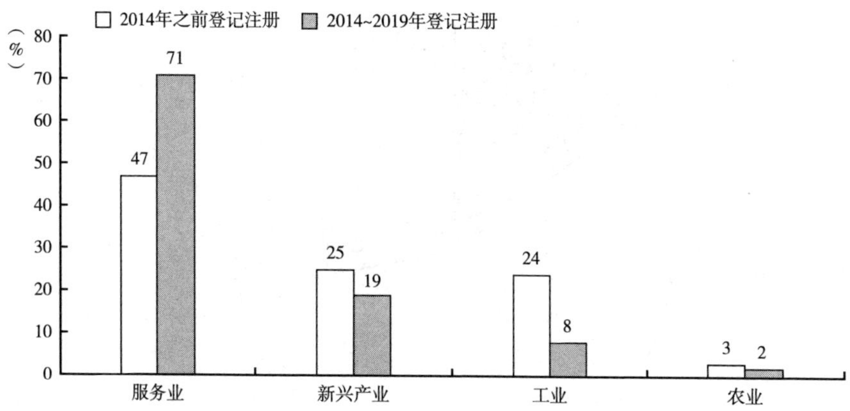

图10　商改前和商改后，广东省各产业市场主体占比

商改后，工业市场主体的占比从24%下降到8%。如图10所示，在2014年商改之前登记注册的市场主体中，24%为工业市场主体；在2014年之后新登记注册的市场主体中，工业市场主体的比例减少到8%。

商改后，新兴产业市场主体在所有市场主体中的比重为19%。如图10所示，在2014年商改之前登记注册的市场主体中，25%为新兴产业市场主体，在2014年之后登记注册的市场主体中，这一比例为19%，下降了6个百分点。

（三）2019年，广东28%的市场主体创造了就业岗位

在调研中，调研员询问市场主体的办事代表，在过去半年，公司的员工规模是扩大或不变还是减少了？如图11所示，在2019年上半年，有28%的市场主体员工规模扩大，57%的员工规模不变，15%的员工规模缩小。本报告进一步把员工规模扩大的市场主体比例与员工规模缩小的市场主体比例之间的差值定义为市场主体净增就业面。员工规模扩大的市场主体与员工规模缩小的市场主体之间，差值为13个百分点，即市场主体净增就业面

13%。这表明，2019 年上半年，广东省市场主体创造了更多就业岗位，提供了更多就业机会。

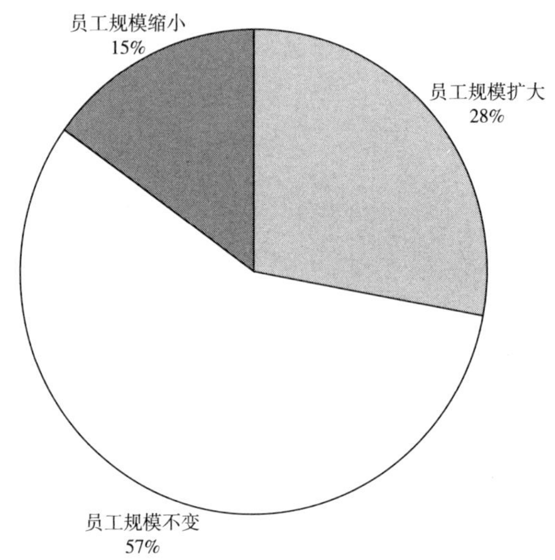

图 11　2019 年，广东省 28%的市场主体员工规模扩大

（四）2019年，广东38%的市场主体业绩提升

在调研中，调研员询问市场主体的办事代表，在过去半年，公司的销售业绩是变好或不变还是变差了？如图 12 所示，在 2019 年上半年，广东省 38%的市场主体表示业绩变好，业绩不变的占比为 40%，业绩变差的比例为 23%。这表明，2019 年上半年，近四成的市场主体的业绩变好。

（五）2019年，广东43%的市场主体进行创新

在实地调研中，调研员询问前来办事的市场主体代表，公司在过去半年是否推出新产品或新服务？如图 13 所示，在 2019 年上半年，有推出新产品或新服务的市场主体占比为 43%。这表明，广东省 43%的市场主体在过去半年有进行创新。

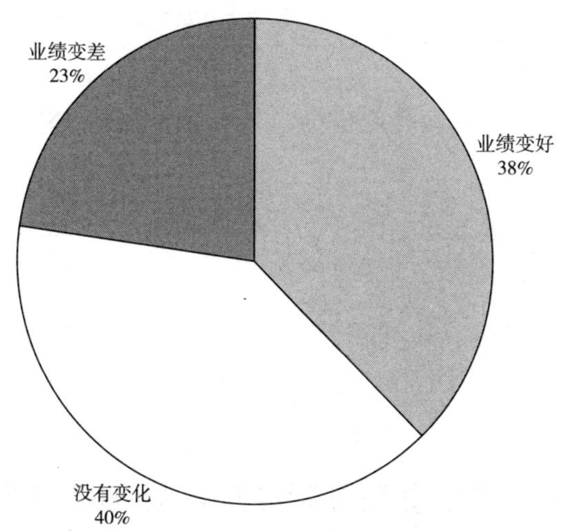

图 12　2019 年，广东省 38%的市场主体业绩变好

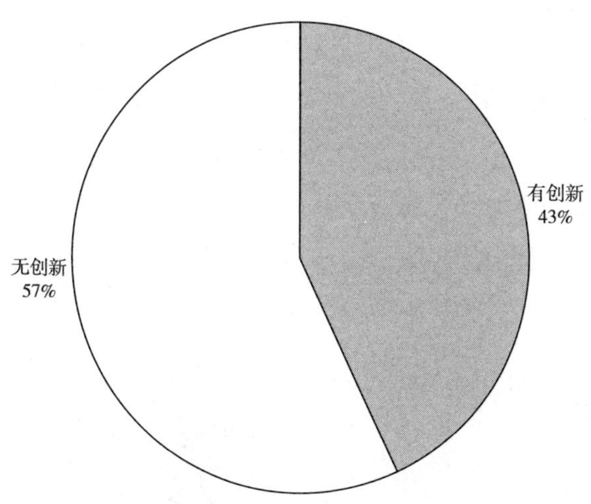

图 13　2019 年，广东省 43%的市场主体推出了新产品或新服务

（六）小结

从调研结果来看，广东省商事制度改革通过促创业、保就业、稳增长、调结构、促创新、改善营商环境，有力支持经济高质量发展，具体如下。

商事制度改革促进大众创业，改革后登记注册的市场主体占比为50%，市场主体数量大幅增加。

商事制度改革创造更多就业机会，2019年上半年28%的市场主体员工规模扩大。

商事制度改革促进市场主体成长。2019年上半年38%的市场主体业绩变好。

商事制度改革促进万众创新，2019年上半年43%的市场主体有进行创新。

四　广东省商事制度改革面临的问题

（一）在“互联网+政务”上，网上办事大厅知晓率、使用率、“一网通办”率低

“互联网+政务”是信息化时代的必然趋势，广东在2018年初率先推出“数字政府”建设。不过，从市场主体反馈情况看，广东市场主体“互联网+政务”方面主要表现为“三低”。

一是网上办事大厅的知晓率低。如图14所示，广东网上办事大厅的知晓率为52%，全国平均水平为66%，广东省低于全国平均水平14个百分点。

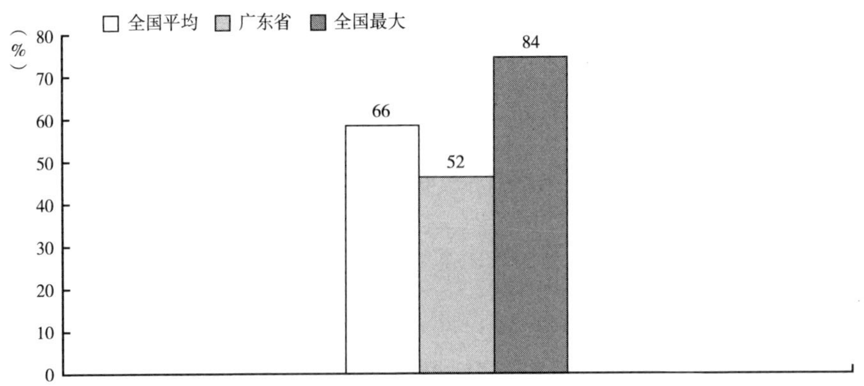

图14　广东网上办事大厅知晓率为52%

二是网上办事系统的使用率低。如图 15 所示，广东网上办事大厅的使用率为 37%，全国平均水平为 48%，广东省低于全国平均水平 11 个百分点。

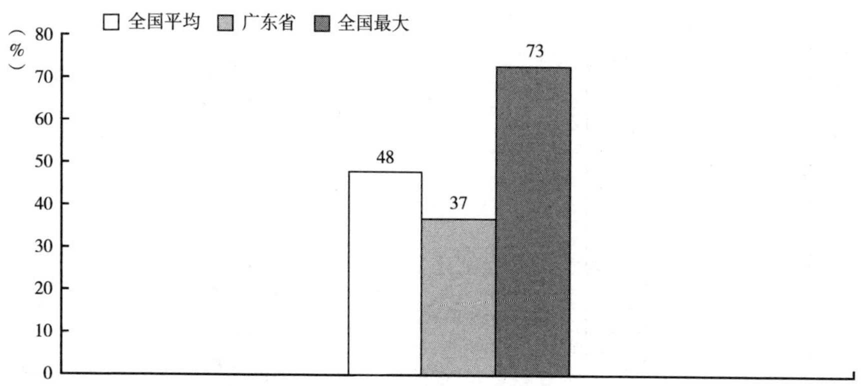

图 15　广东网上办事大厅使用率为 37%

三是"一网通办"的比例低。如图 16 所示，2018 年广东 41% 的市场主体表示经常使用 1 个网上办事系统；2019 年，这一比例为 9%，较 2018 年下降了 32 个百分点。

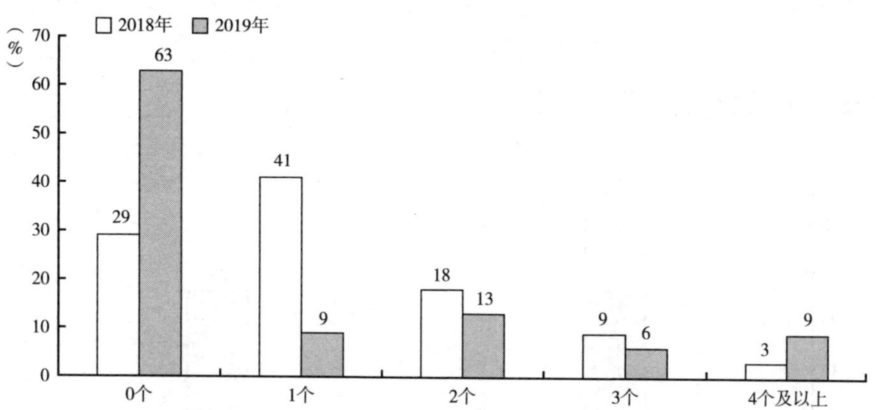

图 16　在广东，"一网通办"比例从 2018 年的 41%降低到 2019 年的 9%

（二）在服务型政府建设上，广东省办事效率低于全国平均水平

广东省市场主体"最多跑一次"比例低于全国平均水平。如图 17 所

示，广东省市场主体办成一件事只需跑一次的比例为 41%，与 2018 年的 27% 相比，取得了阶段性进步，略低于全国平均水平 42%。

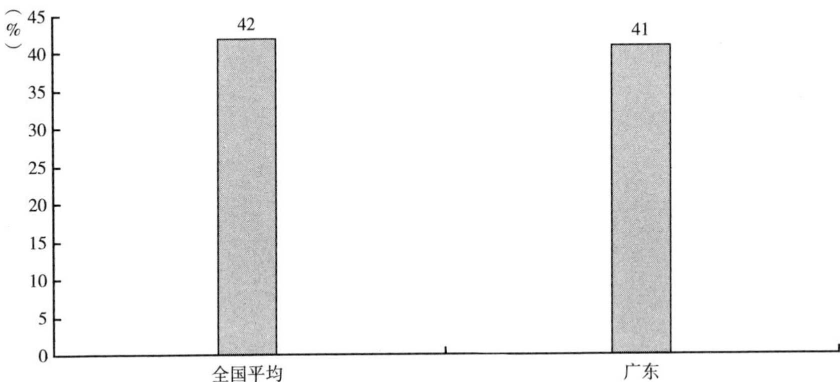

图 17　在广东，2019 年市场主体只跑一次的比例低于全国平均水平

广东省市场主体半小时办结率低于全国平均水平。如图 18 所示，在 2019 年上半年，全国市场主体办事实现半小时办结的比例为 33%，广东省市场主体办事实现半小时办结的比例仅为 23%，比全国平均水平低 10 个百分点。这表明，广东省半小时办结的比例与全国平均水平仍有较大差距，政务服务效率还有很大提升空间。

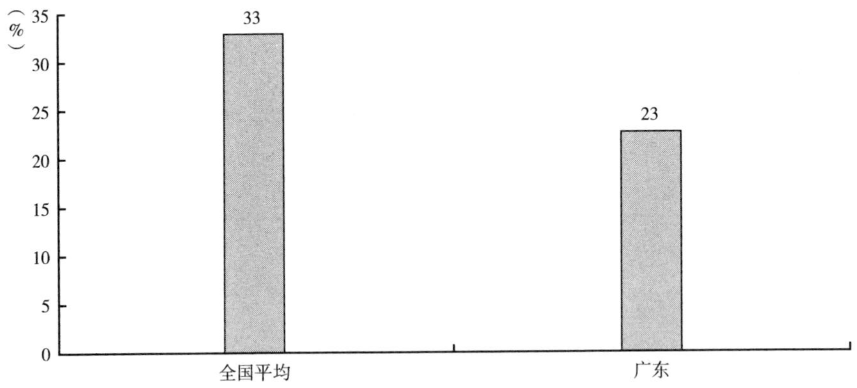

图 18　在广东，2019 年半小时办结的比例低于全国平均水平

从市场主体的反馈情况看，在广州市，一位代理香港企业办证的中介反映，粤港澳大湾区虽然激发了投资者的热情，但是对于港澳等地的投资者来说，开办企业的流程目前还是比较复杂的。比如，由于其身份证与国内身份证类型不同，必须要求企业法人到现场亲自办理手续。如何进一步优化办理流程以吸引更多的投资，是值得政府思考的一个重要问题。在阳江市政务服务大厅，许多群众都向我们反映，办一件事需要跑两三天，每次都需在政务大厅花费两三个小时，这样的办事时间成本实在太高。一位中年女士很无奈地说："我已经从两点半等到五点多了，还是没轮到自己办事。"她认为工作人员没有完全专注于为群众办事，而是经常开小差、做其他事情。因此我们可以看到，补齐广东省商事制度改革的短板，继续深化改革，任重而道远。

（三）在商事制度改革中，广东省内各市发展不均衡

广东省作为在全国率先进行商事制度改革的省份之一，营商环境不断优化，但在商事制度改革中，省内各市发展不均衡、不充分的问题依然突出。

广东省各地办事标准和流程不统一，差异大。在广州市，办事流程、所需材料比较规范；在阳江市，政务大厅办事效率较低，有一位女士认为："来办事要跑多少次，这和你要与哪一位工作人员打交道有关，有的工作人员审核宽松，很可能一次就可以通过，但有的工作人员比较严格，审核不通过需要重新改材料，这样跑的次数就多了。"

广东省各地市场准入便利度差异大。在一天完成登记注册的比例上，表现最佳的阳江市67%的市场主体一天领证，最差江门市则仅为11%；在一窗完成登记注册的比例上，表现最佳的潮州市90%的市场主体"一窗领证"，最差湛江市则仅为14%。

广东省各地政务服务效率差异大。从实现"最多跑一次"的市场主体占比来看，最佳深圳市63%的市场主体只跑一次，最低的湛江市仅为15%，不足前者的1/4。

（四）市场竞争激烈、劳动力成本高、招工困难是广东市场主体面临的主要困难

广东省市场主体面临的困难，与全国市场主体面临的困难基本一致。商事制度改革一直围绕着解决“办照难”“办证难”“退出难”等问题不断深化，不过，从市场主体反馈情况看，这些已经不再是市场主体所面临的主要困难。如图 19 所示，广东市场主体反映，2019 年最主要的困难分别是市场竞争激烈、劳动力成本高和招工困难。这三个困难被提及的比重分别为 27%、18% 和 17%。这三个困难也是全国市场主体所普遍面临的。

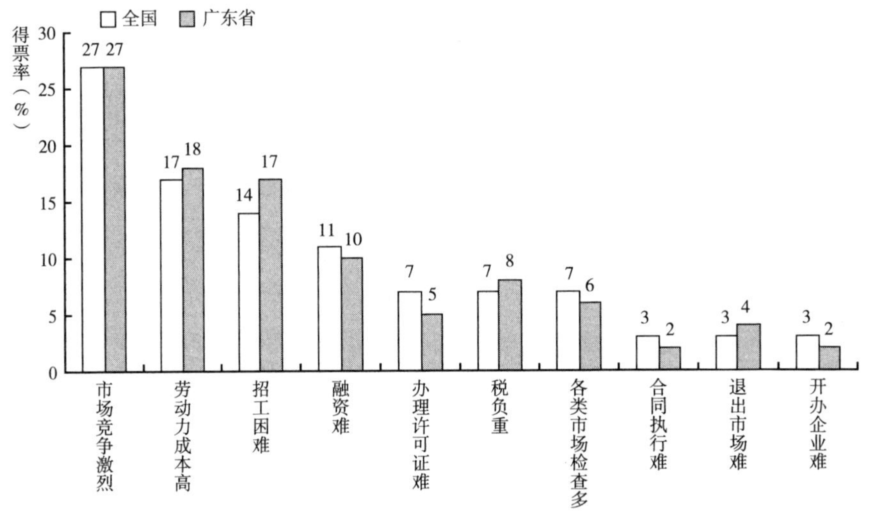

图 19　市场竞争激烈、劳动力成本高、招工困难是广东主要面临的困难

与 2018 年相比，2019 年劳动力成本高的问题进一步加剧。如图 20 所示，相较于 2018 年，2019 年市场主体经营面临的劳动力成本上升、融资难、各类市场检查多等困难加剧。需要明确指出的是，这些新困难在一定程度上是商事制度改革过程中所必然出现的。广东市场主体倍增，是商事制度改革所取得的巨大成就，但又对商事制度改革提出了新的挑战。市场主体的

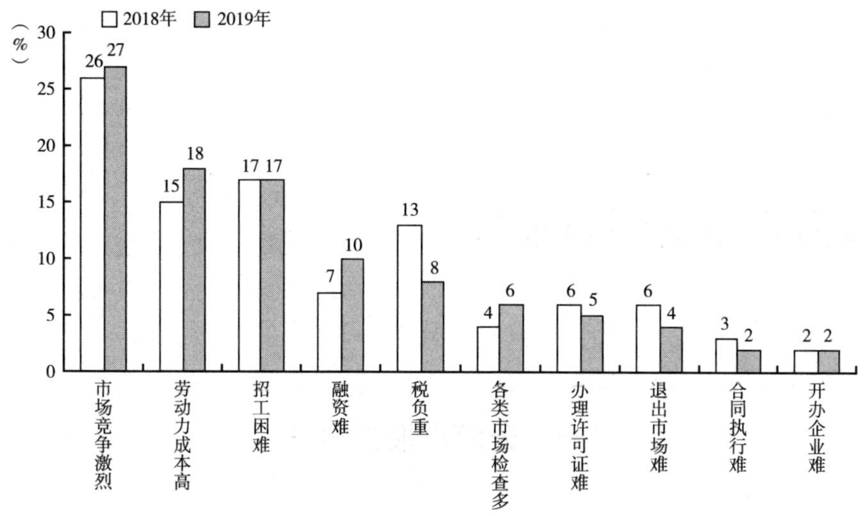

图 20　2018～2019 年市场主体经营面临的主要困难对比

倍增，意味着，在产品市场上，市场供给增加，必然导致产品市场上竞争越来越激烈；在生产要素市场上，市场需求增加，必然导致招工越来越难，生产要素价格不断上升，企业成本不断上升。

因此，广东市场主体所面临的新困难，源于商事制度改革带来的市场主体倍增，而目前的商事制度改革又难以直接解决。

云南省营商环境报告*

一　云南省报告概览

在2018年调研的基础上，2019年课题组在云南省开展进一步调研，调研的5个市分别为昆明市、玉溪市、曲靖市、昭通市、普洱市，随机访谈中回收的有效问卷为450份。调研结束后，课题组整理了有关全国和云南商事制度改革的第一手资料与舆情反馈，并从全国视野考察云南省商事制度改革的新进展、新挑战以及新方向（见表1）。

表1　2019年云南省营商环境指标体系及最新进展

一级指标	二级指标	三级指标	云南均值	全国均值	全国最大	全国最小
主要进展	市场准入	2019年登记注册所需时间(天)	5.7	6.9	9.3	3.0
		2019年登记注册所需打交道窗口数量(个)	3.1	1.8	3.1	1.4
		2019年办理许可证的数量(个)	2.2	1.8	2.7	1.0
	信用监管	国家企业信用信息公示系统使用率(%)	78	66	79	47
	互联网+政务	网上办事大厅知晓率(%)	76	66	84	47
		网上办事大厅使用率(%)	63	48	73	27

* 执笔人：林子榆、钟子健、李小瑛。

续表

一级指标	二级指标	三级指标	云南均值	全国均值	全国最大	全国最小
主要进展	服务效率	过去半年，办成一件事需跑几次(次)	2.2	1.9	2.7	1.6
		过去半年，办成一件事需打交道窗口数量(个)	1.5	1.4	2.2	1.2
		外省市场主体对本省营商环境评价得票率(%)	3		48	0
宏观成效	就业	过去半年，扩大员工规模的市场主体占比(%)	45	34	45	22
	成长	过去半年，业绩提升的市场主体占比(%)	58	49	58	34
	创新	过去半年，创新的市场主体占比(%)	54	44	56	32
	结构	商改后登记注册的市场主体中服务业占比(%)	54	70	97	50

注："全国最大"和"全国最小"为省级层面的最大值和最小值。
资料来源：中山大学"深化商事制度改革研究"课题组。

二　2018～2019年云南省商事制度改革最新进展

（一）便利准入：云南市场主体登记注册所需时间从2018年的6.4天下降至2019年的5.7天

如图1所示，在2018年，市场主体在云南省登记注册平均需要6.4天，比全国平均水平少0.6天。2019年，云南省完成登记注册平均时长下降至5.7天，略好于全国平均水平。

（二）持续减证：云南市场主体登记注册所需办理证件数从2018年的2.4个下降至2019年的2.2个

如图2所示，2018年，在云南省，市场主体登记注册所需办理证件数平均为2.4个。2019年下降至2.2个，比全国平均水平多0.4个。由此可

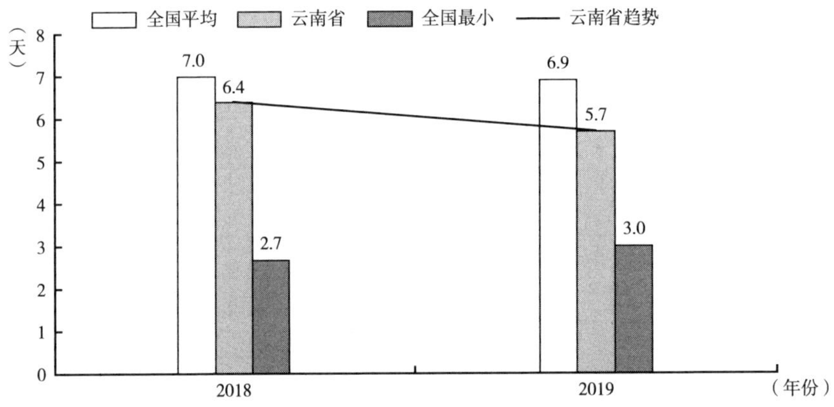

图1　在云南省登记注册所需时间下降

注：注册时间越短，代表商改成效越好。

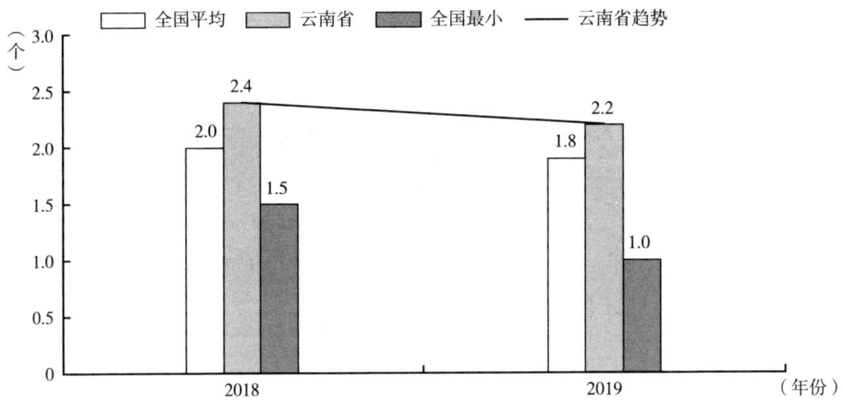

图2　在云南登记注册所需办理的证件数量

注：证件数量越少，代表商改成效越好。

见，2019 年云南省“减证”工作取得了一定的成效。

（三）信用监管：云南78%的市场主体使用国家企业信用信息公示系统，比2018年增加19个百分点

信用监管的起点是市场主体到国家企业信用信息公示系统查看相关企业

的信用信息。如图 3 所示，在 2018 年，云南 59% 的市场主体表示在与其他市场主体交易前，会通过国家企业信用信息公示系统查看对方的信用信息，全国平均水平为 65%，云南省低于全国平均水平。2019 年，在云南，78% 的市场主体选择到国家企业信用信息系统上查看交易对象的信用信息，全国平均水平为 66%，云南省高于全国平均水平 12 个百分点。这表明，目前云南已经有近八成市场主体使用国家企业信用信息公示系统，该系统在云南进入大规模使用阶段。

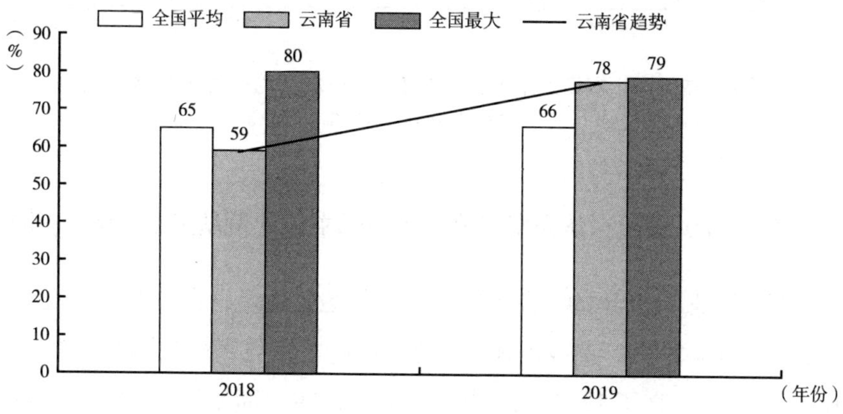

图 3　在云南，查看国家信用信息系统的比例从 2018 年的 59%增加到 2019 年的 78%

（四）提高效率：云南“最多跑一次”比例从27%提高到33%

“企业和群众办事力争只进一扇门、最多跑一次”，是中央政府于 2018 年初提出的商事制度改革的目标，更是市场主体的诉求。如图 4 所示，从 2018 年调研来看，云南省的市场主体中有 27% 的办事“最多跑一次”，低于全国平均水平；到 2019 年，“最多跑一次”的比例从 27% 增加到 33%，增加了 6 个百分点。这表明，云南省 2019 年在“最多跑一次”改革上取得一定的进展。

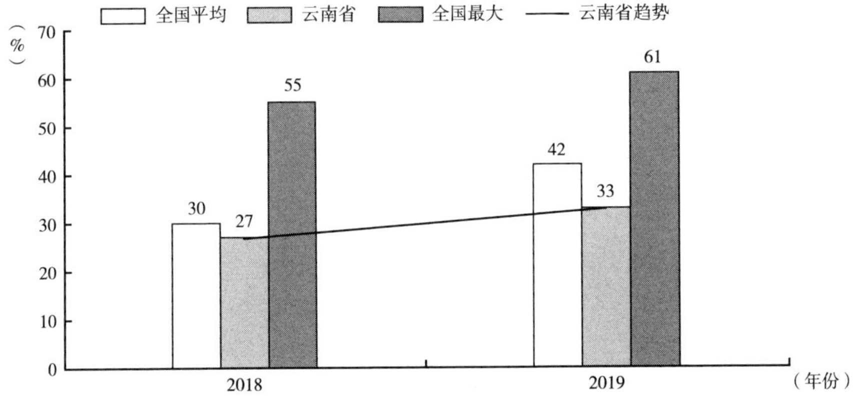

图4 在云南，市场主体实现了“最多跑一次”的比例从2018年的27%上升到2019年的33%

（五）减少费用：认为费用降低的市场主体比例从61%提高到73%

“减费”是2019年的重点工作之一。如图5所示，在2019年，云南省73%的市场主体认为，商改措施能够降低市场主体与政府打交道的费用，与2018年相比，提高了12个百分点。这表明，在“减费”工作上，2019年云南市场主体获得感显著提高。

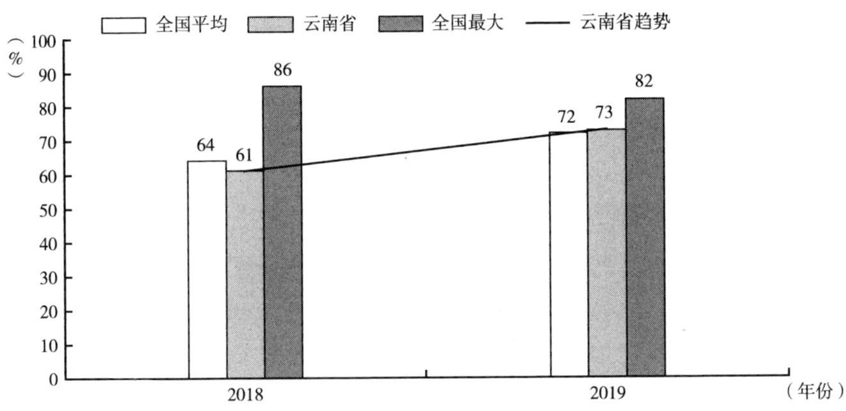

图5 在云南，认为能降低费用的比例从2018年的61%上升到73%

（六）“互联网 + 政务”普及：云南76%的市场主体知道网上办事大厅，63%的市场主体使用网上办事系统，高于全国平均水平

“互联网 + 政务”是商事制度改革的主要内容之一。如图 6 所示，在云南省，有 76% 的市场主体明确表示知道其所在地有网上办事大厅（系统），相较于全国平均水平 66%，领先 10 个百分点。在使用率上，云南 63% 的市场主体使用网上办事大厅，比全国平均水平（48%）高 15 个百分点。

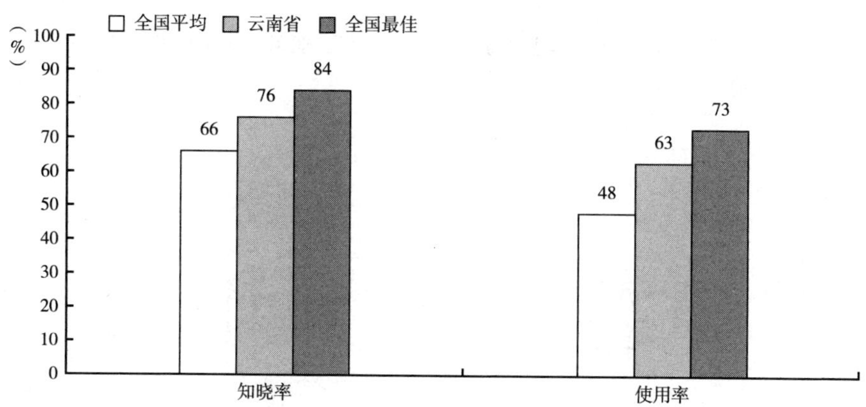

图 6　在云南，76% 的市场主体表示知道网上办事大厅

如图 7 所示，从横向比较来看，在 2018 年，云南省仅有 43% 的受访群众表示知道网上办事大厅，而在 2019 年，这一比例上升至 76%，增加了 33 个百分点。从使用率看，从 2018 年的 31% 提高到 2019 年的 63%，实现倍增，这表明，网上办事大厅在云南的普及率大大提高。

（七）获得感提高：云南营商环境得票率为3%，排名全国第11

在省内，72% 的市场主体认为商改对经营有积极影响，高于全国平均水平。营商环境的改善、市场主体的认可是商事制度改革的重要维度。如图 8 所示，从省内市场主体的评价来看，云南市场主体认为商改对经营有积极影

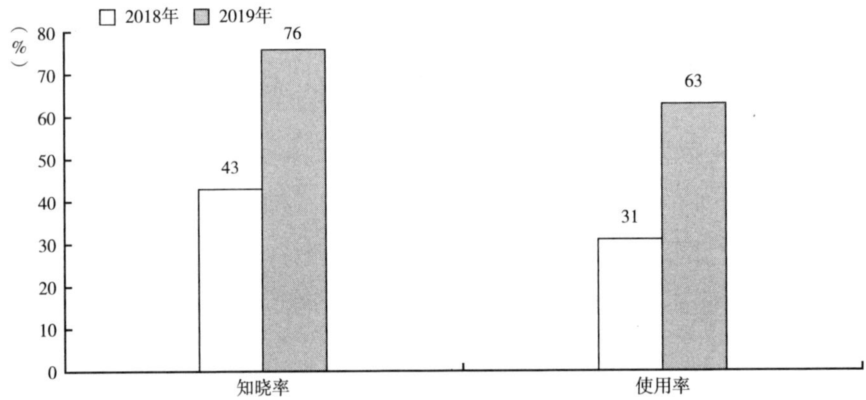

图 7　在云南，网上办事大厅的知晓率、使用率大幅提升

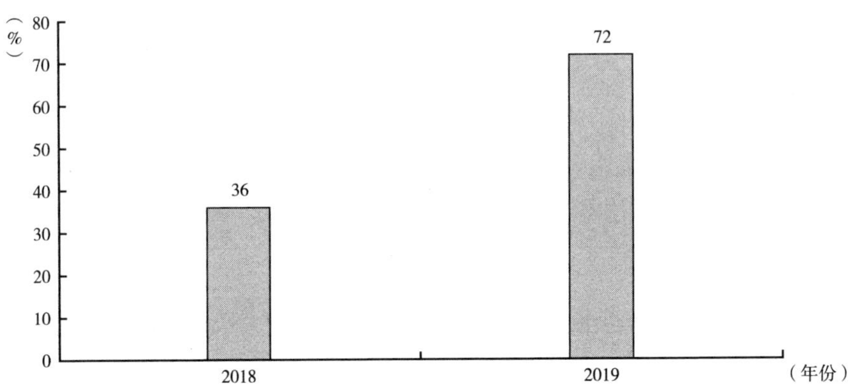

图 8　在云南，认为商改对经营有积极影响的比例从 2018 年的 36%上升到 2019 年的 72%

响的比例从 2018 年的 36% 上升到了 2019 年的 72%，省内市场主体在商事制度改革中的获得感大幅提升。

在省内，59% 的市场主体认为做生意大环境有所改善，高于全国平均水平。在云南，17% 的市场主体认为做生意大环境有大幅改善，比全国平均水平高 1 个百分点；42% 的市场主体认为做生意大环境略有改善，比全国平均水平高 6 个百分点；14% 的市场主体认为做生意大环境没有改善，比全国平均水平低4个百分点；18%的市场主体认为做生意大环境略微变差，与全国平均水平持平；8%的市场主体认为做生意大环境大幅变差，比全国平均水平低3个百分点（见图9）。这表明，从全国视野看，云南市场主体在商事制度改革中的获得感较好，做生意大环境改善程度优于全国平均水平但仍有进步空间。

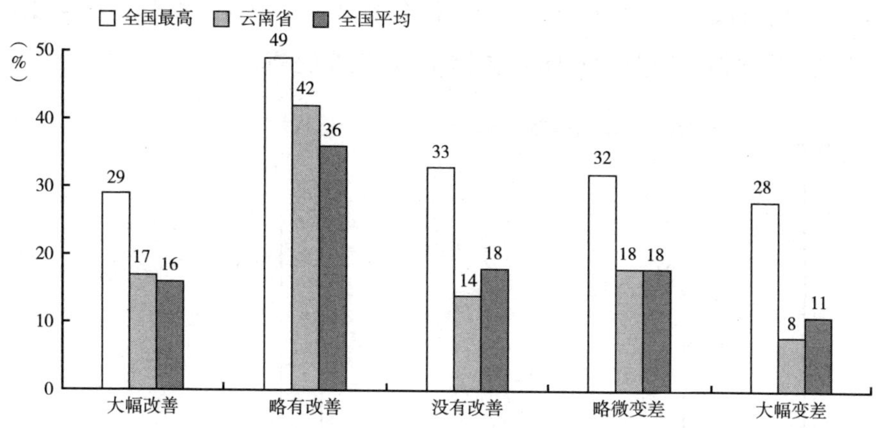

图9　2019年，59%的云南市场主体认为做生意大环境有改善

如图10所示，在云南，2018年认为做生意大环境改善的比例仅有36%，2019年该比例上升至59%，提高了23个百分点。

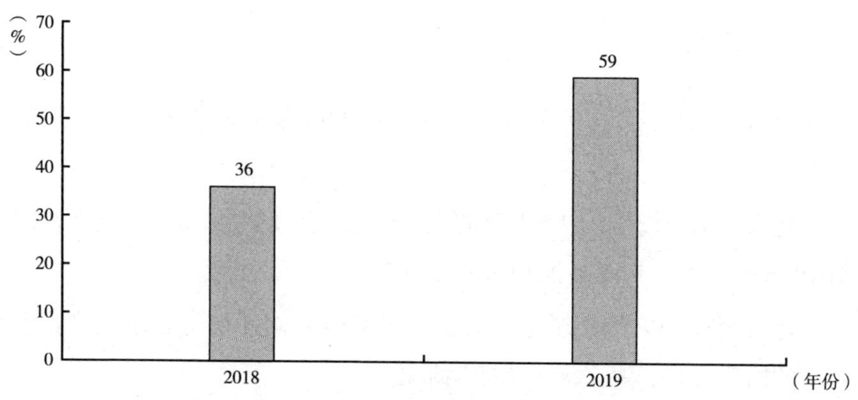

图10　在云南，认为做生意大环境改善的比例从2018年的36%上升至2019年的59%

在省外，市场主体投票结果显示，云南营商环境得票率为3%。从其他省份市场主体的评价来看，云南省营商环境建设也取得了进步。如图11所示，从云南省外市场主体的投票来看，在2018年，省外仅1%的市场主体认为云南做生意的环境好，排名全国第14；2019年，这一比例提高到3%，排名全国第11，增加了2个百分点，排名提高3个位次。全国市场主体对云南商事制度改革以及营商环境建设的肯定程度提高。

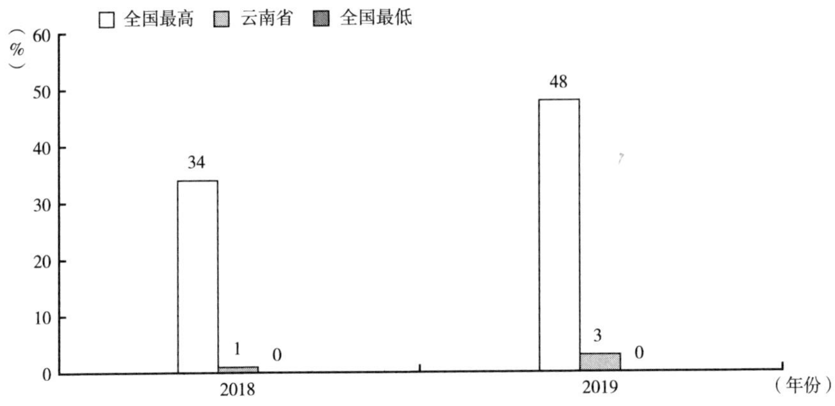

图11　云南营商环境的得票率从2018年的1%增加到2019年的3%

（八）小结

与2018年相比，2019年云南省商事制度改革取得显著进步，具体如下。

一是云南省市场准入便利度不断提升。云南市场主体登记注册所需时间从2018年的6.4天下降至2019年的5.7天。

二是云南省78%的市场主体会通过国家企业信用信息公示系统查看交易对象的信用信息，进入大规模使用阶段。

三是云南省市场主体“最多跑一次”的比例从27%提高到33%。

四是在“减费”工作上，认可费用降低的市场主体从61%提高到73%，绝大部分市场主体认可商事制度改革在“减费”工作上的成效。

五是云南省“互联网+政务”普及度高，云南76%的市场主体知道网上办事大厅，63%的市场主体使用网上办事系统。

三　云南省商事制度改革的宏观成效

商事制度改革支撑经济发展，体现在促进新市场主体进入后，创造就业岗位、增加业绩、推动结构转型、促进创新、改善营商环境等方面。从调研结果看，云南省商事制度改革有力支撑经济高质量发展。

（一）商改后，云南省市场主体总量实现翻番

2019年调研随机访谈的云南省全部在位市场主体中，在2014年商改后登记注册、进入市场的比例约为59%。商事制度改革促进更多市场主体创业的一个直观体现是，在位市场主体中，2014～2019年登记注册的市场主体占比高。如图12所示，在云南省调研样本中，2014年之前登记注册的比例为41%，2014～2019年登记注册的市场主体占比为59%。这一结果表明，改革后登记注册、进行创业、进入市场的新市场主体数量赶超改革前的

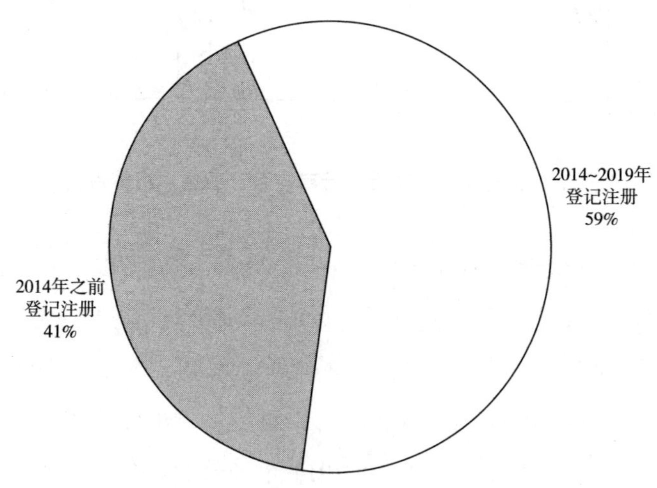

图12　云南省2014～2019年登记注册的市场主体占全部市场主体的59%

市场主体总量，占比超过全部在位市场主体的一半，实现市场主体总量大幅增加。

（二）商改后，云南省服务业的市场主体占比增加13个百分点

商事制度改革后，云南省服务业市场主体的比重从商改前的41%增加到54%。如图13所示，将市场主体划分为2014年商改前登记注册、2014年商改后登记注册两个集合，分别计算每个集合中不同产业的市场主体占比，结果表明，云南省在2014年商改之前登记注册的市场主体中，41%为服务业市场主体；在2014年之后新登记注册的市场主体中，服务业市场主体的比例为54%，增加了13个百分点。

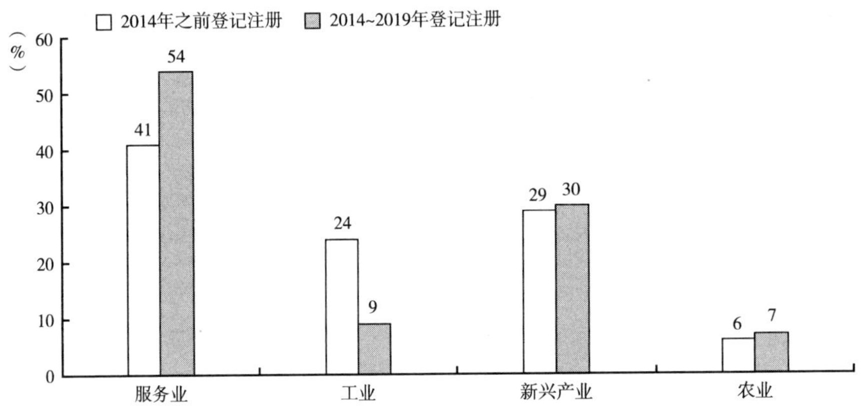

图13　商改前和商改后，云南省各产业市场主体占比

商改后，工业市场主体的市场占比从24%下降到9%。如图13所示，在2014年商改之前登记注册的市场主体中，24%为工业市场主体；在2014年之后新登记注册的市场主体中，工业市场主体的比例减少到9%。

商改后，新兴产业市场主体在所有市场主体中的比重为30%，超过工业市场主体占比。如图13所示，在2014年商改之前登记注册的市场主体中，29%为新兴产业市场主体，在2014年之后登记注册的市场主体中，这一比例为30%，几乎没有发生变化。

（三）2019年，云南省45%的市场主体创造了就业岗位

在调研中，调研员询问市场主体的办事代表，在过去半年，公司的员工规模是扩大或不变还是减少了？如图14所示，在2019年上半年，有45%的市场主体员工规模扩大，38%的员工规模不变，17%的员工规模缩小。本报告进一步把员工规模扩大的市场主体比例与员工规模缩小的市场主体比例之间的差值定义为市场主体净增就业面。员工规模扩大的市场主体与员工规模缩小的市场主体之间，差值为28个百分点，即市场主体净增就业面28%。这表明，2019年上半年，云南省市场主体创造了更多就业岗位，提供了更多就业机会。

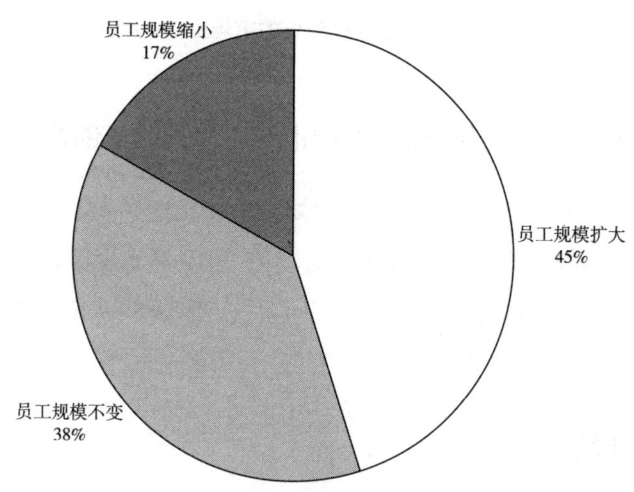

图14　2019年，云南省45%的市场主体员工规模扩大

（四）2019年，58%的市场主体业绩变好

在调研中，调研员询问市场主体的办事代表，在过去半年，公司的销售业绩是变好或不变还是变差了？如图15所示，在2019年上半年，云南省58%的市场主体表示业绩变好，业绩不变的占21%，业绩变差的比例为21%。这表明，2019年上半年，58%的市场主体业绩变好。

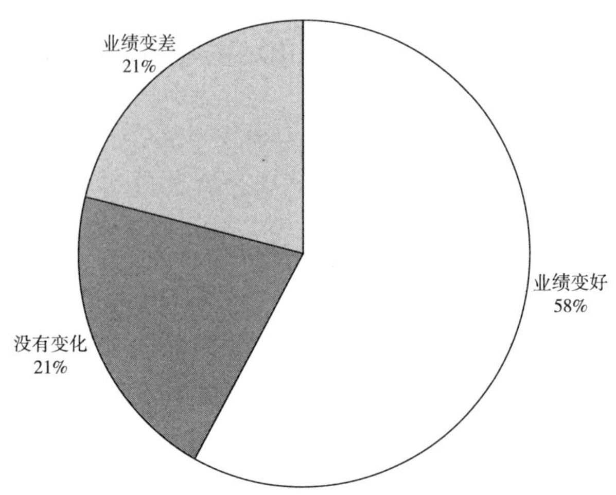

图 15　2019 年，云南省 58%的市场主体业绩变好

（五）2019年，云南省54%的市场主体进行了创新

在实地调研中，调研员询问前来办事的市场主体代表，公司在过去半年是否推出新产品或新服务？如图 16 所示，在 2019 年上半年，有推出新产品或新服务的市场主体占比为 54%。这表明，云南 54% 的市场主体在过去半年有进行创新。

（六）小结

从调研结果来看，云南省商事制度改革通过促创业、保就业、稳增长、调结构、促创新、改善营商环境，有力支撑经济高质量发展，具体如下。

商事制度改革促进大众创业，改革后登记注册的市场主体占比为 59%，市场主体数量翻番。

商事制度改革创造更多就业机会，2019 年上半年 45% 的市场主体员工规模扩大。

商事制度改革促进市场主体成长，2019 年上半年 58% 的市场主体业绩变好。

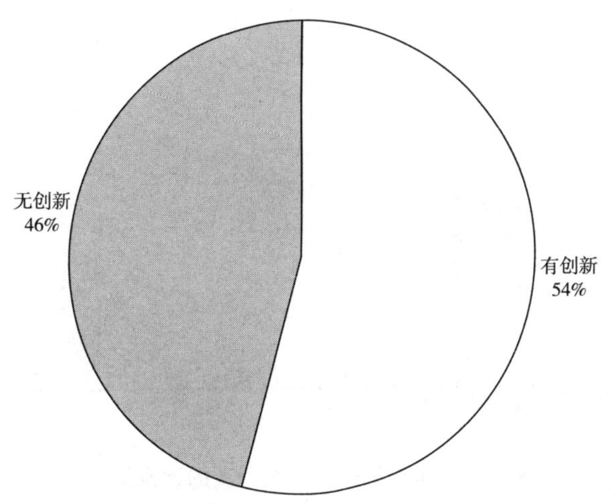

图 16　2019 年，云南省 54%的市场主体推出了新产品或新服务

商事制度改革促进万众创新，2019 年上半年 54% 的市场主体有进行创新。

四　云南省商事制度改革面临的问题

与自身相比，云南省的商事制度改革在2019 年取得了显著进步，“互联网 + 政务”的使用率实现倍增，营商环境排名上升，市场主体的获得感和评价感高，但放在全国视野下，云南省的营商环境还有很大的提升空间，主要存在以下问题：第一，“最多跑一次”改革推进不到位；第二，“一网通办”程度低；第三，商改之外的问题成为影响营商环境的新问题。

（一）在服务型政府建设上，云南省办事效率低于全国平均水平

云南省市场主体“最多跑一次”比例低于全国平均水平。如图 17 所示，云南省市场主体中办成一件事只需跑一次的比例为 33%，与 2018 年的 27% 相比，取得了阶段性进步，与全国平均水平相比仍有一定差距。

云南省市场主体“一窗办理”比例稍低于全国平均水平。如图 18 所

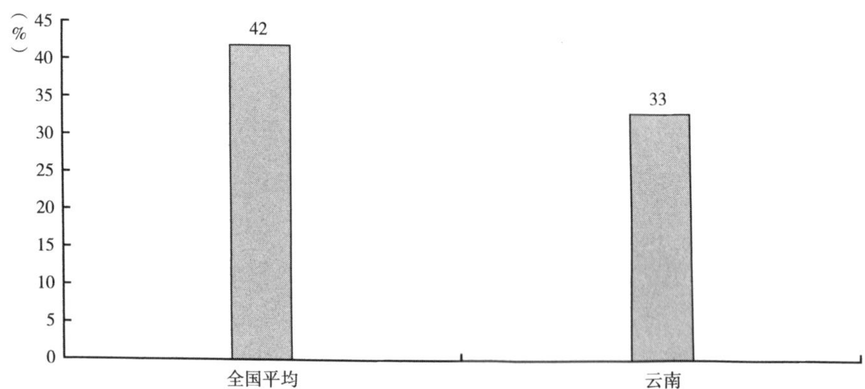

图 17　在云南，2019 年市场主体只跑一次的比例低于全国平均水平

示，在 2019 年上半年，全国市场主体办事实现“一窗办理”的比例为 67%，而云南省市场主体实现“一窗办理”的比例为 61%，比全国平均水平低 6 个百分点。这表明，从市场主体的角度看，云南省“一窗办理”改革需深化。

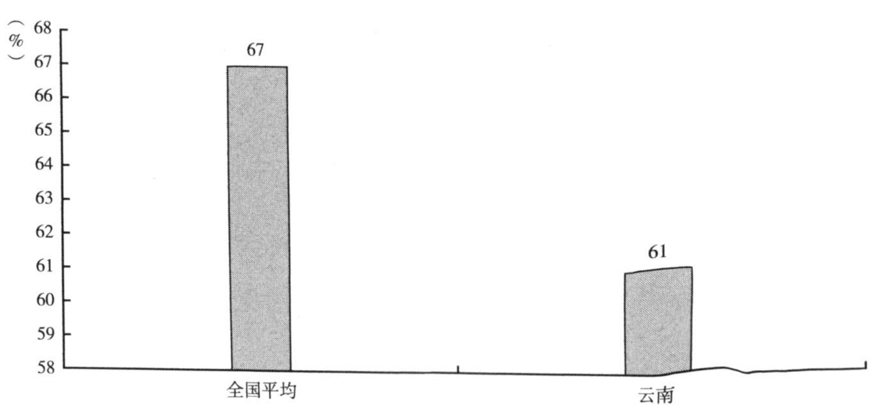

图 18　在云南，2019 年“一窗办理”的比例低于全国平均水平

如图 19 所示，在云南省，81% 的市场主体认为商改措施能够降低市场主体与政府打交道的时间，比全国平均水平低了 6 个百分点，比全国最佳水平低 13 个百分点。云南的商事制度改革在降低时间成本方面还需深化。

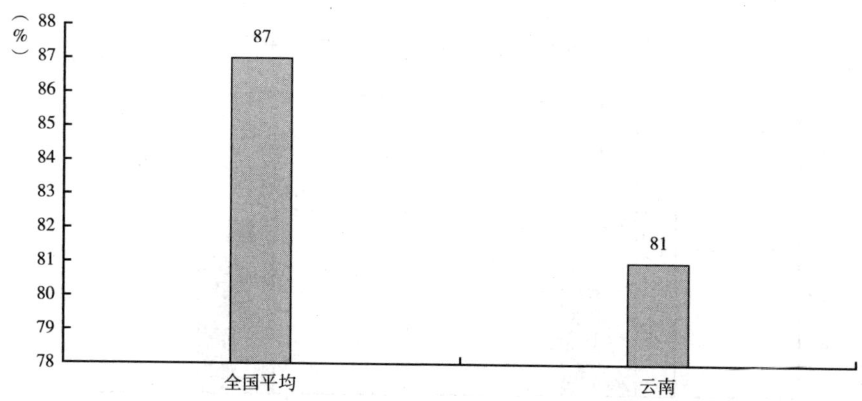

图19　认为商改降低了企业与政府打交道的时间的比例

（二）在市场准入上，市场主体登记注册所需交涉的窗口数量高于全国平均水平

如图20所示，2018年在云南登记注册一家市场主体平均需要与3.0个办事窗口打交道，比全国平均水平多1.1个。2019年所需交涉的窗口数量上升至3.1个，高于全国平均水平1.3个。整体而言，云南省市场主体登记注册所需交涉的窗口数量没有降低，且与全国平均水平的差距略有拉大。

（三）"一网通办"程度低于全国平均水平

图21呈现的是知晓网上办事大厅的市场主体对于信息系统的使用情况。在云南省，有22%的市场主体常用网上办事系统个数为1个，即"一网通办"实现的比例为22%。但从全国平均水平来看，"一网通办"比例为31%，云南在这一方面改革相对滞后了。

（四）目前，云南市场主体所面临的主要困难在商事制度改革范围之外

商事制度改革一直围绕着解决"办照难""办证难""退出难"等不断

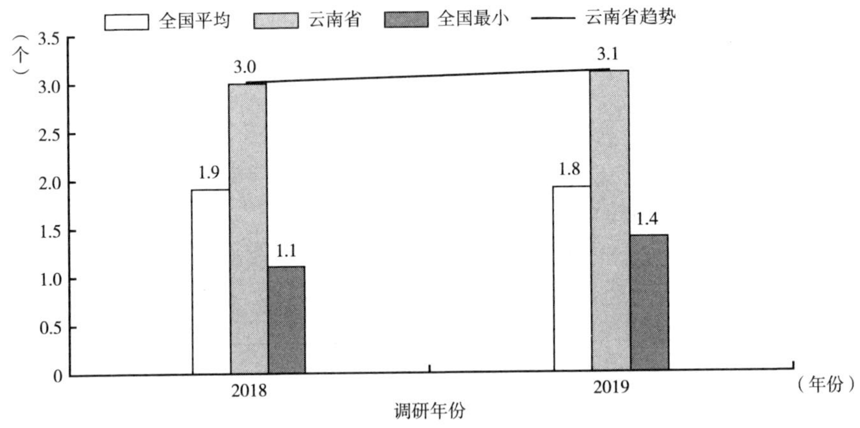

图 20　在云南，登记注册所需交涉的窗口数量多于全国平均

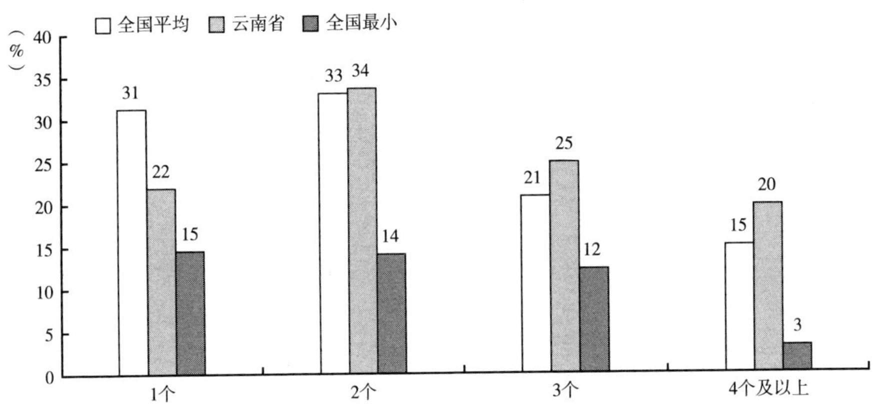

图 21　在云南，市场主体使用的信息系统数量

深化，不过，从市场主体反馈情况看，这些已经不再是市场主体所面临的主要困难。如图 22 所示，对于“在本地做生意目前遇到的主要困难是什么”，云南市场主体的答复是“市场竞争激烈”“劳动力成本高”“招工困难”，相关问题被提及的比重分别为 26%、17% 和 13%，略低于或持平于全国平均水平的比重（分别为 27%、17% 和 14%）。

需要明确指出的是，这些新困难是商事制度改革过程中所必然出现的。

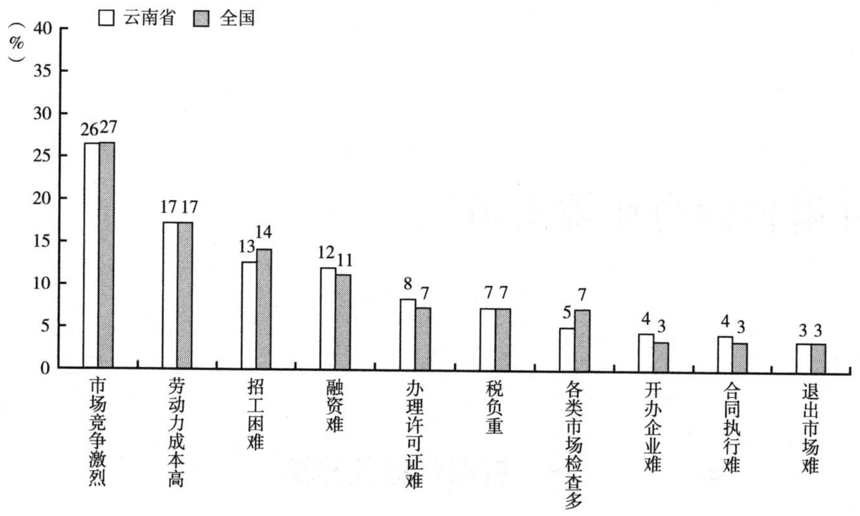

图 22　目前云南市场主体经营面临的主要困难

因此，云南市场主体所面临的新困难，源于商事制度改革带来的市场主体倍增。这些主要困难不是目前的商事制度改革所能够直接解决的。

甘肃省营商环境报告*

一 甘肃省报告概览

在甘肃省，课题组随机调研了省内6个市8个区，共回收有效问卷329份。6个市分别为兰州、张掖、酒泉、嘉峪关、平凉、陇南。调研结束后，课题组整理了有关全国和甘肃商事制度改革的第一手资料与舆情反馈，并从全国视野考察甘肃商事制度改革的新进展、新挑战以及新方向（见表1）。

表1　2019年甘肃省营商环境指标体系及最新进展

一级指标	二级指标	三级指标	甘肃均值	全国均值	全国最大	全国最小
主要进展	市场准入	2019年登记注册所需时间(天)	5.1	6.9	9.3	3.0
		2019年登记注册所需打交道窗口数量(个)	1.6	1.8	3.1	1.4
		2019年办理许可证的数量(个)	2.2	1.8	2.7	1.0
	信用监管	国家企业信用信息公示系统使用率(%)	56	66	79	47
	互联网+政务	网上办事大厅知晓率(%)	72	66	84	47
		网上办事大厅使用率(%)	56	48	73	27

* 执笔人：刘哲、隋婧媛、李小瑛。

续表

一级指标	二级指标	三级指标	甘肃均值	全国均值	全国最大	全国最小
主要进展	服务效率	过去半年,办成一件事需跑几次(次)	2.1	1.9	2.7	1.6
		过去半年,办成一件事需打交道窗口数量(个)	1.3	1.4	2.2	1.2
		外省市场主体对本省营商环境评价得票率(%)	1		48	0
宏观成效	就业	过去半年,扩大员工规模的市场主体占比(%)	24	34	45	22
	成长	过去半年,业绩提升的市场主体占比(%)	40	49	58	34
	创新	过去半年,创新的市场主体占比(%)	32	44	56	32
	结构	商改后登记注册的市场主体中服务业占比(%)	73	70	97	50

注:“全国最大”和“全国最小”为省级层面的最大值和最小值。
资料来源:中山大学“深化商事制度改革研究”课题组。

二　2018~2019年甘肃省商事制度改革最新进展

商事制度改革的重点是“放、管、服”。从调研结果来看,2019年,甘肃省市场准入更加便利,办理“照”“证”的时间和数量缩减;信用监管系统正在进入大规模使用阶段;以“最多跑一次”为代表的服务效率大幅提升,“减费”工作得到市场主体认可。

(一)登记注册便利:2019年甘肃登记注册需5.1天、1.6个窗口

在登记注册所需时间上,甘肃省优于全国平均水平。如图1所示,2018年,甘肃省市场主体登记注册所需时间平均为9.1天,高于全国平均水平。2019年,甘肃平均登记注册时间大致为5.1天,与2018年相比,减少4天,低于全国平均水平(6.9天)。

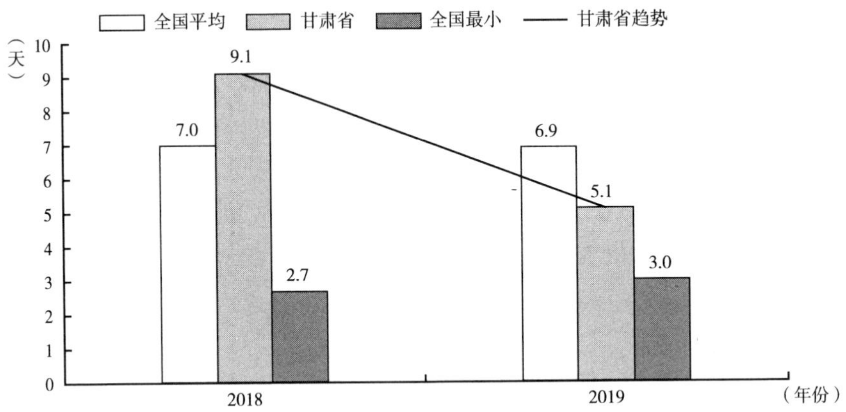

图1　在甘肃，登记注册所需时间从2018年的9.1天下降至2019年的5.1天

在登记注册所需窗口上，甘肃省在2019年接近全国最佳水平。如图2所示，在甘肃，2018年市场主体登记注册平均需要交涉2.0个窗口，到2019年，下降到1.6个，低于全国平均水平。这表明，与2018年相比，2019年在甘肃登记注册一家企业更加高效、便利，市场准入便利度进一步提升。

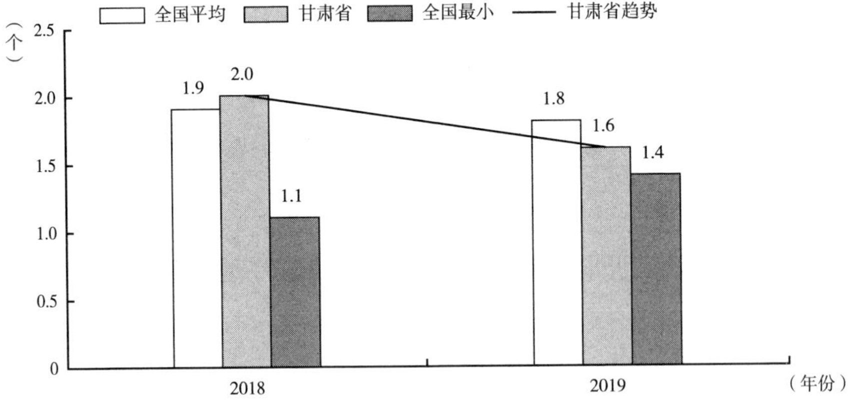

图2　在甘肃，登记注册所需交涉的窗口数从2018年的2.0个降至2019年的1.6个

（二）服务效率高：半小时办结的比例为56%，接近全国最佳水平；“最多跑一次”比例从25%提高到37%

如图3所示，从2018年调研来看，甘肃省的市场主体中有30%的可以在半小时内办结事务，与全国平均水平持平；到2019年，半小时办结的比例从30%增加到56%，增加了26个百分点，仅比全国最佳水平少1个百分点。这表明，甘肃省2019年在缩短办理时间、提高效率的改革上进展显著。

调研采访的嘉峪关市办事群众普遍表示，现在办理业务和以前相比确实是方便快捷了许多，“每次来办事不用等，半小时就能搞定”。嘉峪关市的办事大厅虽然面积有限，但布局合理，有效地缓解了办事“高峰期”，工作人员十分认真负责，对办理业务的群众予以悉心指导，确保不耽误办事群众的时间。

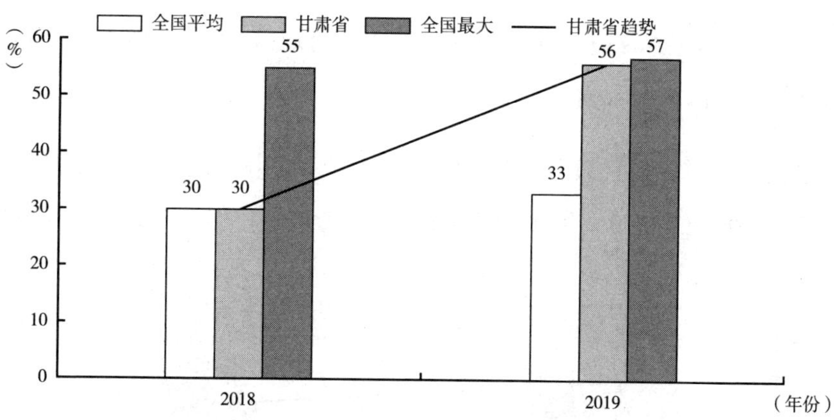

图3　在甘肃，市场主体半小时办结比例从2018年的30%上升到了2019年的56%

同期，与2018年相比，甘肃省市场主体“最多跑一次”的比例增加。如图4所示，2018年甘肃省市场主体“最多跑一次”就能办好事情的比例为25%，跑4次及以上的比例达到15%；而在2019年，“最多跑一次”的比例上升了12个百分点达到37%，也就是说，近四成的市场主体能够只跑

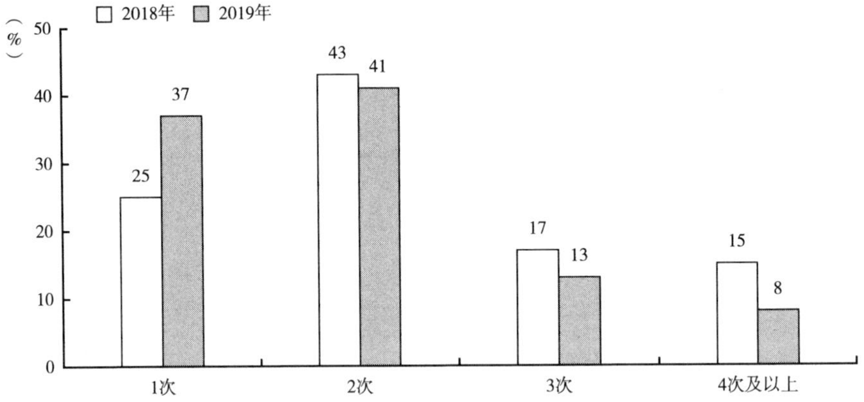

图 4　与 2018 年相比，甘肃省市场主体“最多跑一次”的比重增加

一次就办好事情。同时，跑 4 次及以上的比例下降到 8%。这表明，甘肃省的商改极大地提高了市场主体办事效率。

（三）“数字政府”知晓率高：72%的知晓网上办事大厅，高于全国平均水平

如图 5 所示，在甘肃省，有 72% 的市场主体明确表示知晓其所在地有网上办事大厅（系统），高于 66% 的全国平均水平，与全国最佳省份 84% 的比例相差 12 个百分点。可见，从全国视野看，甘肃在网上办事大厅知晓

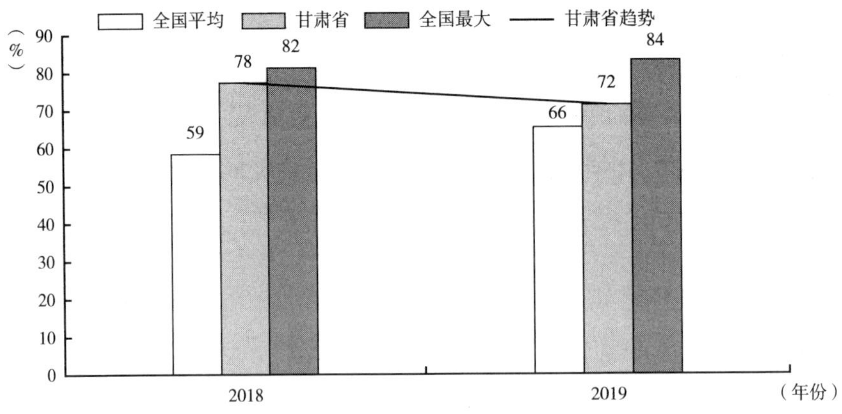

图 5　在甘肃，网上办事大厅的知晓率高于全国平均水平

率方面处于优势地位。

调研采访的平凉市的办事群众普遍表示："要不是工作人员的耐心指导，我们还真不知道这网上办事这么方便!"在平凉市的办事大厅，随处可见网上办事的指导手册与宣传牌，并且通过线上自助服务终端，配备专业人员进行耐心的现场指导等，全面提升办事效率，营造良好的办事氛围，潜移默化地推进办事群众思维方式与行为方式的变革。

（四）办事费用减少：认为费用降低的市场主体比例从56%提高到80%

"减费"是2019年的重点工作之一。如图6所示，在2019年，甘肃省80%的市场主体认为，商改措施能够降低市场主体与政府打交道的费用，与2018年相比，提高了24个百分点。这表明，在"减费"工作上，2019年甘肃市场主体获得感显著提高。

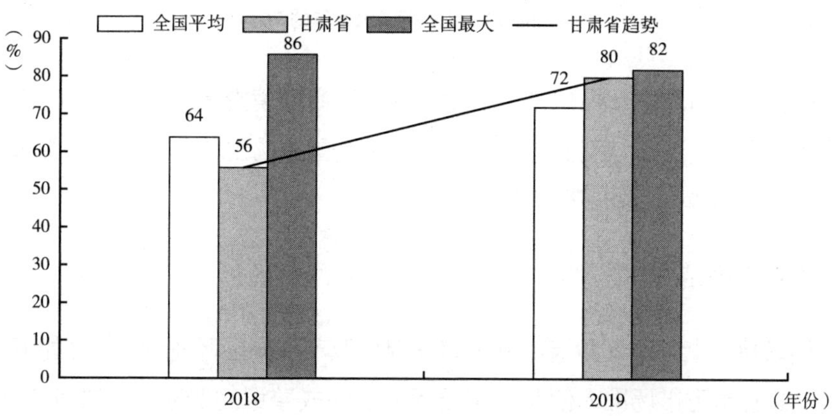

图6 在甘肃，认为能降低费用的比例从2018年的56%上升到80%

（五）获得感提高：省内获76%的认可，省外得票率实现从0到1%的突破

在省内，76%的市场主体认为商改对经营有积极影响，为全国最佳水

平，比全国平均水平高出 8 个百分点。营商环境的改善、市场主体的认可，是商事制度改革的重要维度。如图 7 所示，从省内市场主体的评价来看，甘肃市场主体认为商改对经营有积极影响的比例从 2018 年的 68% 上升到 2019 年的 76%，省内市场主体对商事制度改革的获得感不断提升。

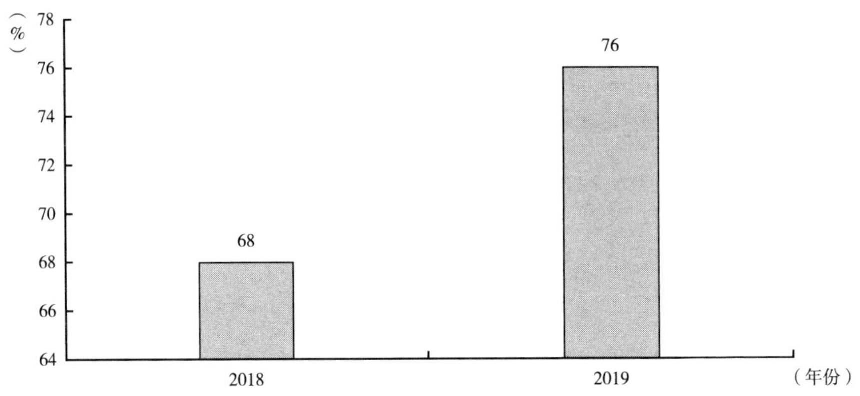

图 7　在甘肃，认为商改对经营有积极影响的比例从 2018 年的 68%上升到 2019 年的 76%

在省外，市场主体投票结果显示，甘肃营商环境投票率为 1%，与 2018 年的 0 相比，实现了从无到有的突破。这是全国市场主体对甘肃商事制度改革以及营商环境建设的充分肯定。

（六）小结

与 2018 年相比，2019 年甘肃省商事制度改革取得显著进步，具体如下。

一是甘肃省市场准入便利度不断提升。完成登记注册平均需要 5.1 天、1.6 个窗口。

二是甘肃省市场主体的办事效率得到显著提升，半小时办结的比例由 2018 年的 30% 上升至 2019 年的 56%。

三是甘肃省“互联网 + 政务”知晓率为 72%，高于全国平均水平。

四是在“减费”工作上，认可费用降低的市场主体从 56% 提高到 80%，绝大部分市场主体认可商事制度改革在“减费”工作上的成效。

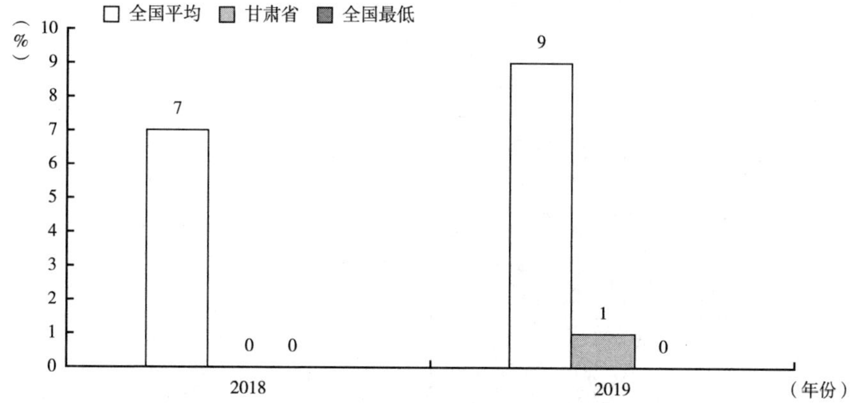

图 8　甘肃营商环境的得票率从 2018 年的 0 增加到 2019 年的 1%

五是市场主体获得感高。76% 的省内市场主体认为商事制度改革为企业经营带来积极影响，首次获得省外市场主体的认可。

三　甘肃省商事制度改革的宏观成效

商事制度改革对宏观经济的促进作用，体现在促进新市场主体进入后，创造就业岗位、增加业绩、推动结构转型、促进创新、改善营商环境等方面。从调研结果看，甘肃省的商事制度改革有效优化了省内宏观经济的发展环境，有力支撑甘肃经济高质量发展。

（一）商改后登记注册的企业超过一半

2019 年调研随机访谈的甘肃省全部在位市场主体中，在 2014 年商改后登记注册、进入市场的比例约为 53%。商事制度改革促进更多市场主体创业的一个直观体现是，在位市场主体中，2014 ~ 2019 年登记注册的市场主体占比高。如图 9 所示，在甘肃省调研样本中，2014 年之前登记注册的比例为 47%；2014 ~ 2019 年，登记注册的市场主体占比为 53%。这一结果表明，商改后登记注册、进行创业、进入市场的新市场主体数量赶超改革前的市场主体总量，占比超过全部在位市场主体的一半，实现市场主体总量大幅增加。

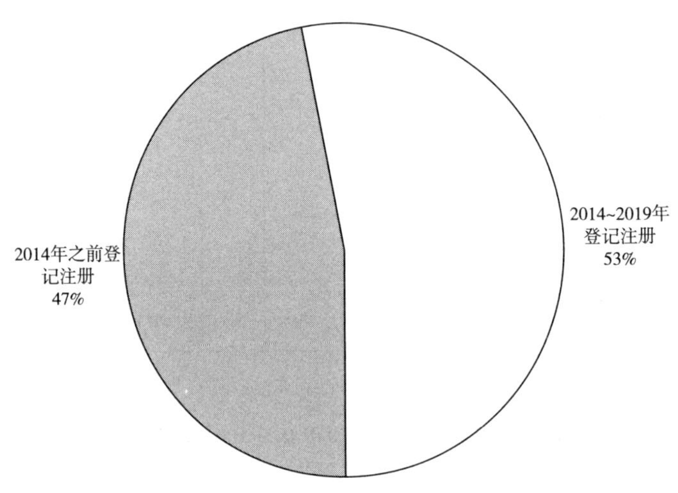

图 9　甘肃省 2014 ~ 2019 年登记注册的市场主体占全部市场主体的 53%

（二）2019年，甘肃24%的市场主体创造了就业岗位

在调研中，调研员询问市场主体的办事代表，在过去半年，公司的员工规模是扩大或不变还是减少了？如图 10 所示，在 2019 年上半年，有 24% 的市场主体员工规模扩大，61% 的员工规模不变，15% 的员工规模缩小。本报告进一步把员工规模扩大的市场主体比例与员工规模缩小的市场主体比例之间的差值定义为市场主体净增就业面。员工规模扩大的市场主体与员工规模缩小的市场主体之间，差值为 9 个百分点，即市场主体净增就业面 9% 。这表明，2019 年上半年，甘肃省市场主体创造了更多就业岗位，提供了更多就业机会。

（三）2019年，甘肃四成市场主体业绩提升

在调研中，调研员询问市场主体的办事代表，在过去半年，公司的销售业绩是变好或不变还是变差了？如图 11 所示，在 2019 年上半年，甘肃省 40% 的市场主体表示业绩变好，业绩不变的占 26% ，业绩变差的比例为 34% 。这表明，2019 年上半年，40% 的市场主体业绩变好。

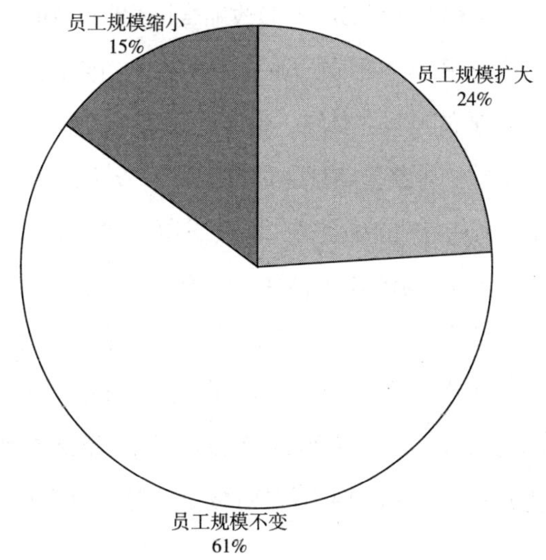

图 10　2019 年，甘肃省 24%的市场主体员工规模扩大

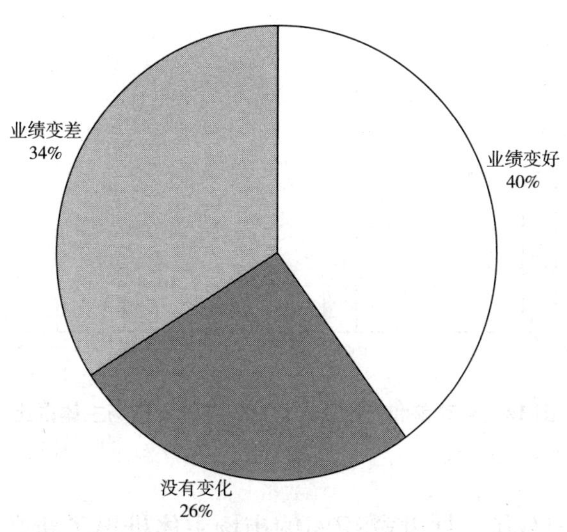

图 11　2019 年，甘肃省 40%的市场主体业绩变好

（四）服务业的市场主体占比增加19个百分点

商事制度改革后，甘肃省服务业市场主体的比重从商改前的 54% 增加到 73%。

如图 12 所示，将市场主体划分为 2014 年商改前登记注册、2014 年商改后登记注册两个集合，分别计算每个集合中不同产业的市场主体占比，结果表明，甘肃省在 2014 年商改之前登记注册的市场主体中，54% 为服务业市场主体；在 2014 年之后新登记注册的市场主体中，服务业市场主体的比例为 73%，增加了 19 个百分点。

商改后，工业市场主体的占比从 31% 下降到 14%。如图 12 所示，在 2014 年商改之前登记注册的市场主体中，31% 为工业市场主体；在 2014 年之后新登记注册的市场主体中，工业市场主体的比例减少到 14%。

商改后，新兴产业市场主体在所有市场主体中的比重为 8%，低于工业市场主体占比。如图 12 所示，在 2014 年商改之前登记注册的市场主体中，8% 为新兴产业市场主体，在 2014 年之后登记注册的市场主体中，这一比例同为 8%，没有发生变化。

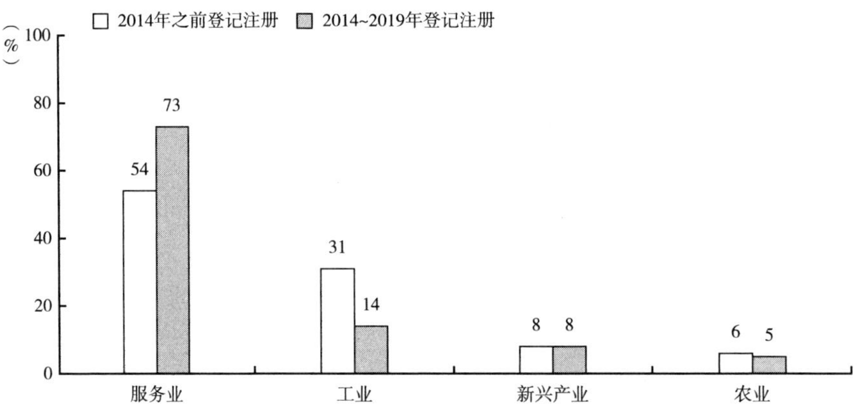

图 12　商改前和商改后，甘肃省各产业市场主体占比

（五）2019年，甘肃省32%的市场主体推出了新产品或新服务

在实地调研中，调研员询问前来办事的市场主体代表，公司在过去半年是否推出新产品或新服务？如图 13 所示，在 2019 年上半年，有推出新产品或新服务的市场主体占比为 32%。这表明，甘肃省有三成以上的市场主体在过去半年有进行创新。

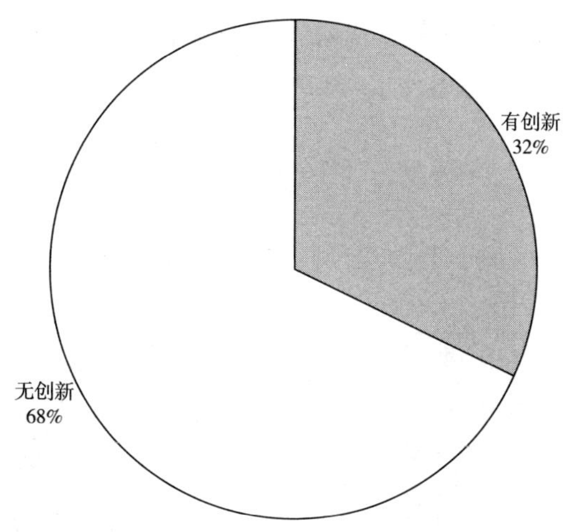

图 13　2019 年，甘肃省 32%的市场主体推出了新产品或新服务

（六）小结

从调研结果来看，甘肃省商事制度改革通过促创业、保就业、稳增长、调结构、促创新、改善营商环境，有力支撑经济高质量发展，具体如下。

商事制度改革促进大众创业，改革后登记注册的市场主体占比为 53%，市场主体数量显著增加。

商事制度改革创造更多就业机会，2019 年上半年 24% 的市场主体员工规模扩大。

商事制度改革推进市场主体成长，2019 年上半年 40% 的市场主体业绩变好。

商事制度改革促进万众创新，2019 年上半年 32% 的市场主体有进行创新。

四　甘肃省商事制度改革面临的新问题

（一）“减证”工作成效不大，大致需要办理2 个证

如图 14 所示，2018 年，甘肃市场主体平均要办 2.0 个许可证，与全国

平均水平持平；而在 2019 年，市场主体登记注册所需办理证件数上升至 2.2 个，比 2018 年增加 0.2 个。

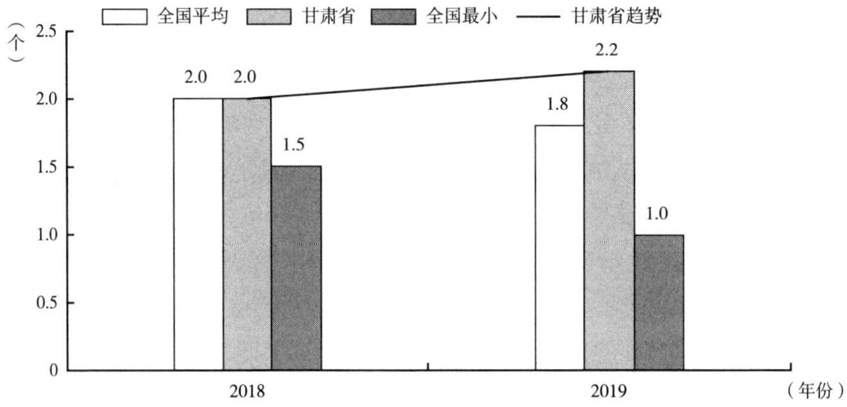

图 14　在甘肃，市场主体所需办理证件数由 2018 年的 2.0 个升至 2019 年的 2.2 个

（二）“最多跑一次”的比例低于全国平均水平

如图 15 所示，在 2019 年，37% 的甘肃市场主体办成一件事需要跑 1 次，比全国平均水平低了 5 个百分点，远低于全国最佳水平。41% 的市场主体办成一件事需要跑 2 次。这意味着，甘肃在“最多跑一次”改革上明显滞后了。

在平凉市，工作人员和我们说，“只要办事材料齐全，我们就能当天为群众办理好业务”。部分群众坦言因漏读了办事须知才导致要再跑多几次。由此可见，部分要跑 2 次及以上的市场主体，或许因材料不齐导致来回奔波。因此，要解决这一难题，一方面需要相关部门寻找合理有效的宣传方法，做好提前告知工作；另一方面也需要群众大力配合，仔细阅读办事流程。

（三）竞争激烈、融资难、成本高是市场主体面临的最大问题

商事制度改革一直围绕着解决“办照难”“办证难”“退出难”等问题不断深化，不过，从市场主体反馈情况看，这些已经不再是市场主体所面临

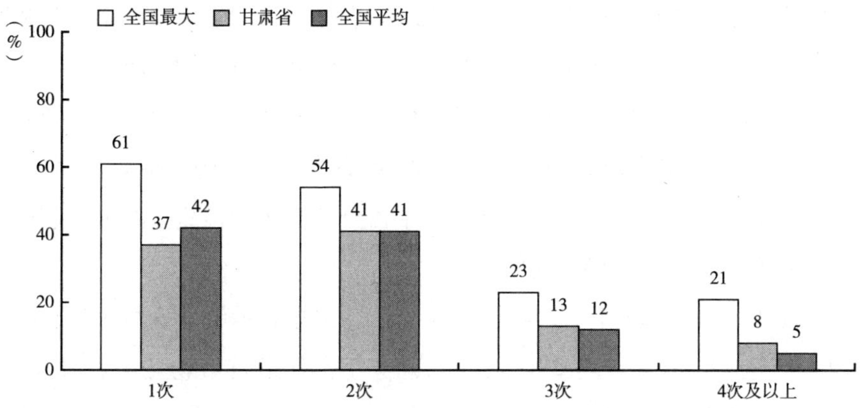

图 15　2019 年在甘肃，37%的市场主体实现了“最多跑一次”

的主要困难。目前，甘肃市场主体所面临的主要困难是商事制度改革难以直接解决的。

如图 16 所示，对于“在本地做生意目前遇到的主要困难是什么”，甘肃市场主体提及开办企业难、退出市场难、合同执行难所占的比重分别为 2%、2%和 4%，这些已不再是市场主体目前所面临的主要困难。在全国范围内，这三个困难被提及的比重均为 3%，同样不再是市场主体所面临的主要困难。

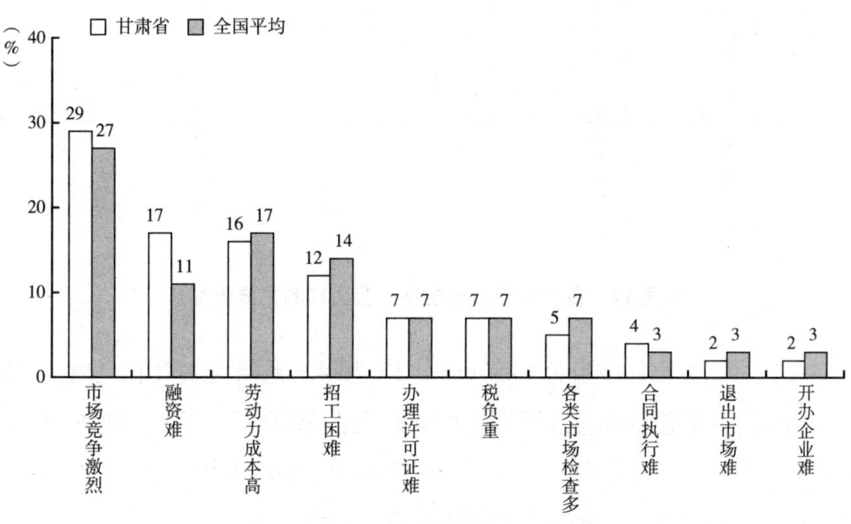

图 16　目前市场主体经营面临的主要困难

甘肃市场主体反馈目前最主要的困难分别是市场竞争激烈、融资难和劳动力成本高。这三个困难被提及的比重分别为 29%、17% 和 16%。这三个困难也是全国市场主体所普遍面临的，但是甘肃的情况更严重些，主要表现为，甘肃市场主体提及市场竞争激烈的比重高于全国平均水平 2 个百分点，提及融资难的比重高于全国平均水平 6 个百分点。显然，这些困难不是目前的商事制度改革所能直接解决的。

如图 17 所示，2018 年甘肃省 26% 的市场主体表示市场竞争激烈；而在 2019 年，这一比例上升至 29%，表明近一年，甘肃省市场竞争愈发激烈。同样地，在 2018 年，有 16% 的市场主体认为融资难，在 2019 年，这一比例上升至 17%。由此可见，甘肃省近一年市场竞争压力大，企业面临劳动力成本高、融资困难等主要挑战。

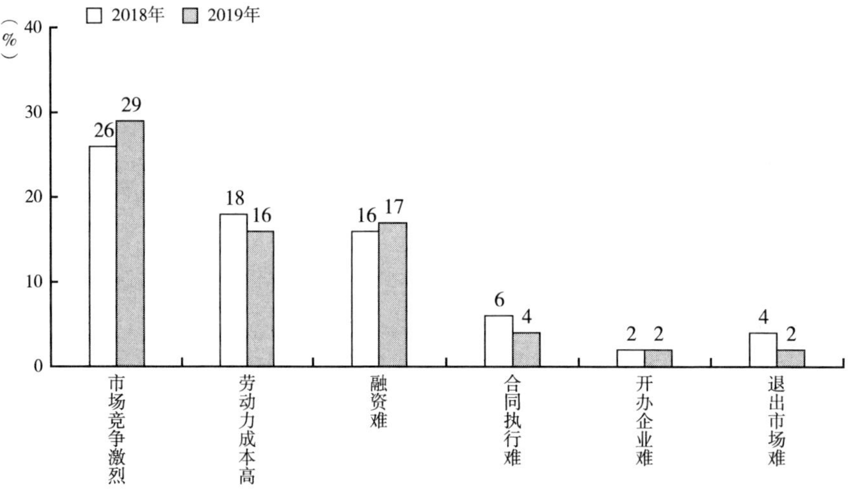

图 17　目前甘肃市场主体经营面临的主要困难

另外，2018 年甘肃省分别有 6%、2% 和 4% 的市场主体认为在合同执行、开办企业和退出市场方面存在困难；而在 2019 年，这三项指标所占比重下降幅度有限。这表明，甘肃省企业面临的主要困难相对集中，需要相关部门进一步协调指导，助力企业解决困难，激发市场活力。

典型省份“数字政府”需求侧建设调查篇

北京市“数字政府”需求侧调查报告*

一　北京报告概览

在本次实地调研中，课题组在北京实地走访了7个区的7个办事大厅，随机访谈市场主体，考察市场主体使用网上办事大厅和“北京通”App（以下统称为“数字政府”）的情况。其中，7个区分别为西城区、朝阳区、丰台区、海淀区、通州区、顺义区和大兴区；7个办事大厅分别是5个区级政务服务大厅、1个区级市场监管局办事大厅和1个区级商事税务办事大厅。在本次调研中，随机访谈市场主体回收的有效调查问卷合计207份。

表1为北京市“数字政府”需求侧建设指标概况。北京市“数字政府”需求侧建设的总得分达到90分，高于全国平均得分71分，总体评级为A。具体而言，北京市“数字政府”潜在使用率得分为98分，高于全国平均水平，总体评级为A；北京市“数字政府”实际知晓率得分为90分，高于全国平均水平，总体评级为A；北京市“数字政府”实际使用率得分为80分，高于全国平均水平，总体评级为B。

表1　北京市“数字政府”需求侧建设指标体系及最新进展

指标	全国	北京市	北京市评级	北京市最大值	北京市最小值
一级指标 “数字政府”需求侧建设	71	90	A	95	82

* 执笔人：曾涵茹、黄怡菲、徐现祥。

续表

指标	全国	北京市	北京市评级	北京市最大值	北京市最小值
二级指标					
“数字政府”潜在使用率	92	98	A	100	94
“数字政府”实际知晓率	69	90	A	95	85
“数字政府”实际使用率	53	80	B	89	67

注：“最大值”和“最小值”指的是在北京市内7个调研区中的最大值和最小值。评级划分标准为：A级（85~100分）、B级（70~84分）、C级（60~69分）、D级（60分以下）。总得分为3个二级指标的平均值。

资料来源：中山大学“深化商事制度改革研究”课题组。

二　北京“数字政府”需求侧建设的最新进展

从需求侧的视角看，北京市场主体对“数字政府”建设有强烈的需要，“数字政府”处于可快速发展的历史机遇期。“数字政府”建设大致可以分为想用、知道、使用和好用四个阶段。从市场主体的反馈情况看，目前，北京“数字政府”需求侧建设完成大规模知道阶段，大致处于大规模使用阶段，但尚未到达大规模好用阶段。

（一）在北京，96%的市场主体认为“数字政府”是大势所趋

如图1所示，北京96%的市场主体认为“数字政府”是大势所趋，3%的市场主体表示不确定，只有1%的市场主体认为不是大势所趋。这表明，北京市场主体普遍认同“数字政府”建设是大势所趋。

在调研期间，不仅年轻人认同“数字政府”这一趋势，即便是表示自己不太会使用网络工具的较为年长的市场主体，大部分都认为政府通过电脑、手机提供网上政务服务是当下的潮流。调研员在顺义区采访一位国企的老干部时，他斩钉截铁地肯定这个趋势：“是啊，现在网络这么方便。”

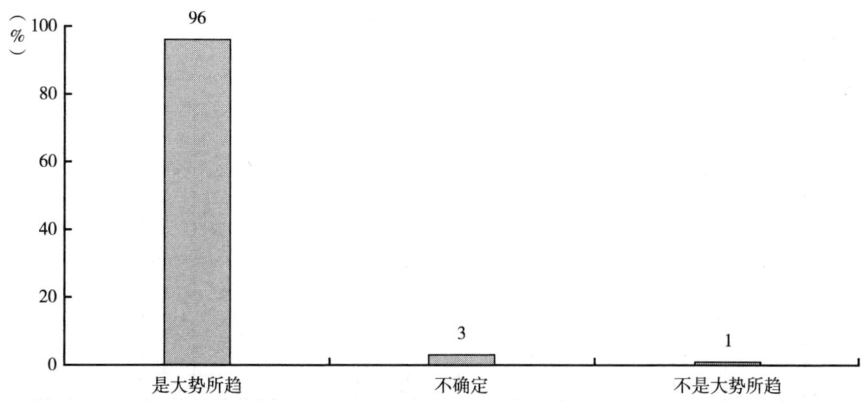

图1　在北京，96%的市场主体认为“数字政府”是大势所趋

（二）在北京，98%的市场主体表示愿意使用“数字政府”

如图2所示，如果“数字政府”能办理所需业务，平均而言，北京98%的市场主体表示愿意使用。其中，愿意使用网上办事大厅的市场主体占比98%，愿意使用“北京通”App的市场主体占比94%。这表明，北京的市场主体普遍愿意使用“数字政府”。北京“数字政府”建设的潜在市场需求大。

调研期间，“愿意使用”是市场主体普遍的心声。在北京市西城区，不少市场主体向调研员传递这样的信息：“如果手机、电脑上就可以办，我愿意尝试。”在北京市大兴区，市场主体更是反映：“我们真的非常乐意体验网上政务服务呀!”从受访者的反馈情况来看，只要“数字政府”能真正方便办事，绝大多数市场主体有强烈的使用意愿。

（三）在北京，68%的市场主体认为“数字政府”不能完全取代窗口办理

尽管绝大多数市场主体都认为“数字政府”是大势所趋，但是，如图3所示，平均而言，北京68%的市场主体认为“数字政府”不能完全取代窗

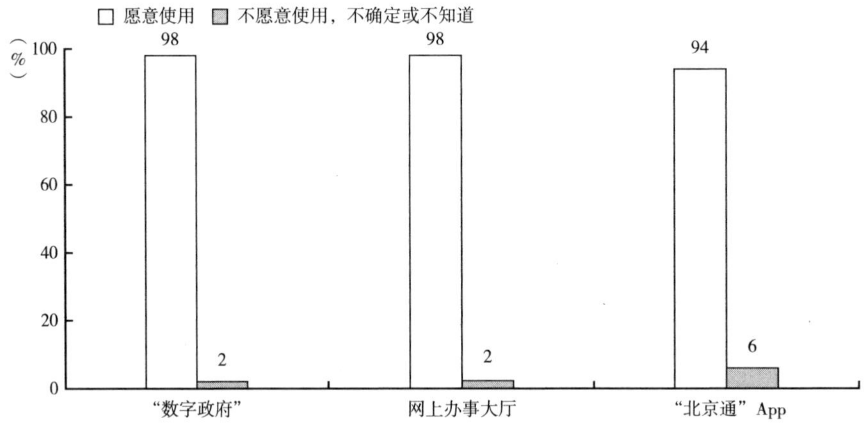

图2　在北京，98%的市场主体表示愿意使用“数字政府”

口办理。这表明北京的大多数市场主体认同网上政务服务需要和窗口政务服务协同发展。

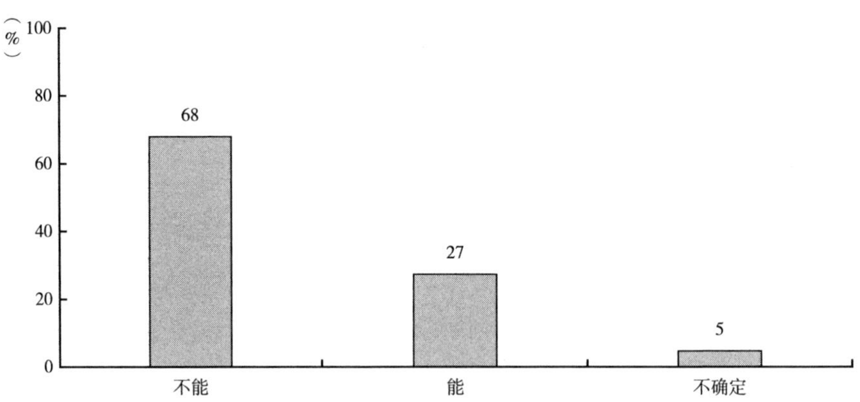

图3　在北京，68%的市场主体认为“数字政府”不能完全取代窗口办理

（四）在北京，90%的市场主体知道“数字政府”，其中49%的市场主体知道“北京通”App

本研究把市场主体知道“数字政府”的比例定义为知晓率。如图4所示，平均而言，北京“数字政府”的知晓率为90%。其中，网上办事大厅知晓率为84%。“北京通”App自2017年6月推出以来，经过2年的时间，知晓率达49%。

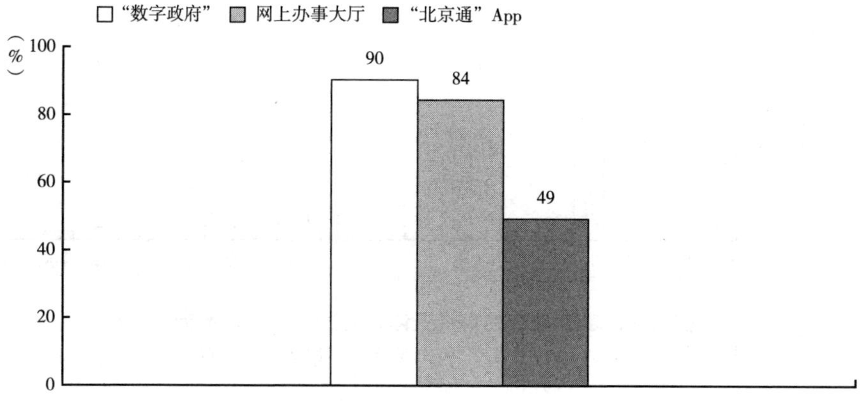

图4　在北京，90%的市场主体知道“数字政府”

值得指出的是，在2年的时间里，“北京通”App对北京“数字政府”知晓率的贡献度约为7%，让“数字政府”知晓率提高了6个百分点，取得了一定成绩。

（五）在北京，超过50%的市场主体是通过“工作人员告知”和“办事大厅广告”获知“数字政府”的

如图5所示，市场主体通过“工作人员告知”、“朋友介绍”、“办事大厅广告”和“自己网上查找”知道“数字政府”的比例分别为32%、25%、21%和11%。这表明，在知道“数字政府”的市场主体中，超过50%的市场主体是通过“工作人员告知”和“办事大厅广告”这两种政府职能部门主动推广的方式来获知“数字政府”的；超过35%的市场主体是通过“朋友介绍”和“自己网上查找”主动获知“数字政府”的。由此可见，市场主体获取“数字政府”的信息更多来自政府推广的渠道。

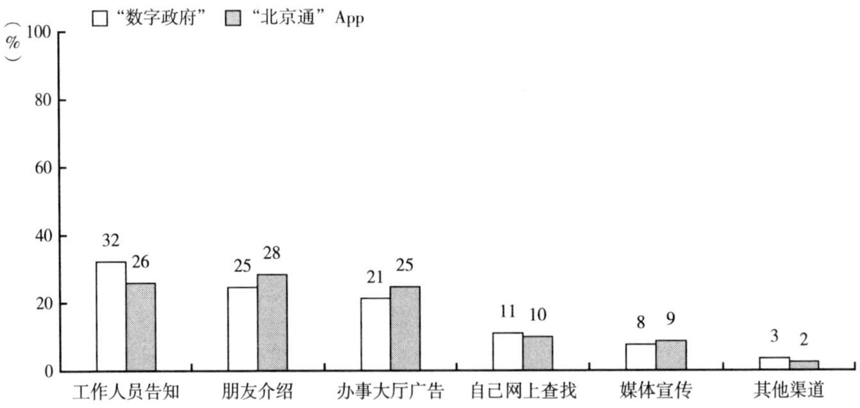

图5　在北京，超过50%的市场主体是通过“工作人员告知”和“办事大厅广告”获知“数字政府”的

（六）在北京，80%的市场主体使用“数字政府”，其中33%的市场主体使用“北京通”App

本研究把市场主体使用“数字政府”的比例定义为使用率。如图6所示，平均而言，北京“数字政府”的使用率为80%。其中，网上办事大厅使用率为72%。“北京通”App自2017年6月推出以来，经过2年的时间，使用率达到33%。

值得指出的是，在2年的时间里，“北京通”App对北京“数字政府”使用率的贡献度约为10%［（80%－72%）÷80%×100%＝10%］，让“数字政府”使用率增长了8个百分点，取得了不俗的成绩。

本研究把知道“数字政府”的市场主体使用“数字政府”的比例定义为吸引力，即“数字政府”使用率与“数字政府”知晓率的比值。如图4和图6所示，北京“数字政府”的吸引力为89%（80%÷90%），即在知道“数字政府”的市场主体中，89%的市场主体会选择使用“数字政府”。其中，网上办事大厅的吸引力为86%（72%÷84%），“北京通”App的吸引力为67%（33%÷49%）。

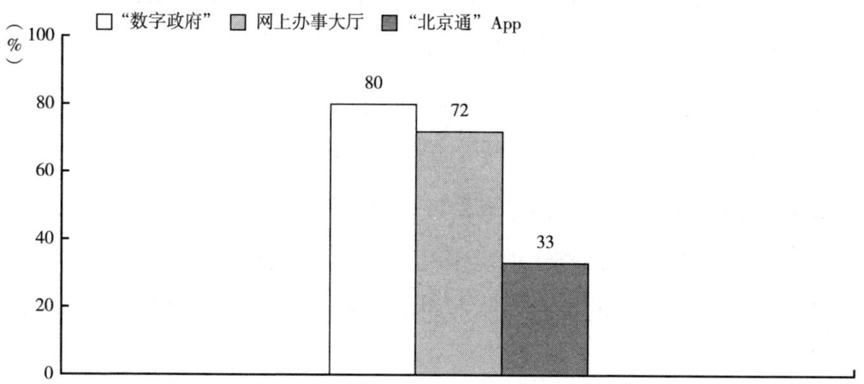

图6　在北京，80%的市场主体使用“数字政府”

（七）在北京，市场主体通过“数字政府”进行预约、业务办理、查询比例分别为35%、34%、30%，三大功能发展比较均衡

如图7所示，在使用“数字政府”的市场主体中，预约、办理和查询业务的市场主体大致各占1/3。具体来看，有35%的市场主体进行预约，34%的市场主体办理具体业务，30%的市场主体查询办事信息。

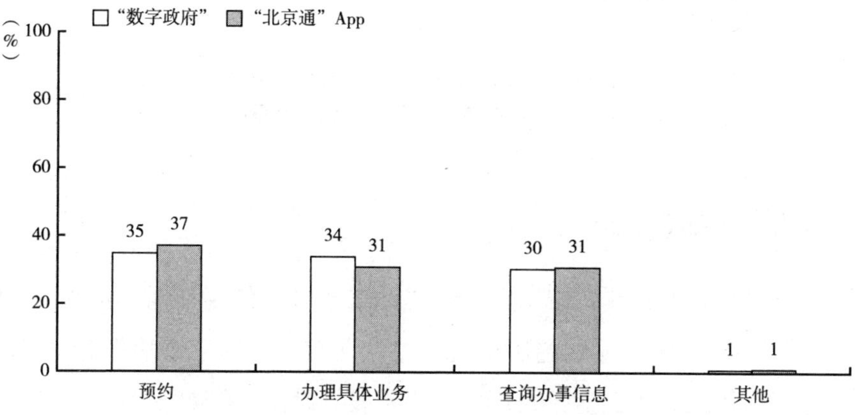

图7　在北京，市场主体通过“数字政府”和“北京通”App
主要进行预约、办理和查询业务

（八）在北京，40%的市场主体常用2个电脑办事系统，44%的市场主体常用2个手机办事系统

如图8所示，在使用“数字政府”的市场主体中，无论是电脑办事系统还是手机办事系统，市场主体常用的大多为2个系统。具体来看，有40%的市场主体常用2个电脑办事系统，25%的市场主体常用3个电脑办事系统，18%的市场主体常用1个电脑办事系统；有44%的市场主体常用2个手机办事系统，39%的市场主体常用1个手机办事系统，17%的市场主体常用3个手机办事系统。

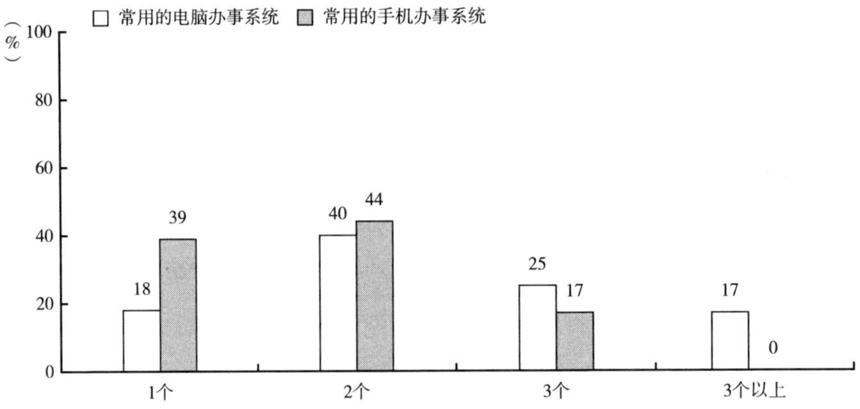

图8　在北京，40%的市场主体常用2个电脑办事系统，44%的市场主体常用2个手机办事系统

（九）本部分小结

以上分析表明，北京市场主体对“数字政府”的潜在需求很大，“数字政府”处于可快速发展的历史机遇期。北京市“数字政府”建设完成大规模知道阶段，大致处于大规模使用阶段，具体表现如下。

市场主体对“数字政府”建设有强烈的潜在需求。在北京，96%的市场主体认为“数字政府”是大势所趋，98%的市场主体表示愿意使用“数字政府”。

“数字政府”的知晓率为90%。其中，网上办事大厅的知晓率为84%，“北京通”App的知晓率为49%。在“数字政府”的推广上，职能部门的贡献突出。

“数字政府”的使用率为80%。其中，网上办事大厅的使用率为72%，“北京通”App的使用率为33%。

“北京通”App的建设取得初步成绩。“北京通”App自2017年6月推出以来，在2年的时间里，对“数字政府”知晓率和使用率的贡献度分别为7%和10%。

常用线上办事系统的数量大多为2个。其中，40%的市场主体常用2个电脑办事系统，44%的市场主体常用2个手机办事系统。

在北京，68%的市场主体认为“数字政府”不能取代线下窗口服务。

三　北京“数字政府”需求侧建设在全国视野下的比较分析

本部分基于24个省份调研结果，在全国视野下考察北京市“数字政府”需求侧建设情况。

（一）北京“数字政府”的潜在使用率处于调研省份中最佳水平

如图9所示，北京98%的市场主体表示愿意使用“数字政府”，代表有98%的潜在需求。北京“数字政府”的潜在使用率为调研省份中的最佳水平，比调研省份中最差的省份高13个百分点，比平均水平高出6个百分点。

（二）北京“数字政府”的知晓率为调研省份中最佳水平

如图10所示，北京“数字政府”的知晓率为90%；所有调研省份的“数字政府”平均知晓率为69%，最好省份“数字政府”的知晓率为90%。因此，北京“数字政府”的知晓率为调研省份中最佳水平，比调研省份中最差的省份高39个百分点，比全国平均水平高出21个百分点。

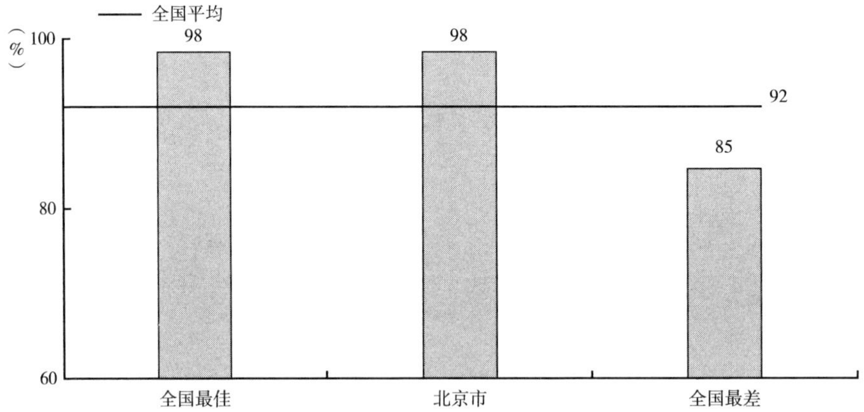

图9　北京“数字政府”的潜在使用率为全国最佳水平

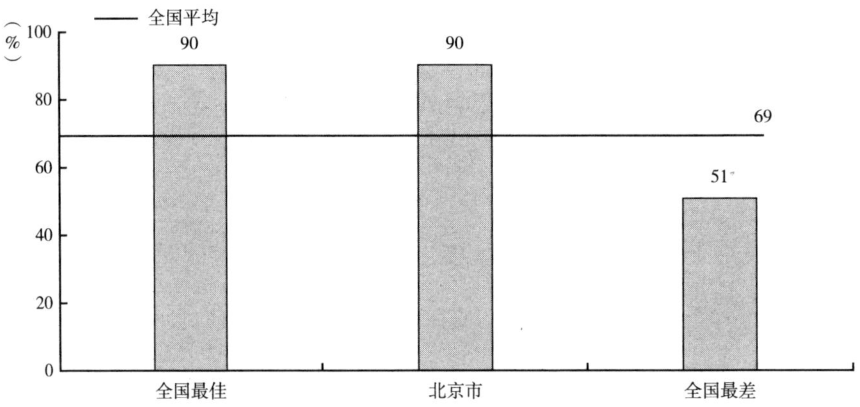

图10　北京“数字政府”的知晓率为全国最佳水平

（三）北京“数字政府”的实际使用率处于调研省份中最佳水平

如图11所示，北京“数字政府”的使用率为80%；所有调研省份的“数字政府”平均使用率为53%，最好省份“数字政府”的使用率为80%。因此，北京“数字政府”的使用率为调研省份中最佳水平，比调研省份中最差的省份高48个百分点，比全国平均水平高出27个百分点。

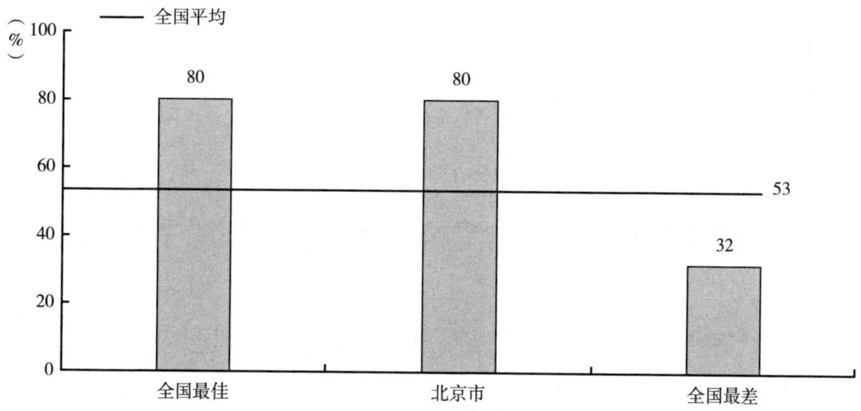

图 11　北京“数字政府”的使用率为全国最佳水平

（四）北京“数字政府”的吸引力处于调研省份中最佳水平

如图 12 所示，北京“数字政府”的吸引力为 89%；所有调研省份的“数字政府”平均吸引力为 77%，最好省份“数字政府”的吸引力为 89%。因此，北京“数字政府”的吸引力为调研省份中最佳水平，比全国平均水平高出 12 个百分点。

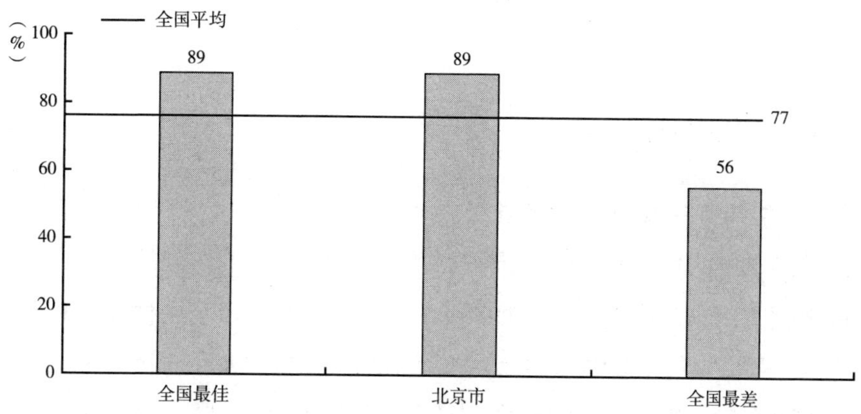

图 12　北京“数字政府”的吸引力为全国最佳水平

以上分析表明，从需求侧看，北京“数字政府”建设的潜在使用率、知晓率、使用率和吸引力均为调研省份最佳水平。并且，北京“数字政府”建设的知晓率、使用率都比调研省份的平均水平要超过 20 个百分点。

四　北京“数字政府”需求侧建设中存在的主要问题

（一）北京市“数字政府”建设中面临的核心问题

从需求侧的视角看，截至 2019 年 7 月底，北京“数字政府”建设中存在的主要问题是，市场主体对“数字政府”的强烈需要与当前“数字政府”建设不充分之间的矛盾。从全国视野看，北京“数字政府”的知晓率、吸引力和使用率方面均为全国最佳水平。从此视角考虑，北京“数字政府”的建设水平与其经济地位是匹配的。但是，从需求侧的视角看，“数字政府”的建设水平与市场主体的潜在需求不匹配。具体而言，如图 13 所示，分别有 98% 和 94% 的市场主体明确表示愿意使用网上办事大厅和“北京通” App，二者的实际使用率只有 72% 和 33%。这表明，网上办事大厅和“北京通” App 分别有 26% 和 61% 的潜在需求没有得到满足。

（二）原因分析

1. 职能部门主动推广力度不够大

从需求侧的角度看，北京市“数字政府”建设不充分的原因之一是职能部门主动推广力度不够。如图 13 所示，98% 的市场主体愿意使用网上办事大厅，其中，84% 的市场主体知道网上办事大厅，16% 的不知道网上办事大厅。同样地，94% 的市场主体愿意使用“北京通” App，其中 49% 的市场主体知道“北京通” App，51% 的不知道“北京通” App。这表明，在愿意使用“数字政府”的市场主体中，接近一半的市场主体并

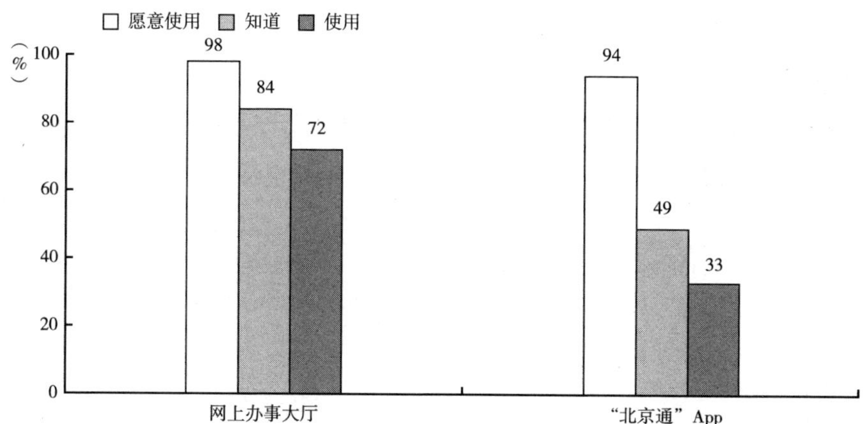

图 13　愿意、知道、使用“数字政府”的市场主体比例

不知道“数字政府”，“数字政府”的知晓率还有待提升。需要强调的是，由图 14 可知，在知道“数字政府”的市场主体中，仍有 36% 的市场主体是通过“朋友介绍”和“自己网上查找”获知“数字政府”，而不是通过职能部门的主动推广。同时，由图 14 可知，北京市场主体由办事大厅工作人员告知“数字政府”存在的比例为 32%，比全国平均水平低 13 个百分点。

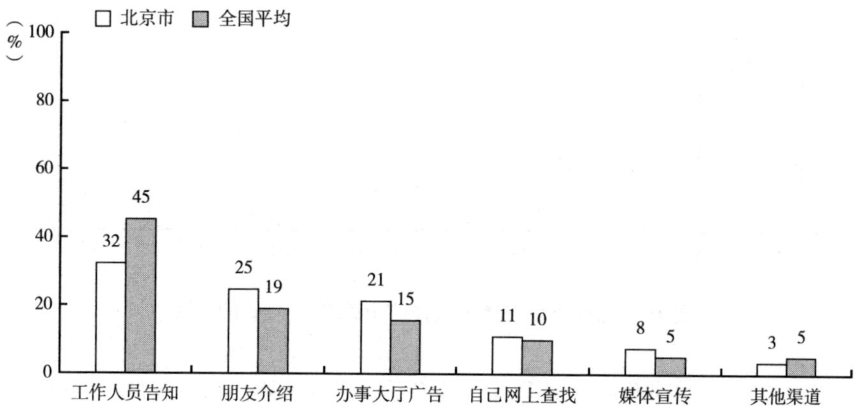

图 14　北京市场主体知道“数字政府”的渠道及与全国平均水平对比

2. 北京市“数字政府”上的业务不全，导致使用率与潜在需求存在差距

北京市“数字政府”建设不充分的另一个原因是北京市“数字政府”上的业务不全。如图 15 所示，在未使用网上办事大厅的市场主体中，39%的是因为网上缺少所需业务。同理，如图 16 所示，在未使用“北京通”App 的市场主体中，52%的是因为“北京通”App 上没有相关业务。

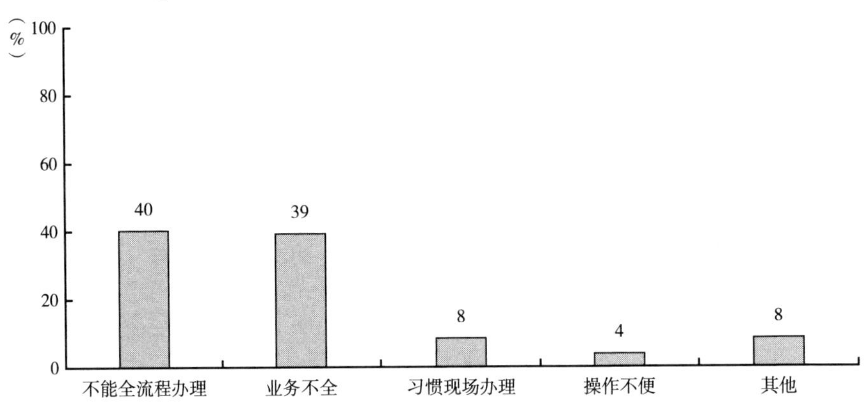

图 15　北京市场主体未选择网上办事大厅的原因

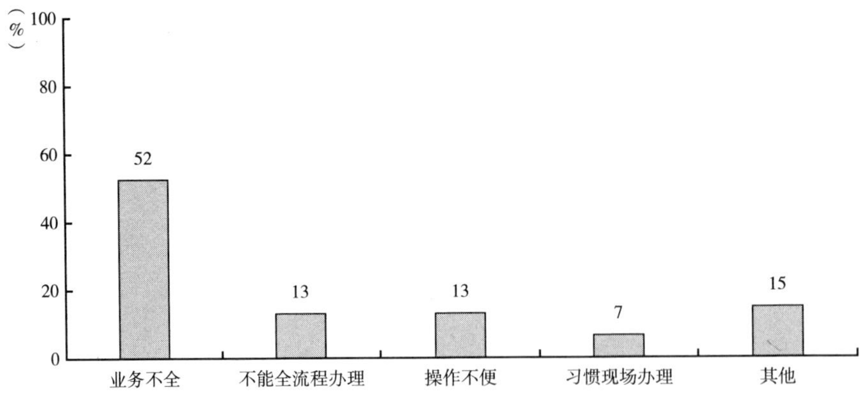

图 16　北京市场主体未选择“北京通”App 的原因

3. 北京市“数字政府”不能全流程办理，导致使用率与潜在需求存在差距

造成北京市“数字政府”建设不充分的还有一个原因是北京市“数字政府”不能全流程办理。如图 15 所示，在未使用网上办事大厅的市场主体

中，40%的是因为网上不能全流程办理业务，还得跑到现场。同理，如图16所示，在未使用“北京通”App的市场主体中，13%的是因为“北京通”App不能全流程办理业务。

在实地调研期间，“业务不全”和“不能全流程办理”是市场主体对“数字政府”的普遍看法。在北京市大兴区，就有市场主体对大兴区提供的手机或电脑端的办事服务并不是特别满意，不少受访者表示需要线上和线下同时跑，或者是电脑或手机端提供的办事服务并不包含所需业务。

因此，进一步提高北京“数字政府”的知晓率和使用率，一方面需要职能部门进一步加强主动推广力度，另一方面需要上线更多业务、实现全流程办理，助推北京“数字政府”尽快进入大规模“好用”阶段。

天津市“数字政府”需求侧调查报告*

一　天津报告概览

2019年7月23～31日，课题组在天津开展实地调研，考察市场主体使用电脑网上办事大厅、“天津政务”App（以下统称“数字政府”）的情况，从需求侧的视角评估天津市“数字政府”建设情况。在本次实地调研中，课题组走访了市内7个区的7个办事大厅。其中，7个区分别为和平区、河西区、河北区、红桥区、津南区、武清区、滨海新区；办事大厅为每个区的区政务服务大厅；通过随机访谈前来办理业务的市场主体，回收有效调查问卷合计197份。

表1是天津市“数字政府”需求侧建设指标的概况。天津市“数字政府”的需求侧建设总得分为75分，高于全国平均分71分，处于B级水平。

表1　天津市“数字政府”需求侧建设指标体系及最新进展

指标	全国	天津市	天津市评级	天津市最大值	天津市最小值
一级指标 “数字政府”需求侧建设	71	75	B	87	65

* 执笔人：张绍峰、张诗琪、徐现祥。

续表

指标	全国	天津市	天津市评级	天津市最大值	天津市最小值
二级指标					
“数字政府”潜在使用率	92	94	A	100	89
“数字政府”实际知晓率	69	74	B	94	61
“数字政府”实际使用率	53	57	D	67	44

注：“最大值”和“最小值”指的是在天津市内7个调研区中的最大值和最小值。评级划分标准为：A级（85~100分）、B级（70~84分）、C级（60~69分）、D级（60分以下）。总得分为3个二级指标的平均值。

资料来源：中山大学“深化商事制度改革研究”课题组。

二　天津“数字政府”需求侧建设的最新进展

“数字政府”建设大致可以分为想用、知道、使用和好用四个阶段。从市场主体的反馈情况来看，天津“数字政府”需求侧建设大致处于大规模想用和知道阶段，还未进入大规模使用、好用阶段。

（一）在天津，94%的市场主体认为“数字政府”是大势所趋

如图1所示，平均而言，天津市94%的市场主体认为“数字政府”是大势所趋，2%的市场主体表示不确定，5%的市场主体认为不是大势所趋。这表明，天津市各地的市场主体普遍认同“数字政府”是大势所趋。

（二）在天津，94%的市场主体表示愿意使用“数字政府”

如图2所示，如果“数字政府”能办理所需业务，平均而言，天津市94%的市场主体表示愿意使用。其中，愿意使用网上办事大厅的市场主体占比91%，愿意使用“天津政务”App的市场主体占比85%。这表明，天津市“数字政府”建设的潜在市场需求很大。

调研期间，“愿意使用”是市场主体普遍的心声。对天津市的调研在7月

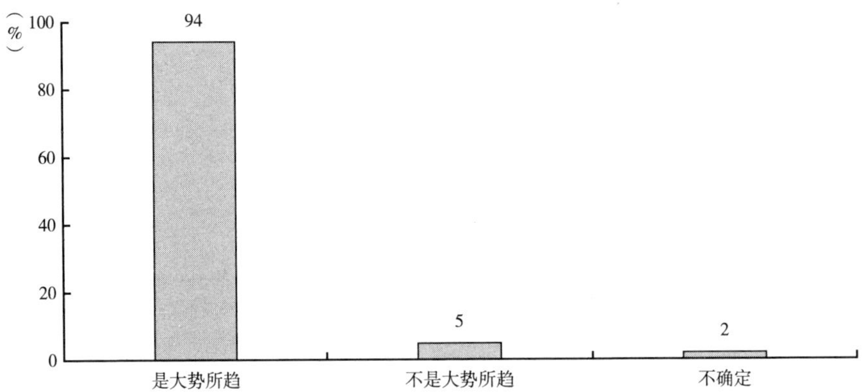

图 1　在天津市，94%的市场主体认为“数字政府”是大势所趋

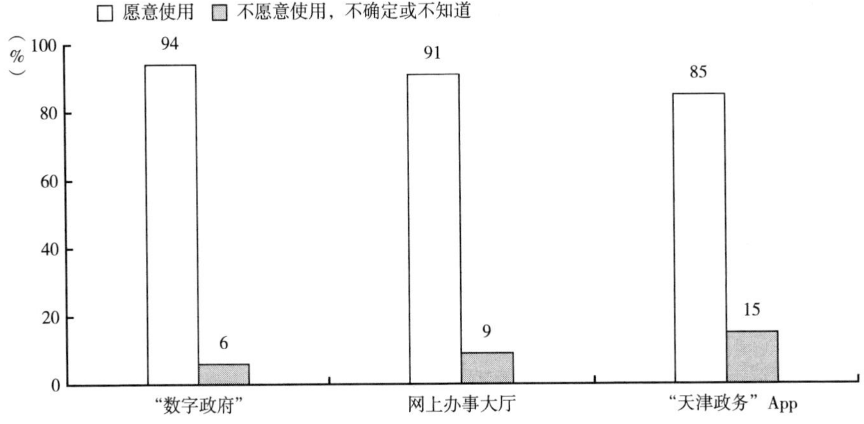

图 2　在天津市，94%的市场主体表示愿意使用“数字政府”

进行，正值天津市最炎热的时节，让调研员印象深刻的是，当被问及如果可以通过手机或电脑办理所需业务，是否愿意尝试时，多数人都会指一指外边的大太阳和身上的汗，然后告诉我们：“如果能少跑一趟，当然是愿意。”调研员在滨海新区和武清区采访的时候，遇到了许多新设立企业或是第一次来到这个区办事的群众，当听到我们提到本地“数字政府”的时候，都表示如果企业设立起来了，肯定愿意尝试使用网上办事大厅。从受访者的反馈情况来看，只要“数字政府”能真正方便办事，绝大多数市场主体都有强烈的使用意愿。

（三）在天津，75%的市场主体认为“数字政府”不能完全取代窗口办理

尽管绝大多数市场主体都认为“数字政府”是大势所趋、愿意使用“数字政府”，但是，如图 3 所示，平均而言，天津市 75% 的市场主体认为“数字政府”不能完全取代窗口办理。在实际调研过程中，不少市场主体也表达了不同的看法。例如，在天津市的河北区，不少群众表示在线下办理更为放心，就一些不懂的问题而言，在线下也可以通过询问快速地得到解答。

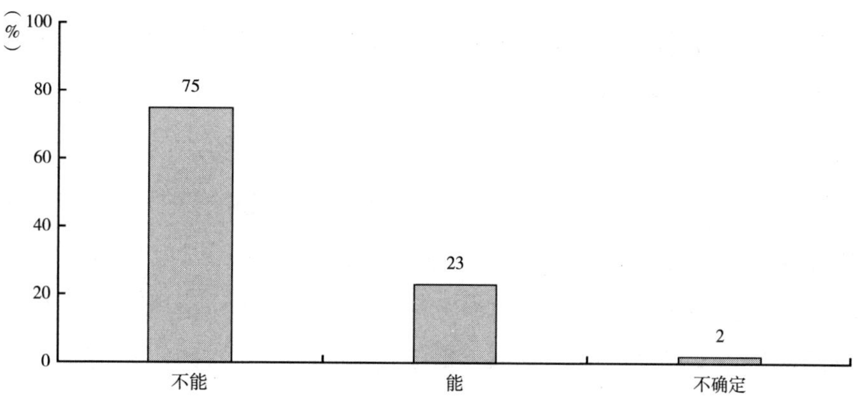

图 3　在天津，75%的市场主体认为“数字政府”不能完全取代窗口办理

（四）在天津，74%的市场主体知道“数字政府”

本研究把市场主体知道“数字政府”的比例定义为知晓率。网上办事大厅方面，2017 年天津市行政许可服务中心网上办事大厅改版为天津市网上办事大厅网站。自推出以来，经过 2 年时间，如图 4 所示，网上办事大厅知晓率为 71%，“天津政务”App 自 2018 年 9 月上线以来，经过不到 1 年时间的发展，知道手机端“天津政务”App 的群众占比达到 33%。

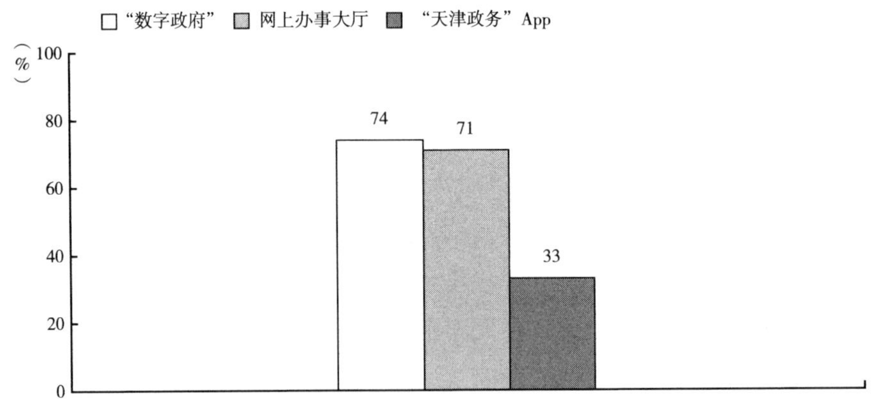

图4　在天津，74%的市场主体知道“数字政府”

（五）在天津市，63%的市场主体通过“工作人员告知”和“办事大厅广告”知晓“数字政府”

如图5所示，市场主体通过“工作人员告知”、“朋友介绍”、“办事大厅广告”和“自己网上查找”知道“数字政府”的比例分别为49%、24%、14%和8%，通过“媒体宣传”和“其他渠道”的比例仅为5%。这表明，在知道“数字政府”的市场主体中，有63%的市场主体是通过“办事大厅广告”和“工作人员告知”知道“数字政府”的，政府职能部门的主动告知起到了主要作用。

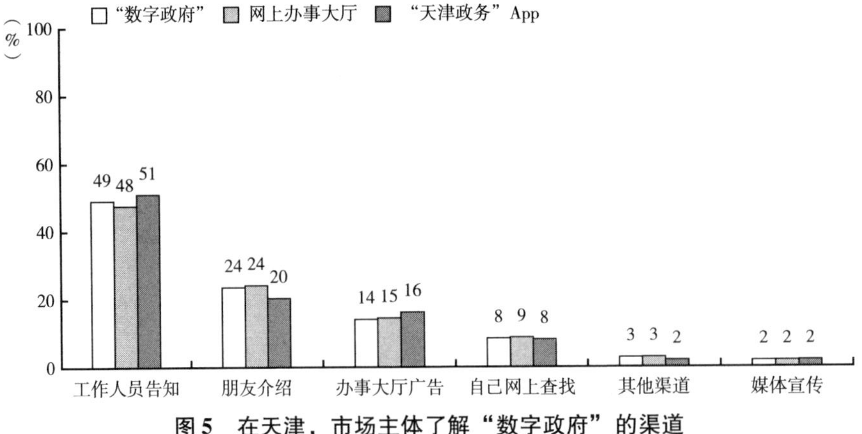

图5　在天津，市场主体了解“数字政府”的渠道

（六）在天津，57%的市场主体使用“数字政府”

本研究把市场主体使用“数字政府”的比例定义为使用率。如图6所示，平均而言，天津“数字政府”的使用率为57%。其中，网上办事大厅自2017年推出以来，经过2年时间的发展，使用率为54%；手机端“天津政务”App经过近1年时间的发展，使用率达到21%。

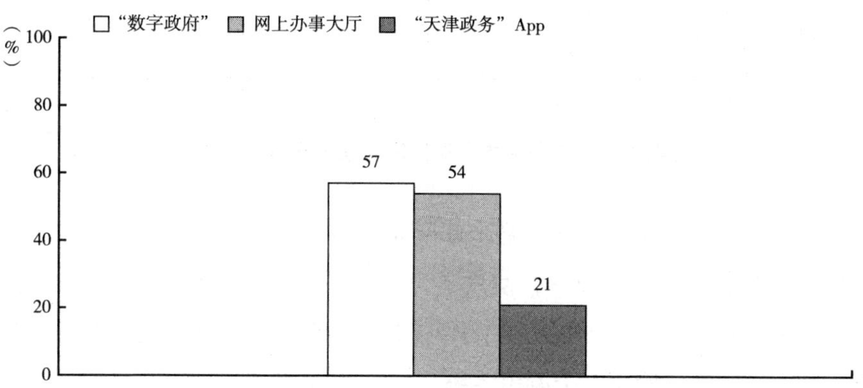

图6　在天津，57%的市场主体使用“数字政府”

本研究把知道“数字政府”的办事群众使用“数字政府”的比例定义为吸引力，即“数字政府”使用率与“数字政府”知晓率的比值。如图4和图6所示，天津“数字政府”的吸引力为77%（57%÷74%），即在知道“数字政府”的市场主体中，77%的市场主体会选择使用“数字政府”。其中，网上办事大厅的吸引力为76%（54%÷71%），“天津政务”App的吸引力为64%（21%÷33%）。

（七）在天津市，市场主体常用2个电脑端办事系统、1个手机端办事系统

如图7所示，在使用电脑端“数字政府”办事系统的市场主体中，15%的市场主体通常使用1个电脑端办事系统，37%的市场主体常用2个系统，24%的市场主体常用3个，13%的市场主体常用4个，10%的市场主体常用5个及以上。这表明，在电脑端，大部分市场主体常用2~3个办事系统。

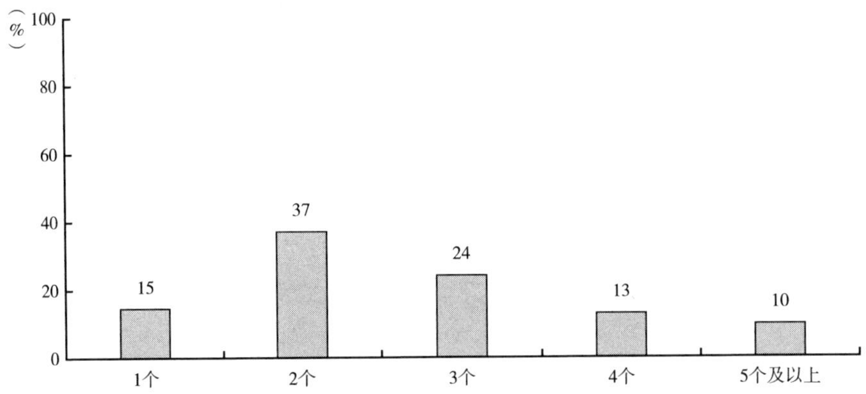

图7　在天津，市场主体最常使用的电脑端办事系统为2个

如图8所示，在手机移动端，有46%的市场主体只使用1个办事系统。使用2个办事系统的占23%，使用3个办事系统的占23%，使用4个办事系统的占4%，使用5个及以上办事系统的占4%。这说明，在手机移动端，近一半市场主体只使用1个办事系统。

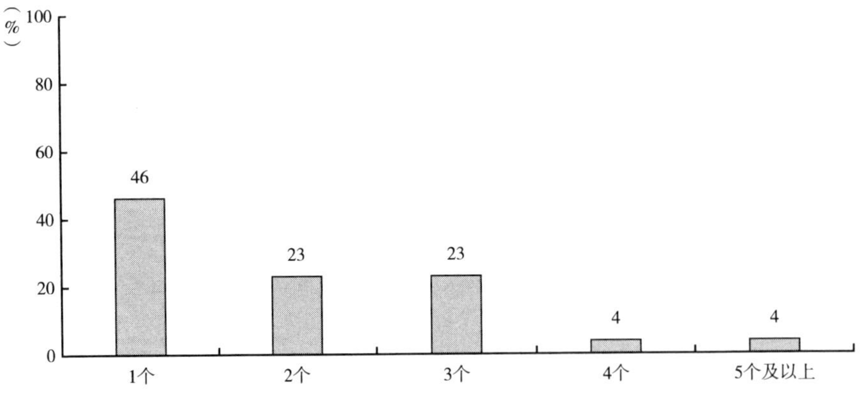

图8　在天津，市场主体最常使用的手机移动端办事系统为1个

（八）在天津市，49%的市场主体使用"数字政府"来办理具体业务

如图9所示，在使用"数字政府"的市场主体中，有49%的市场主体

通过“数字政府”办理具体业务，33%的市场主体通过“数字政府”查询办事信息，18%的市场主体通过“数字政府”进行预约。由此可见，在“数字政府”的三大功能上，天津近半数的市场主体主要使用的是“办理具体业务”功能，三大业务的发展比较不均衡。

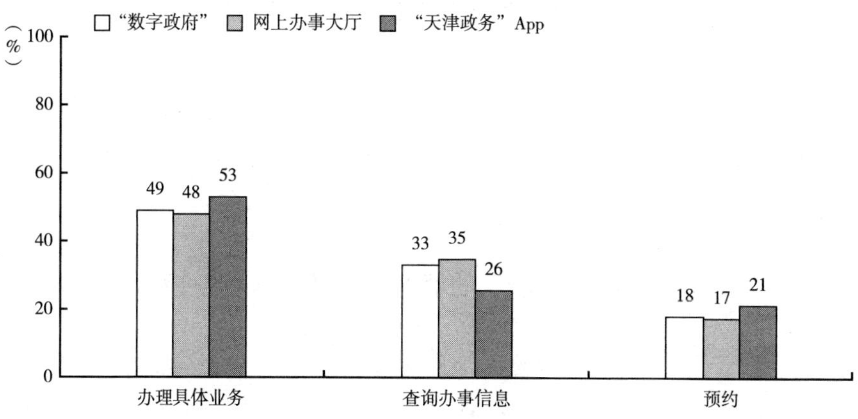

图9　在天津市，市场主体主要通过“数字政府”办理具体业务

（九）本部分小结

以上分析表明，一方面，天津市场主体对“数字政府”的潜在需求很大，“数字政府”建设处于可快速发展的历史机遇期；另一方面，天津市“数字政府”目前处于大规模想用阶段，还未进入大规模使用阶段，具体表现如下。

市场主体对“数字政府”建设有强烈的潜在需要。在天津，94%的市场主体认为“数字政府”是大势所趋，94%的市场主体愿意使用“数字政府”。“数字政府”的知晓率为74%。其中，网上办事大厅的知晓率为71%，“天津政务”App的知晓率为33%。63%的市场主体通过政府职能部门的主动告知了解到“数字政府”，这是“数字政府”的主要宣传方式。“数字政府”的使用率为57%。其中，网上办事大厅的使用率为54%，“天津政务”App的使用率为21%。市场主体在电脑上常用2个办事系统，在手机移动端常用 1 个办事系统。75% 的市场主体认为“数字政府”不能取代人工窗口，应与窗口办理融合发展。

三 天津“数字政府”需求侧建设在全国视野下的比较分析

本部分将基于 2019 年中山大学“深化商事制度改革研究”课题组在 24 个全国代表性省份调研中的成果，在全国视野下考察天津市“数字政府”需求侧建设情况。

（一）天津市“数字政府”的潜在使用率高于全国平均水平

如图 10 所示，天津市 94% 的市场主体愿意使用“数字政府”，表明天津“数字政府”的潜在使用率为 94%。全国平均而言，“数字政府”的潜在使用率为 92%；潜在使用率最高的省份为 98%。从全国视野看，天津“数字政府”的潜在使用率高于全国平均水平 2 个百分点，低于全国最佳水平 4 个百分点。

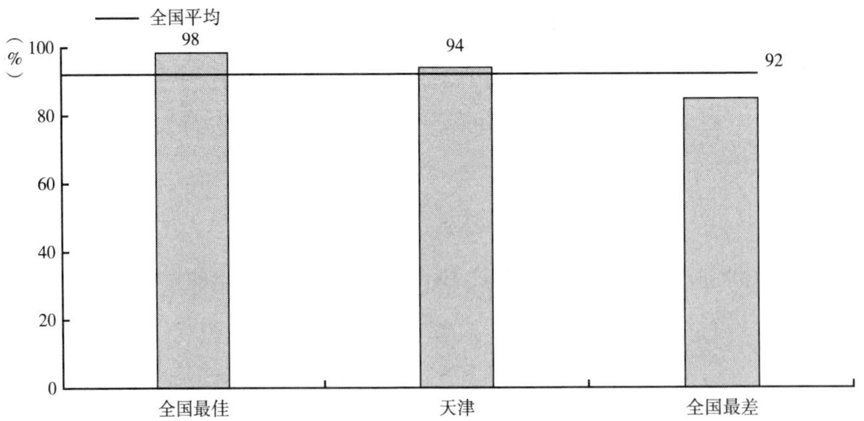

图 10　天津市“数字政府”的潜在使用率高于全国平均水平

（二）天津市“数字政府”的知晓率高于全国平均水平

如图11所示，天津市“数字政府”的知晓率为74%，全国“数字政府”的平均知晓率为69%，最佳省份“数字政府”的知晓率为90%。因此，从全国视野看，天津“数字政府”的知晓率比全国最佳省份低16个百分点，比全国平均水平高出5个百分点。

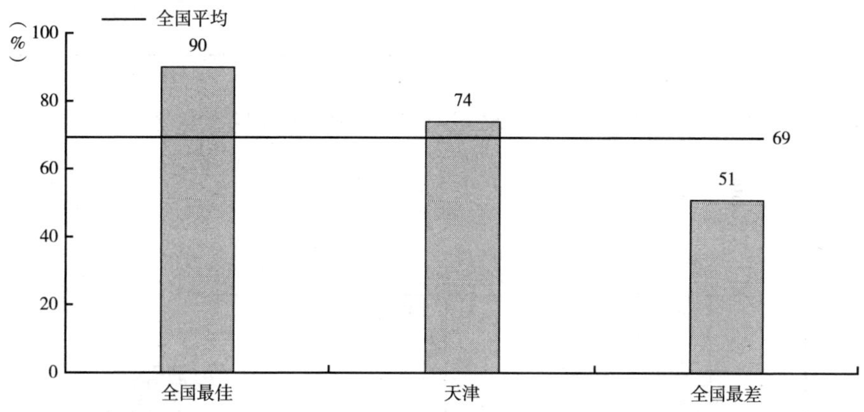

图11　天津市“数字政府”的知晓率在全国平均水平以上

（三）天津市“数字政府”的使用率高于全国平均水平

如图12所示，天津市“数字政府”的使用率为57%，全国“数字政府”的平均使用率为53%，最佳省份“数字政府”的使用率为80%。因此，从全国视野看，天津市“数字政府”的使用率比全国最佳省份低23个百分点，比全国平均水平高出4个百分点，高于全国平均水平。

（四）天津市“数字政府”的吸引力与全国平均水平持平

如图13所示，天津市“数字政府”的吸引力为77%，全国“数字政府”的平均吸引力为77%，最佳省份“数字政府”的吸引力为89%。因此，从全国视野看，天津市“数字政府”的吸引力比全国最佳省份低12个百分点，与全国平均水平持平。

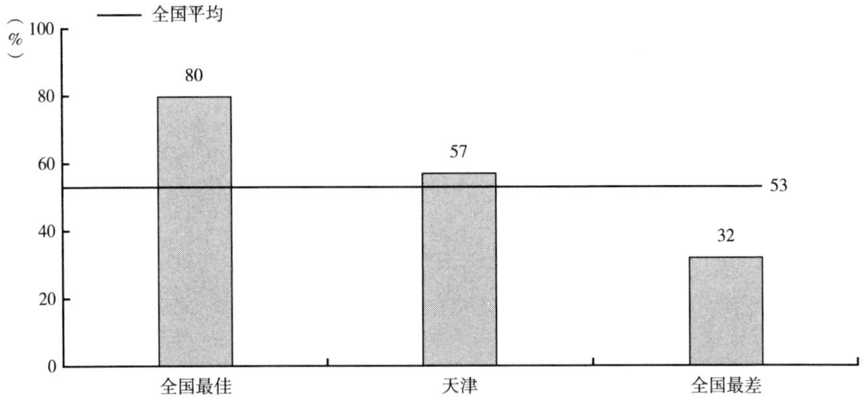

图12　天津市“数字政府”的使用率高于全国平均水平

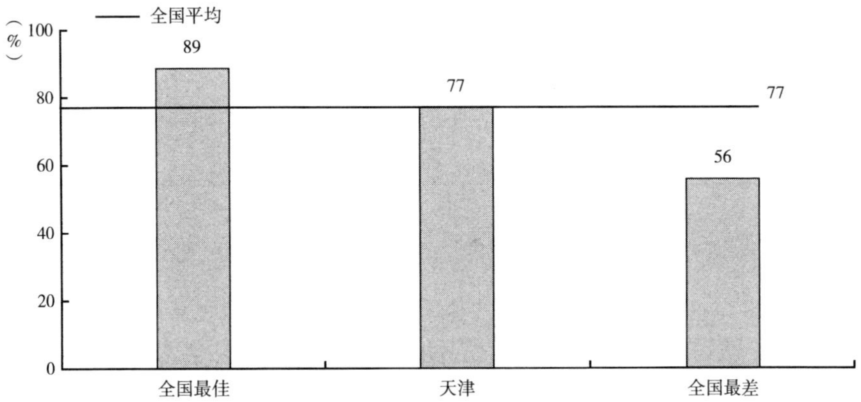

图13　天津“数字政府”的吸引力与全国平均水平相当

以上分析表明，从需求侧看，天津市“数字政府”的知晓率、使用率均高于全国平均水平，吸引力与全国水平持平。

四　天津“数字政府”需求侧建设中存在的主要问题

（一）天津市“数字政府”建设中面临的主要问题

从全国视野看，天津市“数字政府”建设成效在全国平均水平之上，但是从需求侧的视角，“数字政府”的建设水平与市场主体的潜在需求不匹配，仍是当前天津“数字政府”建设中面临的主要问题。具体而言，如图14所示，分别有91%和85%的市场主体明确表示愿意使用网上办事大厅和“天津政务”App，但二者的实际使用率只有54%和21%。这表明，网上办事大厅有37%（91%－54%）的潜在需求未满足，“天津政务”App有64%（85%－21%）的潜在需求未满足。

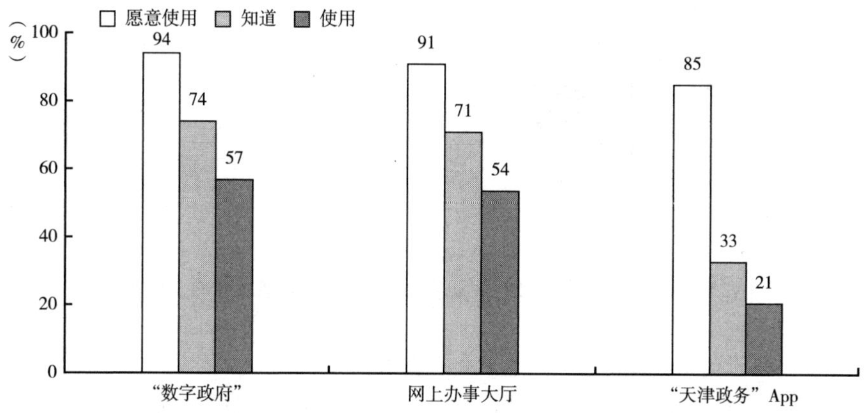

图14　愿意使用、知道、使用“数字政府”的市场主体比例

（二）原因分析

1. 天津“数字政府”政府宣传力度不够，知晓率低

如图14所示，有20%的市场主体愿意使用但不知道“数字政府”的存在。其中，有20%（91%－71%）的市场主体愿意使用网上办事大厅，却不知道网上办事大厅的存在；52%（85%－33%）的市场主体愿意使用“天津政务”App，却不知道“天津政务”App的存在。

天津“数字政府”知晓率低，其中原因之一是政府职能部门对“数字政府”的宣传力度还不够。目前知道天津“数字政府”的市场主体中，超过60%的是通过“工作人员告知”和“办事大厅广告”获知，说明政府职能部门告知是市场主体获知“数字政府”的主要途径。如图15所示，从全国视野看，在最佳省份，55%的市场主体通过大厅工作人员获知“数字政府”、22%的通过“办事大厅广告”获知，分别比天津高6个百分点、8个百分点。因此，天津“数字政府”的知晓率不足，说明政府职能部门的主动告知工作要进一步加强。

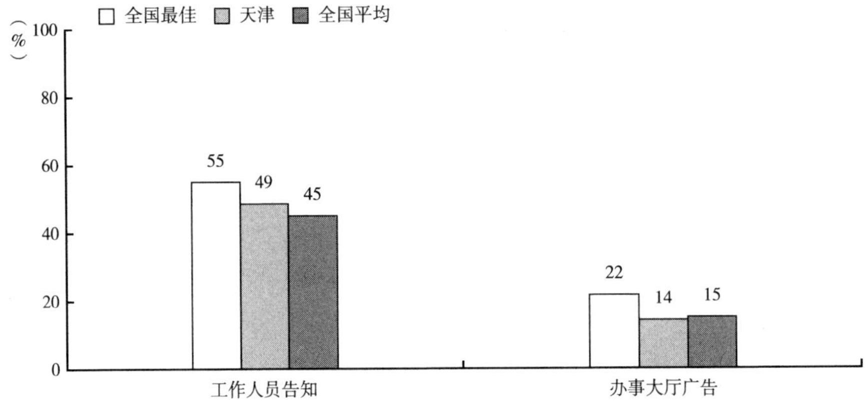

图15　通过政府职能部门主动告知，知晓“数字政府”的比例

2. 天津“数字政府”业务不全，使用率低

除了宣传力度不够，另外的原因包括“数字政府”本身的业务不全，如图16所示，因“数字政府”业务不全而没有使用“数字政府”的市场主体占受访市场主体的31%。[①] 在实地调研中，“网上没有这项功能”也是市场主体的抱怨。当我们向曾使用过“数字政府”的市场主体问道：“请问您本次办事为何没有选择在网上办理呢?”得到的回答多是：“网上没有这项业务，不能办。”我们也实际下载体验了“天津政务”App，发现的确还有很多功能没有，无法完全实现在网上办理。

3. 天津“数字政府”不能全流程办理

不能全流程办理也是“数字政府”目前存在的主要问题之一。如图16所示，由“数字政府”业务不能全流程办理所导致的没有使用“数字政府”的市场主体占28%。

“网上办不完，还要跑一趟现场”也是市场主体反映的主要困难。实际

① 调查问卷中，没有选择“数字政府”的原因还包括“其他”选项，图中未列示。

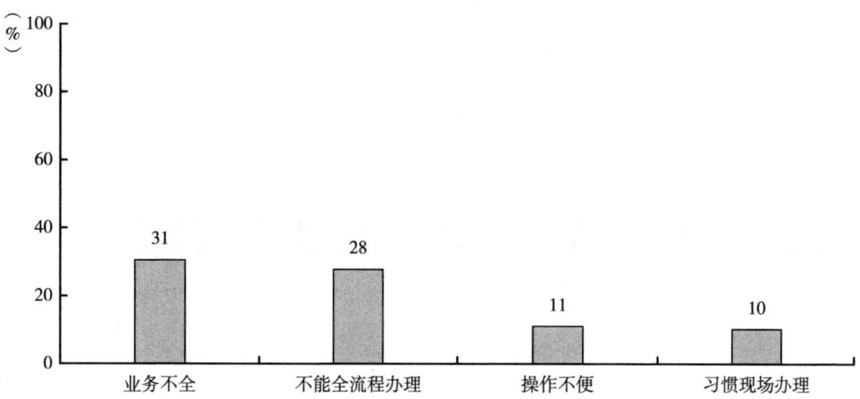

图 16　在天津市，没有使用“数字政府”的主要原因在于业务不全和不能全流程办理

上，在几乎所有采访的市辖区中，市场主体都提到了这个问题。同时，在采访中我们发现，根据市场主体的反映，办理一项具体业务所耗费的时间普遍不到 1 小时，但大家认为最麻烦的主要在于网上不能全流程办理，“必须跑一次政务大厅”。受访市场主体一致认为网上政务服务的最大优势是“不用多跑一趟”，从这个角度来看，至少目前网上政务还只能完成部分操作，不能完全满足市场主体的需求。

河北省“数字政府”需求侧调查报告*

一　河北报告概览

在本次实地调研中，课题组走访了河北省的石家庄市、衡水市、唐山市、承德市、张家口市和廊坊市6个市16个区的区级政务服务大厅，对办事大厅中的市场主体进行随机访谈。在本次调研中，随机访谈市场主体回收有效调查问卷合计417份。

表1为河北省“数字政府”需求侧建设指标的概况。河北省“数字政府”需求侧建设的总得分达到58分，低于全国平均得分71分，总体评级为D。具体而言，河北省“数字政府”潜在使用率得分为88分，低于全国平均水平，总体评级为A；河北省“数字政府”实际知晓率得分为51分，低于全国平均水平，总体评级为D；河北省“数字政府”实际使用率得分为35分，低于全国平均水平，总体评级为D。

表1　河北省“数字政府”需求侧建设指标体系及最新进展

指标	全国	河北省	河北省评级	河北省最大值	河北省最小值
一级指标 “数字政府”需求侧建设	71	58	D	70	48

* 执笔人：李皓辰、黄怡菲、徐现祥。

续表

指标	全国	河北省	河北省评级	河北省最大值	河北省最小值
二级指标					
“数字政府”潜在使用率	92	88	A	97	78
“数字政府”实际知晓率	69	51	D	66	39
“数字政府”实际使用率	53	35	D	46	26

注：“最大值”和“最小值”指的是在河北省内6个调研地级市中的最大值和最小值。评级划分标准为：A级（85~100分）、B级（70~84分）、C级（60~69分）、D级（60分以下）。总得分为3个二级指标的平均值。

资料来源：中山大学“深化商事制度改革研究”课题组。

二　河北“数字政府”需求侧建设的最新进展

从需求侧的视角看，河北省市场主体对“数字政府”有强烈的需求，“数字政府”处于可快速发展的历史机遇期。从需求侧的视角看，河北“数字政府”建设大致可以分为想用、知道、使用和好用四个阶段。从市场主体的反馈情况看，目前，河北省市场主体对“数字政府”的使用意愿较高，然而河北“数字政府”需求侧建设还未达到大规模使用、好用阶段。

（一）在河北，86%的市场主体认为“数字政府”是大势所趋

如图1所示，在河北86%的市场主体认为“数字政府”是大势所趋，2%的认为不是大势所趋，12%的认为不确定。可以看出，河北市场主体普遍认同“数字政府”是大势所趋。

在调研过程中，大部分市场主体都表示政府通过电脑或手机端提供政务服务是必然趋势。许多市场主体在受访时会说道：“政府近几年也是推出了很多网站、小程序，过去很多要跑现场办的业务都可以在网上办了。”

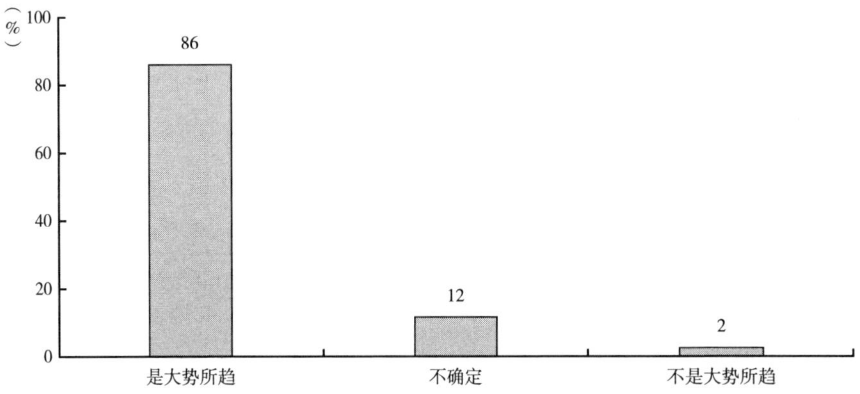

图1　在河北，86%的市场主体认为“数字政府”是大势所趋

（二）在河北，88%的市场主体表示愿意使用“数字政府”

如图2所示，接受调研的市场主体中，有88%的市场主体表示愿意使用“数字政府”。其中，愿意使用网上办事大厅的市场主体占比84%，愿意使用“河北政务服务”App的市场主体占比79%，河北省的市场主体关于使用网上办事大厅和“河北政务服务”App办理业务的意愿分布比例大致相同。

（三）在河北，70%的市场主体认为“数字政府”不能完全取代窗口服务

虽然市场主体对“数字政府”的接纳程度很高，然而，如图3所示，仍有70%的市场主体认为“数字政府”不能完全取代窗口服务。

在实地调研过程中，一些市场主体也表达了这样的想法：“‘数字政府’背后毕竟还是机械化的程序运作，处理一些问题不像人工窗口一样灵活。”部分年纪大一些的市场主体表示：“这些电脑上、手机上的东西还是不太会用。在现场办理还是比较方便、习惯。”可见，大多数市场主体认为网上政务服务和窗口政务服务需要协同发展。

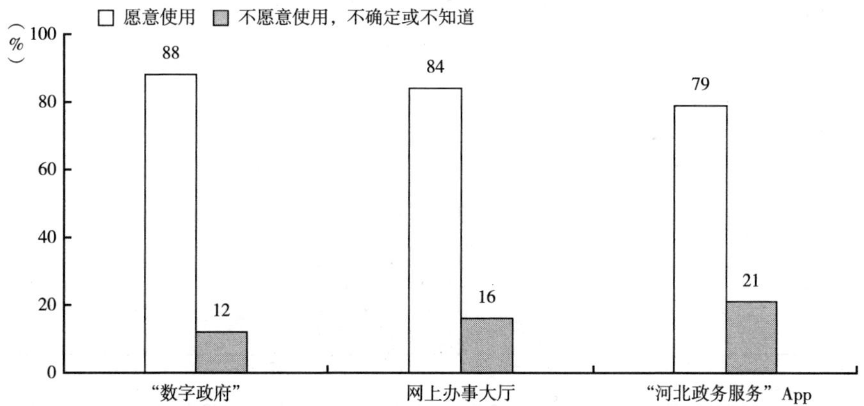

图 2　在河北，88%的市场主体愿意使用“数字政府”

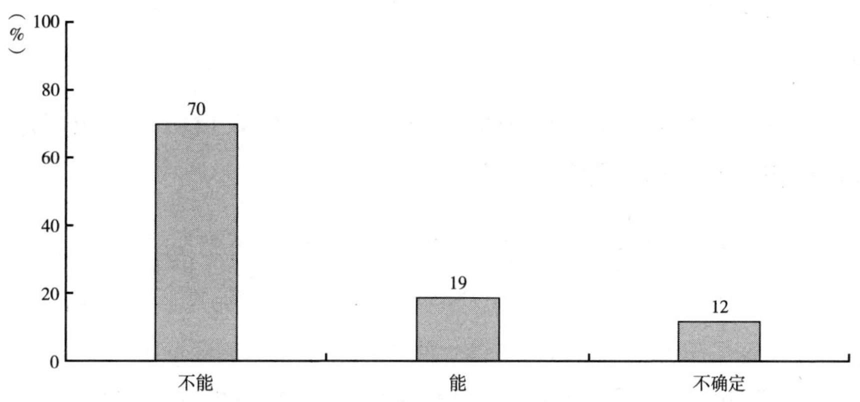

图 3　70%的市场主体认为“数字政府”不能完全取代窗口服务

（四）在河北，51%的市场主体知道“数字政府”，其中28%的市场主体知道“河北政务服务”App

本研究把市场主体知道“数字政府”的比例定义为知晓率。如图 4 所示，平均而言，河北省“数字政府”的知晓率为 51%。其中，网上办事大厅知晓率为 47%，“河北政务服务”App 知晓率达 28%。

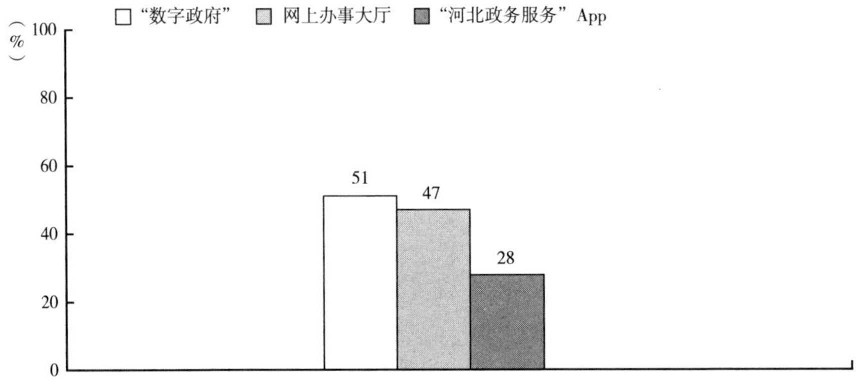

图4　在河北，51%的市场主体知晓"数字政府"

其中，"河北政务服务"App对于"数字政府"总体的知晓率的贡献达到8%［（51%－47%）÷51%×100%＝8%］，让"数字政府"的知晓率提高了4个百分点（51%－47%）。

（五）在河北，70%的市场主体通过"工作人员告知"和"办事大厅广告"而获知"数字政府"

如图5所示，市场主体通过"工作人员告知"、"办事大厅广告"、"朋友介绍"和"自己网上查找"知道"数字政府"的比例分别为51%、19%、13%和12%。在对河北省市场主体了解"数字政府"的渠道统计中，"工作人员告知"和"办事大厅广告"是最重要的两个渠道，共占70%。通过"朋友介绍"和"自己网上查找"渠道了解到"数字政府"的比例大致相当，分别占市场主体的13%和12%；"媒体宣传"是宣传力度最小的渠道，仅有1%的市场主体是通过这一渠道了解到"数字政府"的。

在具体调研过程中，多数对"数字政府"有所耳闻的市场主体都表示对网上政务的初次了解源于到政务大厅办理业务的经历。"到窗口办事的时候那些工作人员都会告诉你可以在网上办理业务。""大厅里不是都有宣传吗，窗口旁边还有门口都有宣传广告。"可见河北省政务大厅在网上政务的普及方面下了大功夫，大厅里的宣传到位，工作人员也有较强的普及意识。

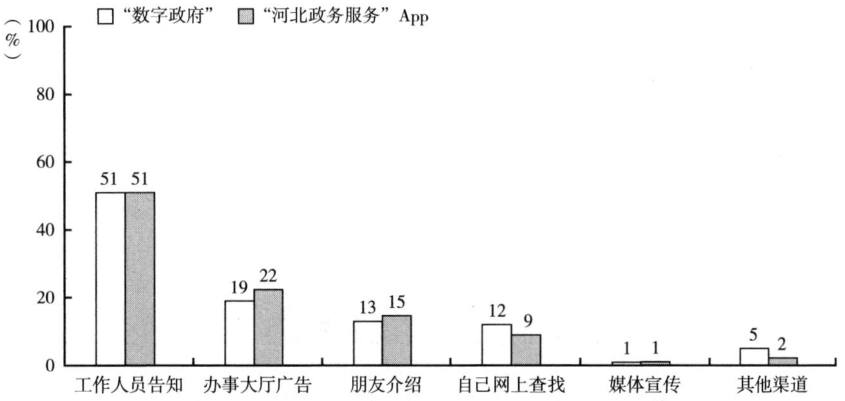

图5 在河北，70%的市场主体通过“工作人员告知”和“办事大厅广告”而获知“数字政府”

（六）在河北，35%的市场主体使用“数字政府”，其中10%的市场主体使用“河北政务服务”App

本研究把市场主体使用“数字政府”的比例定义为使用率。如图6所示，平均而言，河北“数字政府”的使用率为35%。其中，网上办事大厅自2018年推出以来，经过1年时间的发展，使用率为29%，“河北政务服务”App自推出以来的使用率为10%。

值得指出的是，自推出以来，“河北政务服务”App对河北“数字政府”使用率的贡献度约为17%［（35%－29%）÷35%×100%＝17%］，让“数字政府”使用率增长了6个百分点（35%－29%），取得了一定成绩。

本研究把知道“数字政府”的市场主体中使用“数字政府”的比例定义为吸引力，即“数字政府”使用率与“数字政府”知晓率的比值。如图4和图6所示，河北“数字政府”的吸引力为69%（35%÷51%×100%），即在知道“数字政府”的市场主体中，69%的市场主体会选择使用“数字政府”。其中，网上办事大厅的吸引力为62%（29%÷47%×100%＝62%），“河北政务服务”App的吸引力为36%（10%÷28%×100%＝36%）。

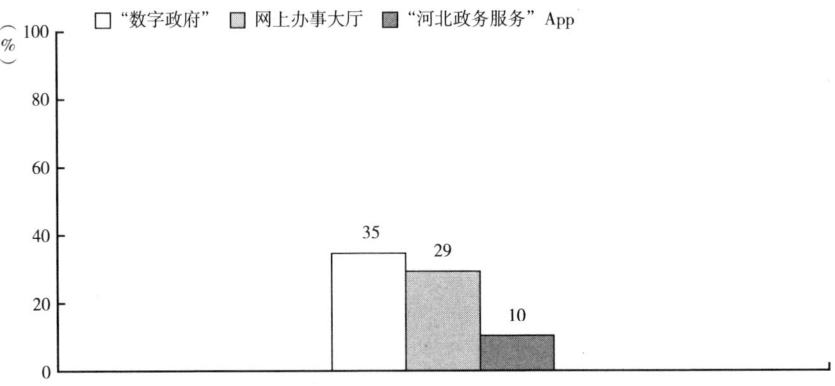

图6　在河北，35%的市场主体使用"数字政府"

（七）在河北，市场主体通过"数字政府"进行业务办理、查询、预约比例分别为51%、29%、14%

如图7所示，在使用"数字政府"的市场主体中，分别有51%、29%和14%的市场主体会在"数字政府"上办理、查询和预约业务。

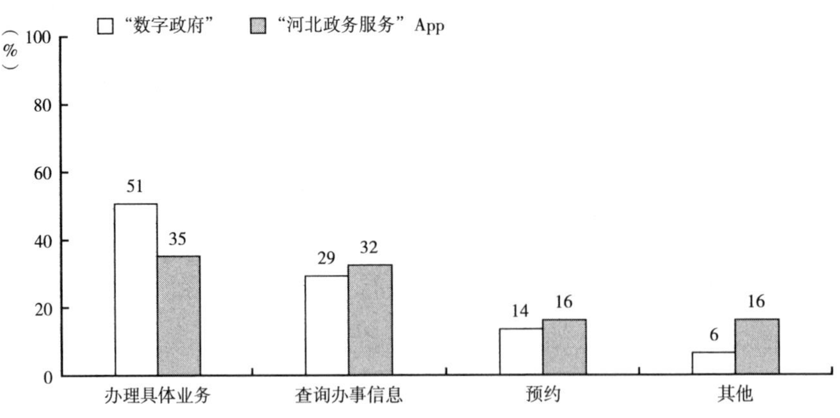

图7　在河北，市场主体通过"数字政府"和"河北政务服务"App主要进行办理、查询和预约业务

其中，有35%的市场主体通过"河北政务服务"App办理具体业务，32%的市场主体通过"河北政务服务"App查询办事信息，16%的市场主

体通过“河北政务服务”App 进行预约。总体来看，对于一些程序多、烦琐的操作，人们更倾向于在电脑上办理，而查询、预约这类业务在“河北政务服务”App 上就可以进行方便、快捷的操作。

（八）在河北，34%的市场主体常用1个电脑办事系统，33%的市场主体常用1个手机办事系统

如图 8 所示，在使用“数字政府”的市场主体中，无论是电脑办事系统还是手机办事系统，市场主体常用的大多为 1 个系统。具体来看，有 34% 的市场主体常用 1 个电脑办事系统，26% 的市场主体常用 2 个电脑办事系统，17% 的市场主体常用 3 个电脑办事系统；有 33% 的市场主体常用 1 个手机办事系统，29% 的市场主体常用 2 个手机办事系统，25% 的市场主体常用 3 个手机办事系统。

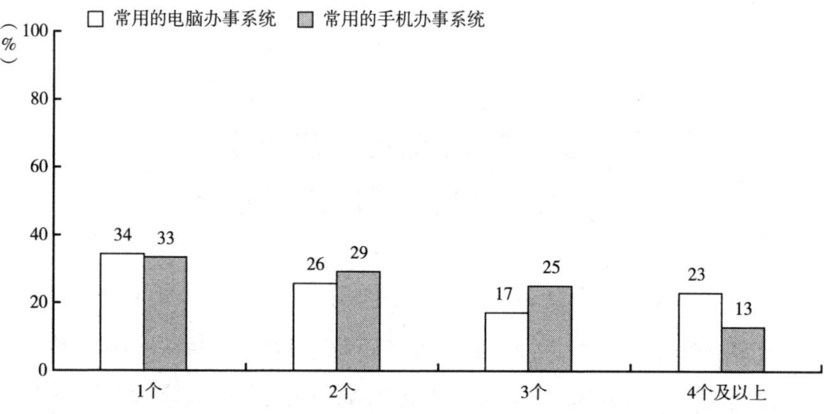

图 8　在河北，34%的市场主体常用 1 个电脑办事系统，33%的市场主体常用 1 个手机办事系统

（九）本部分小结

以上分析表明，河北省市场主体对“数字政府”的潜在需求很大，“数字政府”处于可快速发展的历史机遇期。河北省“数字政府”已完成大规模想用阶段，初步进入大规模知道阶段，但仍未进入大规模使用、好用阶

段，具体表现如下。

市场主体对“数字政府”建设有强烈的潜在需求。在河北，86%的市场主体认为“数字政府”是大势所趋，88%的市场主体愿意使用“数字政府”。

“数字政府”与窗口办理应融合发展。在河北，70%的市场主体认为“数字政府”不能替代窗口办理。

“数字政府”的知晓率为51%。其中，网上办事大厅的知晓率为47%，“河北政务服务”App的知晓率为28%。在“数字政府”的推广上，职能部门的贡献突出。

“数字政府”的使用率为35%。其中，网上办事大厅的使用率为29%，“河北政务服务”App的使用率为10%。

“河北政务服务”App的建设取得初步成绩。“河北政务服务”App自推出以来，对“数字政府”知晓率和使用率的贡献度分别为8%和17%。

常用线上办事系统的数量大多为1个。其中，34%的市场主体常用1个电脑办事系统，33%的市场主体常用1个手机办事系统。

三　河北“数字政府”需求侧建设在全国视野下的比较分析

河北省“数字政府”需求侧建设的总得分达到58分，低于全国平均得分71分，总体评级为D。具体而言，河北省“数字政府”潜在使用率得分为88分，低于全国平均得分92分，总体评级为A；河北省“数字政府”实际知晓率得分为51分，低于全国平均得分69分，总体评级为D；河北省“数字政府”实际使用率得分为35分，低于全国平均得分53分，总体评级为D。

（一）河北省“数字政府”的潜在使用率低于调研省份平均水平

如图9所示，河北省市场主体愿意使用“数字政府”的比例为88%。所有调研省份中“数字政府”的平均潜在使用率为92%，最好省份“数字政府”的潜在使用率为98%，最差省份“数字政府”的潜在使用率为85%。因此，河北省市场主体对“数字政府”使用意愿比调研省份中最差省份高3个百分点，比最好省份低10个百分点，比全国平均水平低4个百分点。

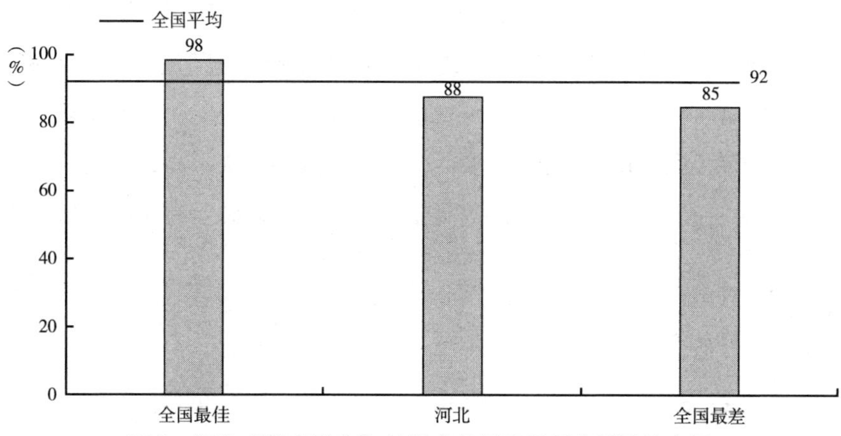

图9　河北“数字政府”的潜在使用率低于全国平均水平

（二）河北省“数字政府”的知晓率低于调研省份的平均水平

如图10所示，河北省“数字政府”的知晓率为51%。所有调研省份中“数字政府”的平均知晓率为69%，最好省份“数字政府”的知晓率为90%，最差省份“数字政府”的知晓率为51%。因此，河北省“数字政府”的知晓率为调研省份中的最差水平，与全国最佳水平有39个百分点的差距，与全国平均水平有18个百分点的差距。

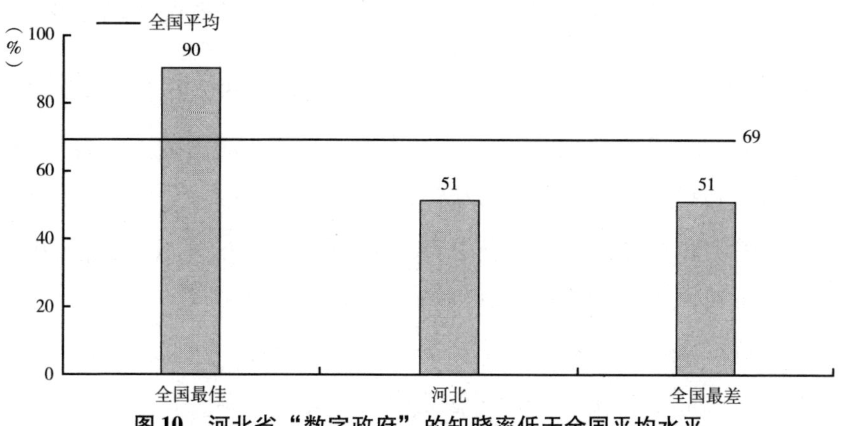

图10　河北省“数字政府”的知晓率低于全国平均水平

（三）河北省“数字政府”的使用率低于调研省份平均水平

如图11所示，河北省“数字政府”使用率为35%。所有调研省份的“数字政府”平均使用率为53%，最好省份“数字政府”的使用率为80%，最差省份“数字政府”的使用率为32%。因此，河北省“数字政府”的知晓率处于所有调研省份中的末尾水平，仅比全国最差水平高3个百分点，与全国最佳水平有45个百分点的差距，与全国平均水平有18个百分点的差距。

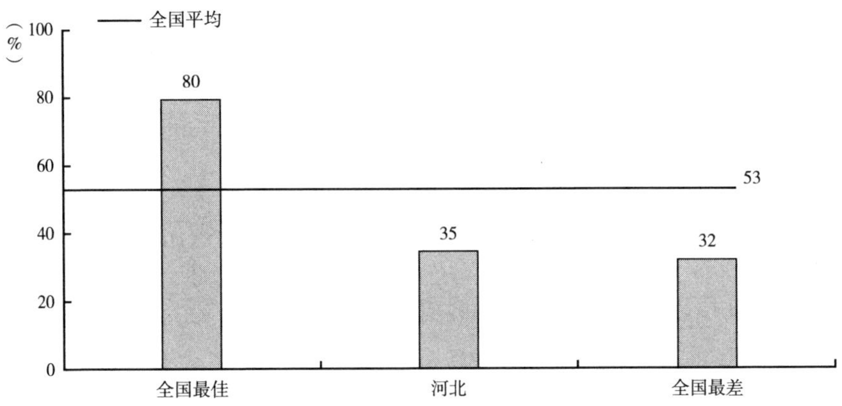

图11　河北省“数字政府”的使用率低于全国平均水平

（四）河北省“数字政府”的吸引力低于调研省份平均水平

如图12所示，河北省“数字政府”的吸引力为69%。所有调研省份的“数字政府”平均吸引力为77%，最好省份“数字政府”的吸引力为89%，最差省份“数字政府”的吸引力为56%。因此，河北“数字政府”吸引力比调研省份中最差省份高13个百分点，比调研省份中的最佳省份低20个百分点，比全国平均水平低8个百分点。

以上分析表明，从需求侧看，河北“数字政府”建设的潜在使用率、实际知晓率、实际使用率和吸引力均低于全国平均水平。

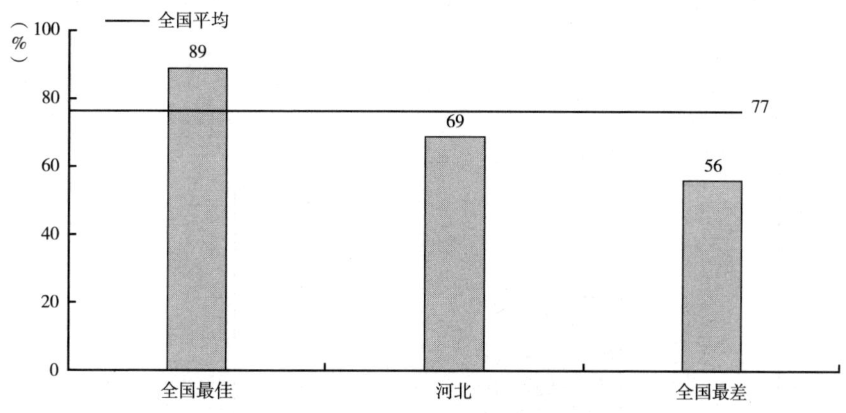

图 12　河北省“数字政府”的吸引力低于全国平均水平

四　河北“数字政府”需求侧建设中存在的主要问题

（一）河北省“数字政府”建设中面临的核心问题

截至 2019 年 7 月底，河北省“数字政府”建设中面临的主要问题是，市场主体对“数字政府”的强烈需求与当前“数字政府”建设不充分之间的矛盾。河北省“数字政府”建设不充分主要体现在两方面。一方面，从全国视野来看，“数字政府”的建设水平与其经济地位不匹配。河北省在 2018 年全国 GDP 排名中位列第 9，属于经济发展水平较好的省份，然而调研数据显示，河北省“数字政府”的知晓率和使用率的排名在所有调研省份中处于末尾水平，且与全国平均水平存在一定的差距。由此可见，河北省“数字政府”的建设水平与其经济地位不匹配。另一方面，从需求侧来看，“数字政府”的建设水平与市场主体的潜在需求不匹配。具体而言，河北省受访市场主体对“数字政府”的使用意愿达到了 88%，也有 51% 的市场主体知道“数字政府”，但使用率仅有 35%。如图 13 所示，分别有 84% 和 79% 的市场主体明确表示愿意使用网上办事大厅和“河北政务服务”App 办理业务，二者的实际使用率只有 29% 和 10%。这表明，网上办事大厅和“河北政务服务”App 分别有 55% 和 69% 的潜在需求没有得到满足。

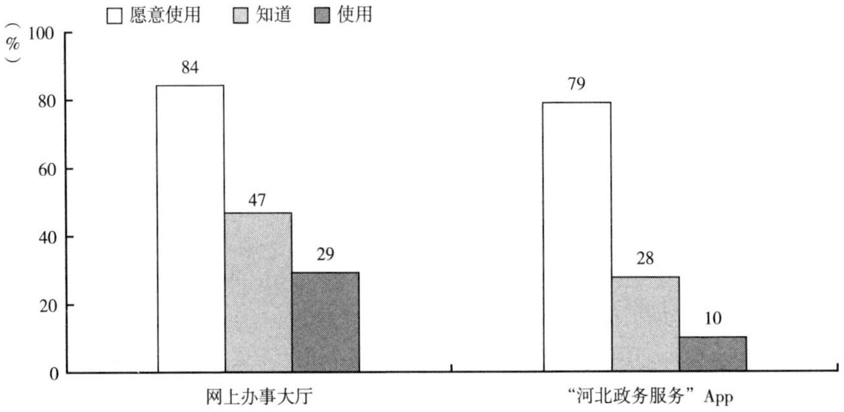

图 13　在河北，愿意、知道、使用“数字政府”的市场主体比例

（二）原因分析

1. 市场主体主观获知不够，造成知晓率不够高

如图 13 所示，84% 的市场主体愿意使用网上办事大厅，但 53% 的市场主体不知道网上办事大厅的存在。同样地，79% 的市场主体愿意使用“河北政务服务”App，但 72% 的不知道“河北政务服务”App 存在。这表明，在愿意使用“数字政府”的市场主体中，依旧有相当一部分的市场主体并不知道“数字政府”的存在，从而造成“数字政府”的知晓率低。需要强调的是，由图 14 可知，在知道“数字政府”的市场主体中，70% 的市场主体是通过职能部门的主动推广获知“数字政府”的存在，且该比例高于全国平均水平 10 个百分点。而通过“朋友介绍”和“自己网上查找”两个渠道获知“数字政府”的市场主体比例分别为 13% 和 12%，相比由政府告知所占比例有 45 个百分点的差距。这表明，尽管政府在推广上较为主动，但是市场主体仍然缺乏了解网上办事的积极性。

2. 河北“数字政府”的吸引力低

如图 12 所示，河北“数字政府”的吸引力为 69%，比全国最佳省份低

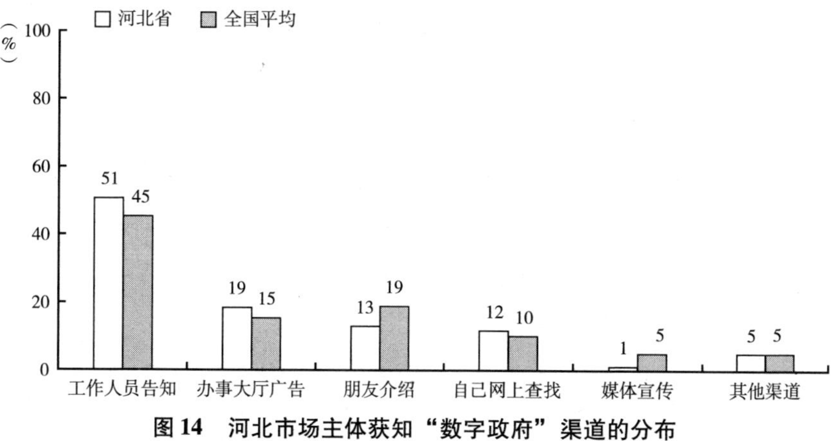

图 14　河北市场主体获知"数字政府"渠道的分布

20 个百分点，比全国平均水平低 8 个百分点。从市场主体的反馈情况看，河北"数字政府"吸引力低主要源于"数字政府"业务不全、不能全流程办理业务、"数字政府"操作不便和市场主体习惯现场办理等。

"数字政府"业务不全。造成河北省"数字政府"建设不充分的原因之一是河北省"数字政府"上的业务不全。如图 15 所示，有 29% 的市场主体表示没有选择网上办事大厅办理业务是因为网上业务类型不全，无法办理所需业务。这表明，业务不全是"数字政府"吸引力低的重要原因。

调研过程中，许多市场主体在被问及"如果在电脑/手机上就能办理您要办理的业务，您愿意在电脑/手机上办理吗"时表示："要是能在家里就

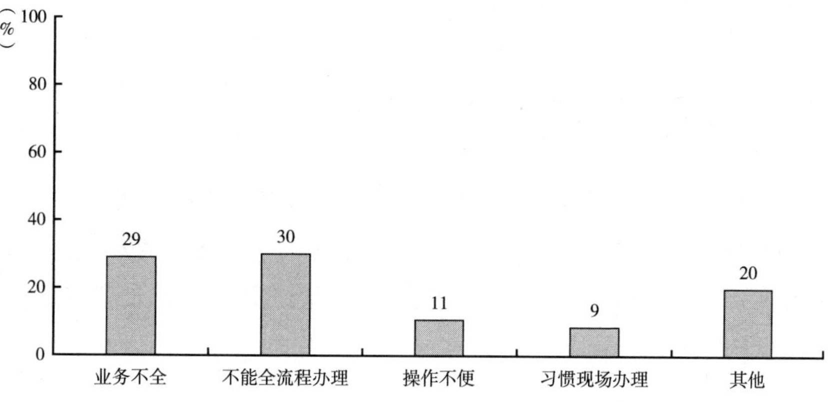

图 15　市场主体未选择网上办事大厅办理业务的原因

办完谁还愿意到这里啊。”现阶段“数字政府”的业务缺失让市场主体的使用意愿难以得到满足。

“数字政府”不能全流程办理业务。如图 15 所示，在未使用网上办事大厅的市场主体中，30% 的市场主体是因为网上不能全流程办理业务。如图 16 所示，在未使用“河北政务服务”App 的市场主体中，7% 的市场主体表示“河北政务服务”App 不能全流程办理。这表明，“数字政府”不能全流程办理业务是其吸引力低的原因之一。

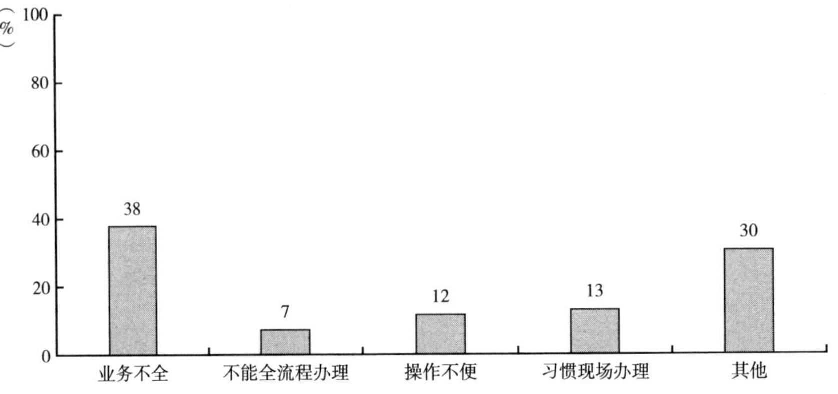

图 16　市场主体未选择“河北政务服务”App 的原因

“数字政府”操作不方便。如图 15 所示，在未使用网上办事大厅的市场主体中，11% 的是因为操作不便。如图 16 所示，在未使用“河北政务服务”App 的市场主体中，12% 的市场主体是因为“河北政务服务”App 操作不便。这表明，“数字政府”操作不便是其吸引力低的原因之一。

市场主体习惯现场办理。如图 15 所示，在未使用网上办事大厅的市场主体中，9% 的市场主体是因为习惯了现场办理业务。如图 16 所示，在未使用“河北政务服务”App 的市场主体中，13% 的市场主体表示习惯了在现场办理业务。这表明，河北省市场主体习惯现场办理业务也是“数字政府”吸引力低的原因之一。

山西省“数字政府”需求侧调查报告*

一　山西报告概览

在本次实地调研中，课题组走访了省内5个市13个办事大厅的市场主体。其中5个市分别为大同市、太原市、吕梁市、运城市和长治市。13个办事大厅分别是1个市级政务服务大厅、12个区县级政务服务大厅。在本次实地调研中，随机访谈市场主体的成功率约为70%，回收有效问卷数量合计158份。

山西省“数字政府”需求侧建设指标体系及最新进展概况如表1所示。总体而言，山西省“数字政府”需求侧建设总得分67分，低于全国平均水平71分，分数评级为C级。其中，山西省“数字政府”潜在使用率得分91分，略低于全国平均水平92分，为A级。山西省“数字政府”实际知晓率62分，略低于全国平均水平69分，为C级。山西省“数字政府”实际使用率得分为49分，略低于全国平均水平53分，为D级。

表1　山西省“数字政府”需求侧建设指标体系及最新进展

指标	全国得分	山西省得分	山西省评级	山西省最大值	山西省最小值
一级指标 “数字政府”需求侧建设	71	67	C	72	60

* 执笔人：吴宜强、钟子健、徐现祥。

续表

指标	全国得分	山西省得分	山西省评级	山西省最大值	山西省最小值
二级指标					
“数字政府”潜在使用率	92	91	A	91	88
“数字政府”实际知晓率	69	62	C	69	54
“数字政府”实际使用率	53	49	D	57	38

注：“最大值”和“最小值”指的是在山西省内5个调研市中的最大值和最小值。评级划分标准为：A级（85～100分）、B级（70～84分）、C级（60～69分）、D级（60分以下）。总得分为3个二级指标的平均值。

资料来源：中山大学“深化商事制度改革研究”课题组。

二　山西“数字政府”需求侧建设的最新进展

从需求侧的视角看，山西市场主体对“数字政府”有强烈的需要，“数字政府”处于可快速发展的历史机遇期。

（一）在山西，96%的市场主体认为“数字政府”是大势所趋

如图1所示，平均而言，山西96%的市场主体认为“数字政府”是大势所趋，2%的市场主体表示不确定，只有2%的市场主体认为不是大势所趋。在调研期间，太原市小店区的一位受访者表示“互联网＋政务服务”和“全程电子化”提高了办事效率，这肯定会成为“潮流”。

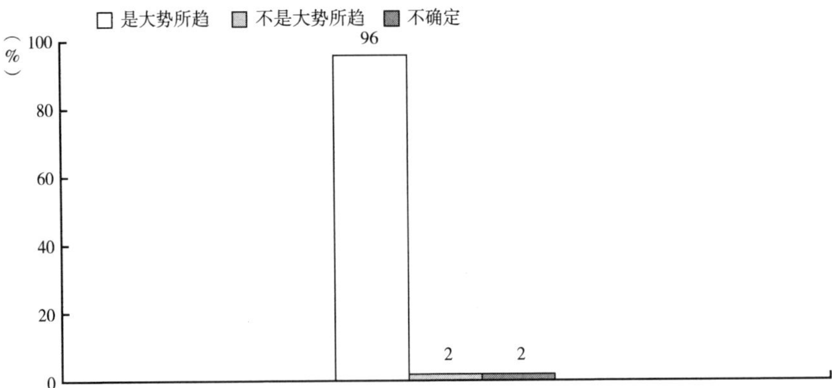

图1　在山西，96%的市场主体认为“数字政府”是大势所趋

（二）在山西，91%的市场主体表示愿意使用“数字政府”

如图2所示，如果“数字政府”能办理所需业务，平均而言，山西91%的市场主体表示愿意使用。其中，愿意使用电脑办理相关业务的市场主体占比89%，愿意使用手机移动端办理相关业务的市场主体占比88%。这表明山西“数字政府”的潜在市场需求很大；同时也表明在所需业务可以网上办理时，市场主体也非常愿意使用“数字政府”。

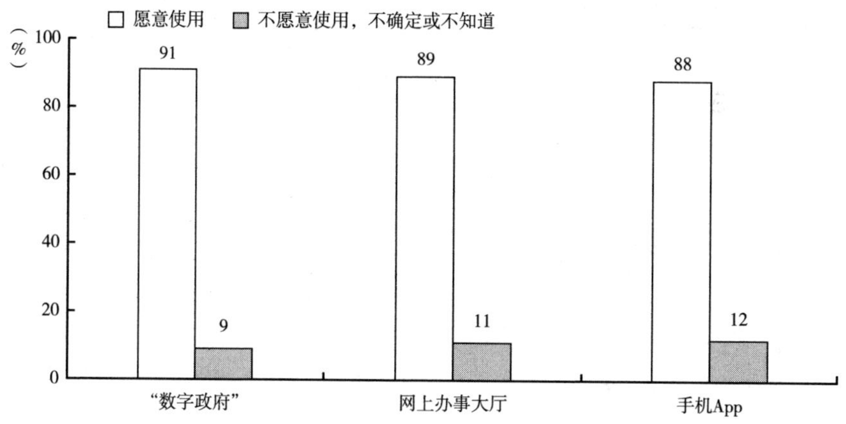

图2　在山西，91%的市场主体表示愿意使用“数字政府”

调研期间，“想用”是市场主体的普遍心声。大同市平城区的受访者说：“这里只有人工服务，我什么都不清楚，只能听一是一、听二是二。今天我办这个东西就跑来跑去还是什么都没有搞好。我刚刚从深圳回来，那边就是全程电子化，非常方便。”在太原市迎泽区的一位受访者抱怨道：“虽然我们有时候操作不来网络，但是还是愿意去用这个网上政务服务。为什么呢？有时候我们不懂去问窗口人员，有些人员语气和态度挺差的。”从市场主体的反馈情况来看，只要数字政府可以落到实处、可以办理所需业务，是非常愿意使用的。同时，很多市场主体表示“数字政府”可以减少办事的时间，方便高效地完成办事流程。

（三）在山西，72%的市场主体认为“数字政府”不能完全取代窗口办理

尽管有96%的市场主体认为“数字政府”是大势所趋和91%的市场主体表示在所需业务可以办理的情况下非常愿意使用“数字政府”，但是有72%的市场主体认为“数字政府”不能完全取代人工窗口服务（见图3）。在实际访谈过程中，有市场主体表示：“‘数字政府’对部分人群存在一定的操作难度，尤其是对老人家；许多问题在电脑上是弄不清楚的，人工服务可以很好地弥补这方面不足；现在网络环境也不是很安全，现场办理可以更放心。”

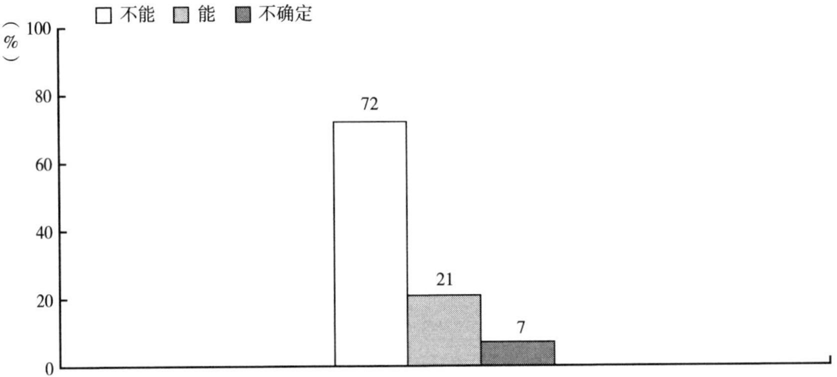

图3　在山西，72%的市场主体认为“数字政府”不能完全取代窗口办理

（四）在山西，62%的市场主体知道“数字政府”，其中61%的市场主体知道网上办事大厅

如图4所示，自山西省2017年开始建设“数字政府”以来，目前62%的受访市场主体表示知道“数字政府”。同时，有61%的市场主体知道本区有网上办事大厅服务，44%的市场主体知道可以在手机移动端办事。

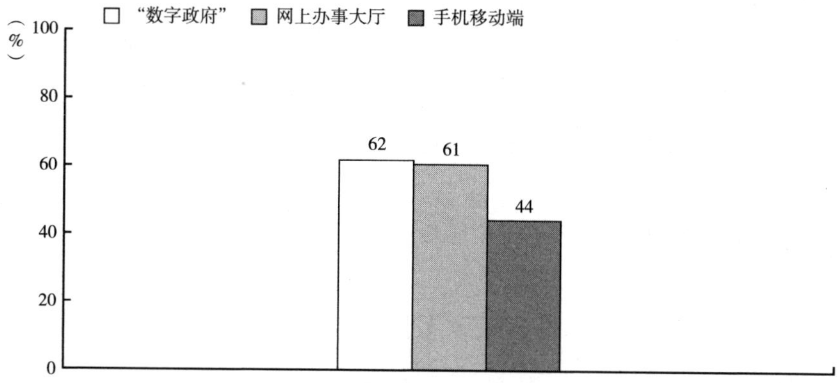

图4 在山西，62%的市场主体知道“数字政府”

（五）在山西，49%的市场主体使用“数字政府”，其中45%的市场主体使用网上办事大厅

如图5所示，山西省的“数字政府”建设成绩显著，已有49%的市场主体使用“数字政府”，45%的市场主体使用过网上办事大厅，24%的市场主体使用过手机移动端办事。

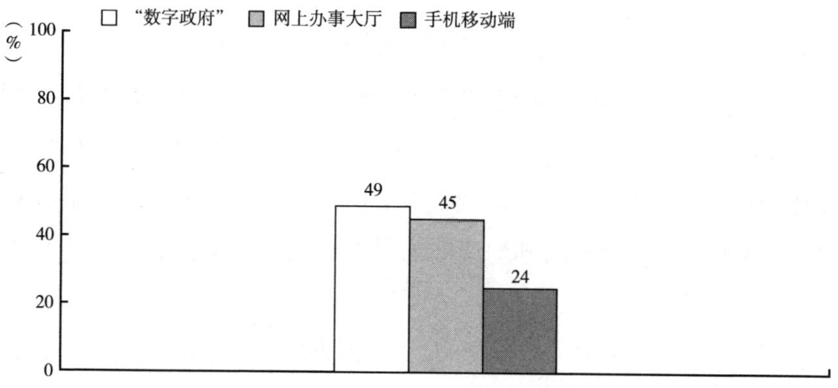

图5 在山西，49%的市场主体使用“数字政府”，其中45%的市场主体使用网上办事大厅

本研究把知道“数字政府”的市场主体中使用“数字政府”的比例定义为吸引力，即“数字政府”使用率与“数字政府”知晓率的比值。如图6所示，“数字政府”的吸引力达到了79%，网上办事大厅的吸引力达到了73%，手机移动端的吸引力达到了54%。

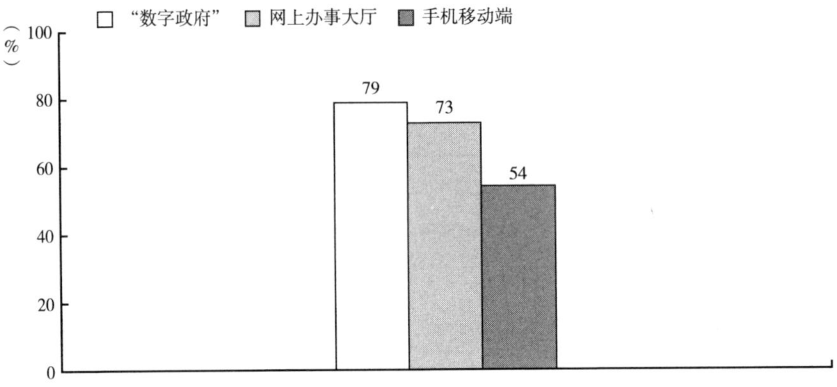

图6　在山西，“数字政府”的吸引力达到了79%

（六）在山西，市场主体获知“数字政府”相关服务的主要渠道为“工作人员告知”“办事大厅广告”

如图7所示，市场主体通过“工作人员告知”、“办事大厅广告”、“朋友介绍”和“其他渠道”知道“数字政府”的比例分别为36%、22%、22%和9%。这表明，在知道“数字政府”的市场主体中，接近60%的市场主体是通过“工作人员告知”和“办事大厅广告”获知“数字政府”。同样，无论电脑办理还是手机办理，市场主体的获知渠道也是“工作人员告知”和“办事大厅广告”。

在采访过程中，有一个受访者说：“你别看大厅摆了这么多广告宣传，但是我们这些人怎么会好好地去看呀，一般都是我们需要了才会去查相关信息或者工作人员主动告诉我们。”这表明在山西的“数字政府”建设过程中，工作人员的主动告知对其推广有非常重要的作用。

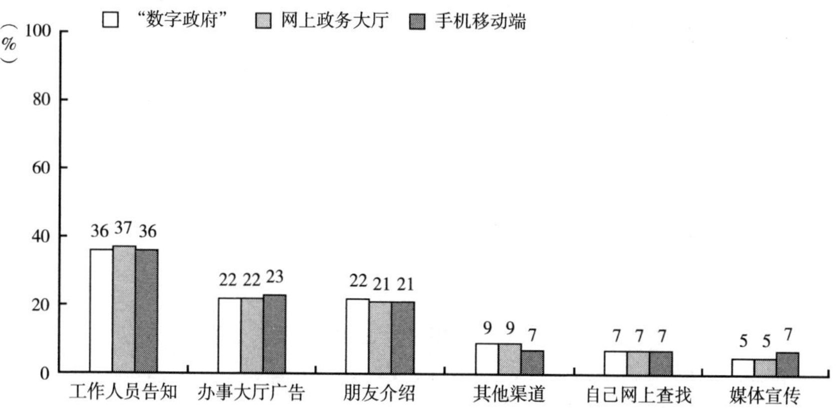

图7　在山西，市场主体主要通过“工作人员告知”、“办事大厅广告”和“朋友介绍”知道“数字政府”

（七）在山西，市场主体通过“数字政府”主要进行查询和办理业务

如图8所示，在山西，使用“数字政府”的市场主体中，有54%的市场主体办理具体业务，29%的市场主体查询办事信息，16%的市场主体进行预约。从图8网上办事大厅和手机移动端的对比得出，市场主体更喜欢在网上办事大厅进行具体业务办理，更倾向于在手机移动端查询办事信息和预约。在访谈中市场主体也表示：“电脑我们用不来呀，手机还可以，所以平常更多用手机。”

（八）本部分小结

以上分析表明，山西省的市场主体对“数字政府”的潜在需求很大，有很强的主动性，“数字政府”处于可快速发展的历史机遇期，具体表现为，96%的市场主体认为“数字政府”是大势所趋，91%的市场主体愿意使用“数字政府”。

“数字政府”知晓率为62%，其中网上办事大厅知晓率为61%。市场

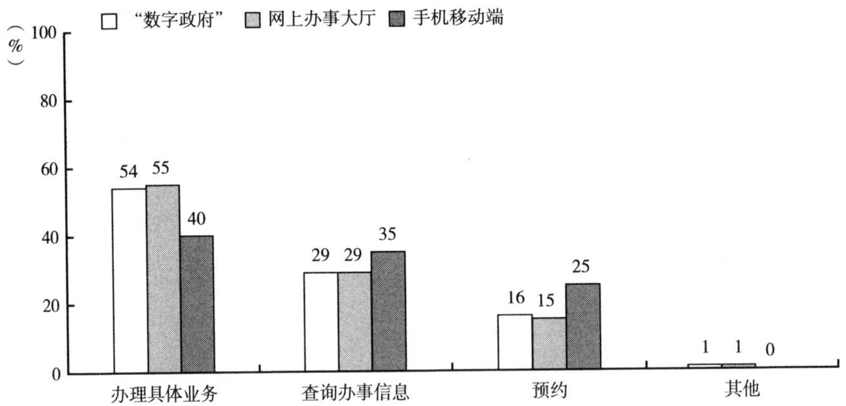

图8　在山西，市场主体通过"数字政府"主要进行查询和办理业务

主体获知方式主要为"工作人员告知"和"办事大厅广告"。

"数字政府"的使用率为49%，其中，网上办事大厅的使用率为45%，移动手机端的使用率为24%。

三　山西"数字政府"需求侧建设在全国视野下的比较分析

本部分将基于中山大学"深化商事制度改革研究"课题组在2019年暑期全国商事制度改革调研中的成果，在全国视野下考察山西省"数字政府"需求侧建设水平，分别从潜在使用率、使用率、知晓率、吸引力等方面与全国平均水平和最佳省份进行比较。

（一）山西"数字政府"的潜在使用率低于全国平均水平

如图9所示，山西"数字政府"的潜在使用率为91%，全国平均潜在使用率为92%，最佳省份"数字政府"的潜在使用率为98%。山西省的"数字政府"的潜在使用率比全国最佳省份低7个百分点，比全国平均水平低1个百分点。

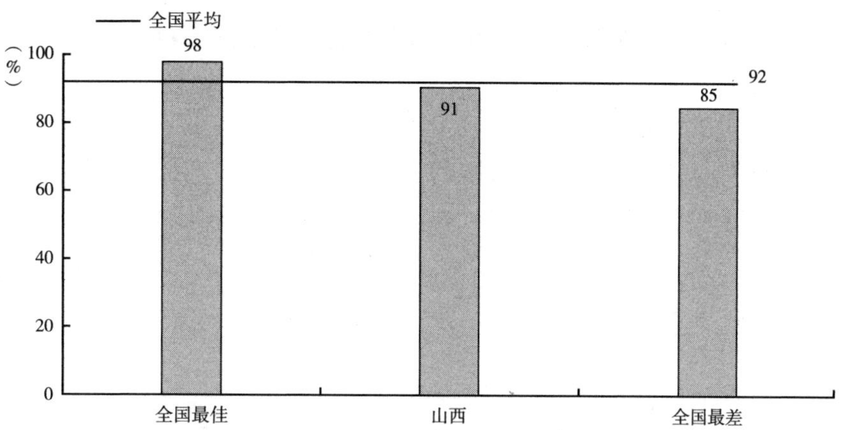

图 9　山西“数字政府”的潜在使用率略低于全国平均水平

(二)山西“数字政府”的知晓率略低于全国平均水平

如图 10 所示，山西“数字政府”的知晓率为 62%，全国的平均知晓率为 69%，最佳省份“数字政府”的知晓率为 90%。山西省“数字政府”的知晓率比最佳省份低 28 个百分点，比全国平均水平低 7 个百分点。

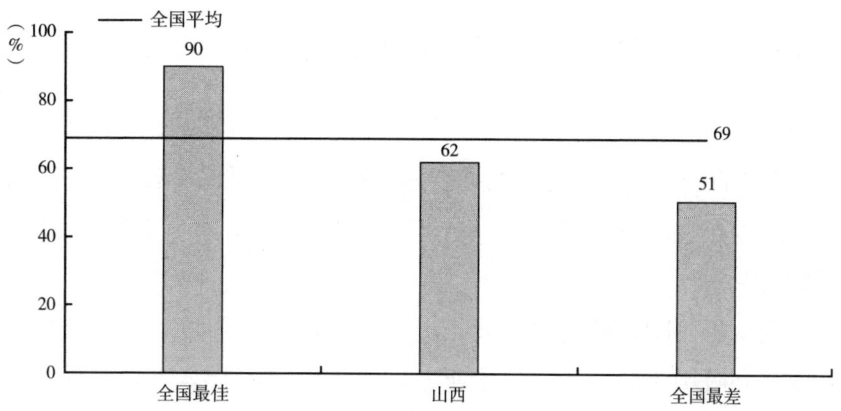

图 10　山西“数字政府”的知晓率略低于全国平均水平

（三）山西“数字政府”的使用率略低于全国平均水平

如图 11 所示，山西省“数字政府”的使用率为 49%，全国平均使用率为 53%，最佳省份“数字政府”使用率为 80%。山西省的“数字政府”使用率比最佳省份低 31 个百分点，比全国平均水平低 4 个百分点。

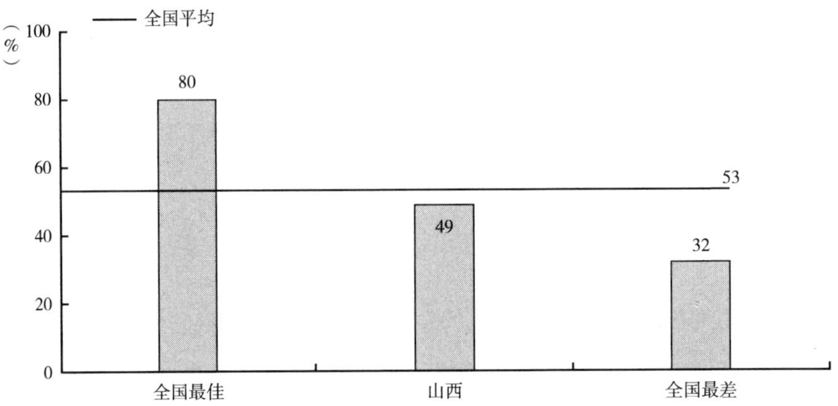

图 11　山西“数字政府”的使用率略低于全国平均水平

（四）山西“数字政府”的吸引力略高于全国平均水平

如图 12 所示，山西“数字政府”的吸引力为 79%，全国平均吸引力为 77%，最佳省份“数字政府”的吸引力为 89%。山西省“数字政府”的吸引力比最佳省份低 10 个百分点，比全国平均水平高 2 个百分点，略高于全国平均水平。

以上分析表明，从需求侧看，山西的使用率和知晓率均略低于全国平均水平，吸引力略高于平均水平。同时可以看出，山西省市场主体对“数字政府”建设有巨大的潜在需求以及主动寻求性，现有建设水平有待提升。

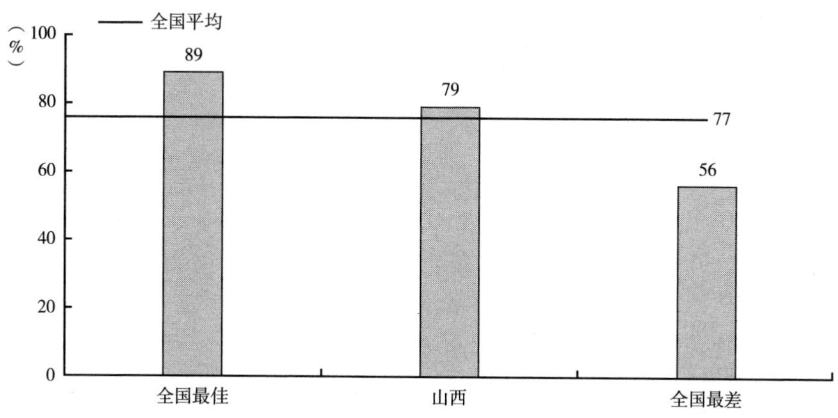

图 12　山西“数字政府”的吸引力略高于全国平均水平

四　山西“数字政府”需求侧建设中存在的主要问题

（一）山西省“数字政府”建设中面临的主要问题

从需求侧视角看，截至 2019 年 8 月 10 日，山西省“数字政府”建设中面临的核心问题是，市场主体对“数字政府”的强烈需求和当前“数字政府”建设不充分之间的矛盾，具体体现在：当前“数字政府”的建设水平与市场主体的潜在需求不匹配。如图 13 所示，有 91% 的市场主体明确表示愿意使用“数字政府”相关服务，但“数字政府”的实际使用率只有 49%，说明了还有 42% 的潜在需求没有得到满足。

（二）原因分析

1. 职能部门的主动推广力度不够大

从需求侧的角度看，山西省“数字政府”建设不充分的主要原因有，一是职能部门主动推广力度不够大。如图 13 所示，91% 的市场主体愿意使用“数字政府”相关服务，但只有 62% 的市场主体知道“数字政府”。需要强调的是，由图 14 可知，在知道“数字政府”的市场主体中，有 58% 的

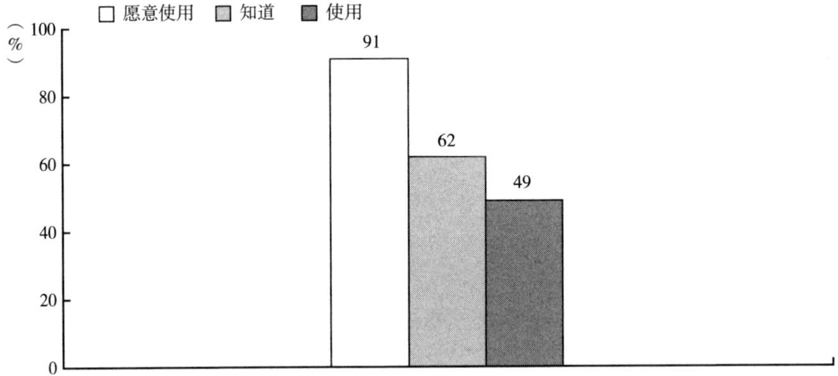

图 13　愿意、知道、使用“数字政府”的市场主体比例

市场主体是通过职能部门的主动推广（“办事大厅广告”+“工作人员告知”）获知“数字政府”的存在，略低于全国平均水平 60%。

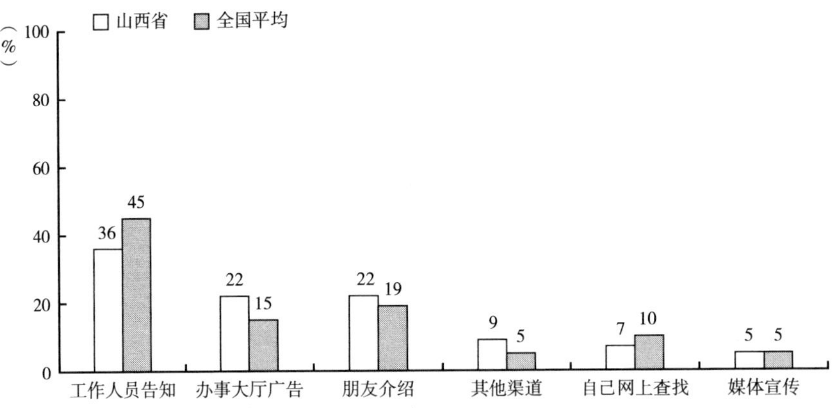

图 14　山西省市场主体知道“数字政府”的渠道及全国平均水平

2. 山西省“数字政府”不好用

如图 15 所示，在影响市场主体选择使用“数字政府”的因素中，“不能全流程办理”“业务不全”分别占 34% 和 33%。在实地调研期间，太原市迎泽区的一位市场主体代表表示：“现在的网上服务还在刚刚开始阶段，有些业务根本没有，有些就像我今天办的，最后还是要赶到现场办事大厅处

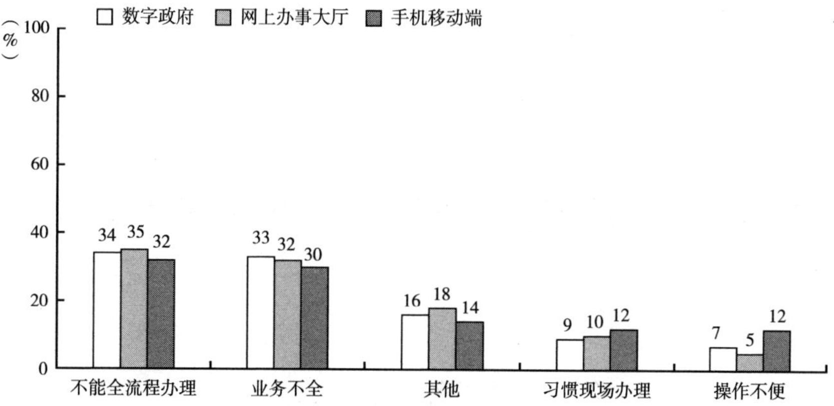

图 15　在山西，市场主体不使用“数字政府”的主要原因是不能全流程办理和业务不全

理，希望以后可以更加方便吧。”同时也有部分较大年龄的受访者表示：“我们也想用呀，但是操作不来呀，志愿者数量也不多，有时候没办法只能人工服务。”

上海市“数字政府”需求侧调查报告*

一　上海报告概览

在上海，课题组考察了市场主体使用网上办事大厅和“随申办市民云”App（以下统称“数字政府”）办理业务的情况，从需求侧的角度调查上海市“数字政府”建设成效。通过随机抽样，调研组赴上海市黄浦区、徐汇区、浦东新区、青浦区、奉贤区和虹口区的政务服务中心和嘉定区市场监督管理局开展调研，通过随机访谈前来办理业务的市场主体，共回收264份有效问卷。调研结束后，课题组整理了上海市“数字政府”需求侧建设的第一手资料和舆情反馈，系统分析了截至2019年8月上海“数字政府”需求侧建设情况及其面临的问题，明确深化需求侧建设的方向。

表1为上海市“数字政府”需求侧建设概况。报告根据“愿意使用、知道、使用”三阶段设立3个二级指标。截至2019年8月，上海市“数字政府”总得分为67分，评级为C级，略低于全国平均水平。

表1　上海市“数字政府”需求侧建设指标体系及最新进展

指标	全国	上海市	上海市评级	上海市最大值	上海市最小值
一级指标 “数字政府”需求侧建设	71	67	C	77	55

* 执笔人：范启贤、张诗琪、徐现祥。

续表

指标	全国	上海市	上海市评级	上海市最大值	上海市最小值
二级指标					
“数字政府”潜在使用率	92	98	A	100	92
“数字政府”实际知晓率	69	61	C	74	45
“数字政府”实际使用率	53	41	D	58	27

注：“最大值”和“最小值”指的是在上海市内7个调研区中的最大值和最小值。评级划分标准为：A级（85～100分）、B级（70～84分）、C级（60～69分）、D级（60分以下）。总得分为3个二级指标的平均值。

资料来源：中山大学“深化商事制度改革研究”课题组。

二　上海“数字政府”需求侧建设的最新进展

从需求侧的视角，“数字政府”建设可以分为想用、知道、使用和好用四个阶段。目前上海市的“数字政府”建设主要处于大规模想用、知道阶段，正在步入大规模使用、好用阶段。

（一）在上海，94%的市场主体认为“数字政府”是大势所趋

如图1所示，平均而言，上海94%的市场主体认为“数字政府”是大势所趋，5%的市场主体表示不确定，只有1%的市场主体认为不是大势所趋。这表明，上海市场主体普遍认同“数字政府”是大势所趋。

（二）在上海，98%的市场主体愿意使用“数字政府”

如图2所示，如果“数字政府”能办理所需业务，平均而言，上海98%的市场主体表示愿意使用。其中，愿意使用网上办事大厅的市场主体占比96%，愿意使用“随申办市民云”App的市场主体占比86%。

这表明，就使用意愿来看，上海的市场主体普遍愿意使用“数字政府”，“数字政府”的潜在市场需求很大。一位年轻的市场主体代表表示：“我本人很愿意去尝试在电脑系统办理工商这一块的业务，比如上海的一窗通办系统。”

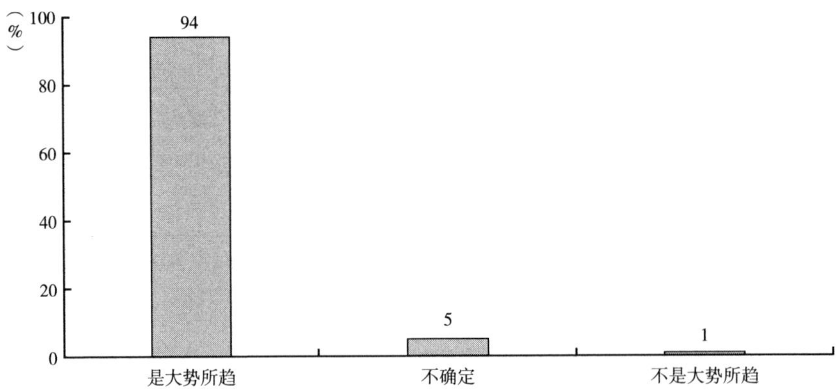

图1　在上海，94%的市场主体认为“数字政府”是大势所趋

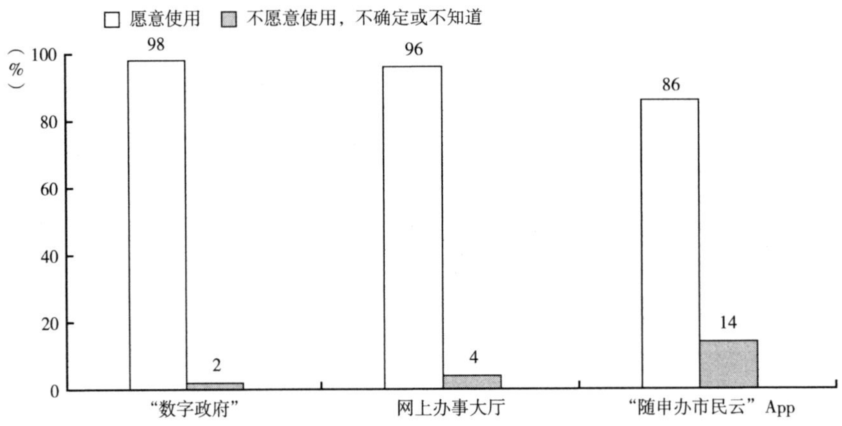

图2　在上海，98%的市场主体愿意使用“数字政府”

（三）在上海，72%的市场主体认为数字政府不能替代人工窗口

尽管绝大多数市场主体都认为“数字政府”是大势所趋，但是如图3所示，上海72%的市场主体认为“数字政府”不能完全替代人工窗口，22%的市场主体认为可以替代，5%的市场主体表示不确定。

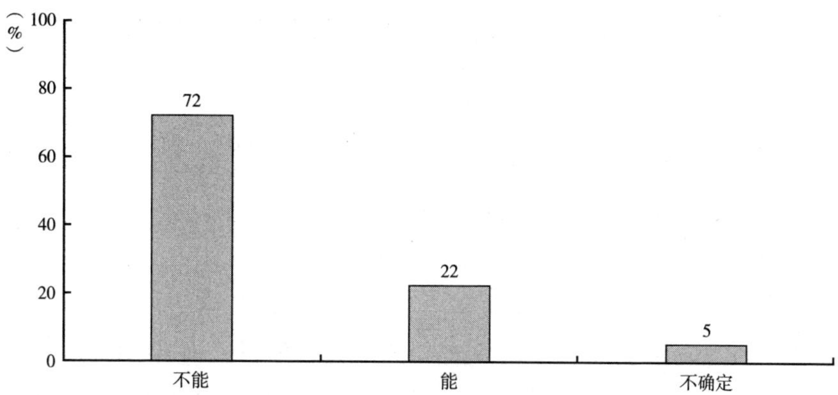

图3　72%的市场主体认为数字政府不能替代人工窗口

（四）在上海，61%的市场主体知道数字政府

本研究把市场主体知道“数字政府”的比例定义为知晓率。如图4所示，上海“数字政府”的知晓率为61%。其中，网上办事大厅的知晓率为59%。“随申办市民云”App自2018年9月推出以来，经过一年的时间，知晓率达35%。

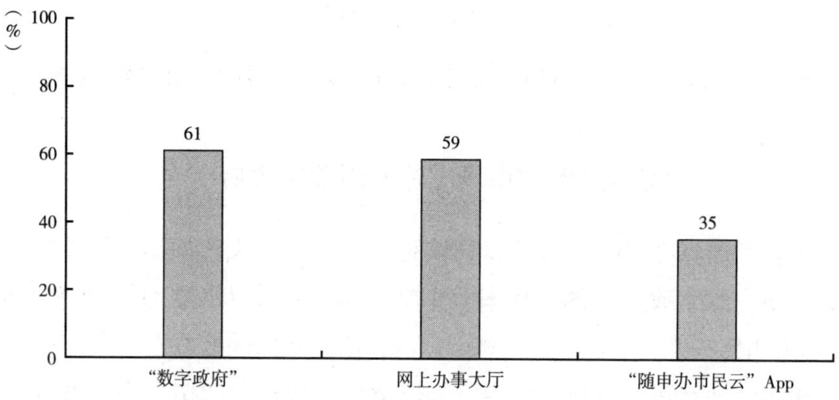

图4　在上海，61%的市场主体知道“数字政府”

（五）在上海，43%的市场主体通过政府职能部门主动告知了解“数字政府”

如图5所示，市场主体通过“工作人员告知”、“朋友介绍”、“自己网上查找”和“办事大厅广告”知道“数字政府”的比例分别为28%、20%、18%和15%。这表明，在知道“数字政府”的市场主体中，43%（28%+15%）的通过“工作人员告知”和“办事大厅广告”这两种政府职能部门主动推广的方式来获知“数字政府”的信息。同时，也有38%（18%+20%）的市场主体通过“自己网上查找”和“朋友介绍”了解“数字政府”。

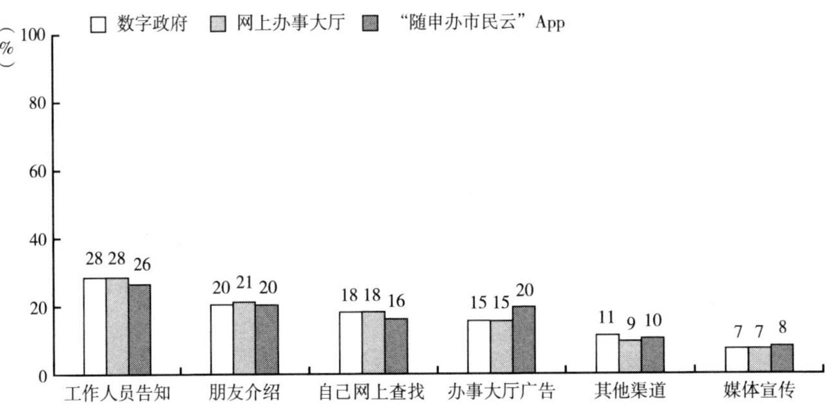

图5　在上海，43%的市场主体通过政府职能部门主动告知了解“数字政府”

（六）在上海，41%的市场主体使用数字政府

本研究把市场主体使用“数字政府”的比例定义为使用率。如图6所示，上海“数字政府”的使用率为41%。网上办事大厅的使用率为40%。“随申办市民云”App经过近一年的发展，使用率达到14%。

本研究把在知道“数字政府”的办事市场主体中使用“数字政府”的比例定义为吸引力，即“数字政府”使用率与“数字政府”知晓率的比值。如图4和图6所示，上海“数字政府”的吸引力为67%（41%÷61%），即

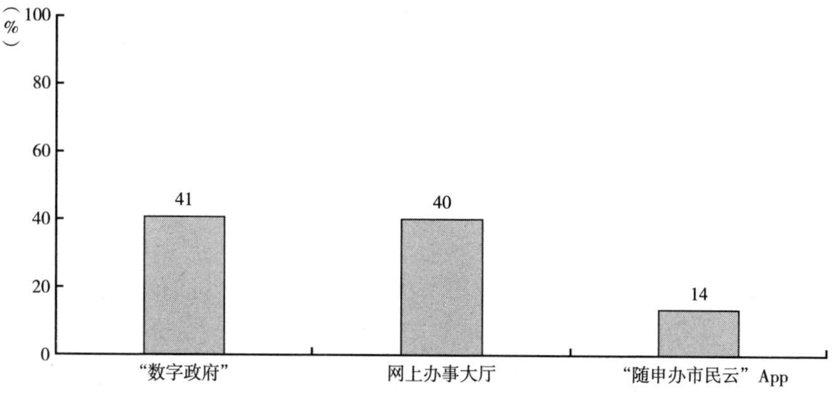

图6　在上海，41%的市场主体使用“数字政府”

在知道“数字政府”的市场主体中，67%的市场主体会选择使用“数字政府”。其中，网上办事大厅的吸引力为68%（40%÷59%），“随申办市民云”App的吸引力为38%。

（七）在上海，67%的市场主体常用1个电脑端办事系统，58%的市场主体常用1个手机端办事系统

如图7所示，在使用“数字政府”的市场主体中，电脑、手机端常用办事系统为1个的比例均超过五成。具体来看，在上海，有67%的市场主体常用1个电脑办事系统，14%的市场主体常用2个，19%的市场主体常用3个及以上；有58%的市场主体常用1个手机办事系统，26%的市场主体常用2个，16%的市场主体常用3个及以上。

（八）在上海，市场主体通过“数字政府”进行查询、预约、业务办理比例分别为37%、24%、37%，三大功能发展比较均衡

如图8所示，在使用“数字政府”的市场主体中，有24%的市场主体进行预约，37%的查询办事信息，37%的办理具体业务。

其中，33%的市场主体通过“随申办市民云”App进行预约，37%的查询办事信息，26%的办理具体业务。

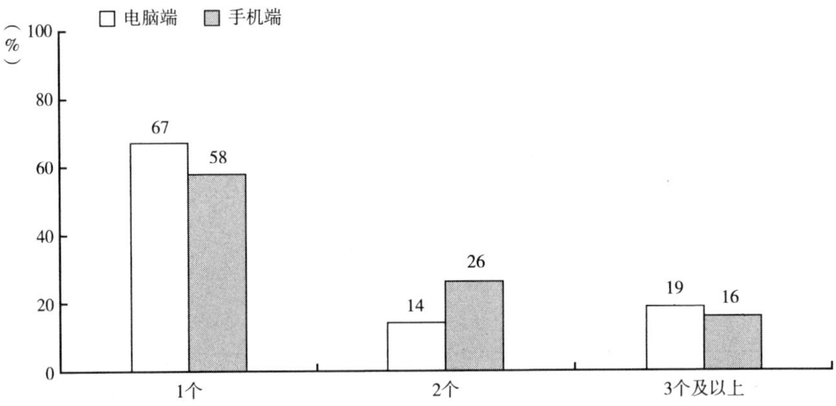

图 7　在上海，67%的市场主体常用 1 个电脑端办事系统，58%的市场主体常用 1 个手机端办事系统

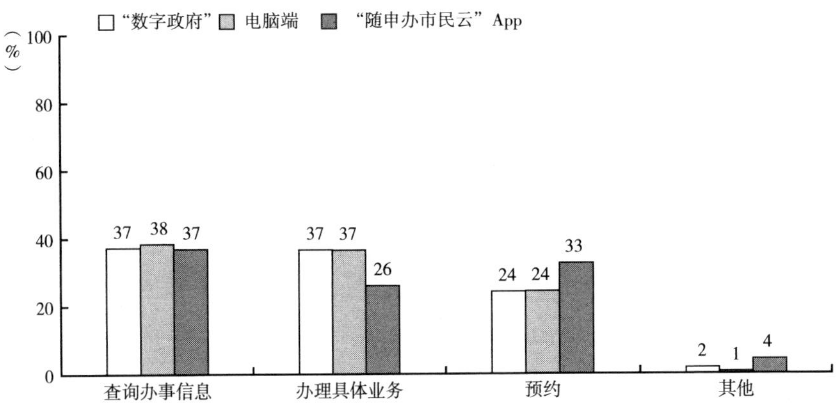

图 8　在上海，市场主体对数字政府的预约、查询、办理三大功能使用比较均衡

（九）本部分小结

上海市目前数字政府处于大规模想用、知道阶段，使用的广度和深度仍有很大提升空间，具体表现如下。

市场主体对于"数字政府"有着强烈的潜在需求。94% 的市场主体认为"数字政府"是大势所趋，98% 的市场主体表示愿意使用"数字政府"。

“数字政府”的知晓率为61%。其中，网上办事大厅的知晓率为59%，“随申办市民云”App的知晓率为35%。在“数字政府”的推广上，政府职能部门的宣传渠道和市场主体的私人渠道都发挥着重要作用。

“数字政府”的使用率为41%。其中，网上办事大厅的使用率为40%，“随申办市民云”App的使用率为14%。

常用线上办事系统的数量大多为1个。其中，67%的市场主体常用1个电脑端办事系统，58%的市场主体常用1个手机端办事系统。

市场主体通过“数字政府”服务进行查询、预约和办理具体业务，三大功能发展相对均衡。

在上海，72%的市场主体认为“数字政府”不能替代人工窗口，“数字政府”服务与窗口服务应融合发展。

三　上海“数字政府”需求侧建设在全国视野下的比较分析

本部分基于中山大学“深化商事制度改革研究”课题组在2019年对全国24个省份调研的成果，在全国视野下评估上海市“数字政府”需求侧建设情况。横向对比发现，从需求侧的角度，上海市市场主体潜在使用意愿高、实际使用率低。

（一）在上海，“数字政府”的潜在使用率为98%，处于全国最佳水平

如图9所示，上海“数字政府”的潜在使用率为98%，所有调研省份“数字政府”平均潜在使用率为92%，最佳省份“数字政府”的潜在使用率为98%，最差省份“数字政府”的潜在使用率为85%。上海“数字政府”的潜在使用率为全国最佳水平，比调研省份中最差省份高13个百分点，比全国平均水平高出6个百分点。

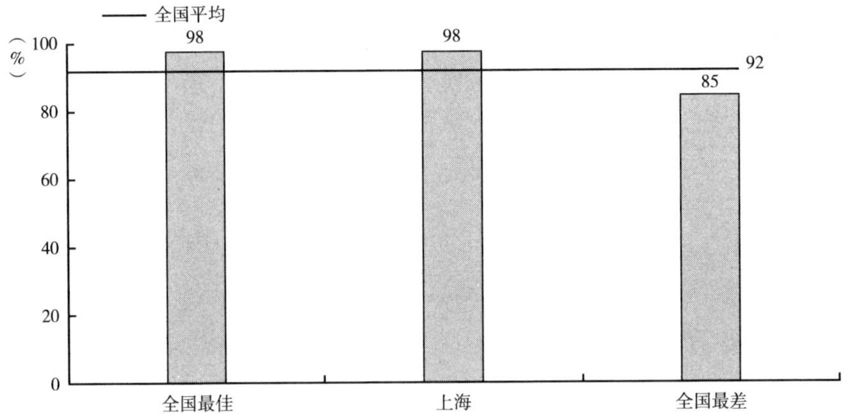

图9　在上海，“数字政府”的潜在使用率为98%，为全国最佳水平

（二）在上海，“数字政府”知晓率为61%，比全国平均水平低8个百分点

如图10所示，上海“数字政府”的知晓率为61%，所有调研省份“数字政府”平均知晓率为69%，最佳省份“数字政府”的知晓率为90%。上海市“数字政府”的知晓率比全国最佳省份低29个百分点，比全国平均水平低8个百分点。

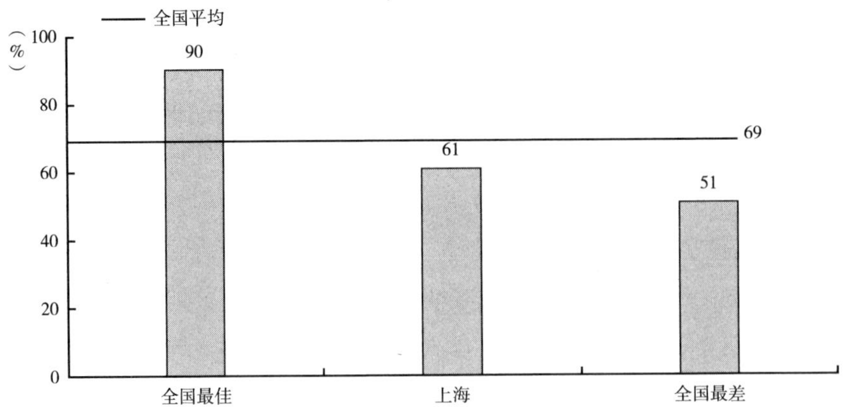

图10　在上海，“数字政府”知晓率为61%，比全国平均水平低8个百分点

（三）在上海，“数字政府”使用率为41%，比全国平均水平低12个百分点

如图11所示，上海“数字政府”的使用率为41%，所有调研省份“数字政府”平均使用率为53%，最佳省份“数字政府”的使用率为80%。上海“数字政府”的使用率比全国最佳省份低39个百分点，比全国平均水平低12个百分点。

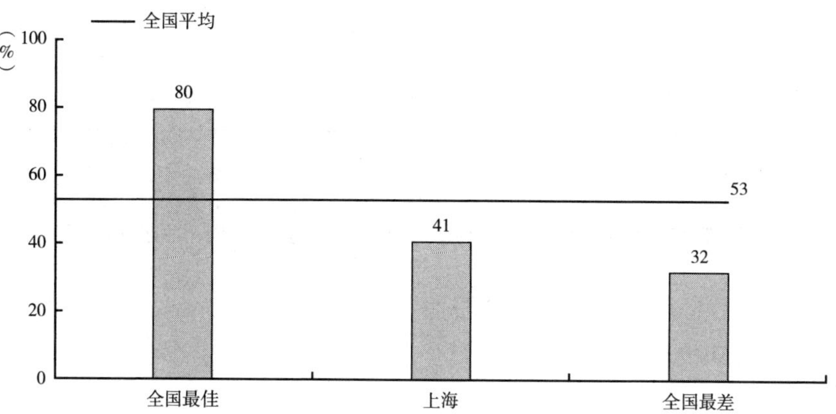

图11　在上海，“数字政府”使用率为41%，比全国平均水平低12个百分点

（四）在上海，“数字政府”的吸引力为67%，比全国平均水平低10个百分点

如图12所示，上海“数字政府”的吸引力为67%，所有调研省份“数字政府”平均吸引力为77%，最佳省份“数字政府”的吸引力为89%，最差省份“数字政府”的吸引力为56%。上海“数字政府”的吸引力比全国最佳省份低22个百分点，比全国平均水平低10个百分点。

（五）在上海，“一网通办”程度高于全国平均水平

如图13所示，在电脑端，67%的上海市市场主体常用1个办事系统，14%的市场主体常用2个办事系统，19%的市场主体常用3个及以上。如图14所示，在手机端，58%的上海市市场主体常用1个办事系统，26%的市场主体常用2个手机端办事系统，16%的市场主体常用3个及以上。

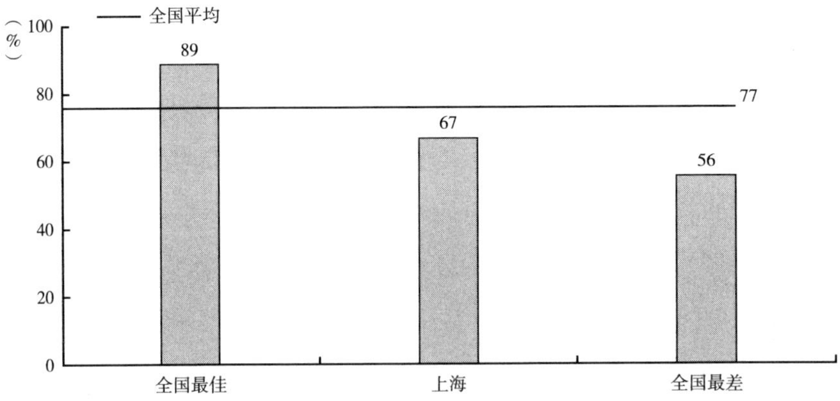

图 12　在上海，“数字政府”的吸引力为 67%，比全国平均水平低 10 个百分点

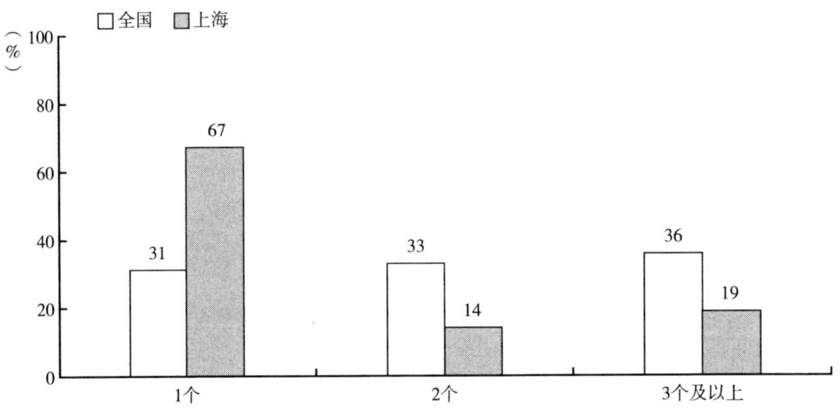

图 13　在电脑端，上海 67%的市场主体常用一个办事系统，高于全国平均水平

综上，从需求侧的视角来看，上海市“数字政府”的潜在使用率为 98%，为全国最佳水平。上海市“数字政府”的知晓率、使用率和吸引力低于全国平均水平。上海市“数字政府”的知晓率比全国平均水平低 8 个百分点，使用率比全国平均水平低 12 个百分点，吸引力比全国平均水平低 10 个百分点。

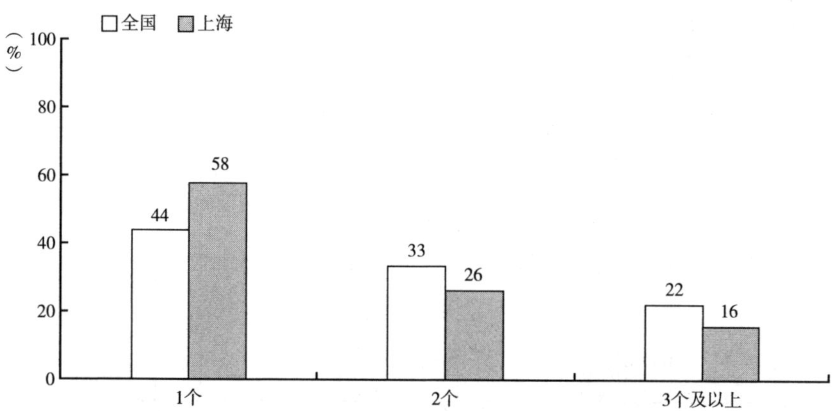

图 14　在手机端，上海市 58%的市场主体常用一个办事系统，高于全国平均水平

四　上海“数字政府”需求侧建设中存在的主要问题

（一）主要问题

截至 2019 年 8 月底，从需求侧的角度看，上海市“数字政府”建设中面临的主要矛盾是市场主体的强烈需求和“数字政府”建设不充分之间的矛盾。

一方面，从全国视野看，上海市“数字政府”建设水平与其经济地位不匹配，具体表现为，如图 10 ~ 图 12 所示，上海市“数字政府”建设的知晓率、使用率和吸引力数据比全国平均水平分别低 8 个、12 个和 10 个百分点。另一方面，从需求侧的视角看，上海市“数字政府”的建设水平未能满足市场主体的潜在需求。如图 15 所示，具体而言，98% 的市场主体愿意使用“数字政府”，而实际使用率仅为 41%，表明仍有 57% （98% －41%）的市场主体的潜在需求未满足。

（二）问题分析

1. 职能部门主动推广还不够，造成知晓率低

从需求侧的角度看，上海市“数字政府”建设不充分的主要原因之一

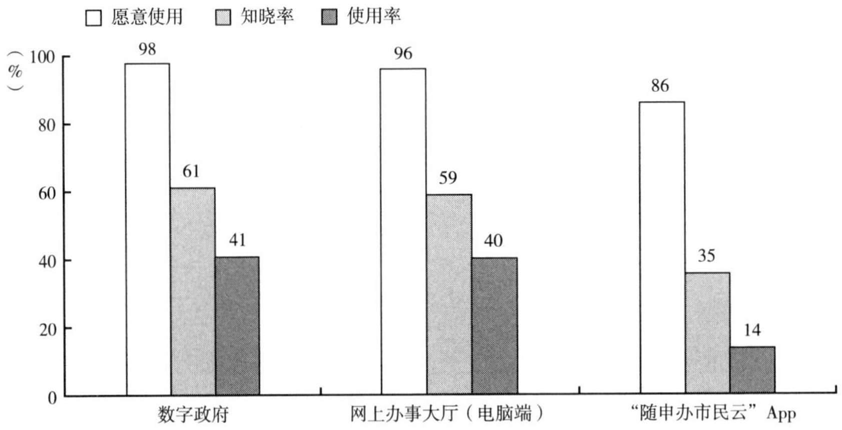

图 15　市场主体的潜在需求未被满足

是职能部门主动推广力度还不够，“数字政府”知晓率不高，有 39% 的市场主体不知道“数字政府”。

从全国视野来看，上海政府职能部门的主动推广力度不够。如图 5 所示，“工作人员告知”和“办事大厅广告”是上海市宣传“数字政府”的主要渠道，有 43% 的市场主体通过“办事大厅广告”和“工作人员告知”了解“数字政府”。但从全国范围来看，如图 16 所示，在全国最佳省份，55% 的市场主体通过办事大厅工作人员获知“数字政府”，比上海高 27 个百分点；22% 的市场主体通过办事大厅广告获知“数字政府”，比上海高 7

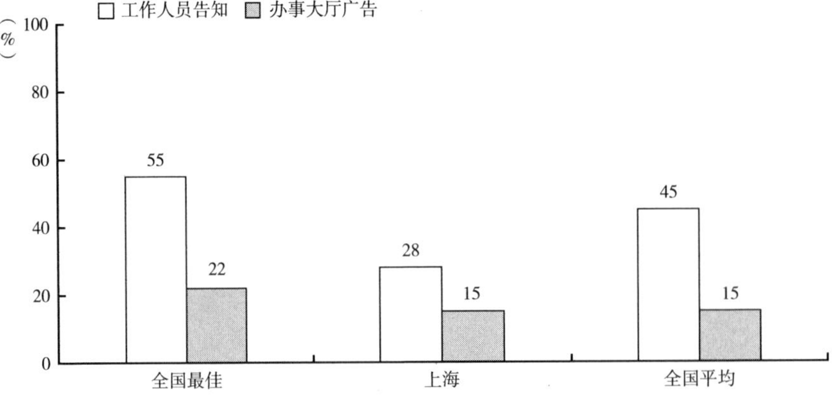

图 16　上海市职能部门主动推广“数字政府”程度低于全国平均水平

个百分点。从全国平均水平看，有 60%（45% + 15%）的市场主体通过政府职能部门主动告知而获知“数字政府”，比上海高 17 个百分点。这说明，上海职能部门在主动推广“数字政府”方面还有提升空间。

2. 上海市“数字政府”的吸引力不够

上海市“数字政府”的吸引力不够，“数字政府”服务的精细化有待加强。如图 12 所示，上海市数字政府的吸引力为 67%，分别低于全国平均水平和最佳水平 10 个百分点和 22 个百分点。根据市场主体的反馈情况，如图 17 所示，主要原因有业务不全、不能全流程办理、习惯现场办理。①

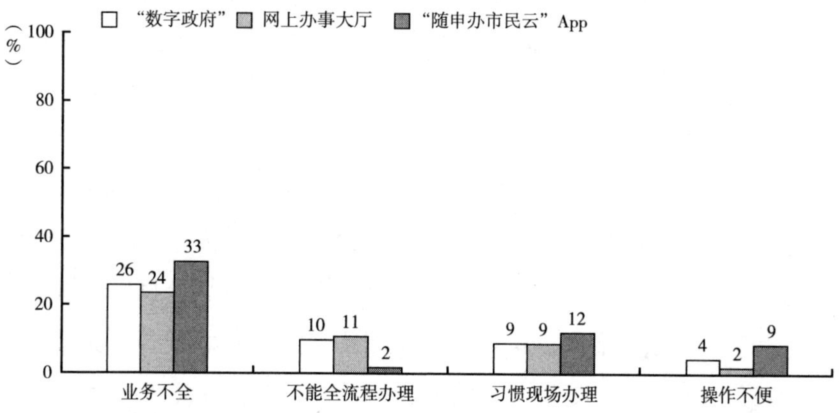

图 17　没有选择线上的原因主要有业务不全、习惯现场办理、不能全流程办理

业务不全方面，在上海，26% 的市场主体因业务不全而没有选择“数字政府”办理方式。其中，在电脑端网上办事大厅，24% 的市场主体因业务不全而没有选择使用；在手机移动端，33% 的市场主体因业务不全而没有选择线上办理。

在实地调研的过程中，调研员在徐汇区行政中心遇到一位办理外资业务的市场主体表示，网上没有外资企业业务和信息查询功能，“必须现场来拿资料，这是很大的弊端，非常不方便”。除了线上根本没有相关业务功能

① 问卷没有选择“数字政府”的原因还包括“其他”选项，在此没有列示。

外，有市场主体表示曾在网上查询办事信息，但网上显示的信息较为滞后，没有办法在网上办理。

不能全流程办理方面，如图 17 所示，10% 的市场主体因线上不能全流程办理业务而当次没有选择使用“数字政府”。其中，因为网上办事大厅不能全流程办理的占 11%，因为移动手机端不能全流程办理的占 2%。

调研员在虹口区遇到的一位市场主体表示：“网上都提交了资料。如果是终归要来一趟，那还不如来到现场。”据调研员了解，市场主体在上海办理部分业务主要分两个基本步骤，首先电脑端提交材料，审核通过后到现场提交纸质材料和取证。在交谈过程中，市场主体大多认为已经在线上成功办理完一项业务了，但基于规定还得来线下提交一次纸质材料。徐汇区的一位市场主体将上海与外地的情况进行了对比：“我知道的外地全程电子化还是能做到的，认证、签名可以网上办，甚至最后直接给你寄。”

习惯现场办理方面，在上海，9% 的市场主体因为习惯现场办理，所以没有选择“数字政府”服务。从市场主体的反馈情况来看，调研员发现在咨询业务上，“纠细节”的办事方式让市场主体觉得现场信息更可靠，遇到问题时希望当面咨询现场工作人员。实际调研过程中，调研员听到不少对线下办理处工作人员的态度和办事效率的夸赞。例如，在浦东区行政服务中心，工作人员高效的方式、贴心的服务和负责的态度得到了市场主体的认可。一位年轻的市场主体直言：“这个办事大厅办事效率很高，他们这边都是一窗负责到底，都是同一个人跟进。”一位在黄浦区办事的市场主体夸道：“在过去半年里，我来这里办成一件事，只要材料正确就跑一趟就行，这边办事效率蛮高的。”在浦东新区，一位市场主体这样对调研员说：“现在虽然工作人员快下班了，但是我也不用担心，他们加班也会帮我把业务办完再走的。”

福建省“数字政府”需求侧调查报告*

一　福建报告概览

中山大学“深化商事制度改革研究”课题组在2019年7月21~26日开展了一次面向全省的随机实地调研，考察市场主体使用网上办事大厅和“闽政通”小程序（以下统称为“数字政府”）的情况，从需求侧的视角评估福建“数字政府”建设情况。在本次实地调研中，课题组走访了省内5个市的11个办事大厅。其中，5个市分别为泉州市、莆田市、福州市、三明市、宁德市。在本次调研中，通过随机访谈市场主体回收有效调查问卷合计400份。

调研结束后，课题组整理了福建省“数字政府”需求侧建设的第一手资料和舆情反馈，系统分析了截至2019年7月底福建“数字政府”需求侧建设情况及其面临的问题，明确深化需求侧建设的方向。表1为福建省“数字政府”需求侧建设指标体系及最新进展情况。

表1　福建省“数字政府”需求侧建设指标体系及最新进展

指标	全国	福建省	福建省评级	福建省最大值	福建省最小值
一级指标 “数字政府”需求侧建设	71	68	C	79	47

* 执笔人：庄洁琳、隋婧媛、申广军。

续表

指标	全国	福建省	福建省评级	福建省最大值	福建省最小值
二级指标					
“数字政府”潜在使用率	92	93	A	97	86
“数字政府”实际知晓率	69	64	C	78	39
“数字政府”实际使用率	53	47	D	62	17

注：“最大值”和“最小值”指的是在福建省内5个调研地级市中的最大值和最小值。评级划分标准为：A级（85～100分）、B级（70～84分）、C级（60～69分）、D级（60分以下）。总得分为3个二级指标的平均值。

资料来源：中山大学“深化商事制度改革研究”课题组。

二 福建“数字政府”需求侧建设的最新进展

从需求侧的视角看，福建市场主体对“数字政府”有强烈需要，“数字政府”处于可快速发展的历史机遇期，主要表现在以下几个方面。

（一）在福建，95%的市场主体认为“数字政府”是大势所趋

如图1所示，平均而言，福建95%的市场主体认为“数字政府”是大势所趋，3%的市场主体表示不确定，只有2%的市场主体认为不是大势所趋。这表明，福建各地的市场主体普遍认同“数字政府”是大势所趋。

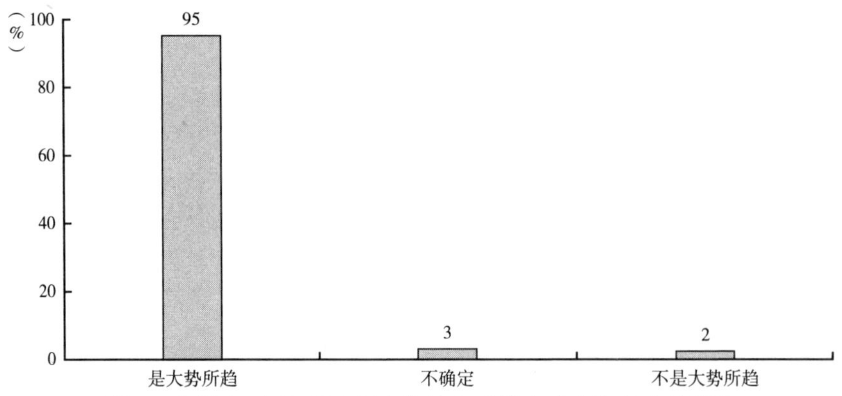

图1 在福建，95%的市场主体认为“数字政府”是大势所趋

（二）在福建，93%的市场主体表示愿意使用“数字政府”

如图2所示，如果“数字政府”能办理所需业务，平均而言，福建93%的市场主体表示愿意使用。其中，愿意在手机上办理的市场主体占比91%，愿意在电脑上办理的市场主体占比92%。这表明，福建“数字政府”的潜在市场需求很大，绝大部分市场主体都愿意使用“数字政府”办理所需业务。

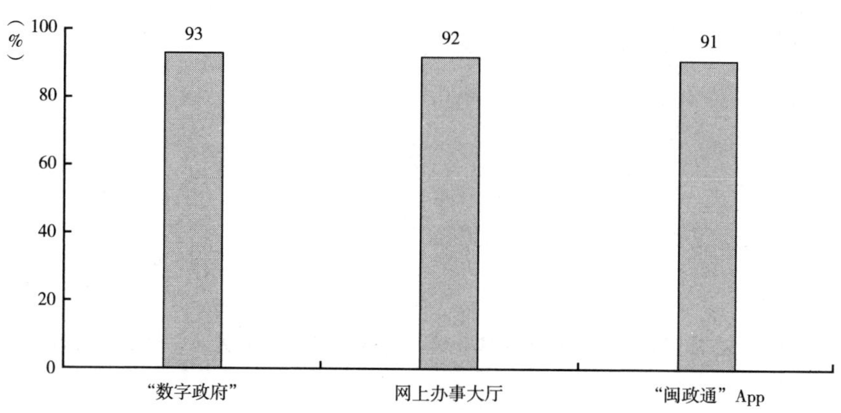

图2 在福建，93%的市场主体表示愿意使用“数字政府”

调研期间，市场主体对于“数字政府”建设的反响热烈。在被问及是否愿意使用数字政府时，一位受访者说：“使用‘数字政府’可以少跑现场，在办公室即可完成工作，更加方便。”在部分地区，市场主体更是强烈表示：“如果网上可以方便办事我当然愿意了，来这里办还得跑好几次呢！”从受访者的反馈情况来看，只要“数字政府”能办理所需业务，绝大多数市场主体有强烈的使用意愿。

（三）在福建，57%的市场主体认为“数字政府”不能完全取代窗口

尽管绝大多数市场主体都认为“数字政府”是大势所趋，但是，如图3所示，平均而言，福建57%的市场主体认为“数字政府”不能完全

取代窗口办理。在实际调研中，市场主体解释道："我们年轻人可以使用网上服务，但是老一辈的人有些还不会用，对他们来说肯定在窗口找工作人员更加方便一些啦。""我也有试过用那个网上办事大厅，但有些流程看不懂，还得这里的工作人员教我怎么用，太麻烦了。"

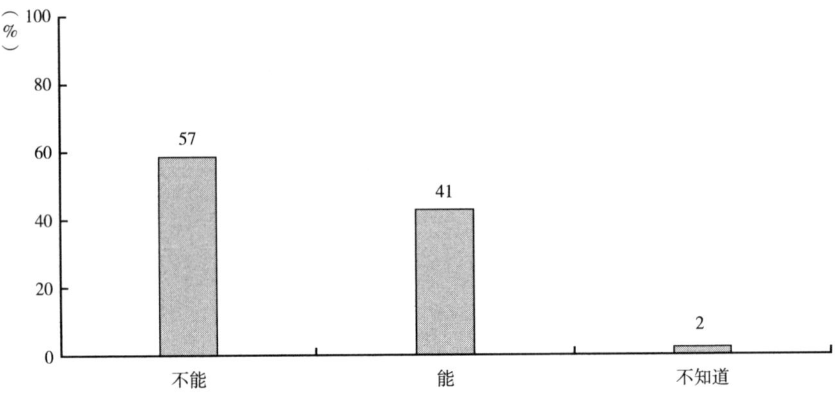

图3　在福建，57%的市场主体认为"数字政府"不能完全取代窗口办理

（四）在福建，64%的市场主体知道"数字政府"

本研究把市场主体知道"数字政府"的比例定义为知晓率。如图4所示，平均而言，福建"数字政府"的知晓率为64%。其中，"闽政通"App自2017年推出以来，经过近两年时间的发展，知晓率已有54%。网上办事大厅自2015年推出以来，知晓率达到50%。

（五）在福建，48%的市场主体通过政府职能部门的主动推广获知"数字政府"

如图5所示，市场主体通过"工作人员告知""朋友介绍""办事大厅广告""自己网上查找""媒体宣传"知道"数字政府"的比例分别是32%、26%、16%、12%、8%。这表明，48%的市场主体是通过政府职能

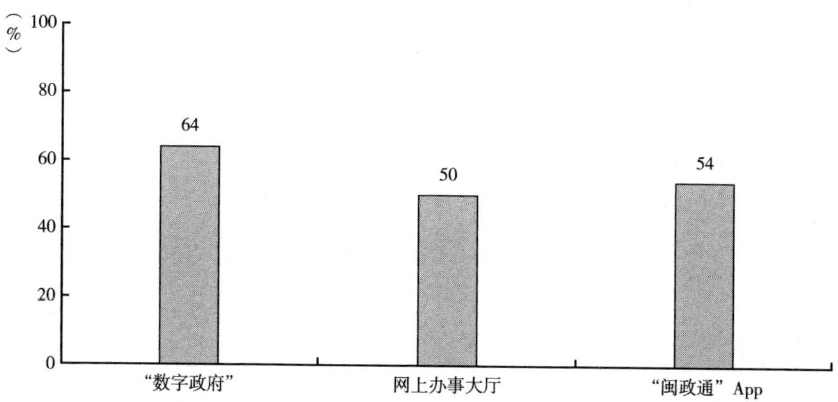

图 4　在福建，64%的市场主体知道"数字政府"

部门的主动推广获知"数字政府"的，38%的市场主体通过"自己网上查找""朋友介绍"主动获知"数字政府"。由此可见，政府职能部门的主动推广取得了阶段性成绩。

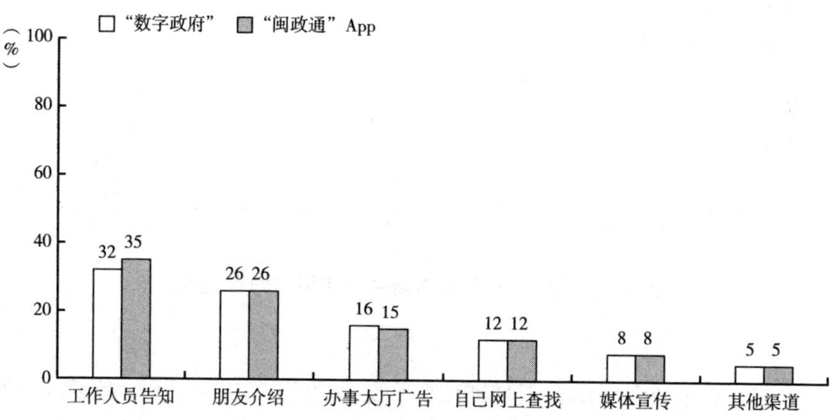

图 5　在福建，48%的市场主体是通过政府职能部门的主动推广获知"数字政府"

（六）在福建，47%的市场主体使用"数字政府"

本研究把市场主体使用"数字政府"的比例定义为使用率，把知道

“数字政府”的市场主体中使用“数字政府”的比例定义为吸引力，即“数字政府”使用率与“数字政府”知晓率的比值。如图6所示，平均而言，福建“数字政府”的使用率为47%。其中，网上办事大厅自2015年推出以来，经过四年时间发展，使用率为35%，推广程度较低。而“闽政通”App自2017年10月推出以来，经过近两年的时间，使用率达到34%。相较于网上办事大厅的使用率，“闽政通”App的推广取得了阶段性进展。

如图4和图6所示，福建“数字政府”的吸引力为73%（47%÷64%），即在知道“数字政府”的市场主体中，73%的市场主体会选择使用“数字政府”。其中，网上办事大厅的吸引力为70%（35%÷50%），“闽政通”App的吸引力为63%（34%÷54%）。

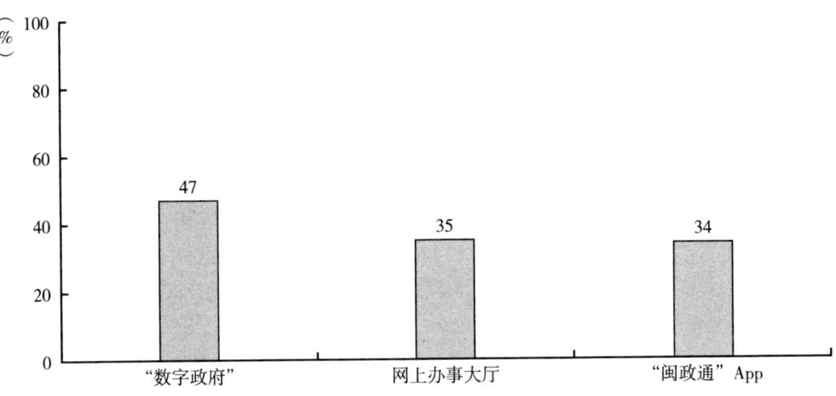

图6　在福建，47%的市场主体使用“数字政府”

（七）在福建，市场主体通过“数字政府”主要进行预约和查询办事信息

市场主体通过电脑主要进行预约、查询办事信息、办理具体业务，通过“闽政通”App主要进行预约和查询办事信息。

如图7所示，在使用“数字政府”的市场主体中，有41%的市场主体进行预约，31%的市场主体查询办事信息，27%的市场主体办理具体业

务。其中，有35%的市场主体通过电脑进行预约操作，34%的市场主体查询办事信息，31%的市场主体办理具体业务。这表明，通过电脑进行查询、预约和办理业务操作的市场主体大致各占1/3。在“闽政通”App的使用中，48%的市场主体进行预约，30%的市场主体查询办事信息，21%的市场主体办理具体业务。这表明，市场主体在“闽政通”App上主要进行预约操作。

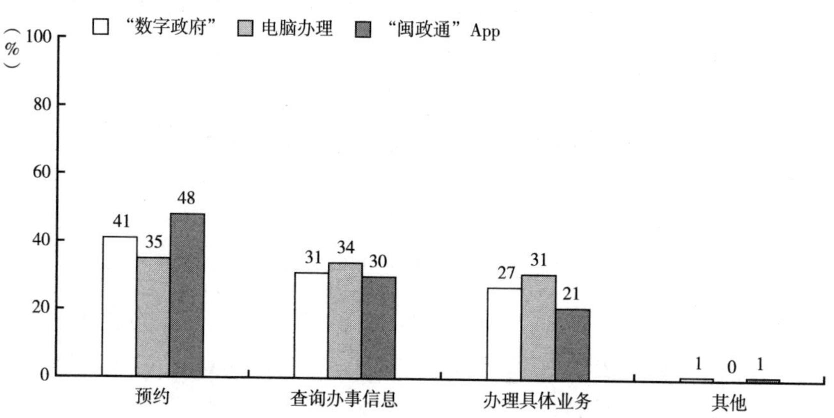

图7　在福建，市场主体通过“数字政府”主要进行预约和查询办事信息

（八）本部分小结

从需求侧的视角看，福建省“数字政府”建设目前处于大规模知道阶段，还未进入大规模使用阶段，具体如下。

“数字政府”的知晓率为64%。其中，网上办事大厅的知晓率为50%，“闽政通”App的知晓率为54%。市场主体主要通过政府职能部门的主动推广获知“数字政府”，“数字政府”另一重要推广途径为市场主体的主动获取。

“数字政府”的使用率为47%。其中，网上办事大厅的使用率为35%，“闽政通”App的使用率为34%。

三　福建“数字政府”需求侧建设在全国视野下的比较分析

福建省“数字政府”需求侧建设总得分68分，评级为C。福建省“数字政府”潜在使用率得分为93分，评级为A；福建省“数字政府”实际知晓率得分为64分，评级为C；福建省“数字政府”实际使用率得分为47分，评级为D。

（一）福建“数字政府”的潜在使用率高于全国平均水平

本研究把市场主体愿意使用“数字政府”的比例定义为潜在使用率。如图8所示，福建“数字政府”的潜在使用率为93%；在全国，“数字政府”的潜在使用率为92%；在国内最佳省份，“数字政府”的潜在使用率为98%。从全国视野来看，福建“数字政府”的潜在使用率比全国最佳省份低5个百分点，比全国平均水平高1个百分点。

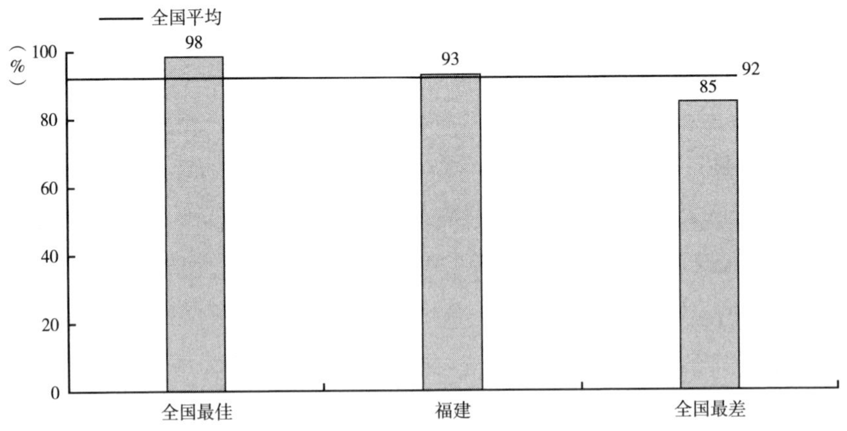

图8　福建“数字政府”愿意使用的比例高于全国平均水平

（二）福建“数字政府”的知晓率低于全国平均水平

如图9所示，福建“数字政府”的知晓率为64%；在全国，“数字政府”的知晓率为69%；在国内最佳省份“数字政府”的知晓率为90%。从全国视野来看，福建省“数字政府”的使用率比全国最佳省份低26个百分点，比全国平均水平低5个百分点。

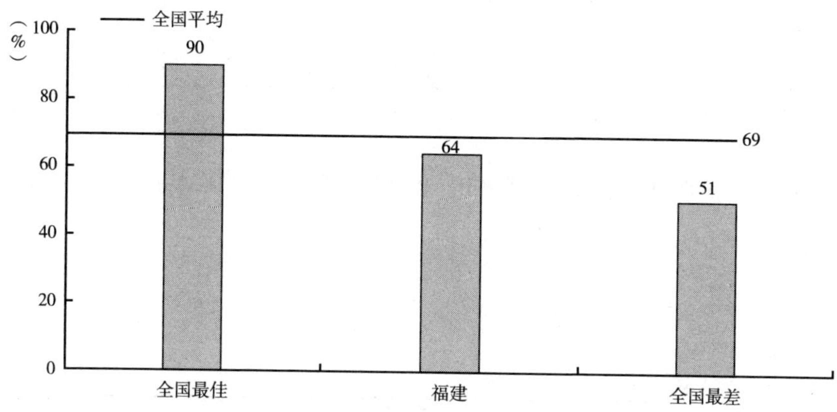

图9　福建“数字政府”的知晓率低于全国平均水平

（三）福建“数字政府”的使用率低于全国平均水平

如图10所示，福建“数字政府”的使用率为47%；在全国，“数字政府”的使用率为53%；在国内最佳省份，“数字政府”的使用率为80%。因此，从全国视野看，福建“数字政府”的使用率比全国最佳省份低33个百分点，比全国平均水平低6个百分点。

（四）福建“数字政府”的吸引力低于全国平均水平

如图11所示，福建“数字政府”的吸引力为73%；在全国，“数字政府”的吸引力为77%；在国内最佳省份，“数字政府”的吸引力为89%。因此，从全国视野看，福建省“数字政府”的吸引力比全国最佳省份低16

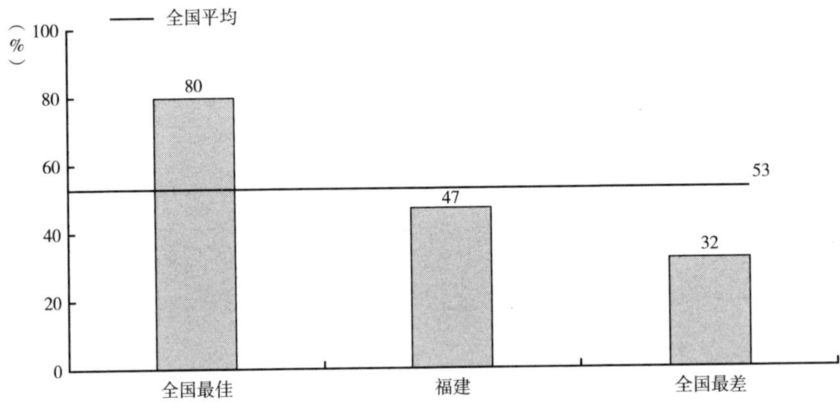

图10　福建“数字政府”的使用率低于全国平均水平

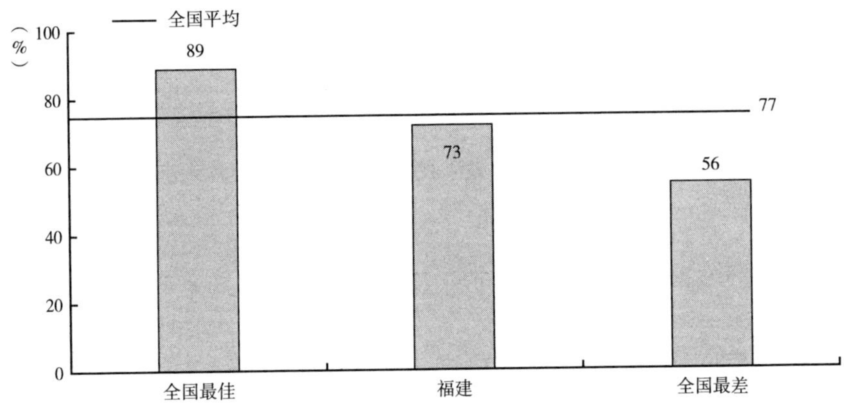

图11　福建“数字政府”吸引力低于全国平均水平

个百分点，比全国平均水平低4个百分点。

（五）本部分小结

以上分析表明，福建“数字政府”建设的知晓率、使用率和吸引力均低于全国水平，“数字政府”的建设工作仍存在较大的提升空间。

四 福建“数字政府”需求侧建设中的主要问题

（一）福建省“数字政府”建设中面临的主要问题

从需求侧的视角看，截至2019年8月底，福建“数字政府”建设中面临的主要问题是，市场主体对“数字政府”的强烈需要与当前“数字政府”建设不充分之间的矛盾。福建省“数字政府”建设不充分主要体现在以下几个方面。

从全国视野看，福建“数字政府”的建设水平滞后于全国平均水平。如图9～图11所示，从全国视野看，福建“数字政府”的知晓率、使用率和吸引力比全国最佳地区分别低26个、33个和16个百分点，比全国平均水平分别低5个、6个和4个百分点。

从需求侧的视角看，“数字政府”的建设水平与市场主体的潜在需求不匹配。具体而言，如图8和图10所示，有93%的市场主体表示愿意使用数字政府，但实际使用率只有47%。其中，分别有92%和91%的市场主体明确表示愿意使用网上办事大厅和手机App，二者的实际使用率只有35%和34%。这表明“闽政通”App和网上办事大厅都有57%的潜在需求没有得到满足。

（二）原因分析

1.“数字政府”上的业务不全

如图12所示，在未选择“数字政府”办理的市场主体中，52%的市场主体表示“数字政府”端业务不全，其中，如图13所示，未使用网上办事大厅的市场主体中，54%的表示电脑上没有想办理的业务。如图14所示，未选择“闽政通”App的市场主体中，47%的表示手机上没有这项业务。这表明，“数字政府”上的业务不全是“数字政府”吸引力低的主要原因之一。尽管大多数省份均存在业务不全的问题，但因业务不全而没有选择“数字政府”办理的市场主体比例，福建省比全国平均水平高18个百分点。

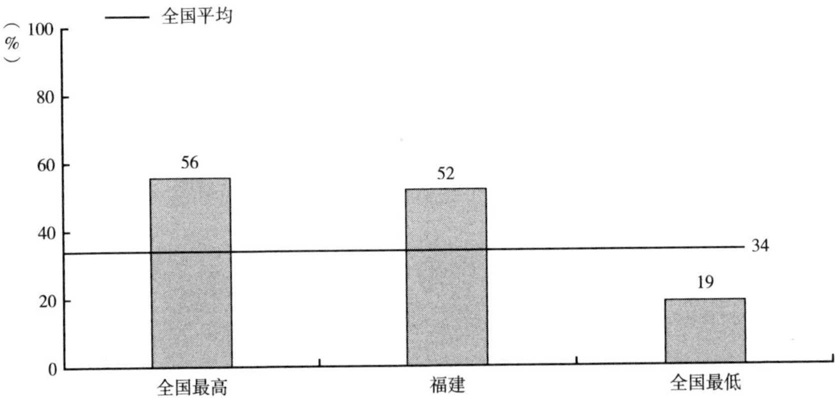

图 12　福建因“业务不全”而没有选择“数字政府”办理的市场主体比例最高

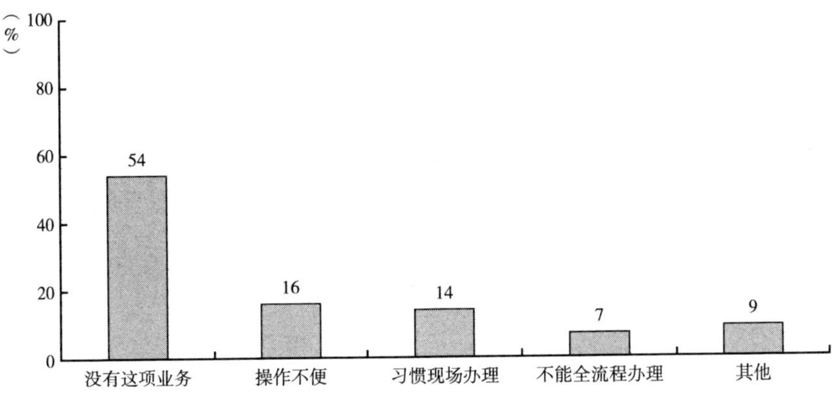

图 13　福建市场主体未选择网上办事大厅办理的原因

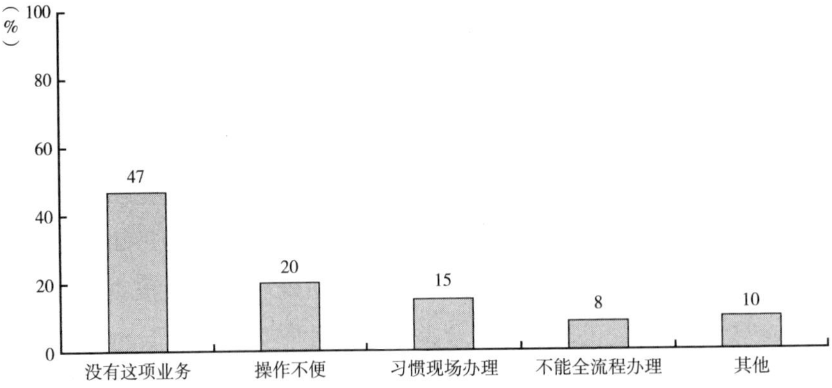

图 14　福建市场主体未选择“闽政通”App 办理的原因

2.“数字政府”操作不方便

如图15所示，未选择“数字政府”端办理业务的市场主体中，有17%的认为系统操作不方便。其中，未选择网上办事大厅的市场主体中，有16%的认为电脑操作不方便；未选择“闽政通”App的市场主体中，有20%的认为手机操作不方便。这表明，“数字政府”操作不方便也是“数字政府”吸引力低的主要原因之一。

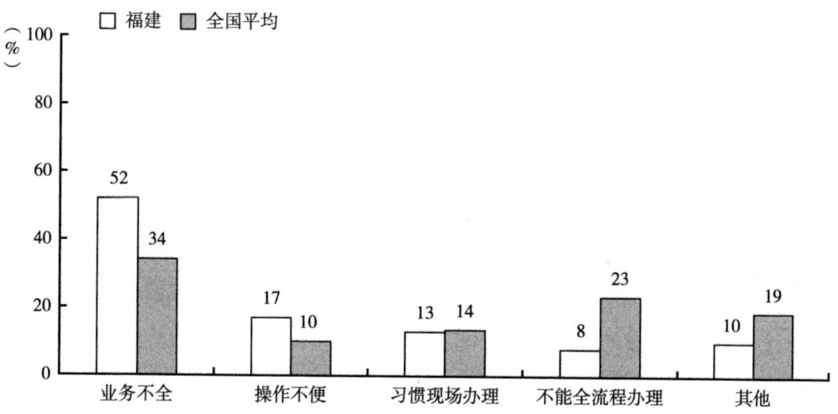

图15　福建未选择“数字政府”办理的原因与全国均值对比

尽管大多数省份均存在“数字政府”操作不方便的问题，但因操作不方便而没有选择“数字政府”的市场主体比例，福建省为17%，居全国第二，比全国平均水平10%高7个百分点，比最差省份高了14个百分点。

3.“数字政府”不能实现全流程办理业务

如图15所示，未选择“数字政府”端办理业务的市场主体中，8%的表示是因网上不能全流程办理业务。其中，未选择网上办事大厅的市场主体中，7%的市场主体因为电脑上不能全流程办理业务；未选择“闽政通”App的市场主体中，8%的市场主体是因手机上不能全流程办理业务。这表明，“数字政府”不能实现全流程办理业务是“数字政府”吸引力低的主要原因之一。

综上所述，福建“数字政府”的建设水平低于全国平均水平，与市场

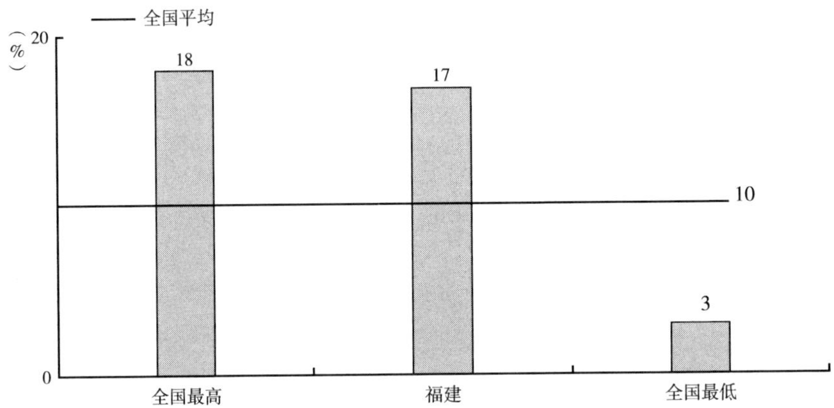

图 16　福建因“操作不方便”没有选择“数字政府”办理的市场主体比例居全国第二

主体较强烈的需求不相符。这主要源于“数字政府”的业务不全、操作不方便和不能实现全流程办理业务。

湖南省 “数字政府”需求侧调查报告*

一 湖南报告概览

在湖南，调研组走访了湖南省岳阳市、常德市、长沙市、衡阳市、怀化市、邵阳市6个市下辖14个区的政务中心，收集了市场主体对于湖南省“数字政府”建设看法的第一手资料，共回收391份有效问卷。

总体而言，湖南省“数字政府”需求侧建设总得分74分，高于全国平均的71分，在分数评级中评为B级。湖南省“数字政府”潜在使用率得分90分，评级为A级，低于全国平均水平。湖南省“数字政府”实际知晓率得分为73分，略高于全国平均69分，评级达到B级水平。“数字政府”实际使用率得分为59分，虽高于全国平均得分53分，但评级仍处于D级水平（见表1）。

表1 湖南省“数字政府”需求侧建设指标体系及最新进展

指标	全国	湖南省	湖南省评级	湖南省最大值	湖南省最小值
一级指标 “数字政府”需求侧建设	71	74	B	86	64

* 执笔人：李秋韵、李子君、张莉。

续表

指标	全国	湖南省	湖南省评级	湖南省最大值	湖南省最小值
二级指标					
“数字政府”潜在使用率	92	90	A	97	82
“数字政府”实际知晓率	69	73	B	87	59
“数字政府”实际使用率	53	59	D	73	50

注：“最大值”和“最小值”指的是在湖南省内6个调研地级市中的最大值和最小值。评级划分标准为：A级（85~100分）、B级（70~84分）、C级（60~69分）、D级（60分以下）。总得分为3个二级指标的平均值。

资料来源：中山大学“深化商事制度改革研究”课题组。

二　湖南“数字政府”需求侧建设的最新进展

从需求侧的视角看，湖南市场主体对“数字政府”有强烈的需要，“数字政府”处于需要全面普及、不断改善的“快速成长期”。从需求侧的视角看，湖南省“数字政府”建设大致可以分为想用、知道、使用和好用四个阶段。从市场主体的反馈情况看，目前，湖南“数字政府”需求侧建设正处于迈进大规模知道阶段，还未达到大规模使用、好用阶段。

（一）在湖南，93%的市场主体认为“数字政府”是大势所趋

如图1所示，平均而言，湖南93%的市场主体认为“数字政府”是大势所趋。此外，有2%的市场主体认为不是大势所趋，还有5%的市场主体表示不确定。这表明，湖南市场主体普遍认同“数字政府”是大势所趋。高度一致的回答也体现出市场主体对于湖南省“数字政府”的期待。

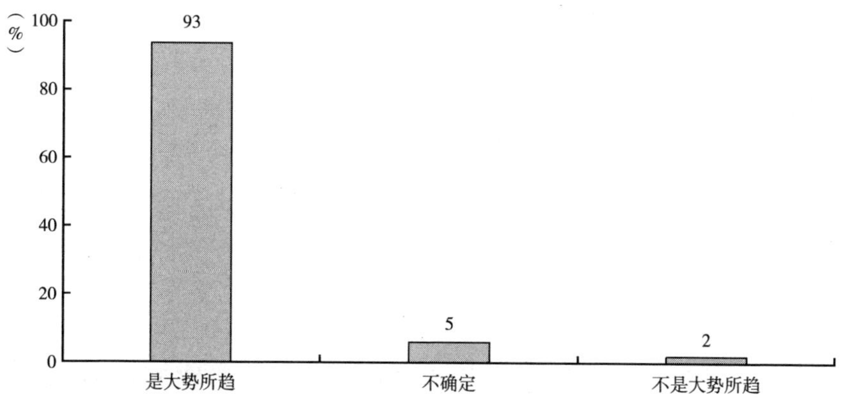

图1　在湖南，93%的市场主体认为“数字政府”是大势所趋

（二）在湖南，90%的市场主体表示愿意使用“数字政府”

如图2所示，如果“数字政府”能办理所需业务，平均而言，湖南90%的市场主体表示愿意使用。其中，愿意使用网上办事大厅的市场主体占比87%，愿意使用“湖南省政府门户网站”App的市场主体占比81%。这表明，湖南“数字政府”的潜在市场需求很大。

在湖南省各地调研期间，不少市场主体表达了欢迎“数字政府”的态度。许多受访者表示：“如果手机或者电脑上可以办理此次需要办理的业务，那我当然想直接在线上办理，省去来回跑的时间!”

（三）在湖南，67%的市场主体认为“数字政府”不能完全取代窗口办理

尽管绝大多数市场主体都认为“数字政府”是大势所趋，但图3表明，湖南省67%的市场主体认为“数字政府”不能完全取代窗口办理。只有24%的市场主体持乐观态度，认为“数字政府”线上服务能完全取代窗口服务。

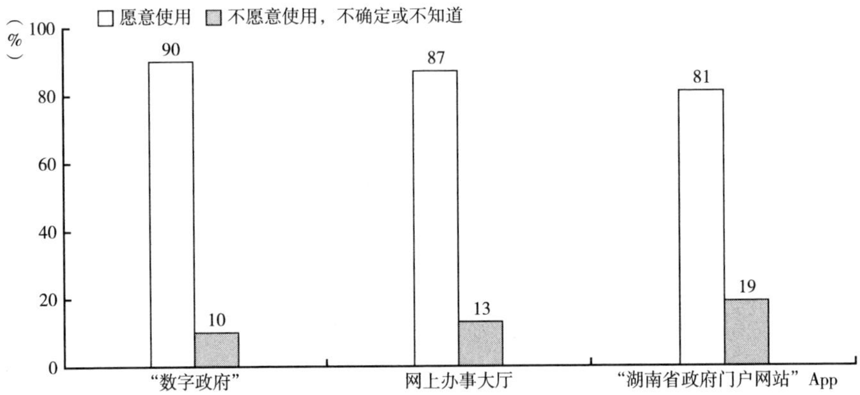

图 2 在湖南，90%的市场主体表示愿意使用"数字政府"

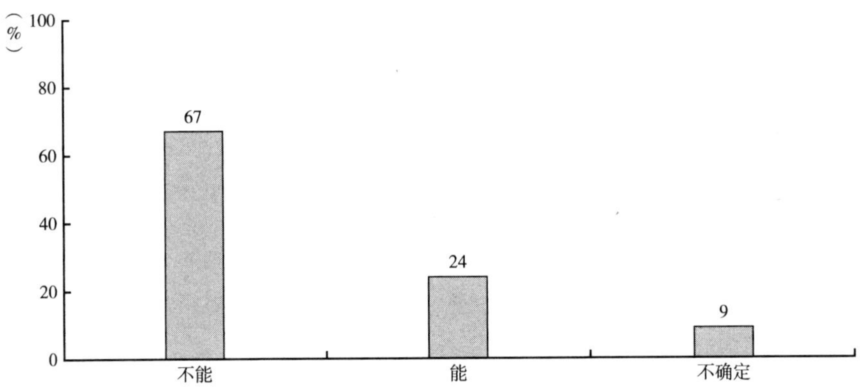

图 3 在湖南，67%的市场主体认为"数字政府"不能完全取代窗口办理

（四）在湖南，73%的市场主体知道"数字政府"

本研究把市场主体知道"数字政府"的比例定义为知晓率。如图 4 所示，平均而言，湖南"数字政府"的知晓率为 73%。其中，网上办事大厅的知晓率为 67%，"湖南省政府门户网站"App 的知晓率为 48%。尽管湖南省"数字政府"整体知晓率不低，但是仍有超过半数的市场主体并不了解手机端的"数字政府"。

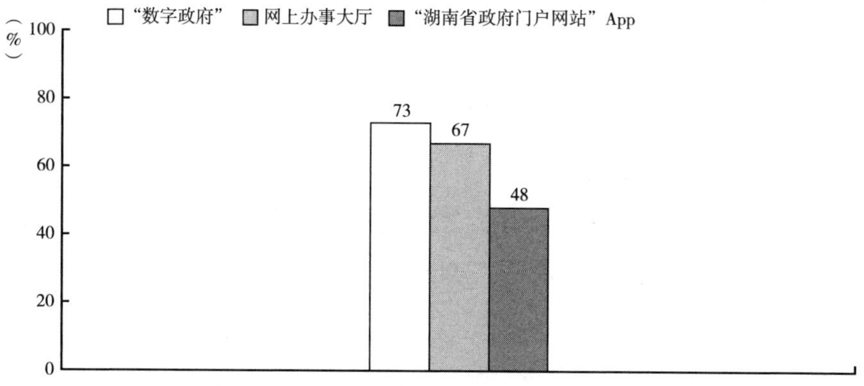

图 4　在湖南，73%的市场主体知道“数字政府”

（五）在湖南，66%的市场主体通过办事大厅的宣传获知网上办事大厅

如图 5 所示，在知道网上办事大厅（即“数字政府”电脑端）的受访者中，有 50%的是通过办事大厅工作人员的告知了解到“数字政府”的；通过办事大厅广告了解的占比 16%；通过朋友介绍、自己网上查找、媒体宣传等渠道知晓“数字政府”的分别占比为 14%、9%、6%；另外还有

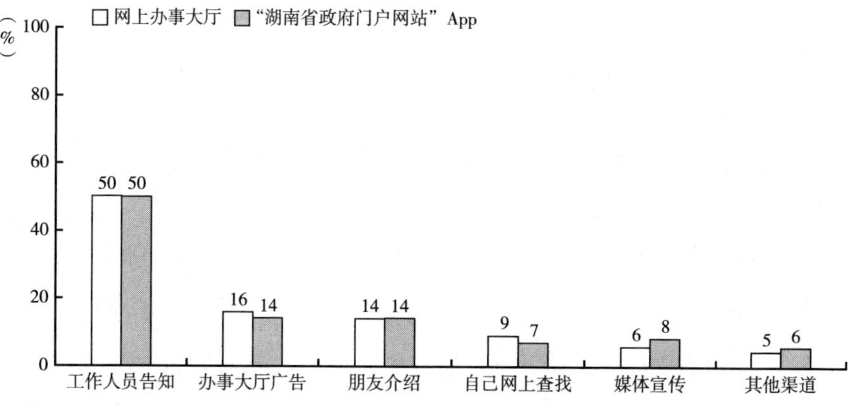

图 5　在湖南，66%的市场主体通过“办事大厅广告”和“工作人员告知”获知网上办事大厅

5%的通过其他渠道了解到“数字政府”。同样，“湖南省政府门户网站”App 的相关数据也具有几乎一致的特征。从数据可以看出，目前办事大厅的宣传（工作人员告知与办事大厅广告）仍然是“数字政府”为民所知的主要途径。

（六）在湖南，59%的市场主体使用“数字政府”，其中32%的市场主体使用“湖南省政府门户网站”App

本研究把市场主体使用“数字政府”的比例定义为使用率。如图 6 所示，平均而言，湖南“数字政府”的使用率为 59%。其中，网上办事大厅的使用率为 51%，“湖南省政府门户网站”App 的使用率为 32%。

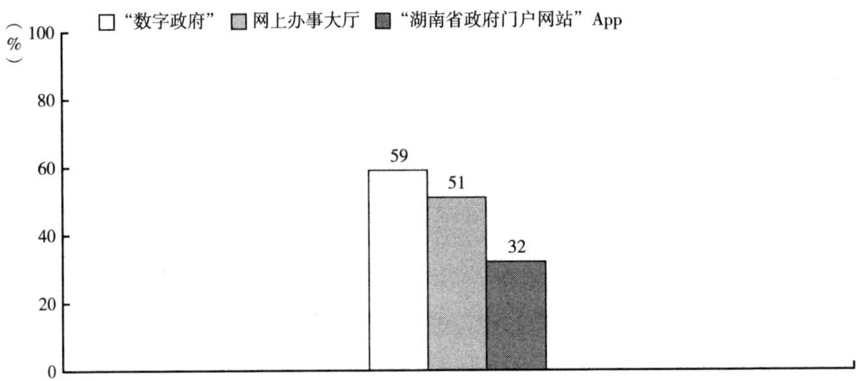

图 6　在湖南，59%的市场主体使用“数字政府”

本研究把知道“数字政府”的市场主体中使用“数字政府”的比例定义为吸引力，即“数字政府”使用率与“数字政府”知晓率的比值。如图 7 所示，湖南“数字政府”的吸引力为 81%（59%÷73%），即在知道“数字政府”的市场主体中，81%的市场主体会选择使用“数字政府”。其中，网上办事大厅的吸引力为 76%（51%÷67%），“湖南省政府门户网站”App 的吸引力为 67%（32%÷48%）。

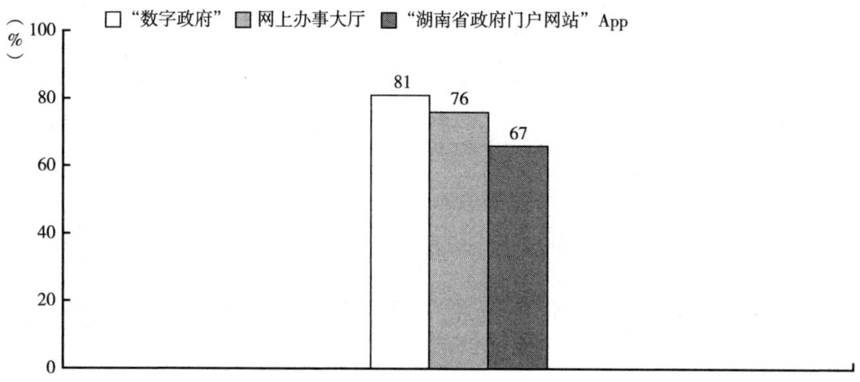

图7　在湖南，“数字政府”的吸引力为81%

（七）在湖南，市场主体通过“数字政府”进行业务办理、查询、预约比例分别为40%、37%、21%

如图8所示，在网上政务大厅端，41%的办理具体业务；36%的受访者使用网上办事大厅查询办事信息，包括办事流程和所需材料；另外还有21%的受访者使用预约功能。但在手机端的数据略有不同。利用“湖南省政府门户网站”App办理具体业务的占36%，相比电脑端低5个百分点；

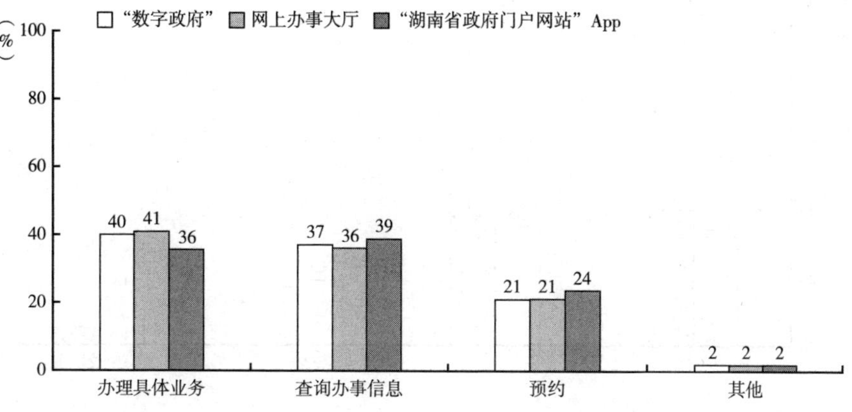

图8　在湖南，市场主体主要通过“数字政府”办理具体业务和查询办事信息

使用“湖南省政府门户网站”App 查询的占 39%，相比电脑端高 3 个百分点；使用手机预约的样本占 24%，相比电脑端高 3 个百分点。可以看到，市场主体在“数字政府”的不同模块上的业务办理出现了比较明显的差异。一方面，系统设计导致了两者功能的区分；另一方面，我们在调研中也发现市场主体倾向于在电脑上办理业务。手机屏幕过小，受访者表示用手机办理业务不方便，但因其便于携带、操作的特点，更愿意让手机承担辅助的功能。

（八）在湖南，大部分市场主体常用1~2个电脑或手机 App 办事系统

如图 9 所示，在使用“数字政府”的市场主体中，市场主体常用电脑办事系统数量为 2 个，而大多常用 1 个手机办事系统。具体来看，有 32% 的市场主体常用 1 个电脑办事系统，35% 的市场主体常用 2 个电脑办事系统，19% 的市场主体常用 3 个电脑办事系统；有 40% 的市场主体常用 1 个手机办事系统，38% 的市场主体常用 2 个手机办事系统，17% 的市场主体常用 3 个手机办事系统。可以看到，手机 App 的使用更为集中，而电脑办事系统功能较为专业但分散，因此常用的办事系统也更多样。

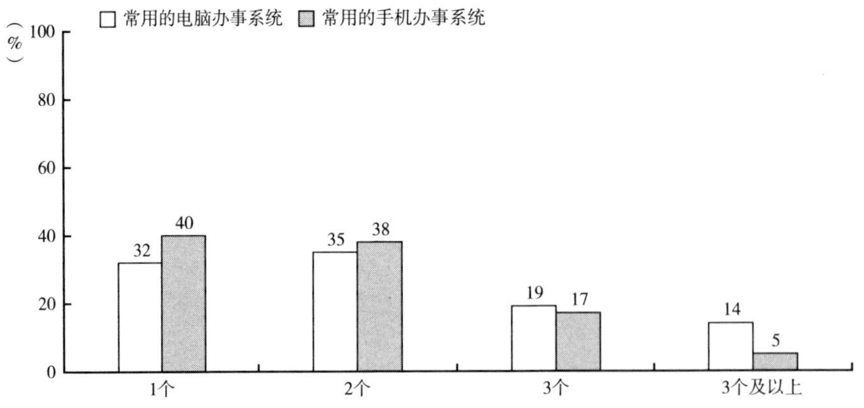

图 9　在湖南，大部分市场主体常用 1 ~ 2 个电脑或手机办事系统

（九）本部分小结

以上分析表明，湖南市场主体对“数字政府”的潜在需求很大，“数字政府”处于可快速发展的历史机遇期。目前，湖南省“数字政府”建设正在迈进大规模知道阶段，但离大规模使用、好用还有距离，具体表现如下。

市场主体对“数字政府”有强烈的潜在需要。在湖南，93%的市场主体认为“数字政府”是大势所趋，90%的市场主体愿意使用“数字政府”。

“数字政府”与窗口办理应融合发展。在湖南，67%的市场主体认为“数字政府”应与窗口办理融合发展。

“数字政府”的知晓率为73%。其中，网上办事大厅的知晓率为67%，“湖南省政府门户网站”App的知晓率为48%。在“数字政府”的推广上，职能部门的贡献突出，超过60%的知晓者是通过办事大厅的工作人员或广告宣传了解“数字政府”的。

“数字政府”的使用率为59%。其中，网上办事大厅的使用率为51%，“湖南省政府门户网站”App的使用率为32%。

常用线上办事系统的数量为1～2个。其中，35%的市场主体常用2个电脑办事系统，40%的市场主体常用1个手机办事系统。

三　湖南“数字政府”需求侧建设在全国视野下的比较分析

本部分将基于中山大学“深化商事制度改革研究”课题组在2019年全国商事制度改革调研中的成果，在全国视野下考察湖南省“数字政府”需求侧建设情况。

（一）湖南“数字政府”的潜在使用率低于全国平均水平

如图10所示，受访者愿意使用湖南“数字政府”的比重为90%；在全国，这一比重的平均值为92%，最佳值为98%，最差值为85%。因此，从全国视野看，愿意使用湖南“数字政府”的比重比全国平均水平低 2 个百分点。

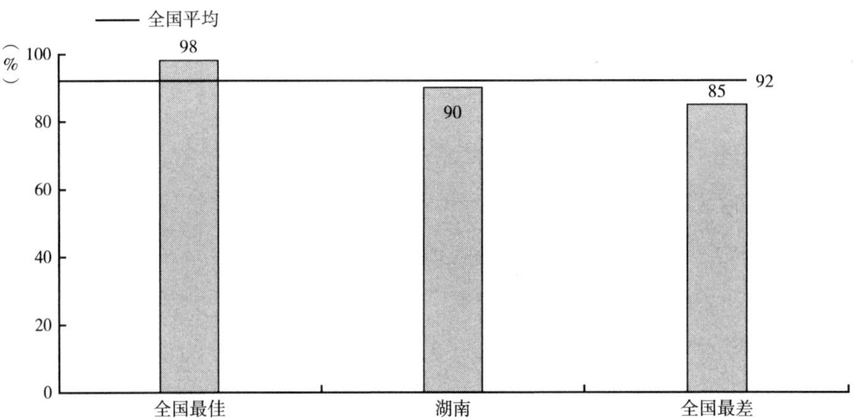

图 10　愿意使用湖南“数字政府”的比例低于全国平均水平

（二）湖南“数字政府”的知晓率略高于全国平均水平

如图 11 所示，湖南“数字政府”的知晓率为 73%；在全国，“数字政府”的平均知晓率为 69%，最佳实践为 90%，最差实践为 51%。因此，从全国视野看，湖南“数字政府”的知晓率略高于全国平均水平，高出 4 个百分点，但距最佳实践仍相差 17 个百分点。

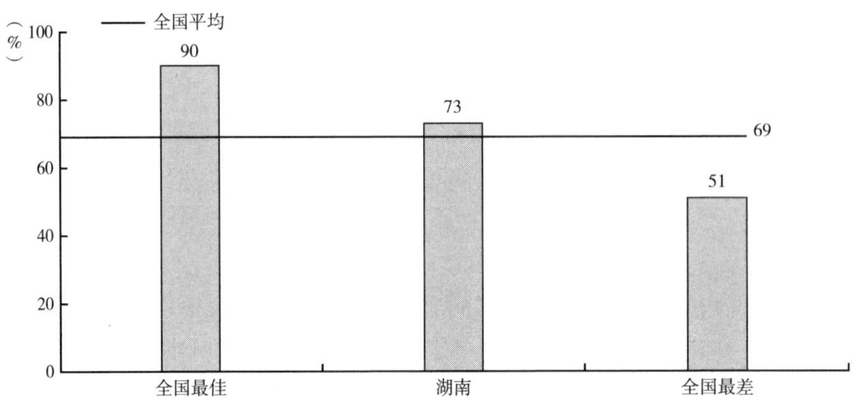

图 11　湖南“数字政府”的知晓率高于全国平均水平

（三）湖南“数字政府”的使用率略高于全国平均水平

如图 12 所示，湖南“数字政府”的使用率为 59%；在全国，“数字政府”的平均使用率为 53%，最佳实践为 80%，最差实践为 32%。因此，从全国视野看，湖南“数字政府”的使用率略高于全国平均水平，高出 6 个百分点，但仍比全国最佳实践低 21 个百分点。

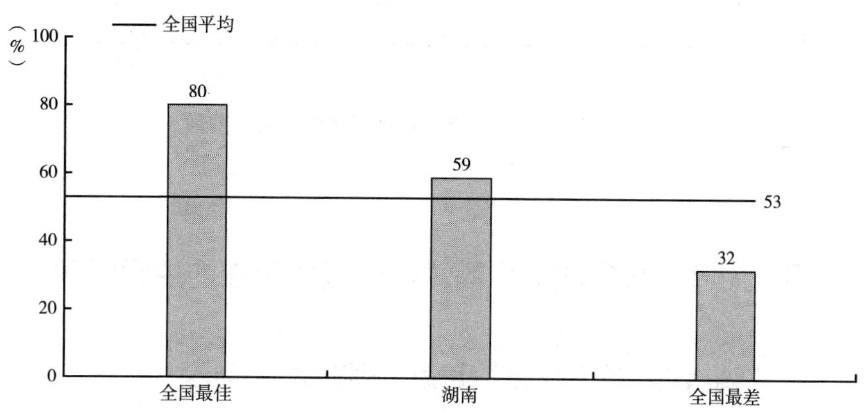

图 12　湖南“数字政府”的使用率略高于全国平均水平

（四）湖南“数字政府”的吸引力处于全国前列

如图 13 所示，湖南“数字政府”的吸引力为 81%；在全国，“数字政府”的平均吸引力为 77%，因此，从全国视野看，湖南“数字政府”的吸引力比全国平均水平高出 4 个百分点，但距离全国最佳实践仍相差 8 个百分点。

以上分析表明，从需求侧看，湖南“数字政府”建设的知晓率、使用率和吸引力均处于全国平均水平之上。并且，湖南“数字政府”的吸引力表现不俗。

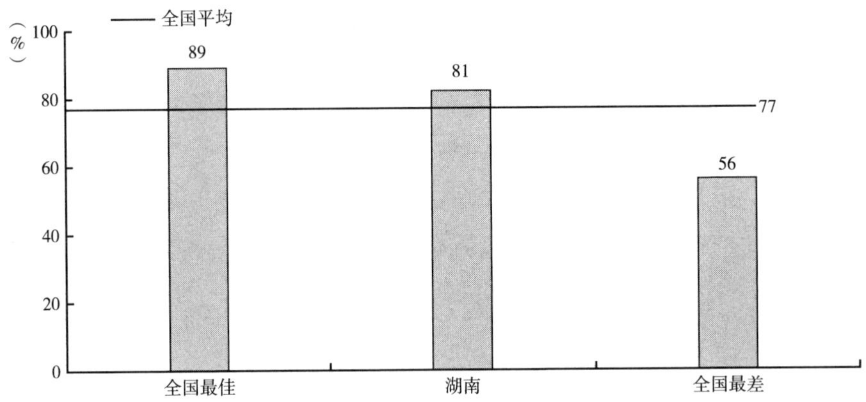

图 13　湖南“数字政府”的吸引力处于全国前列

四　湖南“数字政府”需求侧建设中存在的主要问题

（一）湖南省“数字政府”建设中面临的核心问题

从需求侧的视角看，截至 2019 年 7 月底，湖南“数字政府”建设中面临的主要问题是，市场主体对“数字政府”的强烈需求与当前“数字政府”建设不充分之间的矛盾。尽管从全国视野看，在湖南“数字政府”的知晓率、吸引力和使用率方面都处在全国靠前的位置。但是，从需求侧的视角看，这仍然未能达到市场主体的期待，“数字政府”的建设水平与市场主体的潜在需求不匹配。具体而言，如图 14 所示，分别有 87% 和 81% 的市场主体明确表示愿意使用网上办事大厅和“湖南省政府门户网站”App，二者的实际使用率只有 51% 和 32% 。这表明，网上办事大厅和“湖南省政府门户网站”App 分别有 36% 和 49% 的潜在需求没有得到满足。

（二）原因分析

从需求侧的角度看，湖南省“数字政府”建设不充分的主要原因如下。

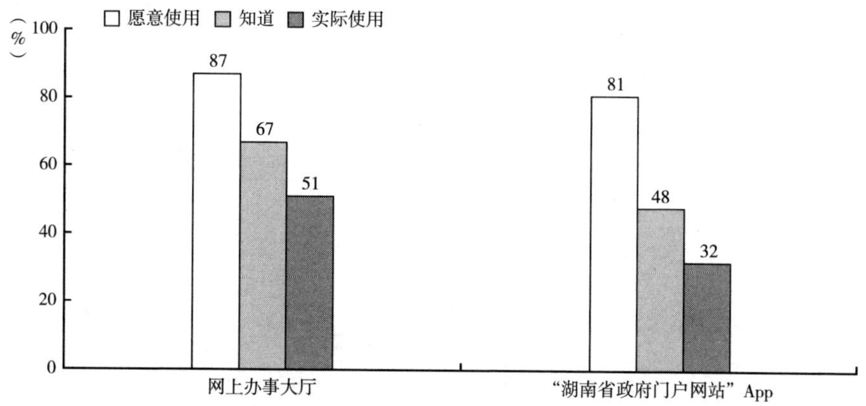

图 14　愿意、知道、使用“数字政府”的市场主体比例

1. 职能部门推广方式单一

如图 14 所示，87% 的市场主体愿意使用网上办事大厅，但受访者中 33% 的不知道网上办事大厅的存在。同样地，81% 的市场主体愿意使用“湖南省政府门户网站” App，48% 的知道“湖南省政府门户网站” App，还有超过一半的不知道“湖南省政府门户网站” App 的存在。湖南省的职能部门推广力度比全国平均水平高 6 个百分点，可以说湖南省职能部门的推广是相对有效的。知晓率仍然有待提高则是因为职能部门推广“数字政府”方式单一。如图 15 所示，有 66% 的市场主体是通过“工作人员告知”和“办事大厅广告”这两种方式得知线上办理的。这表明，要提高湖南“数字政府”的知晓率，一方面需要职能部门进一步加强推广力度，另一方面需要注重拓展以媒体为代表的新型、多元宣传渠道。

2. 湖南省“数字政府”上的业务不全，导致使用率与潜在需求存在差距

如图 16 所示，在没有使用线上办理的市场主体中，35% 的受访者是因为网上缺少所需业务，这与全国平均水平基本相当，可见这不只是湖南省的问题，也是所有被调查省（直辖市）共同的痛点所在。

许多受访者都表示企业注销、迁入迁出、地址变更等业务无法在网上办理，只能到现场办理。但是如果“数字政府”可以办理他们需要办理的业

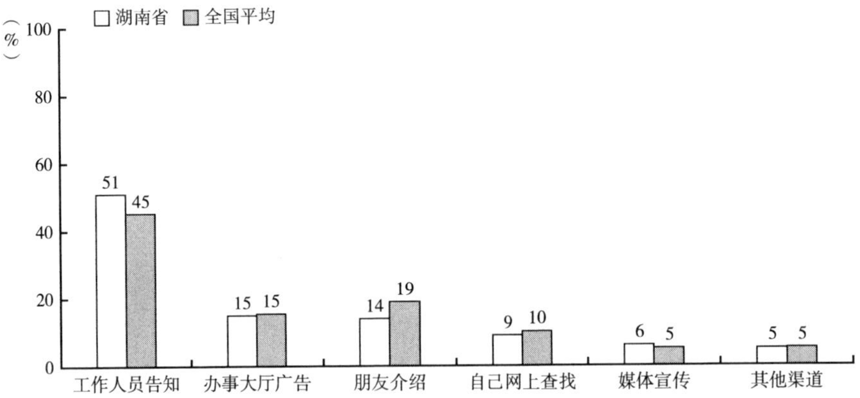

图 15　在湖南，66%的市场主体通过官方宣传知道“数字政府”

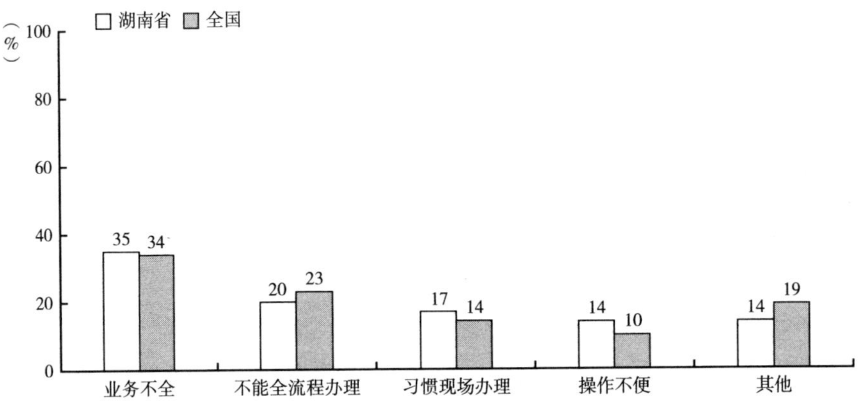

图 16　在湖南，“数字政府”业务不全成为市场主体不选择数字政府的主要原因

务，90%的市场主体愿意尝试使用线上办理方式。可以看到，民众对于“数字政府”抱有很高的期待，如何满足办事人员的期待上线更多服务内容，是湖南省“数字政府”进一步建设的方向之一。

3. “数字政府”不够便利

湖南省“数字政府”不够便利体现在网上不能全流程办理和操作不便两方面，分别有 20% 和 14% 的市场主体认为是其不用“数字政府”的原因。

实地调研中，一些市场主体代表向我们解释了其认为“数字政府”不好用的原因。衡阳一位受访者反映网上办理其实只是审核资料，而且耗时更长：“网上审核好资料，还是需要拿到现场来交，并没有全程电子化。而且网上一般都需要几天才反馈回来哪里有错，但是我如果来现场，工作人员马上告知我，我马上改好，那一天就能搞定。所以我还是觉得现场办理快得多。”

另外，常德有几位不善于操作手机和电脑的中年受访者也向我们表达了“数字政府”不好用的想法：“我们还是得到现场来，让工作人员一步一步教我们操作。”

因此，通过加强职能部门宣传推广力度、拓宽宣传渠道、上线更多业务、融合线上与线下发展可能是湖南“数字政府”建设进一步深化的可行方向。

广西壮族自治区“数字政府”需求侧调查报告*

一 广西报告概览

在本次实地调研中，课题组走访了自治区内 7 个市的 16 个区县内 19 个办事大厅的市场主体。其中，7 个市分别为南宁市、防城港市、钦州市、柳州市、贵港市、玉林市和崇左市。本次调研中，回收有效调查问卷合计 473 份。调研结束后，课题组整理了广西“数字政府”需求侧建设的第一手资料和舆情反馈，系统分析了截至 2019 年 8 月初广西“数字政府”需求侧建设情况及其面临的问题，明确深化需求侧建设的方向。

广西“数字政府”需求侧建设指标体系及最新进展情况如表 1 所示。总体而言，广西“数字政府”需求侧建设总得分 70 分，几乎与全国平均水平持平，在分数评级中评为 B 级。广西“数字政府”潜在使用率得分 95 分，评级为 A 级，高于全国平均得分 92 分。广西“数字政府”实际知晓率得分为 66 分，略低于全国平均得分 69 分，评级为 C 级水平。“数字政府”实际使用率得分 48 分，略低于全国平均得分 53 分，评级为 D 级水平。

---

* 执笔人：陈俊茹、苏逸宁、张莉。

表 1　广西壮族自治区"数字政府"需求侧建设指标体系及最新进展

指标	全国	广西壮族自治区	广西壮族自治区评级	广西壮族自治区最大值	广西壮族自治区最小值
一级指标					
"数字政府"需求侧建设	71	70	B	80	56
二级指标					
"数字政府"潜在使用率	92	95	A	96	86
"数字政府"实际知晓率	69	66	C	81	54
"数字政府"实际使用率	53	48	D	62	37

注："最大值"和"最小值"指的是在广西壮族自治区内 7 个调研地级市中的最大值和最小值。评级划分标准为：A 级（85～100 分）、B 级（70～84 分）、C 级（60～69 分）、D 级（60 分以下）。总得分为 3 个二级指标的平均值。

资料来源：中山大学"深化商事制度改革研究"课题组。

二　广西"数字政府"需求侧建设的最新进展

从需求侧的视角看，广西市场主体对"数字政府"有强烈的需要，"数字政府"处于快速发展的历史机遇期。广西"数字政府"建设大致可以分为想用、知道、使用和好用四个阶段。从市场主体的反馈情况看，目前，广西"数字政府"需求侧建设大致处于大规模知道阶段，还未进入大规模使用阶段。

（一）在广西，90%的市场主体认为"数字政府"是大势所趋

如图 1 所示，平均而言，广西 90% 的市场主体认为"数字政府"是大势所趋，8% 的市场主体表示不确定，只有 2% 的市场主体认为不是大势所趋。这表明，广西的市场主体普遍认同"数字政府"是大势所趋。

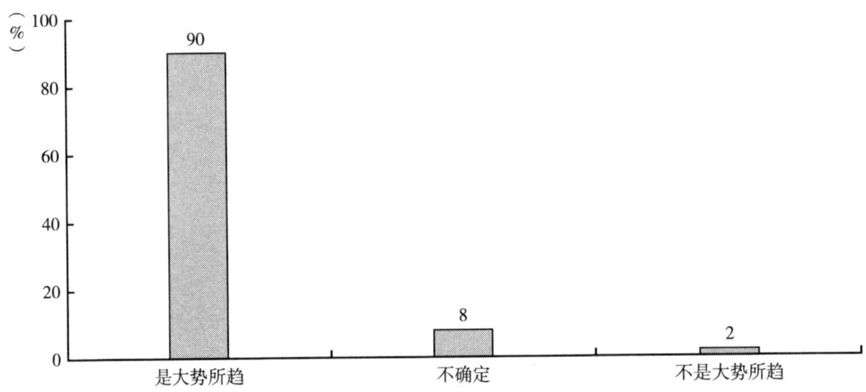

图1　在广西，90%的市场主体认为“数字政府”是大势所趋

（二）在广西，95%的市场主体表示愿意使用“数字政府”

如图2所示，如果“数字政府”能办理所需业务，平均而言，广西95%的市场主体表示愿意使用。其中愿意使用电脑办事的市场主体占比92%，愿意使用手机办理的市场主体占比87%。这表明，广西“数字政府”建设的潜在市场需求很大。若进一步推进“数字政府”建设，开拓更多、更方便、更快捷的办理方式，将极大地便利市场主体。

调研期间，“愿意使用”是市场主体普遍的心声。“现在可以在网上办了，那肯定方便很多”，是调研员在调研过程中最常听到的市场主体反映。“这个现在网上还办不了，只能跑来现场。”“要是能办肯定网上办，不用跑来跑去!”可见，网上办事系统的建成和推广使用，会为市场主体办事提供极大地便利。

（三）在广西，76%的市场主体认为“数字政府”不能完全取代窗口办理

尽管绝大多数市场主体都认为“数字政府”是大势所趋，但是，如图3所示，平均而言，广西76%的市场主体认为“数字政府”不能完全取代窗口办理。在访谈过程中，调研员发现不少受访者都认为现场办理更为放心，网络办事大厅不能完全取代实体办事窗口。

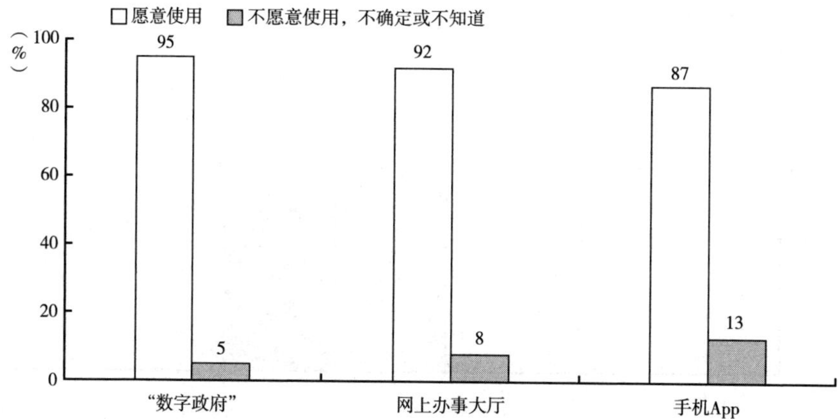

图2　在广西，95%的市场主体表示愿意使用“数字政府”

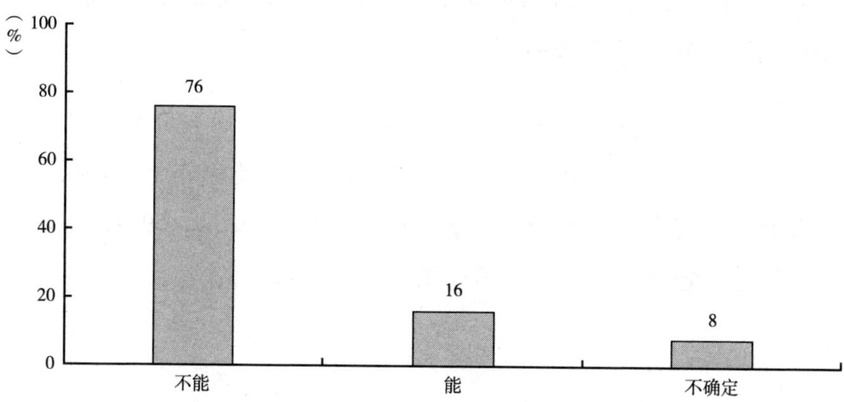

图3　在广西，76%的市场主体认为“数字政府”不能完全取代窗口办理

（四）在广西，66%的市场主体知道“数字政府”

本研究把市场主体知道“数字政府”的比例定义为知晓率。如图4所示，平均而言，广西“数字政府”的知晓率为66%。其中，网上办事大厅自2012年推出以来，经过七年发展，知晓率已达到62%；手机移动端的知晓率为52%。

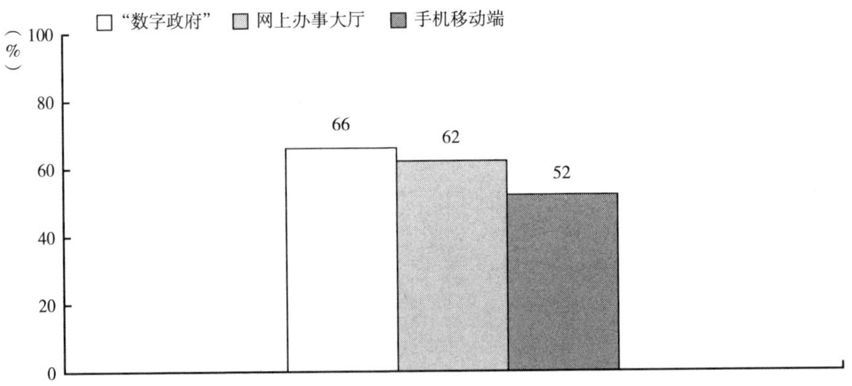

图 4　在广西，66%的市场主体知道“数字政府”

（五）在广西，59%的市场主体通过“工作人员告知”和“办事大厅广告”获知“数字政府”

如图 5 所示，市场主体通过“自己网上查找”、“朋友介绍”、“办事大厅广告”和“工作人员告知”知道“数字政府”的比例分别为 7%、17%、9%和 50%。这表明，在知道“数字政府”的市场主体中，59%的市场主体是通过政府职能部门的主动推广来获知“数字政府”的。

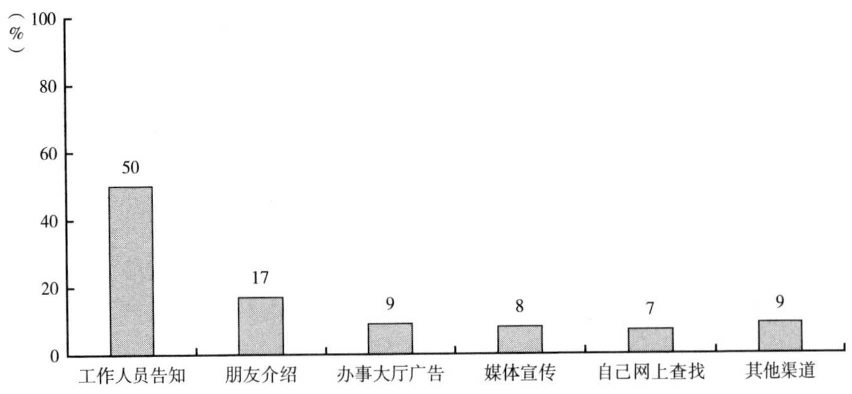

图 5　在广西，59%的市场主体通过政府职能部门的主动推广获知“数字政府”

（六）在广西，48%的市场主体使用“数字政府”

本研究把市场主体使用“数字政府”的比例定义为使用率。如图 6 所示，平均而言，广西“数字政府”的使用率为 48%。其中，网上办事大厅自 2012 年推出以来，经过七年时间发展，使用率为 45%；手机移动端办事系统的使用率为 30%。

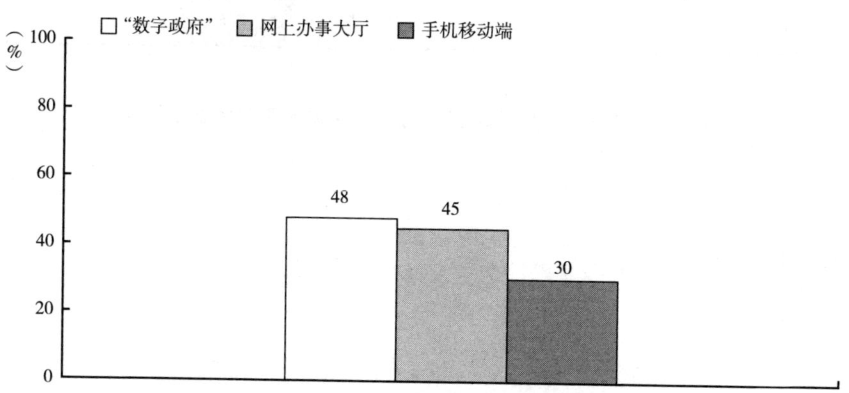

图 6　在广西，48%的市场主体使用“数字政府”

本研究把知道“数字政府”的市场主体中使用“数字政府”的比例定义为吸引力，即“数字政府”使用率与“数字政府”知晓率的比值。如图 7 所示，广西“数字政府”的吸引力为 73%（48% ÷66%），即在知道“数字政府”的市场主体中，73% 的市场主体会选择使用“数字政府”。其中，网上办事大厅的吸引力为 73%（45% ÷62%）。

（七）在广西，市场主体通过“数字政府”主要进行办理具体业务、查询和预约

如图 8 所示，在使用“数字政府”的市场主体中，有 36% 的市场主体查询办事信息，38% 的市场主体办理具体业务，21% 的市场主体进行预约。

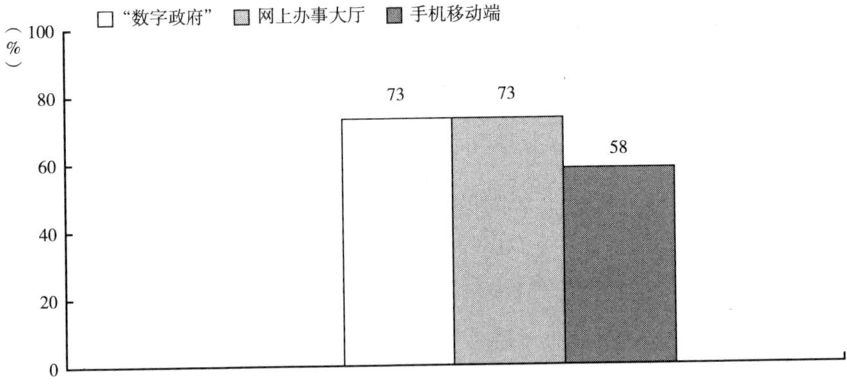

图 7　在广西，"数字政府"对市场主体的吸引力达 73%

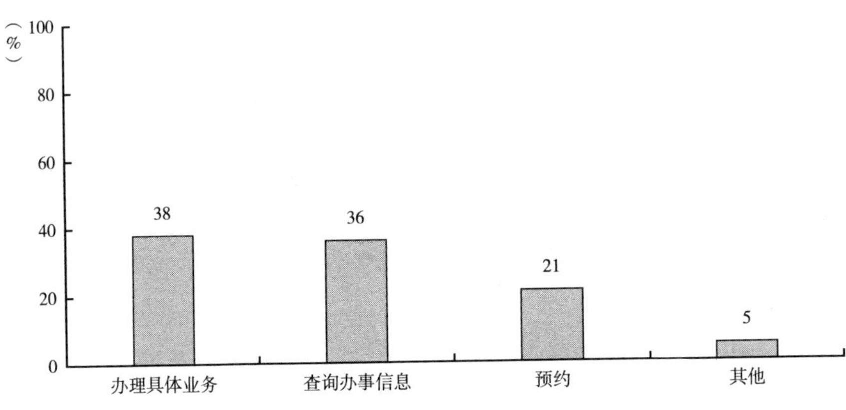

图 8　在广西，市场主体通过"数字政府"主要进行办理具体业务、查询和预约

（八）在广西"数字政府"使用上，主要用于办理具体业务

如图 9 所示，广西市场主体在电脑端和手机 App 均可进行办理业务、查询和预约等操作。其中，市场主体在办理具体业务和查询办事信息方面更倾向于在电脑端操作，分别占 41% 和 35%，但在预约方面市场主体更倾向于在手机上操作，手机 App 达 25%，而电脑端仅为 20%。

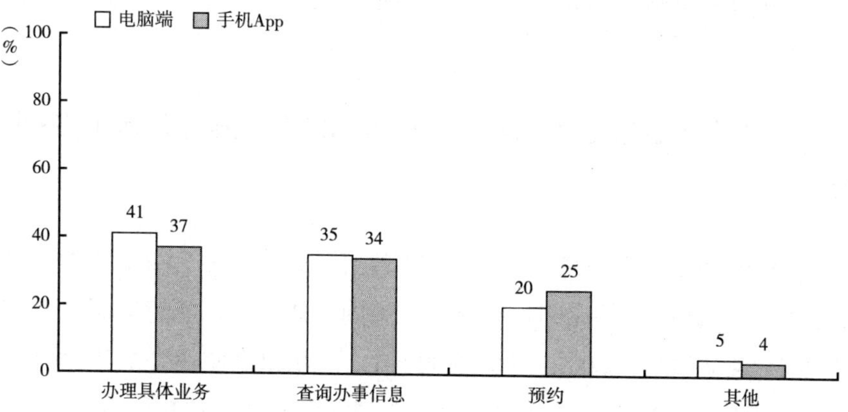

图 9　在广西“数字政府”使用上，电脑端和手机 App 使用比例相近

（九）本部分小结

以上分析表明，广西市场主体对“数字政府”的潜在需求很大，“数字政府”处于可快速发展的历史机遇期，具体表现如下。

市场主体对“数字政府”有强烈的潜在需要。在广西，90% 的市场主体认为“数字政府”是大势所趋，95% 的市场主体愿意使用“数字政府”。

“数字政府”与窗口办理应融合发展。在广西，76% 的市场主体认为“数字政府”应与窗口办理融合发展。

从需求侧的视角看，广西“数字政府”建设目前处于大规模知道阶段，还未进入大规模使用阶段，具体如下。

“数字政府”的知晓率为 66%。其中，网上办事大厅的知晓率为 62%。

“数字政府”的使用率为 48%。其中，网上办事大厅的使用率为 45%。

三　广西“数字政府”需求侧建设在全国视野下的比较分析

本部分将基于中山大学“深化商事制度改革研究”课题组在 2019 年全

国商事制度改革调研中的成果，从全国视野下考察广西“数字政府”需求侧建设情况。

（一）广西愿意使用“数字政府”的比例比全国平均水平高3个百分点

如图10所示，广西愿意使用“数字政府”的比例为95%；在全国，愿意使用“数字政府”的比例为92%；在国内最佳省份，愿意使用“数字政府”的比例为98%。因此，从全国视野看，广西愿意使用“数字政府”的比例比全国最佳省份低3个百分点，比全国平均水平高出3个百分点，处于全国较前列。

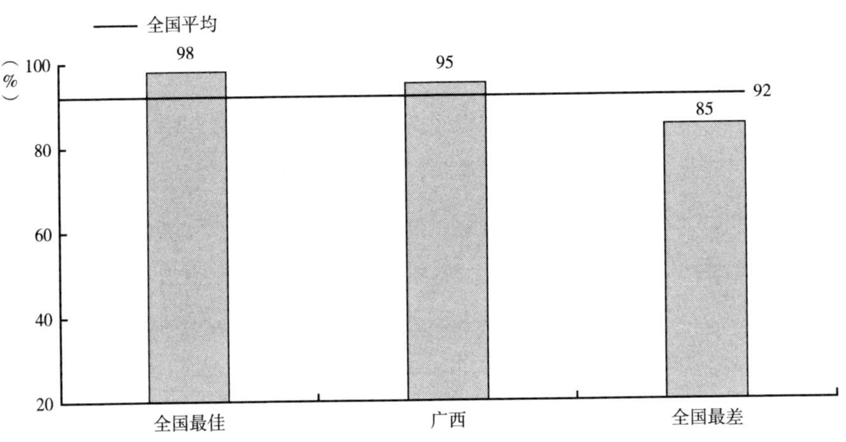

图10　广西愿意使用“数字政府”的比例比全国平均水平高3个百分点

（二）广西“数字政府”的知晓率比全国平均水平低3个百分点

如图11所示，广西“数字政府”的知晓率为66%；在全国，“数字政府”的知晓率为69%；在国内最佳省份，“数字政府”的知晓率为90%。因此，从全国视野看，广西“数字政府”的知晓率比全国最佳省份低24个百分点，比全国平均水平低3个百分点，略低于全国平均水平。

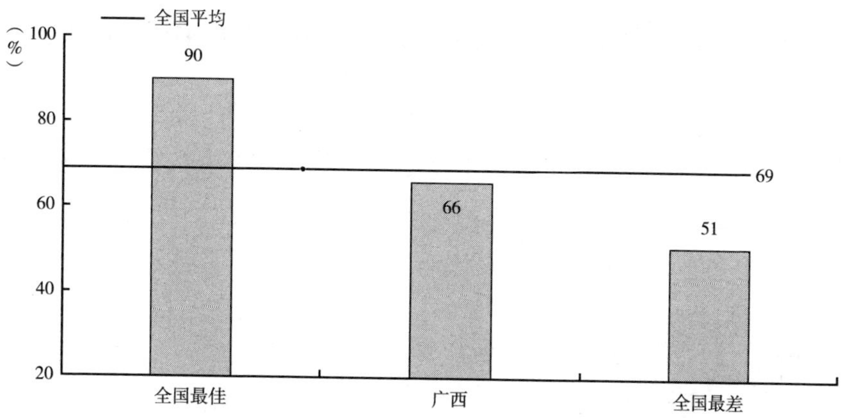

图 11　广西“数字政府”的知晓率比全国平均水平低 3 个百分点

（三）广西“数字政府”的使用率比全国平均水平低5个百分点

如图 12 所示，广西“数字政府”的使用率为 48%；在全国，“数字政府”的使用率为 53%；在国内最佳省份，“数字政府”的使用率为 80%。因此，从全国视野看，广西“数字政府”的使用率比全国最佳省份低 32 个百分点，比全国平均水平低 5 个百分点，略低于全国平均水平。

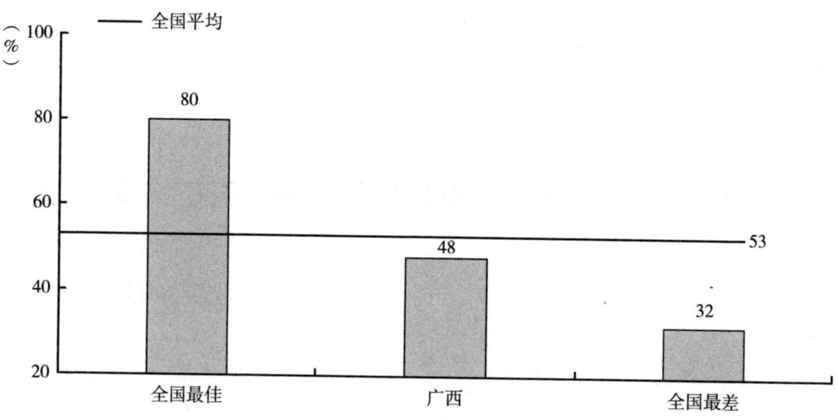

图 12　广西“数字政府”的使用率比全国平均水平低 5 个百分点

（四）广西“数字政府”的吸引力比全国平均水平低4个百分点

如图13所示，广西“数字政府”的吸引力为73%；在全国，“数字政府”的吸引力为77%；在国内最佳省份，“数字政府”的吸引力为89%。因此，从全国视野看，广西“数字政府”的吸引力比全国最佳省份低16个百分点，比全国平均水平低4个百分点，略低于全国平均水平。

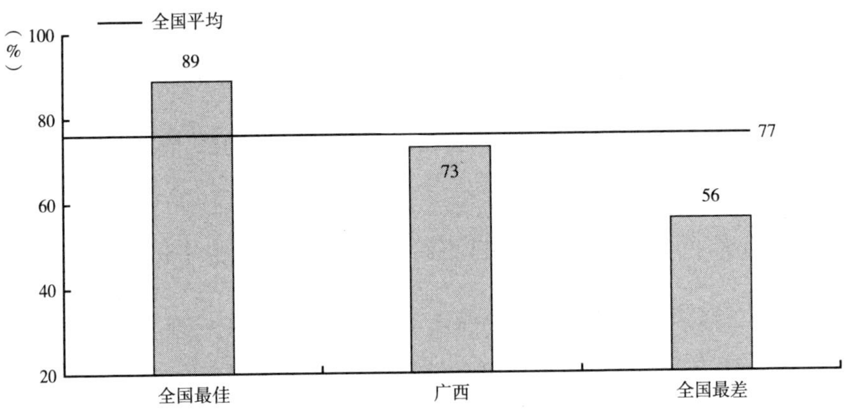

图13　广西“数字政府”的吸引力比全国平均水平低4个百分点

以上分析表明，从需求侧看，广西“数字政府”建设的知晓率、使用率及吸引力均略低于全国平均水平。

四　广西“数字政府”需求侧建设中存在的主要问题

（一）广西“数字政府”需求侧建设中面临的核心问题

从需求侧来看，截至2019年8月底，广西“数字政府”建设中面临的主要问题是：市场主体对“数字政府”的强烈需求与当前“数字政府”建设不充分之间的矛盾。通过相关数据分析，我们不难发现，广西的“数字政府”建设中呈现一种供需不平衡的矛盾。

一方面，从全国视野看，广西“数字政府”的知晓率、使用率和吸引力都较低。如图 14 所示，全国“数字政府”的平均知晓率为 69%，广西为 66%；在使用率上，全国平均水平为 53%，广西为 48%；而在“数字政府”的吸引力上，广西比全国平均水平低 4 个百分点。

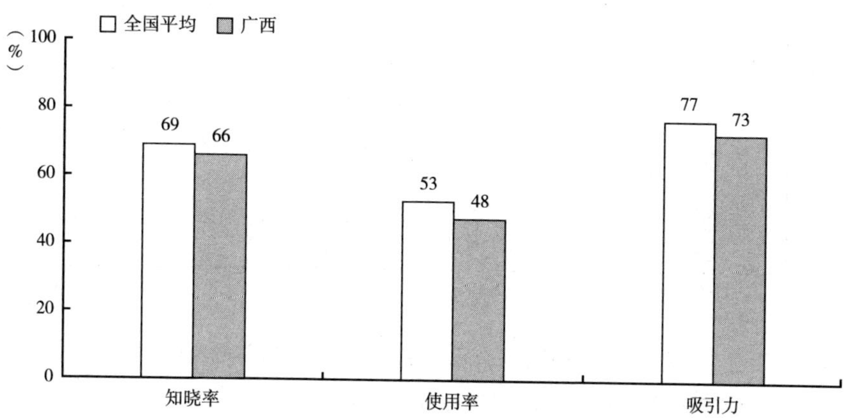

图 14　广西“数字政府”普及度与全国平均水平对比

另一方面，从需求侧的视角看，市场主体对“数字政府”的需求大，实际使用率却较低。从需求侧看，广西市场主体对“数字政府”有较大的需求。广西市场主体在“如果‘数字政府’端可以办理业务，愿意在该端办理”的调查中表示愿意的比例高达 95%，但实际使用率仅 48%，说明有 47%（95% －48%）的潜在需求没有得到满足。

（二）原因分析

1. 业务不全是“数字政府”进一步推行的主要障碍

在对“数字政府”办理政务有较大需求且高于全国平均水平的背景下，为何广西“数字政府”的使用率及吸引力低于全国其他省份？对此，我们通过分析广西市场主体没有选择数字政府办理政务的原因，进行统计分析后发现：目前广西“数字政府”面临的主要问题是业务不全、不能全流程办理、操作不便等（见图15），其中39%的市场主体认为“数字政府”业务不全，是限制使用率提高的最大障碍。

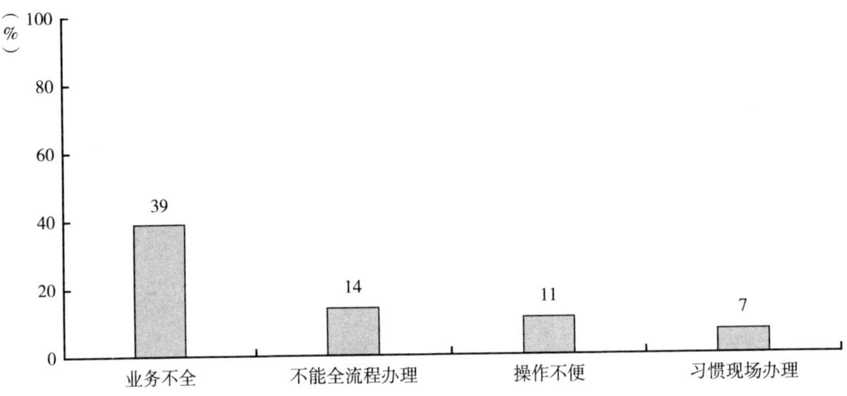

图15　广西市场主体没有选择“数字政府”的原因

注：还有29%的市场主体报告了其他原因。

除去一些业务尚不能在网上办理阻碍了市场主体对“数字政府”的使用外，在调研过程中，市场主体针对网上电子化办事系统的办事信息不全、咨询渠道不通、审核速度过慢、系统不稳定等也表达了不满。一位代办业务的中介在调研过程中向调研员诉苦：“一次，我特地出差到外地让企业股东完成电子签字，系统却突然用不了了。”另一名市场主体则向调研员反映：“网上的系统不行，本来我只用跑两次的，因为工商和税务的数据不同步，我现在反而要跑三次了”。

2. 广西壮族自治区市场主体对“数字政府”的知晓率较低，知晓途径较为单一

广西有一半市场主体是通过工作人员告知而知道“数字政府”的（见图16），其他宣传方式尚未得到较好的运用，知晓途径比较单一，这影响了广西“数字政府”的普及率。

因此，加强职能部门主动推广力度、拓宽推广渠道、上线更多业务，是广西进一步建设“数字政府”，迈向大规模使用、好用阶段的可行方向。

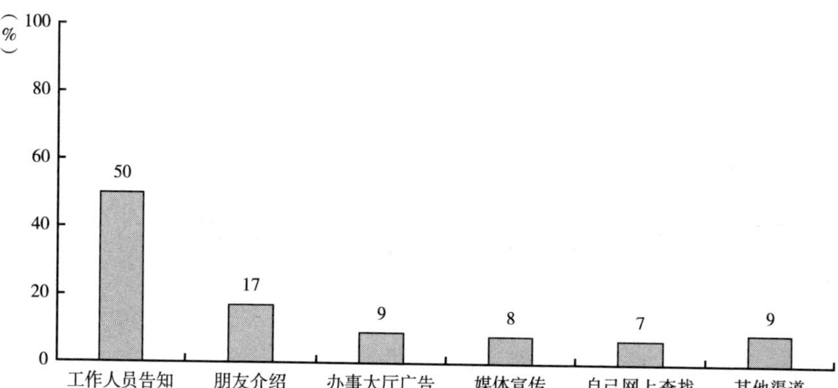

图16　在广西，50%的市场主体通过“工作人员告知”而知道“数字政府”

海南省“数字政府”需求侧调查报告*

一　海南报告概览

中山大学“深化商事制度改革研究”课题组于2019年8月5～6日在海南省海口市进行了走访调研，考察市场主体使用网上办事大厅以及“椰城市民云”小程序的情况，了解市场主体对于海南省“数字政府”建设的看法，从需求侧的角度关注海南省“数字政府”建设情况。在本次调研采访过程中，课题组实地走访了海口市龙华区、美兰区、秀英区3个区的办事大厅，回收有效问卷共计71份。调研结束后，课题组整理了海南省“数字政府”需求侧建设的第一手资料和舆情反馈，系统分析了海南省“数字政府”需求侧建设情况及其面临的问题，明确深化需求侧建设的方向。

表1为海南省“数字政府”建设情况。总体而言，海南省“数字政府”需求侧建设总得分70分，略低于全国平均得分71分，在分数评级中评为B级。海南省“数字政府”潜在使用率得分93分，评级为A级，略高于全国平均水平。海南省“数字政府”实际知晓率得分为67分，低于全国平均得分69分，评级达到C级水平。海南省“数字政府”实际使用率得分为52分，低于全国平均得分53分，处于D级水平。

---

* 执笔人：韩思昊、李子君、张莉。

表 1　海南省“数字政府”需求侧建设指标体系及最新进展

指标	全国	海南省	海南省评级
一级指标			
“数字政府”需求侧建设	71	70	B
二级指标			
“数字政府”潜在使用率	92	93	A
“数字政府”实际知晓率	69	67	C
“数字政府”实际使用率	53	52	D

注：评级划分标准为：A 级（85 ~ 100 分）、B 级（70 ~ 84 分）、C 级（60 ~ 69 分）、D 级（60 分以下）。总得分为 3 个二级指标的平均值。

资料来源：中山大学“深化商事制度改革研究”课题组。

二　海南“数字政府”需求侧建设的最新进展

从需求侧的角度看，海南省的市场主体对于“数字政府”有强烈的需要，“数字政府”处于可快速发展的“历史机遇期”。从需求侧的视角看，“数字政府”建设大致可以分为想用、知道、使用和好用四个阶段。从市场主体的反馈情况看，目前，海南省“数字政府”需求侧建设大致处于知道阶段。

（一）在海南，90%的市场主体认为“数字政府”是大势所趋

如图 1 所示，整体而言，海南省有约 90% 的市场主体认为“数字政府”是大势所趋，只有 10% 的市场主体对此表示不确定。值得注意的是，在课题组实地调研回收的问卷中，没有一位市场主体认为“数字政府”建设不是一种大势所趋，展现了海南省市场主体对于“数字政府”建设的支持态度，海南省的市场主体普遍认为“数字政府”是大势所趋。

（二）在海南，93%的市场主体愿意使用“数字政府”

如图 2 所示，在海南，如果“数字政府”端可以办好所需要业务，高

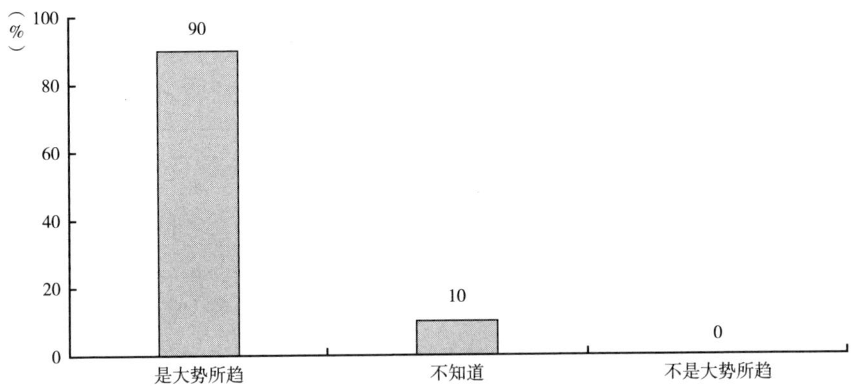

图1　在海南，90%的市场主体认为“数字政府”是大势所趋

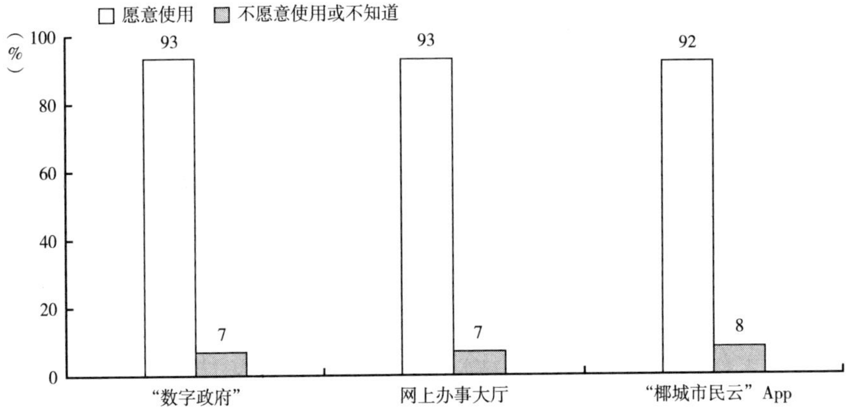

图2　在海南，93%的市场主体愿意使用“数字政府”

达93%的市场主体愿意使用“数字政府”。其中，愿意通过电脑端即网上办事大厅进行业务办理的市场主体占比达93%，愿意使用手机App（“椰城市民云”App）进行业务办理的市场主体占比达92%。在实地调研过程中，调研员也通过市场主体了解到一些对于海南省“数字政府”建设成效的肯定。在龙华区，市场主体向调研员反映，随着网上政务的发展，一些业务已经可以在电脑和手机端办理，不必专门跑过来一趟，节约了时间成本。此外，龙华区办理业务的人数较多，有时排一上午的队都不一定能轮得到，网上办理业务节省了排队环节，是对市场主体极大的利好。

（三）在海南，七成受访者认为"数字政府"不能取代窗口服务

尽管高达九成的受访对象表示"数字政府"是一种大势所趋，但是市场主体对于"数字政府"完全取代窗口的可能性还是持比较谨慎的态度。如图3所示，约有70%的市场主体认为"数字政府"不能完全取代窗口服务，27%的市场主体认为"数字政府"在未来能替代窗口服务，3%的市场主体则对此持有不确定的态度。在实地的调查中，调研员也听到一些对于"数字政府"取代窗口的不同意见。在秀英区，有市场主体向调研员反映，目前"数字政府"的推行让他们感到一种强迫感，有些业务网上可以办理，线下就不再受理了，当市场主体来到现场询问的时候，工作人员会要求他们在网上办理，现场不能办理。这对习惯现场办理的市场主体来说无疑是一个挑战，这种"一刀切"的做法也引起了一些市场主体的不满。

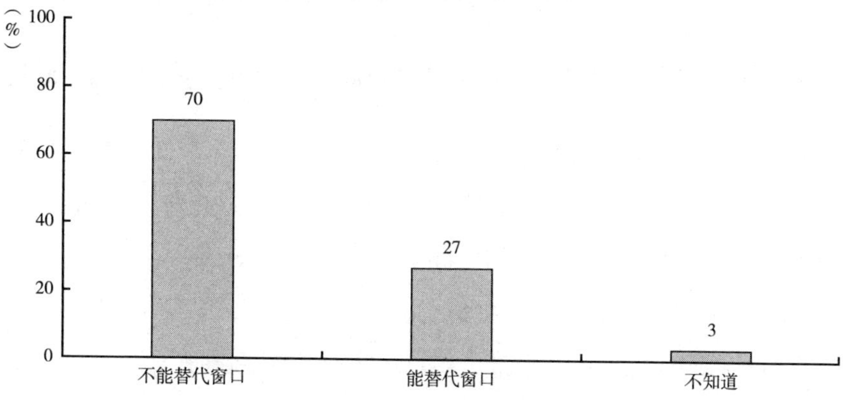

图3　在海南，七成受访者认为"数字政府"不能取代窗口服务

（四）在海南，67%的市场主体知晓"数字政府"，52%的市场主体知道"椰城市民云"App

在海南，67%的市场主体知晓"数字政府"。本研究把市场主体知道

“数字政府”的比例定义为知晓率。如图4所示，海南省“数字政府”的知晓率比较高，接近七成市场主体知道“数字政府”。其中，大约有64%的市场主体知道网上办事大厅，有52%的市场主体知道有手机App的存在，两者相差12个百分点。

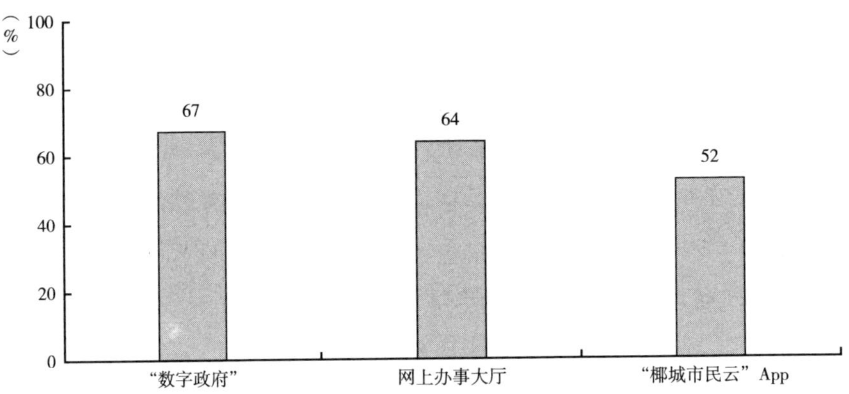

图4　在海南，67%的市场主体知晓“数字政府”，52%的市场主体知道“椰城市民云”App

（五）在海南，64%的市场主体通过政府职能部门获知“数字政府”

如图5所示，50%的市场主体依赖于大厅工作人员获知“数字政府”，“自己网上查找”、“朋友介绍”和“办事大厅广告”这三种途径均占14%，“媒体宣传”和“其他渠道”均占4%。这表明，在知道“数字政府”的市场主体中，有超过60%的市场主体通过“工作人员告知”和“办事大厅广告”这两种政府职能部门主动推广的方式获知“数字政府”。

（六）在海南，52%的市场主体使用“数字政府”，手机App使用率为40%

本研究把市场主体使用“数字政府”的比例定义为使用率。如图6所示，在海南，有52%的办事主体使用“数字政府”来办理业务，其中，使用网上办事大厅的市场主体占比达46%，手机App的使用率为40%。

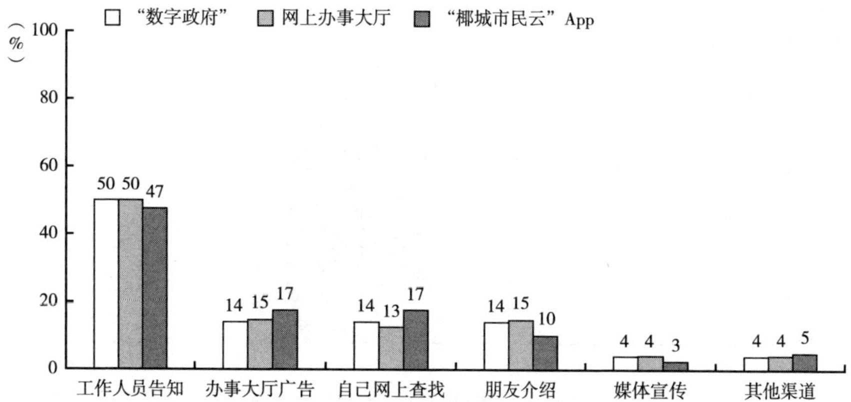

图 5　在海南，64%的市场主体通过政府职能部门获知“数字政府”

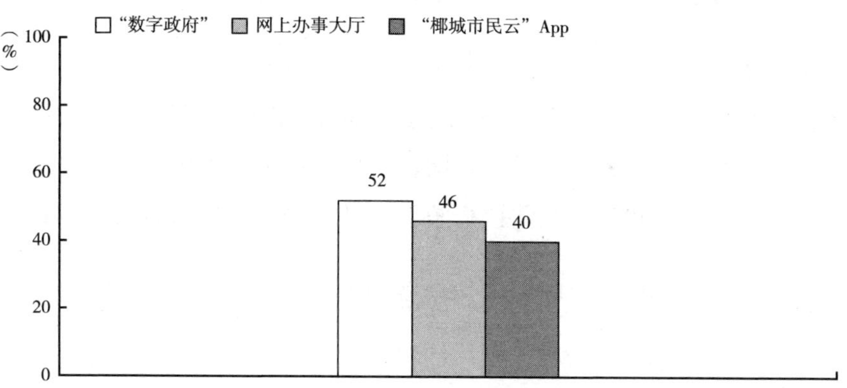

图 6　在海南，过半市场主体使用“数字政府”，但是手机 App 使用率偏低

本研究把知道“数字政府”的市场主体使用“数字政府”的比例定义为吸引力，即“数字政府”使用率与“数字政府”知晓率的比值。经过数据整理，如图 7 所示，我们发现“数字政府”、“椰城市民云”App 和网上办事大厅都保持了比较高的吸引力，分别达到了 78%、77%和 72%。

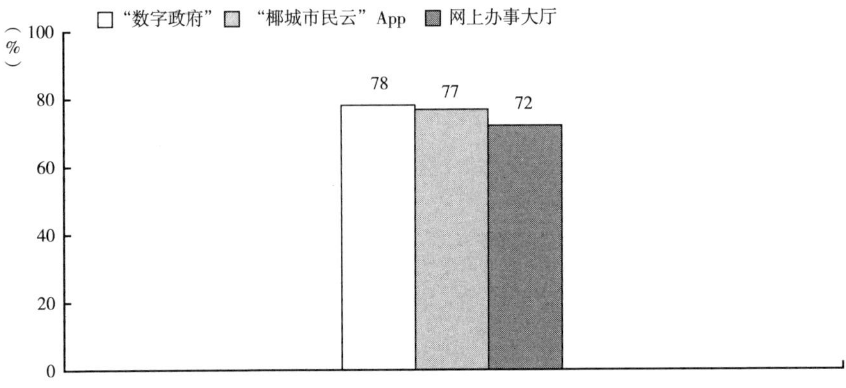

图7　在海南，“数字政府”的吸引力为78%

（七）在海南，市场主体使用“数字政府”办理业务、查询、预约的比例分别为41%、30%、28%

如图8所示，在使用“数字政府”的目的方面，“办理具体业务”的占比最高，达到41%，其次是“查询办事信息”，占比为30%。具体到网上办事大厅和手机App而言，情况也比较类似。44%的市场主体在电脑上进行具体业务办理，30%的市场主体进行办事信息的查询；相比而言，40%的

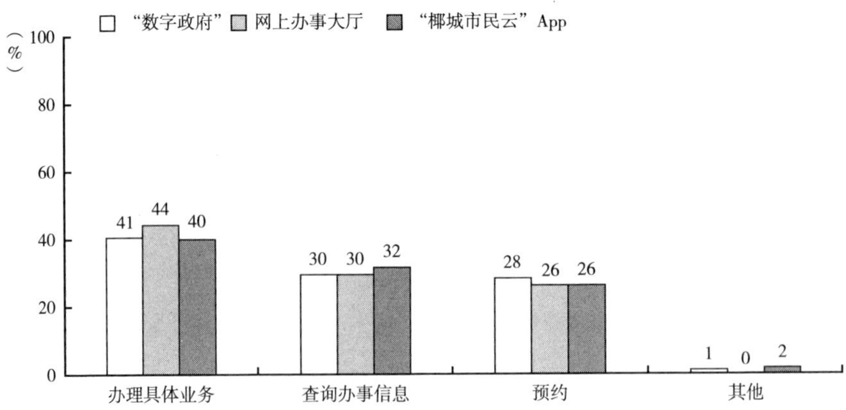

图8　在海南，市场主体主要使用“数字政府”以及网上办事大厅和手机App进行相关具体业务的办理以及查询办事信息

市场主体使用手机客户端办理具体业务，32%的市场主体进行办事信息的查询。市场主体利用网上政务进行预约操作的比重在上述三者中均不超过三成。因此，“办理具体业务”和“查询办事信息”是海南省市场主体使用“数字政府”的主要目的。

（八）在海南，54%的市场主体使用1个手机App，22%的市场主体使用1个网上办事系统

在市场主体使用政府提供的办事系统的数量上，电脑端和手机端存在一定的差异。具体来看，有37%的市场主体常用3个电脑办事系统，30%的市场主体常用2个电脑办事系统，22%的市场主体常用1个电脑办事系统，12%的市场主体常用4个及以上的电脑办事系统；相比而言，有54%的市场主体常用1个手机办事系统，25%的市场主体常用2个手机办事系统，13%的市场主体常用3个手机办事系统，8%的市场主体使用4个及以上手机办事系统（见图9）。这在一定程度上反映出手机端的办事App要更加集成化，可以满足市场主体较多的业务要求。

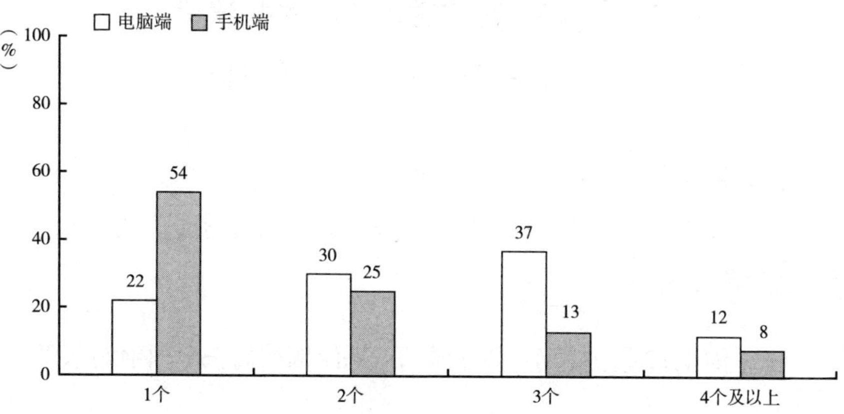

图9　在海南，市场主体使用政府提供办事系统的数量方面电脑端要多于手机端

（九）本部分小结

以上分析表明，海南省“数字政府”建设正处于从“让市场主体知晓”

向“让市场主体使用”转变的关键阶段，具体表现如下。

市场主体对于“数字政府”建设持积极态度，也对此有强烈的需求。高达九成市场主体认为“数字政府”是大势所趋，93%的市场主体愿意在“数字政府”可以满足办理业务需要的情况下使用“数字政府”。

67%的市场主体知晓“数字政府”，其中网上办事大厅的知晓率为64%，手机App的知晓率为52%，市场主体主要依赖于工作人员告知使用“数字政府”的相关业务，主动寻求网上政务服务的比重小。

“数字政府”的使用率为52%，46%的市场主体使用网上办事大厅办理相关业务，手机App的使用率为40%。

相关具体业务的办理和办事信息的查询是市场主体运用“数字政府”的主要目的，预约操作的比重不超过三成。

手机客户端业务集成度较高，54%的市场主体使用1个手机办事系统，相比而言网上办事系统的集成度较低，市场主体需要使用较多的网上办事系统进行操作。

三　海南“数字政府”需求侧建设在全国视野下的比较分析

本部分将基于中山大学“深化商事制度改革研究”课题组在2019年全国商事制度改革调研中的成果，在全国视野下考察海南省“数字政府”需求侧建设情况。

（一）海南省愿意使用“数字政府”的比例略高于全国平均水平

如图10所示，在调研的市场主体中，有93%的市场主体表示愿意使用“数字政府”办事，高出全国平均水平1个百分点，比此项最佳水平的省份低了5个百分点。因此，在全国视野下，海南省愿意使用“数字政府”的比例几乎与全国平均水平持平。

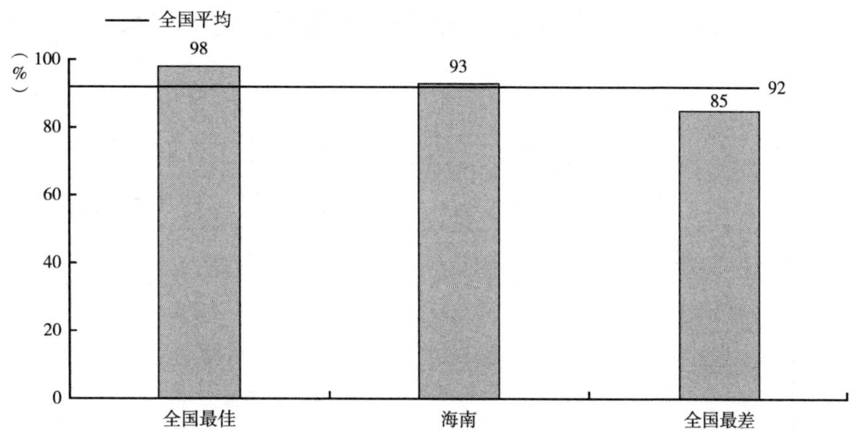

图 10　海南省愿意使用“数字政府”的比例略高于全国平均水平

（二）海南省“数字政府”的知晓率略低于全国平均水平

如图 11 所示，海南省“数字政府”的知晓率为 67%；就全国而言，“数字政府”知晓率为 69%，与全国最佳省份相比，海南省“数字政府”的知晓率低了 23 个百分点。在全国视野下，海南省“数字政府”的知晓率略低于全国平均水平。

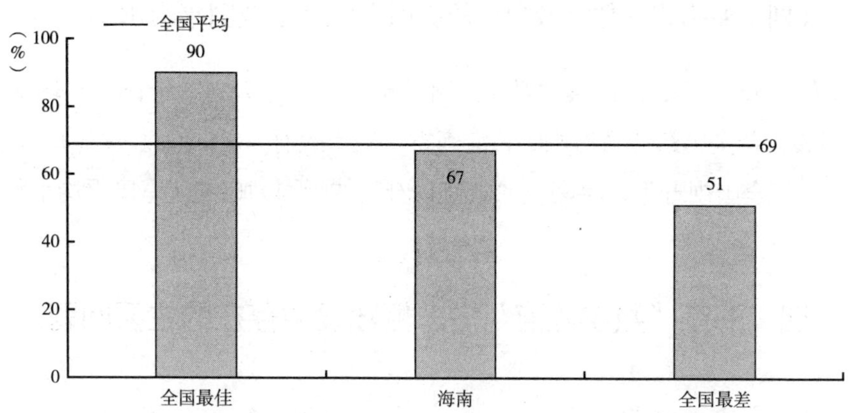

图 11　海南省“数字政府”的知晓率略低于全国平均水平

（三）海南省“数字政府”的使用率略低于全国平均水平

如图12所示，海南省“数字政府”的使用率为52%，这一指标的全国平均水平为53%。与全国最佳省份相比，海南省“数字政府”的使用率低了28个百分点。在全国视野下，海南省“数字政府”的使用率略低于全国平均水平。

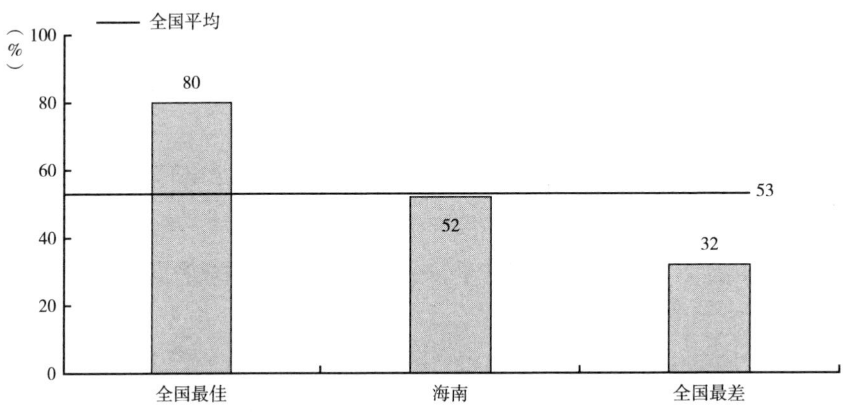

图12　海南省“数字政府”的使用率略低于全国平均水平

（四）海南省“数字政府”的吸引力略高于全国平均水平

如图13所示，海南省“数字政府”的吸引力为78%，全国的平均水平为77%。与全国最佳省份相比，海南省“数字政府”的吸引力低了11个百分点。在全国视野下，海南省“数字政府”的吸引力略高于全国平均水平。

四　海南“数字政府”需求侧建设中存在的主要问题

（一）主要问题

目前海南省“数字政府”建设进入关键阶段。从需求侧的视角看，截

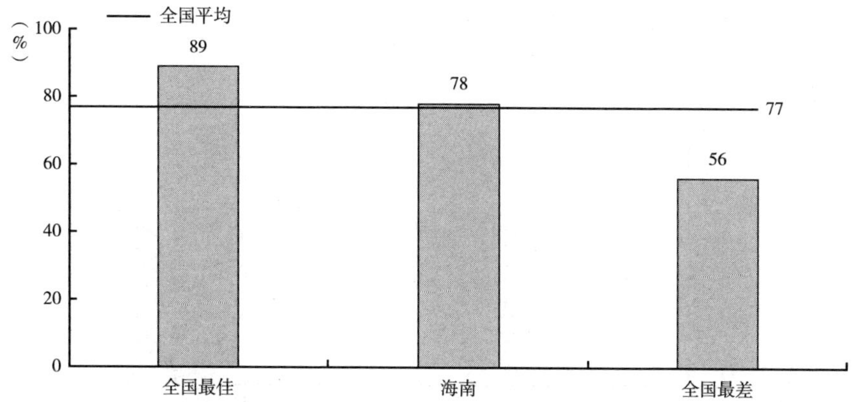

图 13　海南省“数字政府”的吸引力略高于全国平均水平

至 2019 年 7 月底，海南“数字政府”建设中面临的主要问题是：市场主体对“数字政府”的强烈需求与当前“数字政府”建设不充分之间的矛盾。

首先，海南省“数字政府”建设的阶段性成果已经不能满足海南省市场主体的需求。如图 14 所示，高达 92% 的受访市场主体表示愿意使用手机客户端办理相关业务，但是仅有 52% 的受访者知道手机 App 的存在，实际使用率只有 40%，这表明仅就手机端而言，有约 52% 的市场主体的办事需求不能得到满足。同样，93% 的受访市场主体表示愿意使用网上办事大厅，虽然在知晓率方面有 64% 的受访市场主体表示知道网上办事大厅的存在，但使用率只有 46%。这也意味着大约 47% 的市场主体的办事需求没有得到满足。

其次，未来海南省的发展必然对“数字政府”的建设水平提出更高的要求。2018 年，《中国（海南）自由贸易试验区总体方案》出台。在这个背景下，海南省将迎来又一个重要的经济发展契机，市场主体数量增加，海南需要抓住这一重要机遇期。

（二）原因分析

从需求侧的角度分析，海南省“数字政府”建设水平还有待提高的原因有以下三个方面。

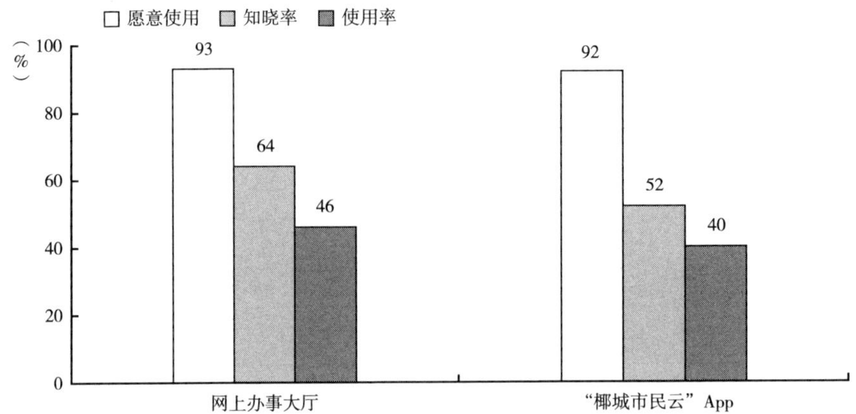

图 14 海南省“数字政府”建设水平不能满足市场主体的内在需求

1.“数字政府”的知晓率还有待提高

对于网上办事大厅，有93%的市场主体表示愿意使用，但是只有64%的市场主体知道网上办事大厅的存在，两者相差29个百分点；而对于手机客户端，有92%的市场主体表示愿意使用，但是手机客户端的知晓率仅为52%，两者相差40个百分点，这表明许多市场主体已经有使用“数字政府”的意愿。相关职能部门需要加大宣传力度。由图5可知，一半左右的市场主体是通过现场工作人员引导的方式接触到“数字政府”相关服务的，主动去寻找的比重很小（均低于20%），这反映出职能部门对于网上政务的宣传力度不够，市场主体对于主动使用“数字政府”的积极性不高。

2.“数字政府”上的业务不全，导致“数字政府”使用率低

海南省“数字政府”使用情况不理想，造成这个现象主要的原因是“数字政府”提供的服务不全以及不能全流程办理。

“数字政府”上的业务不全。如图15所示，在全国视野下，海南省“数字政府”业务不全的问题显得尤为明显，海南省“数字政府”系统中“业务不全”问题所占比重比全国平均水平高22个百分点，比此项数据中的全国最低省份高了37个百分点。而如图16所示，市场主体“未选择电脑上办理”的原因中，占比最大的正是“业务不全”，达到56%，其次是

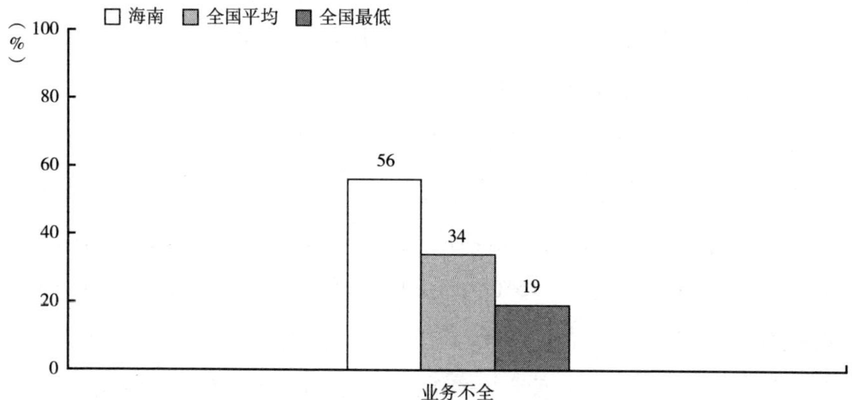

图 15　海南省“业务不全”状况较为突出

“电脑上没办完还要到现场办理”。同样地，市场主体“未选择手机办理”的原因中，“手机没有这项业务”的比例达到 59%，接近六成，“手机上没办完还要到现场办理”的比例达到 24%。这两者事实上都是“数字政府”业务覆盖不够完全的体现。

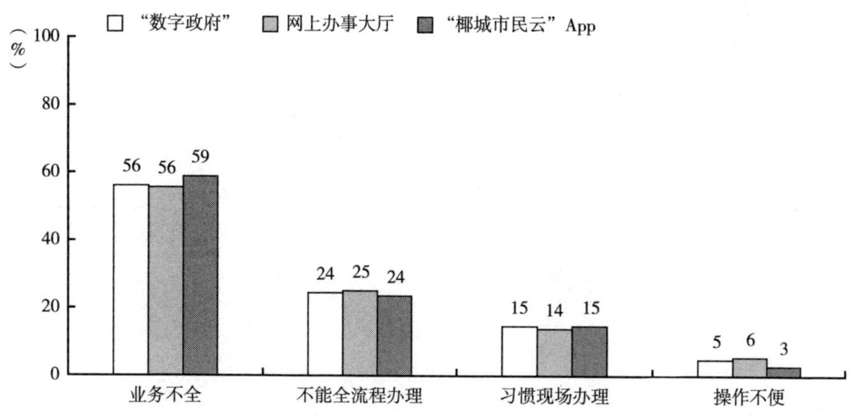

图 16　办事主体未选择使用“数字政府”及其相关系统的原因

对于市场主体而言，如果“数字政府”有相应的业务可以办理，绝大部分（93%）会使用“数字政府”以节省办事的时间和费用，但目前“数字政府”覆盖业务有限，可能限制了“数字政府”使用率的提升。比如，我们在调研中了解到，有些执照和证件目前还需到现场验证。

3. 市场主体仍然习惯于现场办理

如图 16 所示，虽然市场主体习惯于现场办理已经不是市场主体不选择“数字政府”的最主要原因，但其仍然占有一定比重。在没有选择电脑办理的市场主体中，有 14% 的是因为习惯现场办理，这一原因在没有选择手机上办理的市场主体中达到了 15% 。在前文中我们提到认为网上政务可以完全取代窗口服务的市场主体只占到了三成左右，也有市场主体对网上政务的“一刀切”推行表达了一些不满。这都反映出窗口服务的独特优势，比如可以及时得到工作人员的指导、在办理时不容易出错等，因此市场主体对窗口服务有一定的依赖性。

总而言之，“数字政府”业务不全以及无法提供全流程办理服务是当下直面的问题，也是“数字政府”推广过程中的巨大挑战。随着海南省政府对“数字政府”建设的重视、投入的增加以及科技的发展，通过强宣传、全流程建设、线上线下融合发展的组合拳，能够助推海南“数字政府”尽快进入大规模使用、好用阶段。

重庆市“数字政府”需求侧调查报告*

一 重庆报告概览

为了解、分析重庆市“数字政府”建设取得的实效，中山大学“深化商事制度改革研究”课题组在2019年7月25日至8月3日开展了一次面向全市的随机实地调研，从需求侧的视角评估重庆“数字政府”建设情况。在本次调研中，课题组共实地走访了市内7个区的行政服务大厅。7个区分别为九龙坡区、北碚区、渝北区、渝中区、南川区、潼南区和大足区，回收有效问卷213份。

重庆市“数字政府”需求侧建设指标体系及最新进展情况如表1所示。总体而言，重庆市“数字政府”需求侧建设总得分67分，低于全国平均得分71分，在分数评级中评为C级。重庆市“数字政府”潜在使用率得分92分，评级为A级，与全国平均水平相当。重庆市“数字政府”实际知晓率得分为63分，略低于全国平均得分69分，评级为C级水平。“数字政府”实际使用率得分45分，略低于全国平均得分53分，评级为D级水平。

表1 重庆市“数字政府”需求侧建设指标体系及最新进展

指标	全国	重庆市	重庆市评级	重庆市最大值	重庆市最小值
一级指标 “数字政府”需求侧建设	71	67	C	89	44

* 执笔人：吕咏珊、苏逸宁、张莉。

续表

指标	全国	重庆市	重庆市评级	重庆市最大值	重庆市最小值
二级指标					
“数字政府”潜在使用率	92	92	A	100	82
“数字政府”实际知晓率	69	63	C	90	31
“数字政府”实际使用率	53	45	D	76	19

注：“最大值”和“最小值”指的是在重庆市内7个调研直辖市辖区中的最大值和最小值。评级划分标准为：A级（85～100分）、B级（70～84分）、C级（60～69分）、D级（60分以下）。总得分为3个二级指标的平均值。

资料来源：中山大学“深化商事制度改革研究”课题组。

二　重庆“数字政府”需求侧建设的最新进展

从需求侧的视角看，重庆市“数字政府”建设大致可以分为想用、知道、使用和好用四个阶段。重庆市市场主体对“数字政府”的建设和运用抱有很积极的态度，“数字政府”建设已有坚实的市场主体基础。目前，重庆市“数字政府”正处于大力普及和不断完善的过程中。

（一）在重庆，92%的市场主体认为“数字政府”是大势所趋

如图1所示，在本次重庆市的受访市场主体中，高达92%的市场主体认为“数字政府”是大势所趋，对“数字政府”未来的发展持积极态度，仅有8%的市场主体不确定。值得注意的是，在受访市场主体中，没有市场主体对“数字政府”未来的发展持完全否定态度。这表明，重庆市内绝大多数市场主体都对“数字政府”未来发展走势持有乐观或者相对乐观的态度，认为政府通过计算机或手机提供办事服务是一种必然趋势。

（二）在重庆，92%的市场主体表示愿意使用“数字政府”

如图2所示，如果“数字政府”端可以办理相关业务，受访市场主体中有92%的市场主体是愿意尝试的，仅有6%的市场主体不愿意尝试。具体

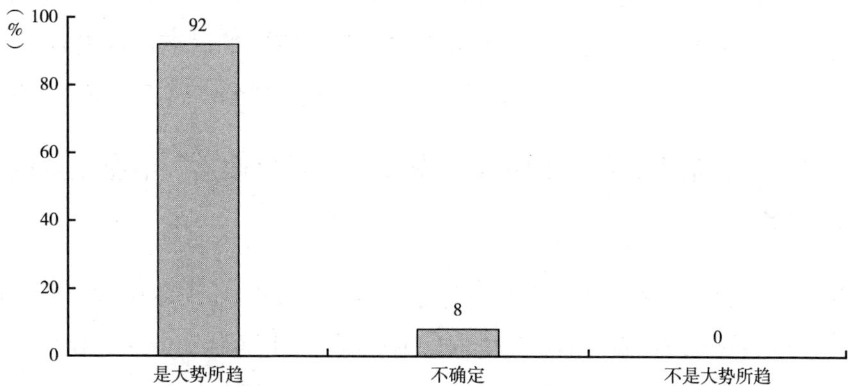

图1　重庆市92%的市场主体认为“数字政府”是大势所趋

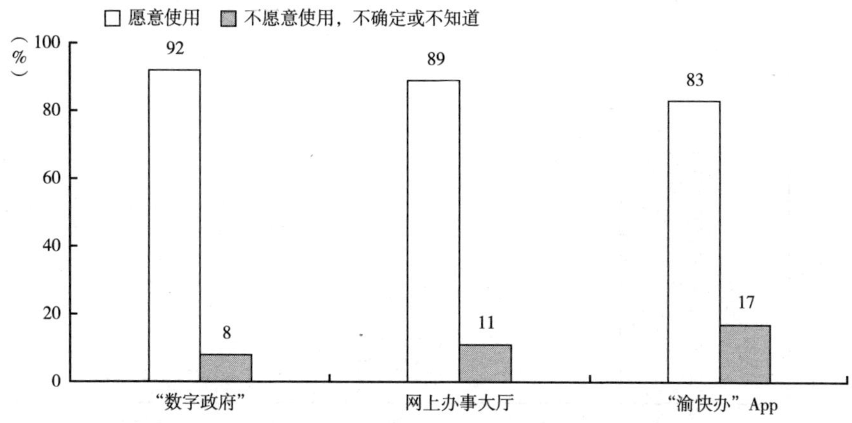

图2　重庆市92%的市场主体表示愿意使用“数字政府”

来看，愿意使用网上办事大厅办理相关业务的市场主体比例为89%，愿意使用手机App“渝快办”办理的市场主体比例为83%。

在调研访问中，我们也了解到很多市场主体对“数字政府”有具体的看法和建议。在各区调研的过程中，我们都听到了很多对“数字政府”的肯定与支持：“网上可以办当然好啊，都少跑好多趟!”“网上方便得多，少排点队，节约时间和精力。”同时，我们了解到大部分不愿使用手机端而愿意使用电脑端办理的市场主体认为手机屏幕较小、操作相对不方便，更愿意在电脑端操作，如果系统更适配手机，或者相关业务可简化操作步骤，还是十分愿意使用手机端操作的。这表明，重庆市“数字政府”的潜在市场需求很大，绝大多数市场主体对“数字政府”持开放态度，愿意尝试“数字政府”服务。

（三）在重庆，74%的市场主体认为“数字政府”不能完全取代窗口服务

如图3所示，在受访的市场主体中，有74%的市场主体认为“数字政府”提供的网上政务服务不能完全取代窗口服务，19%的市场主体认为“数字政府”能完全取代窗口服务，7%的市场主体表示不确定。根据上文，尽管高达92%的市场主体认为“数字政府”是大势所趋，但大部分市场主体仍然认为保留窗口服务是必要的，“数字政府”并不能完全取代窗口服务。

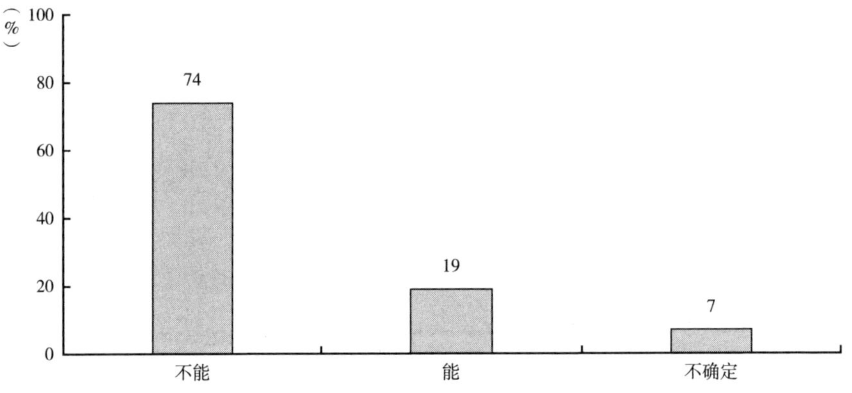

图3 重庆市74%的市场主体认为“数字政府”不能完全取代窗口办理

这表明，目前人工窗口服务在某些方面仍有其优势条件和不可取代性。换言之，大部分市场主体都认为“数字政府”还是存在一定局限性，需要窗口服务和“数字政府”服务两者结合，才能发挥政务服务的最优功效。

（四）在重庆，63%的市场主体知道“数字政府”

本研究把市场主体知道“数字政府”的比例定义为知晓率。如图4所

示，重庆市“数字政府”的知晓率为63%。其中，网上办事大厅的知晓率为61%，手机App的知晓率为30%。

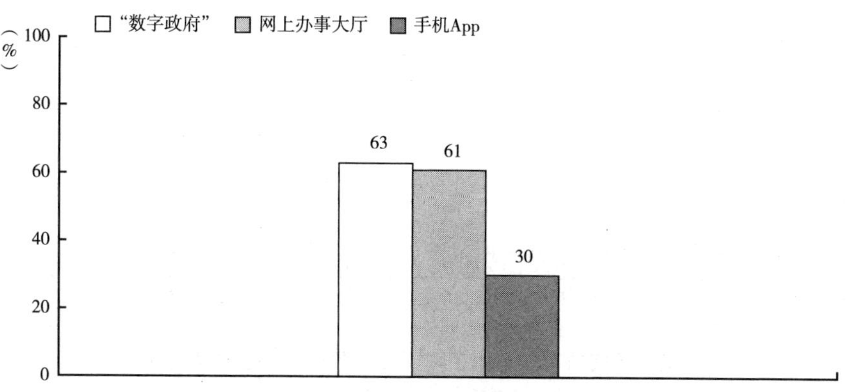

图4　重庆市63%的市场主体知道“数字政府”

（五）重庆市市场主体了解“数字政府”的主要渠道为办事大厅工作人员告知

如图5所示，有3%的市场主体是通过媒体宣传了解的，9%的市场主体是通过自己上网查找而了解到“数字政府”的，16%的市场主体是依靠朋友介绍得知的，17%的市场主体是通过办事大厅广告得知的，10%的市场主体是通过其他渠道知道的，45%的市场主体都是通过办事大厅工作人员告知得知“数字政府”的。这意味着，知道“数字政府”的市场主体中，有62%（45%+17%）的市场主体都是事先并不知道“数字政府”，来到办事大厅现场后才知道的（通过办事大厅广告或工作人员告知）。

（六）在重庆，45%的市场主体使用“数字政府”

本研究把市场主体使用“数字政府”的比例定义为使用率。如图6所示，平均而言，重庆市“数字政府”的使用率为45%。其中，网上办事大厅的使用率为42%。手机App自2018年11月推出以来，经过8个月的时间，使用率达到16%。

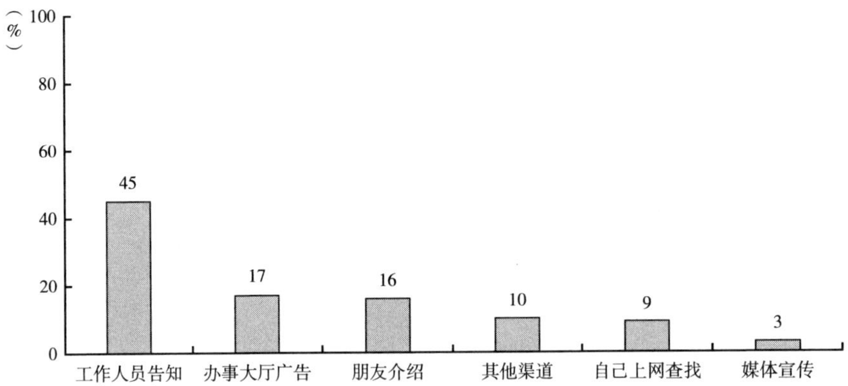

图5 重庆市市场主体了解“数字政府”的主要渠道为“工作人员告知”

在此基础上，本研究把知道“数字政府”的市场主体使用“数字政府”的比例定义为吸引力，即“数字政府”使用率与“数字政府”知晓率的比值。如图4和图6所示，重庆市“数字政府”的吸引力为71%（45%÷63%），即知道“数字政府”的市场主体中，71%的市场主体会选择使用“数字政府”。具体而言，网上办事大厅的吸引力为69%（42%÷61%），手机App的吸引力为53%（16%÷30%）。

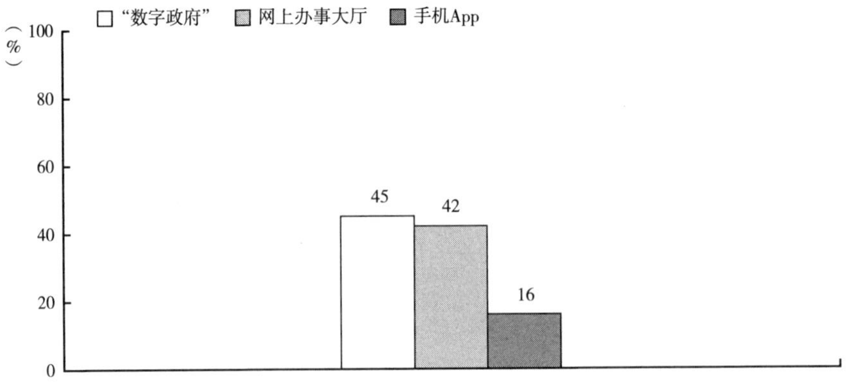

图6 重庆市45%的市场主体使用“数字政府”

（七）重庆市市场主体更偏向在手机 App“渝快办”上查询办事信息，在网上办事大厅办理具体业务

如图 7 所示，对于在手机端办事进行的操作而言，47% 的市场主体在手机端进行过“查询办事信息”（办事流程和所需资料）的操作，31% 的进行过“预约”操作，19% 的在手机端“办理具体业务”。可见，在使用手机办事的市场主体中，绝大部分市场主体仅查询信息或预约，而非办理具体业务。而对于电脑端，市场主体则更多在办理具体业务上。有 46% 的市场主体会在电脑端上“办理具体业务”；37% 的会“查询办事信息”（办事流程和所需资料）；而进行“预约”的市场主体占比则显著少于手机端，仅为 15% 。

在调研过程中，很多市场主体都向我们吐露：“很多事情都可以在计算机上直接办理，大大节省了来回奔波的时间”“相较于以前，现在已经方便很多了”。

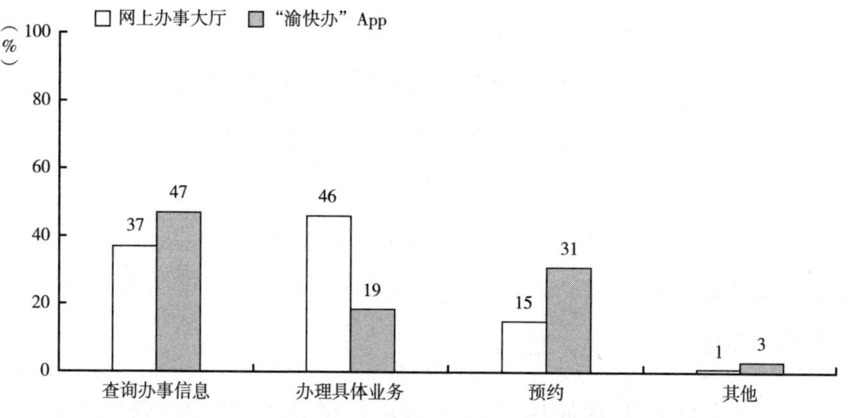

图 7　重庆市市场主体更倾向于在手机 App“渝快办”上查询办事信息，在网上办事大厅办理具体业务

（八）本部分小结

以上分析表明，重庆市市场主体对于“数字政府”的整体态度积极。

具体而言，92%的市场主体认为“数字政府”是大势所趋，相信这是政务服务未来大体的发展方向。

同时，从需求状况来看，“数字政府”拥有大量潜在的需求。在重庆市，92%的市场主体愿意使用“数字政府”，其中愿意使用网上办事系统的有89%，愿意使用手机App办事系统的有83%。

在“数字政府”建设上，重庆市目前大致处于较大规模知道阶段，还未能进入大规模使用阶段，具体如下。

在重庆市，“数字政府”的知晓率为63%，“数字政府”的使用率为45%。通过对比知晓率和使用率，重庆“数字政府”的平均吸引力为71%。

在宣传方式上，近一半的重庆市场主体是通过“工作人员告知”的方式得知“数字政府”的，有62%的市场主体都是在办事大厅现场得知“数字政府”的（通过办事大厅广告或工作人员告知）。

关于窗口服务可取代性问题，重庆有74%的市场主体认为“数字政府”不能完全取代窗口办理，仅有19%的市场主体认为窗口服务可以完全被“数字政府”取代。

三　重庆“数字政府”需求侧建设在全国视野下的比较分析

本部分将基于中山大学“深化商事制度改革研究”课题组在2019年全国商事制度改革调研中的成果，在全国视野下考察重庆市“数字政府”需求侧建设情况。

（一）重庆市愿意使用“数字政府”的市场主体比例与全国平均水平持平

如图8所示，重庆市愿意使用“数字政府”的市场主体比例为92%，与全国平均水平相当。在四个直辖市之中，北京、天津、上海市场主体愿意使用的比例分别为98%、94%、98%，重庆市处于最末的位置。在全国视野下，重庆市愿意使用“数字政府”的市场主体比例比最高省份低 6 个百分点，比最低省份高 7 个百分点。

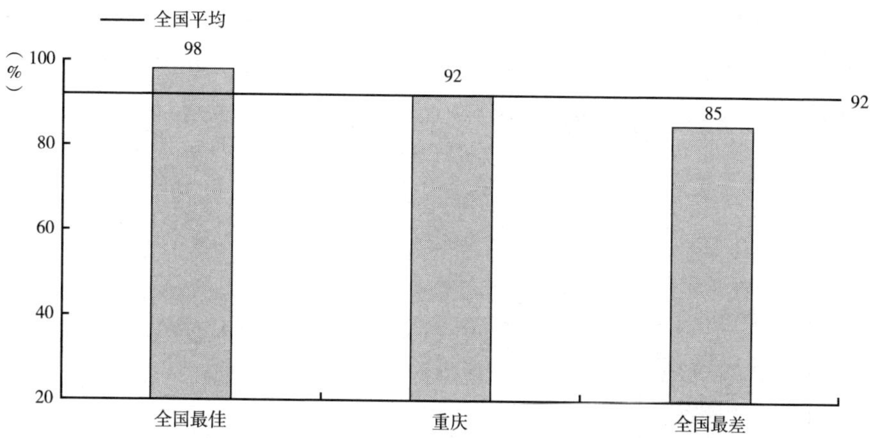

图 8　重庆市愿意使用“数字政府”的市场主体比例与全国平均水平相当

（二）重庆市“数字政府”的知晓率比全国平均水平低6个百分点

如图 9 所示，重庆“数字政府”的知晓率为 63%，略低于全国平均知晓率的 69%。此外，目前国内最佳水平省份的“数字政府”的知晓率为 90%。因此，在全国视野来看，重庆“数字政府”知晓率比国内最佳水平低 27 个百分点，比全国平均水平低 6 个百分点。

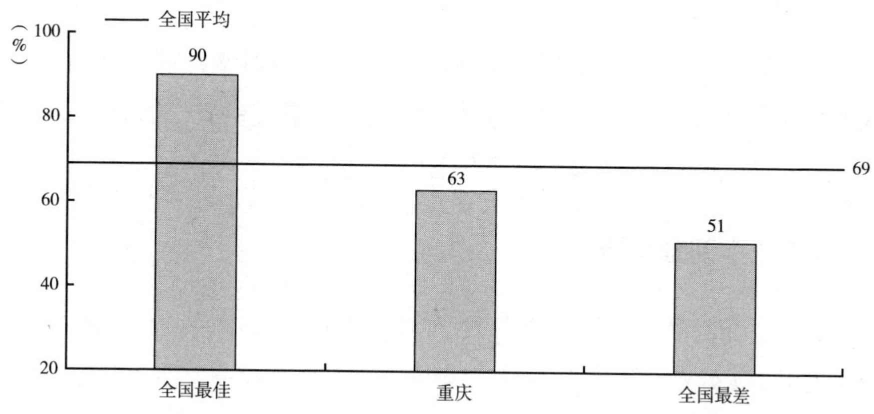

图 9　重庆市“数字政府”的知晓率比全国平均水平低 6 个百分点

（三）重庆市“数字政府”的使用率比全国平均水平低8个百分点

如图10所示，重庆“数字政府”的使用率为45%，全国平均使用率为53%，全国最佳水平为80%。因此，从全国而言，重庆“数字政府”的使用率比全国最佳省份低35个百分点，比全国平均水平低8个百分点。

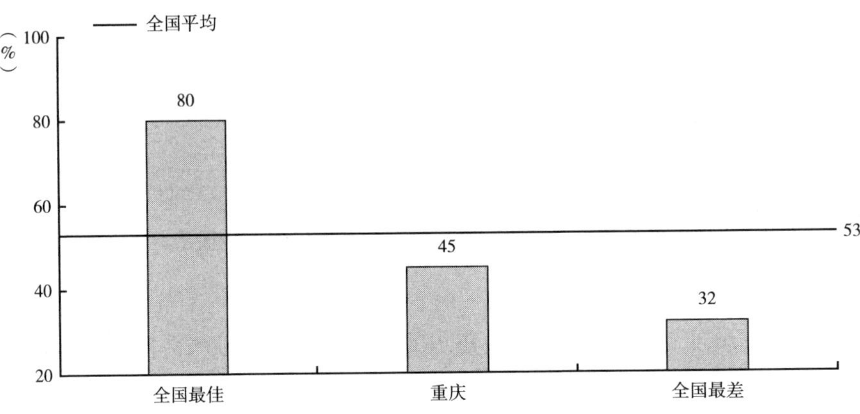

图10　重庆市“数字政府”的使用率比全国平均水平低8个百分点

（四）重庆市“数字政府”的吸引力略低于全国平均水平

如图11所示，重庆市“数字政府”的吸引力为71%，略低于全国平均水平77%。在全国范围内，“数字政府”吸引力最高的省份为89%。重庆市为比较居中的水平，与最高水平仍有较大差距。

（五）本部分小结

以上分析表明，从需求侧看，虽然重庆市场主体使用“数字政府”的意愿水平基本处于全国平均水平，“数字政府”的知晓率、使用率和吸引力均低于全国平均水平。

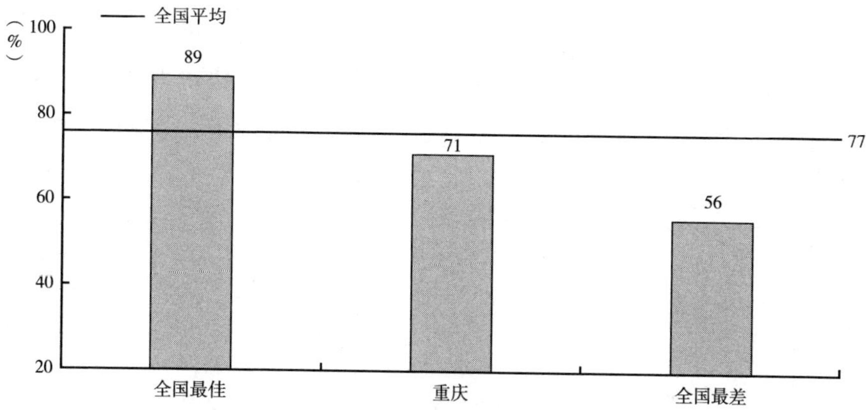

图 11 重庆市“数字政府”的吸引力比全国平均水平低 6 个百分点

四 重庆“数字政府”需求侧建设中的主要问题

（一）重庆市“数字政府”需求侧建设中面临的核心问题

从需求侧来看，截至 2019 年 8 月初，重庆市“数字政府”建设中面临的主要问题是：市场主体对“数字政府”的强烈使用意愿与当前“数字政府”建设尚不完善之间的矛盾。通过数据分析，我们发现重庆市“数字政府”建设中总体呈现“强意愿弱使用、强吸引弱宣传”的矛盾。

具体而言，重庆市愿意使用“数字政府”的市场主体比例达到 92%，与全国平均水平相当。然而，重庆市实际使用过“数字政府”的市场主体比例仅为 45%，较全国平均水平低了 8 个百分点，较全国最高水平低了 35 个百分点。

同时，如图 12 所示，在使用过“数字政府”的受访市场主体中，仅有 28% 的市场主体经常使用的计算机系统为 1 个。也就是说，只有 28% 的市场主体仅用一个计算机上的办事系统就可以基本满足日常政务服务办理的所有需要。移动端的情况相比来说较好，有 50% 的市场主体经常使用的手机端办事系统为 1 个。同时，我们注意到，仍有少部分的市场主体经常使用 4 个及以上的办事系统，才能够满足日常政务服务的需要。这表明，无论是电脑端还是手机端，政务办事系统都尚未完全整合集中，仍较为分散。市场主体目前很难实现只操作 1 个办事系统就办理所有需办业务，系统服务体验感并不突出。

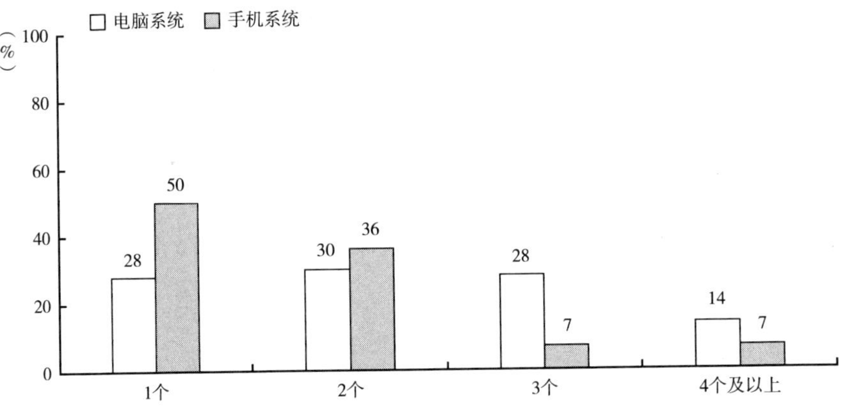

图 12　重庆市尚未实现 1 个系统办理全部业务的目标

从宣传角度出发，我们发现重庆市 62% 的市场主体都是通过办事大厅广告或工作人员告知而知晓“数字政府”的相关信息的，其他宣传渠道的推广效力相对较弱。

（二）原因分析

1. 线上线下业务流程未能全面整合，给市场主体带来不便

如图 13 所示，在没有选择“数字政府”的市场主体中，34% 的市场主体是因为“不能全流程办理”，19% 的市场主体是因为“业务不全”，12% 的市场主体是因为“操作不便”，9% 的市场主体是因为“习惯现场办理”，25% 的市场主体是因为其他原因。可以看出，在所有没有选择“数字政府”的市场主体中，因“不能全流程办理”而没有选择“数字政府”的市场主体占比最大。

此外，绝大多数市场主体都使用 2 个及以上的办事系统。办事系统的不统一增加了市场主体适应系统操作的难度，直接导致了相当一部分市场主体

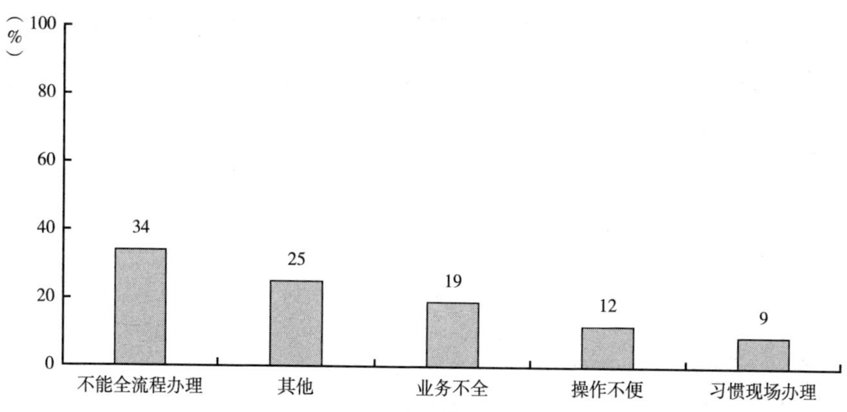

图 13　重庆市市场主体因“不能全流程办理”而没有选择“数字政府”的占比最高

放弃在线办理方式。

在实地调研过程中，我们也听到很多市场主体对“数字政府”使用方面提出的意见。在渝中区，有一位市场主体告诉我们：“网上还是有一些事情办不了，有些程序必须还是要到现场来。要是哪一天完全不用跑，坐着就可以走完全流程就好了！”在九龙坡区调研的时候，我们也听到了类似的反映：“计算机上操作确实方便，也不需要来回跑很多趟。但是一些资料提交以及审批标准，计算机上还是表述得不够清楚，而且计算机上也没有一个很好的渠道可以为我们答疑解惑，最终可能还是需要到办事大厅来问。”另外，少数年龄稍大的市场主体也向我们倾诉：“网上政务确实可以方便很多人，尤其是年轻人。但对于我们这种年龄稍大、不太懂计算机的人来说，其实有点增加我们的负担。现在很多程序现场工作人员都会要求你在计算机上先办理好，反而让我们很为难。”

总体来说，“数字政府”建设中在很多细节方面遇到了诸多瓶颈，如数字政府办理业务流程不全、单个系统功能不完整等。这些不完善之处也使市场主体在日常使用过程中感受到了诸多不便。

2.“数字政府”推广渠道单一，需要从多个渠道加强宣传

如图 14 所示，有 9% 的市场主体是通过自己网上查找了解“数字政府”

的，16% 的市场主体是依靠朋友介绍得知的，62% 的市场主体是在办事大厅了解到“数字政府”，10% 的市场主体是通过其他渠道得知的。

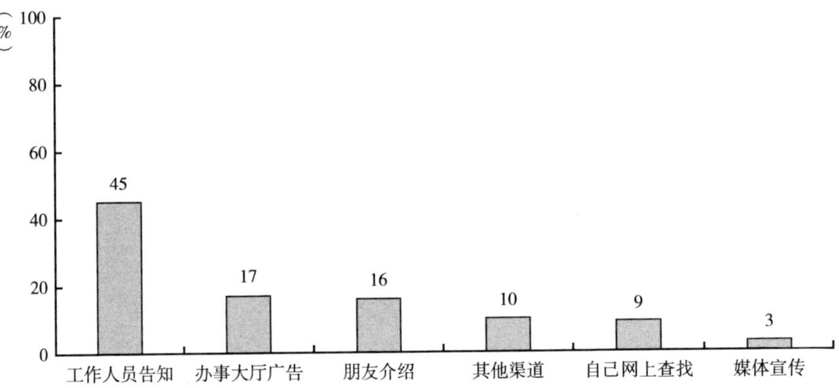

图 14　重庆市市场主体了解“数字政府”的主要渠道“工作人员告知”

这表明，一方面，职能部门是目前宣传推广“数字政府”的主要渠道，提高“数字政府”知晓率和使用率显然需要进一步加大主动宣传、主动告知的力度。另一方面，媒体在“数字政府”宣传推广方面的贡献还比较小（3%），如何借助新媒体优势普及“数字政府”，可能是提高重庆“数字政府”知晓率和使用率的另一可行方式。

贵州省“数字政府”需求侧调查报告*

一　贵州报告概览

中山大学“深化商事制度改革研究”课题组在2019年7月15日至8月20日开展了一次面向全国的调研。其中在贵州省，课题组实地走访了3个市、7个区的办事大厅，随机访谈前来办理业务的市场主体。3个市分别为遵义市、毕节市、贵阳市，7个区分别是红花岗区、播州区、汇川区、七星关区、观山湖区、南明区、云岩区。随机调查中回收有效问卷合计277份。

贵州省“数字政府”需求侧建设指标体系及最新进展情况如表1所示。贵州省“数字政府”需求侧建设总得分为75分，评级为B级，高于全国平均水平4分。其中“数字政府”潜在使用率得分为96分，评级为A级，高于全国平均水平4分；“数字政府”实际知晓率得分为73分，评级为B级，高于全国平均水平4分；“数字政府”实际使用率得分为56分，评级为D级，高于全国平均水平3分。总体而言，贵州省“数字政府”的建设水平略优于全国平均水平。

表1　贵州省“数字政府”需求侧建设指标体系及最新进展

指标	全国	贵州省	贵州省评级	贵州省最大值	贵州省最小值
一级指标 “数字政府”需求侧建设	71	75	B	77	69

* 执笔人：曾红丽、苏逸宁、李小瑛。

续表

指标	全国	贵州省	贵州省评级	贵州省最大值	贵州省最小值
二级指标					
“数字政府”潜在使用率	92	96	A	96	94
“数字政府”实际知晓率	69	73	B	74	70
“数字政府”实际使用率	53	56	D	61	42

注：“最大值”和“最小值”指的是在贵州省内3个调研地级市中的最大值和最小值。评级划分标准为：A级（85~100分）、B级（70~84分）、C级（60~69分）、D级（60分以下）。总得分为3个二级指标的平均值。

资料来源：中山大学“深化商事制度改革研究”课题组。

二　贵州“数字政府”需求侧建设的最新进展

从需求侧的视角看，“数字政府”建设大致可以分为想用、知道、使用和好用四个阶段。从贵州省市场主体的反馈情况看，市场主体对“数字政府”建设的需求大和期望高，贵州省“数字政府”处于高速发展的机遇期。

（一）在贵州省，95%的市场主体认为“数字政府”是大势所趋

如图1所示，在访问市场主体认为“数字政府”是否为大势所趋时，贵州省95%的市场主体认为“数字政府”是大势所趋，4%的表示不确定，只有1%的认为不是大势所趋。在省内3市7区中，几乎所有的市场主体都表示“数字政府”建设是必须的，可见贵州各地市场主体普遍认同“数字政府”是大势所趋。

（二）在贵州省，96%的市场主体表示愿意使用“数字政府”

如图2所示，如果“数字政府”能办理所需业务，平均而言，贵州省96%的市场主体表示愿意使用。其中，94%的市场主体愿意使用电脑端办事系统，93%的市场主体愿意使用移动端办事系统；仅有4%的市场主体不愿

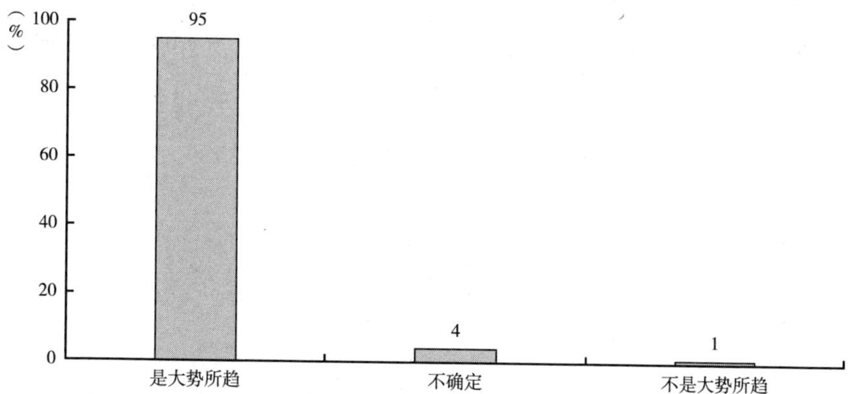

图 1　在贵州省，95%的市场主体认为“数字政府”是大势所趋

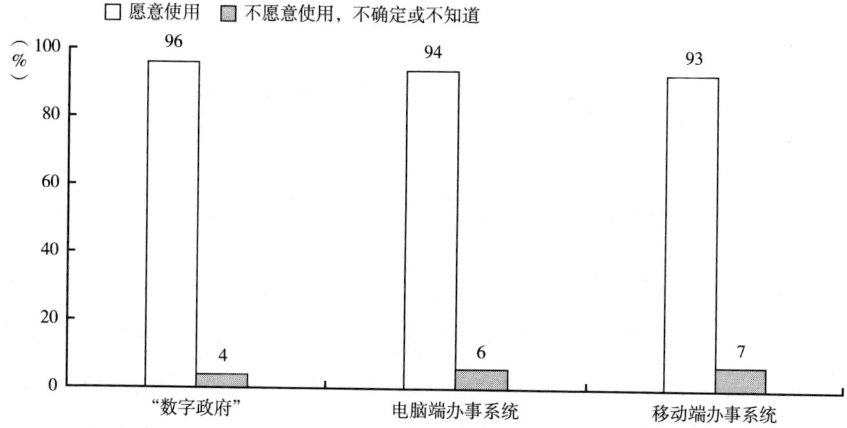

图 2　在贵州省，96%的市场主体表示愿意使用“数字政府”

意使用“数字政府”办理业务。这表明，贵州省“数字政府”的潜在市场需求很大，如果能办理所需业务，绝大多数市场主体愿意尝试。

（三）在贵州省，73%的市场主体知道“数字政府”，其中70%的市场主体知道电脑端办事系统，43%的市场主体知道移动端办事系统

本研究把市场主体知道“数字政府”的比例定义为知晓率。如图 3 所

示，平均而言，贵州省“数字政府”的知晓率为73%。其中，网上办事大厅自2014年推出以来，经过五年时间的发展，知晓率为70%。移动端办事系统“贵人服务”自2019年4月推出以来，知晓率达到43%。

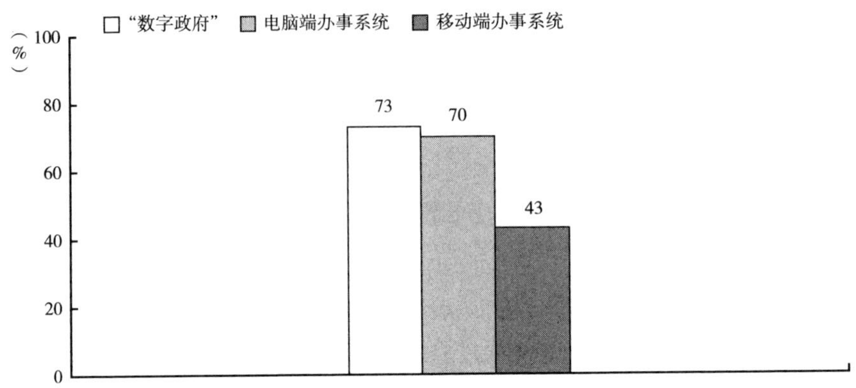

图3　在贵州省，73%的市场主体知道“数字政府”

（四）在贵州省，“数字政府”的使用率为56%

本研究把市场主体使用“数字政府”的比例定义为使用率。如图4所示，在贵州省，“数字政府”的使用率为56%。这表明，被调研的市场主体中，已有接近六成的市场主体使用了“数字政府”。其中，电脑端办事系统经过五年的发展，使用率为50%；移动端办事系统的使用率为24%。

（五）在贵州省，“数字政府”的吸引力为77%

本研究把在知道“数字政府”的市场主体中使用“数字政府”的比例定义为吸引力，即“数字政府”使用率与“数字政府”知晓率的比值。如图5所示，“数字政府”的吸引力达到了77%。其中电脑端办事系统对市场主体的吸引力达到71%，移动端办事系统对市场主体的吸引力达到56%。这说明，在知晓“数字政府”的市场主体中，近八成愿意使用，“数字政府”具有较大的吸引力。

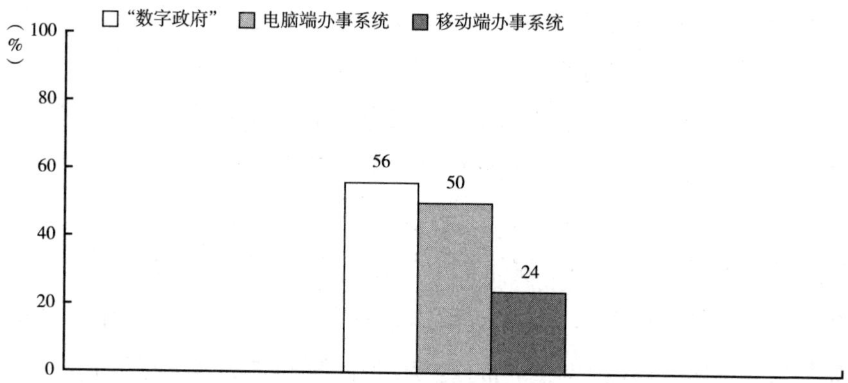

图4 在贵州省，“数字政府”的使用率为56%

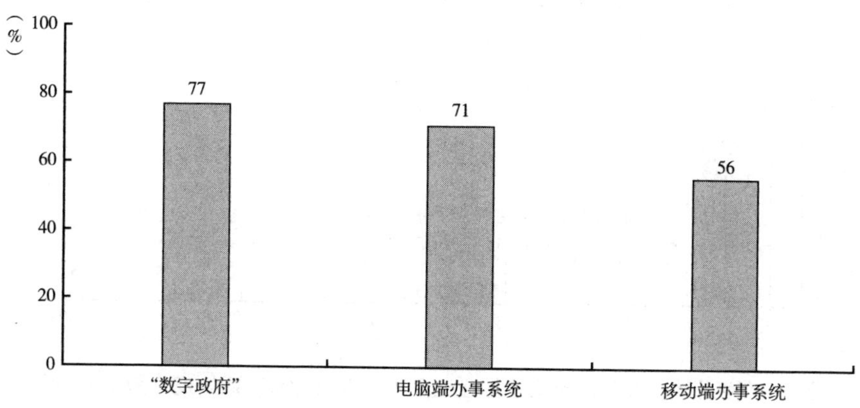

图5 在贵州省，“数字政府”的吸引力达到77%

（六）在贵州省，66%的市场主体通过职能部门宣传推广获知“数字政府”

如图6所示，市场主体通过“工作人员告知”、“朋友介绍”、“办事大厅广告”和“媒体宣传”知道“数字政府”的比例分别为53%、20%、13%和6%。这表明，有66%（53%+13%）的市场主体通过政府职能部门的宣传推广而获知“数字政府”，政府职能部门主动告知在提高“数字政府”知晓率上起到主要作用。

其中，对于电脑端办事系统而言，市场主体通过“工作人员告知”、“朋友介绍”、“办事大厅广告”和“媒体宣传”知道电脑端办事系统的比例分别为54%、20%、13%和6%。在知道电脑端办事系统的市场主体中，67%的市场主体也是通过职能部门的宣传推广而获知“数字政府”的。

对于移动端办事系统而言，市场主体通过“工作人员告知”、“朋友介绍”、“办事大厅广告”和“媒体宣传”知道移动端办事系统的比例分别为52%、22%、14%和7%。在知道移动端办事系统的市场主体中，同样有66%的市场主体是通过职能部门的宣传推广而获知“数字政府”的。

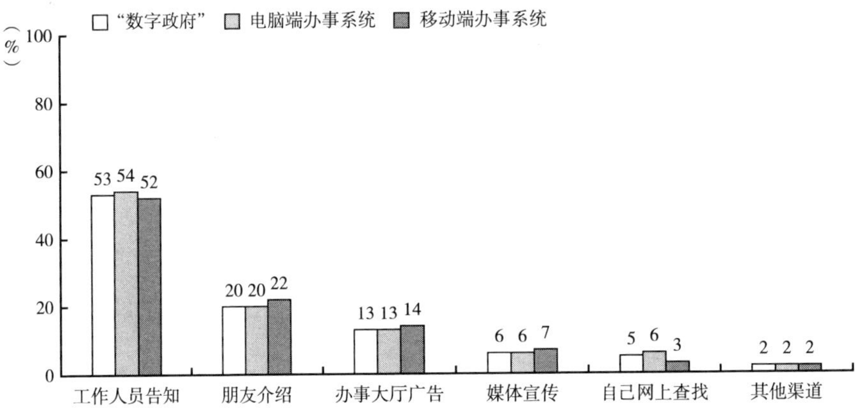

图6　在贵州省，53%的市场主体通过“工作人员告知”而知道“数字政府”

（七）在贵州省，市场主体主要使用“数字政府”办理具体业务

如图7所示，在使用“数字政府”的市场主体中，办理具体业务、查询办事信息、预约的比例分别为46%、34%和17%。这表明，市场主体主要使用“数字政府”办理具体业务，其次是查询办事信息，较少使用预约功能，三大功能发展较不均衡。

其中，使用电脑端办事系统的市场主体中，有48%的市场主体办理具体业务，34%的市场主体查询办事信息，16%的市场主体进行预约操作。使用移

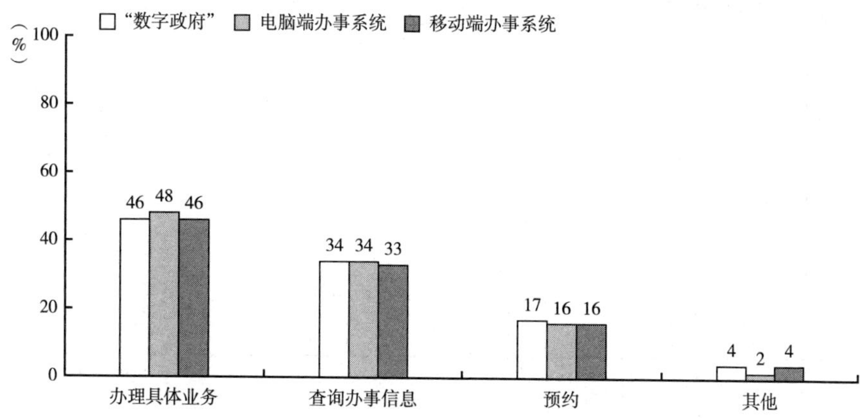

图7 在贵州省，市场主体主要通过“数字政府”办理具体业务、查询办事信息

动端办事系统的市场主体中，有46%的市场主体办理具体业务，33%的市场主体查询办事信息，16%的市场主体进行预约操作。这表明，市场主体在电脑端办事系统和移动端办事系统上都主要进行办理业务的操作，业务发展不均衡。

（八）在贵州省，38%市场主体常用1个电脑端办事系统，46%常用1个移动端办事系统

如图8所示，在使用“数字政府”的市场主体中，常用的办事系统数量主要为1~2个。其中，常用的电脑端办事系统为1个和2个的比例分别为38%和40%，常用的移动端办事系统为1个和2个的比例分别为46%和37%。这表明，市场主体常用的“数字政府”办事系统数量通常为1~2个，“一网通办”程度约为四成。

（九）在贵州省，55%的市场主体认为“数字政府”不能完全取代窗口办理

如图9所示，贵州省55%的市场主体认为“数字政府”不能完全取代

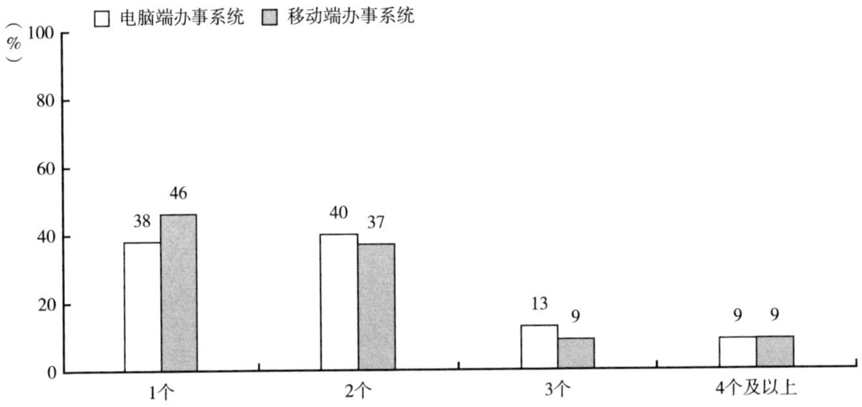

图8　在贵州省，38%的市场主体常用1个电脑端“数字政府”办事系统

窗口办理，32%的市场主体表示能取代，只有13%的市场主体表示不确定。认为不能取代的市场主体主要觉得目前“数字政府”建设还不充分，且年龄偏大的市场主体因不太会用电子产品而认为“数字政府”不如人工服务方便。

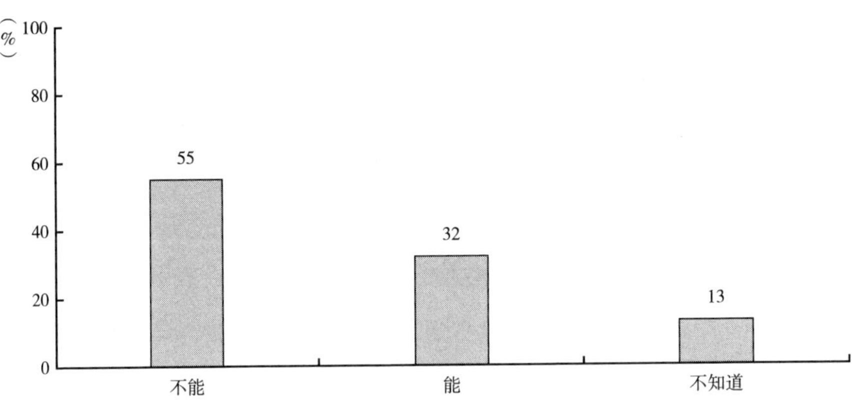

图9　在贵州省，55%的市场主体认为“数字政府”不能替代窗口

（十）本部分小结

以上分析表明，贵州省市场主体对“数字政府”的需求大和期望高，“数字政府”处于高速发展时期，具体表现如下。

95%的贵州省市场主体认为“数字政府”是大势所趋，96%的市场主体愿意使用“数字政府”。

贵州省“数字政府”的知晓率为73%。其中70%的市场主体知道电脑端办事系统，43%的市场主体知道移动端办事系统。

贵州省“数字政府”的使用率为56%，其中电脑端办事系统的使用率为50%，移动端办事系统的使用率为24%。贵州“数字政府”的吸引力达到了77%，即知晓“数字政府”的市场主体中有77%的选择使用。

66%的贵州省市场主体是通过政府职能部门的宣传推广而得知“数字政府”的，政府职能部门在推广“数字政府”上起主要作用。

市场主体通过“数字政府”办理具体业务、查询办事信息、预约的比例分别为46%、34%和17%，三大功能发展较不均衡。

贵州省38%的市场主体常用1个电脑端办事系统，46%的常用1个移动端办事系统。

贵州省55%的市场主体认为“数字政府”不能完全取代窗口办理。

三　贵州“数字政府”需求侧建设在全国视野下的比较分析

本部分在全国视野下考察贵州省“数字政府”需求侧建设情况。从需求侧看，贵州省“数字政府”建设的知晓率、使用率均在全国平均水平之上，吸引力与全国平均水平持平。

（一）贵州省愿意使用“数字政府”的比例比全国平均水平高4个百分点

如图10所示，在贵州省，愿意使用“数字政府”的占比为96%；全国平均水平为92%；在国内最佳省份，愿意使用“数字政府”的占比为98%。因此，从全国视野看，贵州省“数字政府”的潜在使用率比全国最佳省份低2个百分点，比全国平均水平高4个百分点。

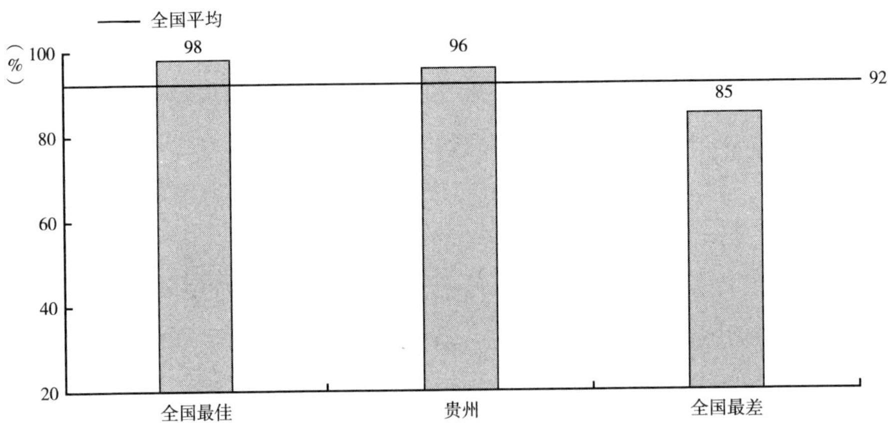

图 10　贵州省愿意使用“数字政府”的比例比全国平均水平高 4 个百分点

（二）贵州省“数字政府”的知晓率比全国平均水平高4个百分点

如图 11 所示，贵州省“数字政府”的知晓率为 73%；全国平均知晓率为 69%；在国内最佳省份，“数字政府”的知晓率为 90%。因此，从全国视野看，贵州省“数字政府”的知晓率比全国最佳省份低 17 个百分点，比全国平均水平高 4 个百分点，略高于全国平均，处于中上水平。

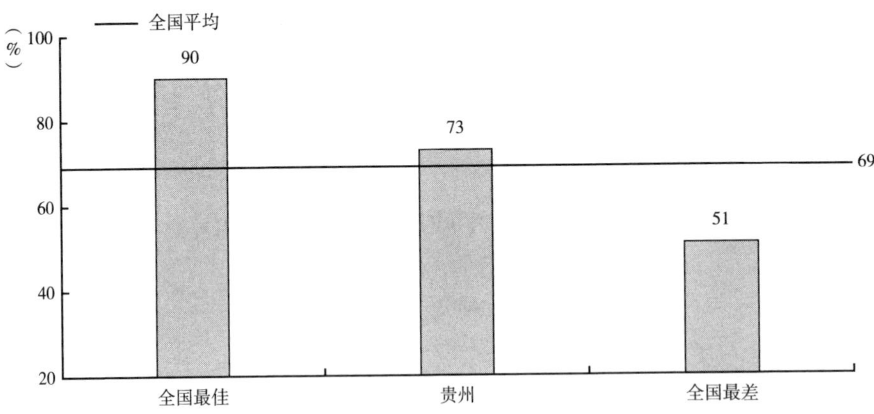

图 11　贵州省“数字政府”的知晓率比全国平均水平高 4 个百分点

（三）贵州省“数字政府”的使用率比全国平均水平高3个百分点

如图 12 所示，整体而言，贵州省“数字政府”的使用率为 56%；全国平均使用率为 53%；在国内最佳省份，“数字政府”的使用率为 80%。因此，从全国视野看，贵州省“数字政府”的使用率比全国最佳省份低 24 个百分点，比全国平均水平高 3 个百分点，略高于全国平均水平。

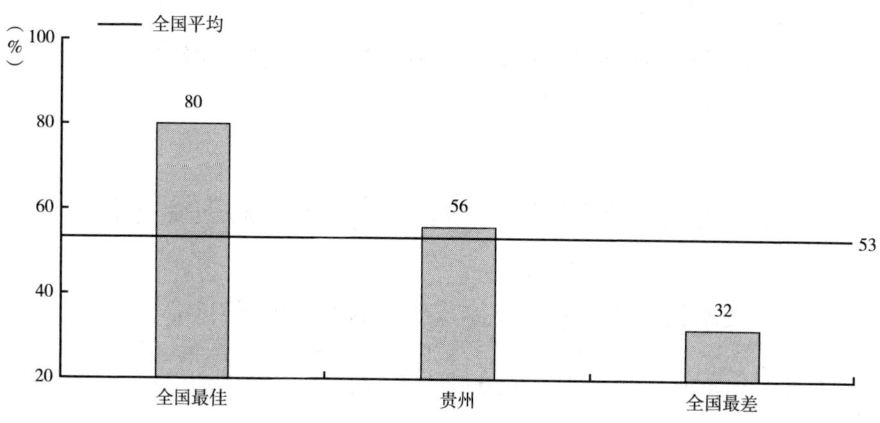

图 12　贵州省“数字政府”的使用率比全国平均水平高 3 个百分点

（四）贵州省“数字政府”的吸引力处于全国平均水平

如图 13 所示，贵州省“数字政府”的吸引力为 77%，与全国平均水平相当；在国内最佳省份，“数字政府”的吸引力为 89%。因此，从全国视野看，贵州省“数字政府”的吸引力比全国最佳省份低 12 个百分点，与全国平均水平相当。

以上分析表明，从需求侧看，贵州省“数字政府”建设的知晓率、使用率都略高于全国平均水平。

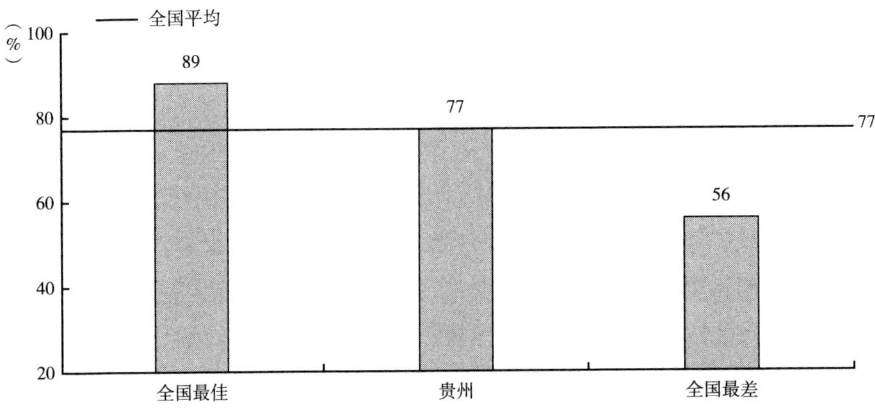

图 13　贵州省“数字政府”的吸引力与全国平均水平持平

四　贵州“数字政府”需求侧建设中的主要问题

（一）贵州省“数字政府”需求侧建设中面临的核心问题

从需求侧的视角看，截至 2019 年 7 月底，贵州省“数字政府”建设中面临的主要问题是：市场主体对“数字政府”的强烈需求与当前“数字政府”建设不充分之间的矛盾。虽然在全国视野下，贵州省目前“数字政府”知晓率、使用率都位于全国平均水平之上，但是“数字政府”的建设水平与市场主体的潜在需求还有一定的差距。

具体而言，如图 14 所示，分别有 94% 和 93% 的市场主体明确表示愿意使用电脑端办事系统和移动端办事系统，二者的实际使用率只有 50% 和 24%。这表明，电脑端办事系统和移动端办事系统分别有 44% 和 69% 的潜在需求没有得到满足。

（二）原因分析

1. 贵州省“数字政府”上的业务不全

如图 15 所示，在未使用电脑端办事系统的市场主体中，43% 的是因为

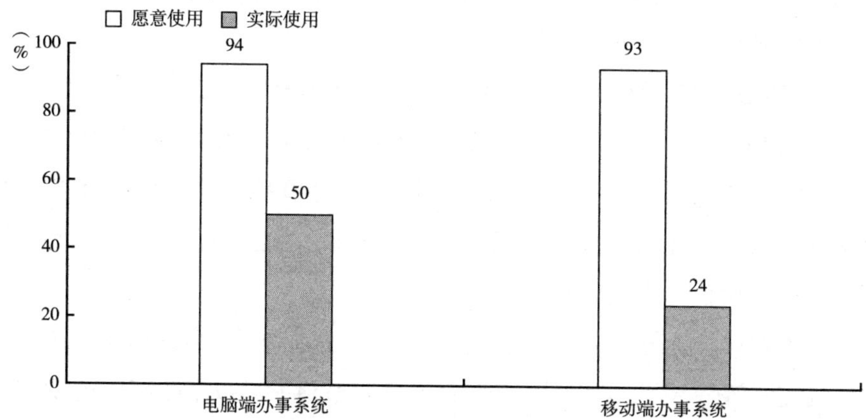

图 14　愿意使用、实际使用"数字政府"的市场主体比例

电脑上的办事系统缺少所需业务。同理，在未使用移动端办事系统的市场主体中，42% 的表示移动端办事系统没有相关业务。这表明，"数字政府"上的业务不全，制约了贵州省"数字政府"使用率的提升。

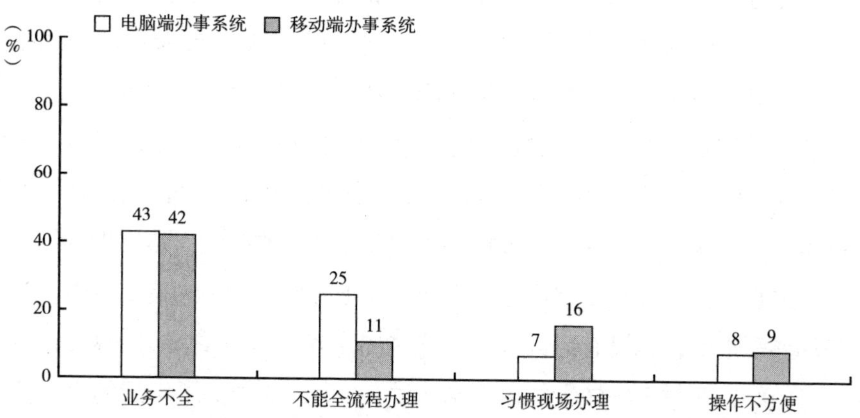

图 15　贵州省市场主体未选择"数字政府"的原因

注：选项中还包含"其他"原因，图中未列示。

在实地调研期间，"业务不全"是市场主体对"数字政府"的普遍看法。在贵阳市的服务大厅，一位前来办理业务的女士反映："网上办事大厅可以办的业务太少了，大多数业务都不可以办理，不然我也不会跑到现场办理，大家都不愿意多跑一趟。”

2. 市场主体在“数字政府”上不能全流程办理业务

如图 15 所示，在未选择电脑端办事系统的市场主体中，有 25% 的表示网上不能全流程办理业务。在未选择移动端办事系统的市场主体中，有 11% 的表示移动端不能全流程办理业务。这表明，业务不能全流程办理也是影响“数字政府”使用率提升的主要原因之一。

在贵阳市，受访市场主体普遍表示“在网上办理了业务的审核，还要在现场提交资料”，不能实现网上全流程办理，限制了“数字政府”的使用率和吸引力提升。

3. “数字政府”使用引导不充分，市场主体习惯线下办理

一部分市场主体习惯在现场操作，认为在网上操作不方便，“数字政府”不够“实用”。如图 15 所示，未选择电脑端办事系统的市场主体中，有 8% 的表示电脑端办事系统操作不方便，7% 的表示习惯现场办理。未选择移动端办事系统的市场主体中，有 9% 的表示移动端办事系统操作不方便，16% 的市场主体表示习惯现场办理。这表明，“数字政府”的使用指引不充分、使用习惯引导不充分也是降低“数字政府”使用率的原因之一。

在调研期间，“操作不方便”是不少市场主体的抱怨。在遵义市，一位市场主体反映：“现在有些工作人员会让你自己在网上处理，我在网上办理审核申请好几次了，在网上审核材料还要花好几天的时间，然后再进行下一步，不如直接备齐材料到现场办理。而且网上办事大厅上的信息有限，没有详细的办事指引，也没有咨询人员，这些操作我又搞不懂。”在遵义市汇川区政务中心，一位年纪较大的市场主体说：“我们这种上了年纪的人，简单的操作还可以学学，但是办事情又复杂，我不会用，还是现场办理比较好。”从受访者的反馈情况来看，“数字政府”还不够“实用”是部分市场主体的真实感受。

陕西省“数字政府”需求侧调查报告*

一　陕西报告概览

在本次实地调研中，课题组走访了省内5个市的10个办事大厅。其中，5个市分别为西安市、铜川市、榆林市、汉中市和安康市；10个办事大厅分别是各市的部分区县级政务服务大厅。在本次调研中，回收有效调查问卷合计313份。调研结束后，课题组整理了陕西省“数字政府”需求侧建设的第一手资料和舆情反馈，系统分析了截至2019年7月陕西“数字政府”需求侧建设情况及其面临的问题，明确深化需求侧建设的方向。

表1为陕西省“数字政府”需求侧建设指标体系及最新进展。陕西省“数字政府”需求侧建设的总得分与全国平均得分（71分）持平。陕西省“数字政府”潜在使用率的得分虽处于A级，但略低于全国平均水平。陕西省“数字政府”实际知晓率得分为75分，较全国平均水平高6分。陕西省“数字政府”实际使用率为51分，低于全国平均水平，评级为D。

表1　陕西省“数字政府”需求侧建设指标体系及最新进展

指标	全国	陕西省	陕西省评级	陕西省最大值	陕西省最小值
一级指标 “数字政府”需求侧建设	71	71	B	83	55

* 执笔人：张辰宇、钟子健、李小瑛。

续表

指标	全国	陕西省	陕西省评级	陕西省最大值	陕西省最小值
二级指标					
“数字政府”潜在使用率	92	87	A	95	69
“数字政府”实际知晓率	69	75	B	91	60
“数字政府”实际使用率	53	51	D	64	35

注：“最大值”和“最小值”指的是在陕西省内5个调研地级市中的最大值和最小值。评级划分标准为：A级（85～100分）、B级（70～84分）、C级（60～69分）、D级（60分以下）。总得分为3个二级指标的平均值。

资料来源：中山大学“深化商事制度改革研究”课题组。

二　陕西“数字政府”需求侧建设的最新进展

从需求侧的视角看，陕西市场主体对“数字政府”有强烈的需求，“数字政府”处于可快速发展的历史机遇期，主要表现如下。

（一）在陕西，94%的市场主体认为“数字政府”是大势所趋

如图1所示，平均而言，陕西94%的市场主体认为政府通过电脑或手机提供网上政务服务是大势所趋，5%的市场主体表示不确定，仅有2%的市场主体认为不是大势所趋。这表明，作为需求侧，陕西省内各地的市场主体普遍认同“数字政府”是大势所趋这一观点。

调研员在陕西调研期间，不断有市场主体反映：“现在网上操作方便得很，一点、一按，好几个事儿全都办完，只用最后来大厅拿证就行。”在西安市未央区，市场主体对网上政务的认可度极高，大多受访者均表示已在网上操作完成相关业务，只差最后几个必要步骤来现场提交资料或领取相关证件。

（二）在陕西，87%的市场主体表示愿意使用“数字政府”

如图2所示，如果“数字政府”能办理所需业务，平均而言，陕西87%的市场主体表示愿意使用。其中，愿意使用网上办事大厅的市场主体占

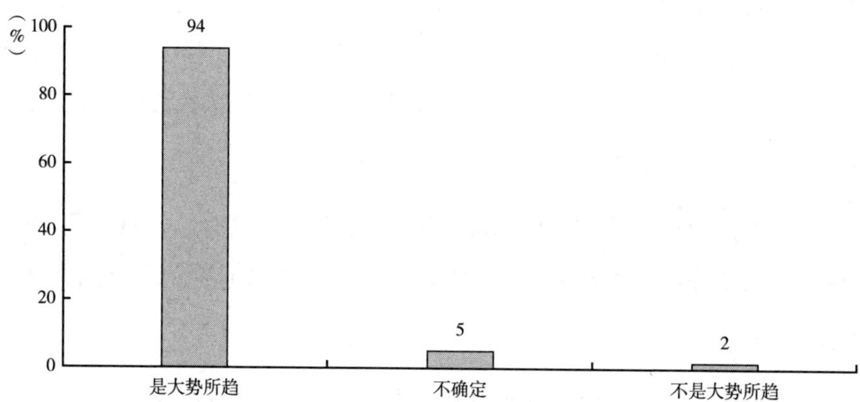

图1　在陕西，94%的市场主体认为“数字政府”是大势所趋

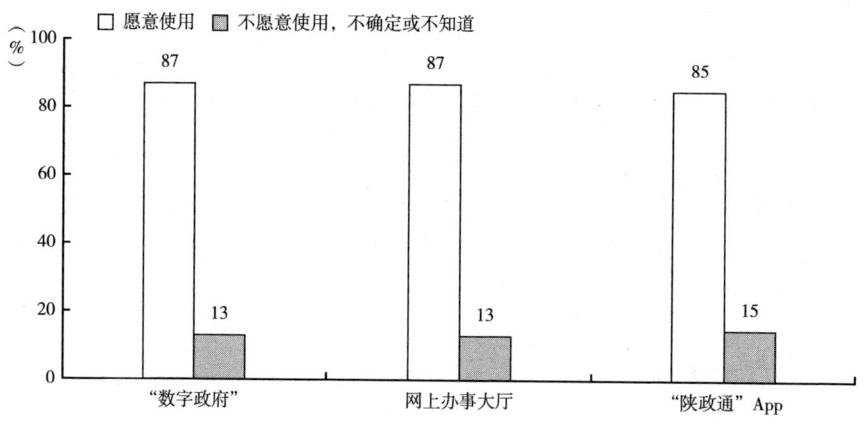

图2　在陕西，87%的市场主体表示愿意使用“数字政府”

比87%，愿意使用“陕政通”App办事系统的市场主体占比85%。这表明，陕西“数字政府”的潜在市场需求很大，各地各区的绝大部分市场主体都愿意使用“数字政府”并认可其重要性。

调研期间，“愿意使用”是市场主体的普遍心声。在汉中市汉台区，一位大叔在工作人员的指导下，在现场积极地学着网上办理，还笑着和调研员说道：“网上能办事，实在方便。等我学会咋用手机和电脑操作，也教给我老伴，下次我们就在家里操作，再也不用跑了呢。”在榆林市横山区，“数字政府”的普及度还不高，在调研员详细解释网上办事大厅和“陕政通”App 后，部分前来办事的年轻人感慨道：“要是咱这个小县也可以手机办理就好了，不费事!”从受访者的反馈情况来看，只要“数字政府”能真正方便办事，绝大多数市场主体有强烈的使用意愿。

（三）在陕西，75%的市场主体知道“数字政府”，其中74%的市场主体知道网上办事大厅，63%的市场主体知道“陕政通”手机App

本研究把市场主体知道“数字政府”的比例定义为知晓率。如图 3 所示，平均而言，陕西“数字政府”的知晓率为 75%。其中，网上办事大厅自推出以来，经过几年的发展，知晓率为 74%。而随着“掌上政务”的提出，“掌上办”窗口之一“陕政通”App 自 2019 年 7 月开始运行后，在仅仅一个月的时间，知晓率已达 63%，对“数字政府”平均知晓率有一定程度的贡献，并取得阶段性成效。同时，伴随“陕政通”App 一起上线的是面向全省企业、市场主体打造的“掌上办”平台。其中包含有 App、支付宝小程序、微信小程序等窗口，为市场主体提供了覆盖更多场景的移动政务服务选择。

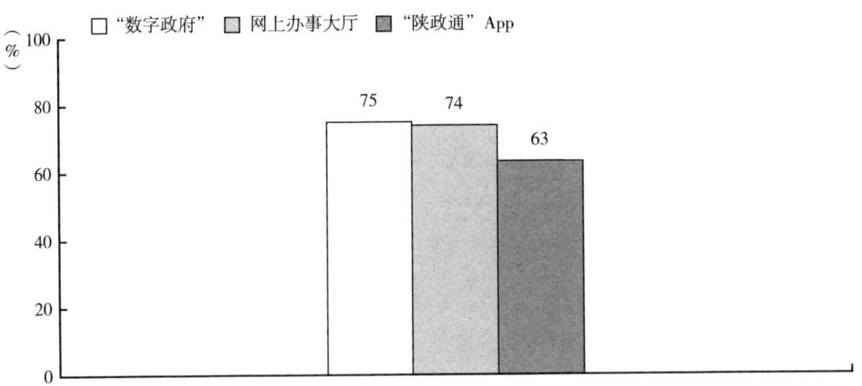

图 3　在陕西，75%的市场主体知道“数字政府”

（四）在陕西，超过50%的市场主体是通过“工作人员告知”和“办事大厅广告”获知“数字政府”的

如图4所示，市场主体通过“工作人员告知”、“朋友介绍”、“自己网上查找”和“办事大厅广告”知道“数字政府”的比例分别为47%、21%、11%和10%。这表明，在陕西，知道“数字政府”的市场主体中，57%的市场主体是通过“工作人员告知”和“办事大厅广告”，即政府职能部门的推广而获知“数字政府”的。

由此可见，市场主体获取“数字政府”的信息主要渠道为政府职能部门的推广。

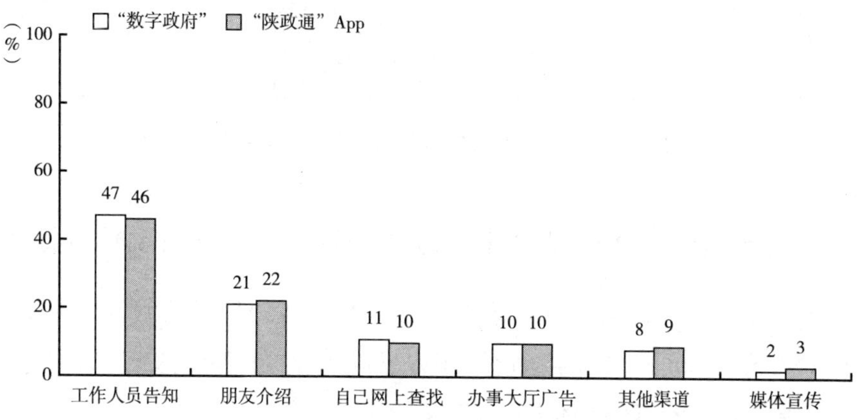

图4　在陕西，57%的市场主体通过“工作人员告知”和“办事大厅广告”获知“数字政府”

（五）在陕西，51%的市场主体使用“数字政府”，其中34%的市场主体使用“陕政通”手机App

本研究把市场主体使用“数字政府”的比例定义为使用率，把知道“数字政府”的市场主体使用“数字政府”的比例定义为吸引力，即“数字政府”使用率与“数字政府”知晓率的比值。如图5所示，平均而言，陕西“数字政府”的使用率为51%。其中，网上办事大厅使用率已达

44%，“陕政通”App 使用率为 34%。如图 3 和图 5 所示，陕西“数字政府”的吸引力为 68%（51% ÷75%），即在知道“数字政府”的市场主体中，68% 的市场主体会选择使用“数字政府”。其中，网上办事大厅的吸引力为 59%（44% ÷74%），“陕政通”App 的吸引力为 54%（34% ÷63%）。

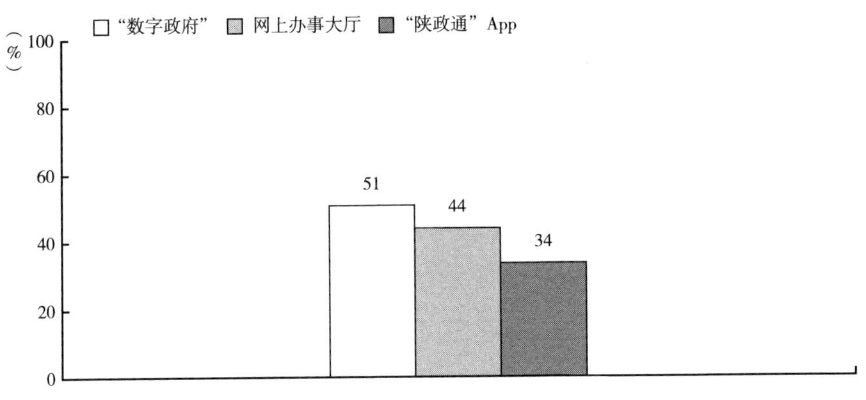

图 5　在陕西，51%的市场主体使用“数字政府”

（六）在陕西，市场主体主要通过“数字政府”办理具体业务

如图 6 所示，具体来看，在使用过“数字政府”的市场主体中，有 55% 的市场主体通过“数字政府”来办理具体业务，28% 的市场主体查询办事信息，14% 的市场主体进行预约操作。

其中，在使用网上办事大厅的市场主体中，有 57% 的市场主体通过网上办事大厅办理具体业务，27% 的市场主体查询办事信息，15% 的市场主体进行预约操作。市场主体对“陕政通”App 的使用情况与网上办事大厅基本相似，有 53% 的市场主体通过手机 App 办理具体业务，30% 的市场主体用于查询办事信息，13% 的市场主体进行预约操作。这表明，市场主体主要通过网上办事大厅和“陕政通”App 进行具体业务的办理。

（七）本部分小结

以上分析表明，陕西省市场主体对“数字政府”的潜在需求很大，“数

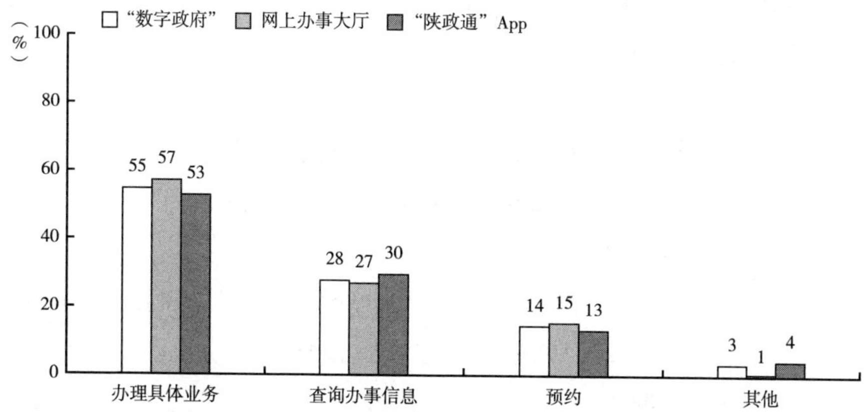

图6 在陕西，市场主体通过“数字政府”主要进行办理业务、查询和预约

字政府”处于可快速发展的历史机遇期。以需求侧的视角来看，陕西“数字政府”建设大致可以分为知道、使用和好用三个阶段。从市场主体的反馈情况来看，目前，陕西“数字政府”需求侧建设大致处于大规模知道阶段，还未进入大规模使用、好用阶段，仍有很大的发展空间，具体表现如下。

市场主体对“数字政府”建设有强烈的潜在需要。在陕西，94%的市场主体认为“数字政府”是大势所趋，87%的市场主体表示愿意使用“数字政府”。

陕西省“数字政府”的知晓率为75%。其中，移动端网上办事大厅的知晓率为74%，“陕政通”App的知晓率为63%。“数字政府”主要是靠政府职能部门推广。

陕西省“数字政府”的使用率为51%。其中，移动端网上办事大厅的使用率为44%，“陕政通”App的使用率为34%。根据知晓率及使用率可得，陕西“数字政府”的吸引力为68%，即知道“数字政府”的市场主体中，68%的市场主体会选择使用“数字政府”。其中，网上办事大厅的吸引力为59%，“陕政通”App的吸引力为54%，仍有较大的发展空间。

在陕西，市场主体通过“数字政府”主要进行具体业务的办理，进行查询信息与预约操作次之。

三　陕西“数字政府”需求侧建设在全国视野下的比较分析

本部分将基于中山大学“深化商事制度改革研究”课题组在2019年全国商事制度改革调研中的成果，在全国视野下考察陕西省“数字政府”需求侧建设情况。

（一）陕西愿意使用“数字政府”的比重低于全国平均水平

如图7所示，陕西“数字政府”愿意使用的比重为87%；全国“数字政府”的愿意使用平均比重为92%；在国内最佳省份，“数字政府”的愿意使用的比重为98%。因此从全国视野来看，陕西“数字政府”的愿意使用的比重比全国最佳省份低11个百分点，比全国平均水平低5个百分点，低于全国平均水平。

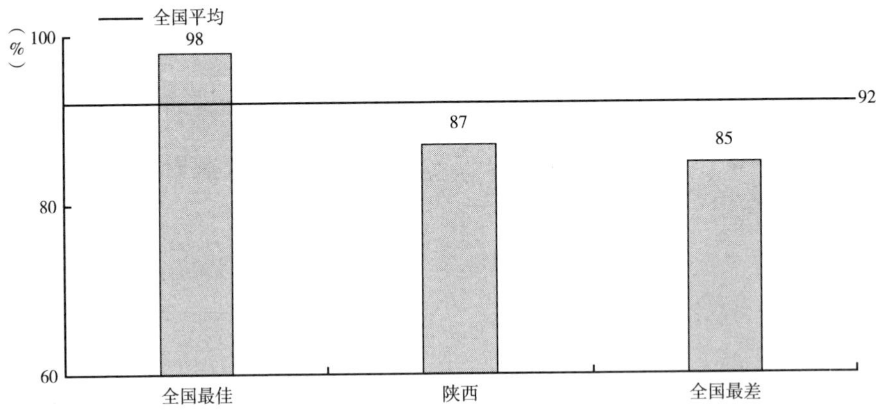

图7　陕西“数字政府”愿意使用的比重低于全国平均水平

（二）陕西“数字政府”的知晓率高于全国平均水平

如图 8 所示，陕西“数字政府”的知晓率为 75%；全国“数字政府”平均知晓率为 69%；在国内最佳省份“数字政府”的知晓率为 90%。因此，从全国视野来看，陕西“数字政府”的知晓率比全国最佳省份低 15 个百分点，比全国平均水平高 6 个百分点，高于全国平均水平。

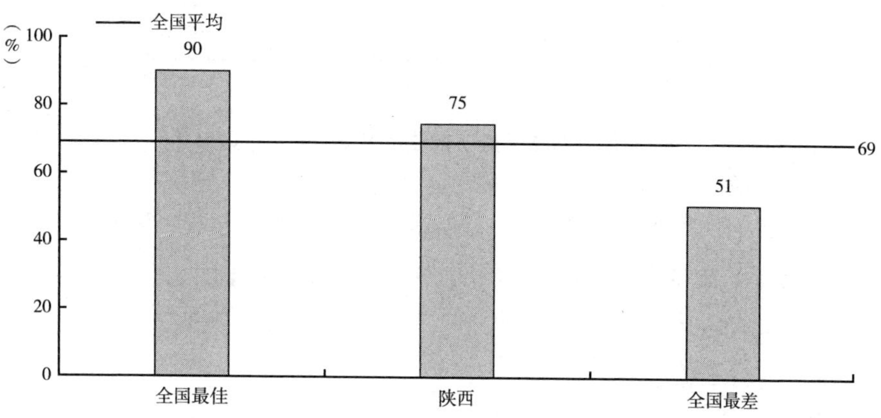

图 8　陕西“数字政府”的知晓率高于全国平均水平

（三）陕西“数字政府”的使用率低于全国平均水平

如图 9 所示，陕西“数字政府”的使用率为 51%；全国“数字政府”平均使用率为 53%；在国内最佳省份，“数字政府”的使用率为 80%。因此，从全国视野来看，陕西省“数字政府”的使用率比全国最佳省份低 29 个百分点，比全国平均水平低 2 个百分点，略低于全国平均水平。

（四）陕西“数字政府”的吸引力低于全国平均水平

如图 10 所示，陕西“数字政府”的吸引力为 68%；全国“数字政府”的平均吸引力为 77%；在国内最佳省份，“数字政府”的吸引力为 89%。

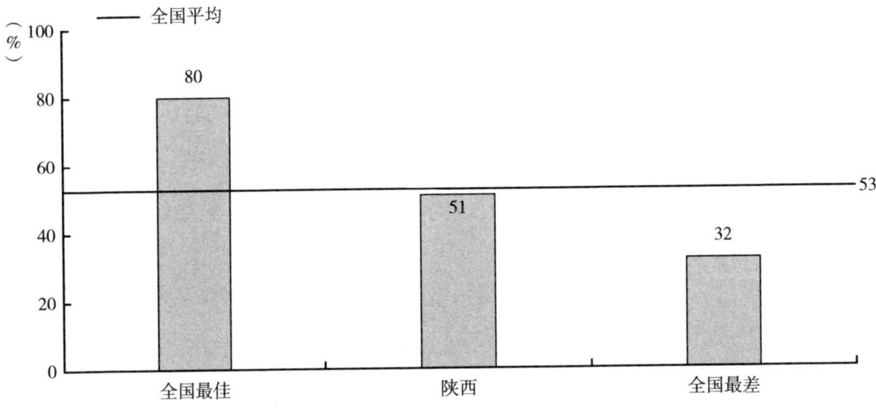

图 9　陕西“数字政府”的使用率低于全国平均水平

因此，从全国视野来看，陕西省“数字政府”的吸引力比全国最佳省份低 21 个百分点，比全国平均水平低 9 个百分点，低于全国平均水平。

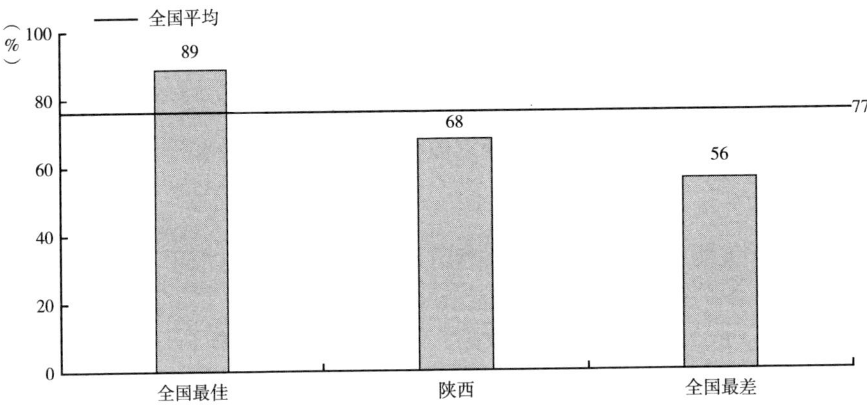

图 10　陕西“数字政府”的吸引力低于全国平均水平

（五）本部分小结

陕西“数字政府”建设的知晓率高于全国平均水平，说明陕西“数字政府”推广工作取得了一定成效。然而陕西“数字政府”的使用率和吸引力却低于全国平均水平，相对于国内最佳省份而言存在较大的差距。

四　陕西“数字政府”需求侧建设中存在的主要问题

（一）陕西省“数字政府”建设中面临的核心问题

从需求侧的视角看，截至2019年7月底，陕西“数字政府”建设中面临的主要问题是，市场主体对“数字政府”的强烈需求与当前“数字政府”建设不充分之间的矛盾。陕西省“数字政府”建设不充分主要体现如下。

一方面，从全国视野来看，陕西“数字政府”的建设水平仍与排名靠前的省份有很大差距。如图8至图10所示，从全国视野来看，陕西“数字政府”的知晓率、吸引力和使用率比全国最佳省份分别低了15个、21个和29个百分点，只处于全国平均水平上下。

另一方面，从需求侧的视角来看，“数字政府”的建设水平与市场主体的潜在需求不匹配。具体而言，如图11所示，分别有87%和85%的市场主体明确表示愿意使用网上办事大厅和“陕政通”App办事系统，然而二者的实际使用率只有44%和34%。这表明，网上办事大厅和“陕政通”App分别有43%和51%的潜在需求没有得到满足。

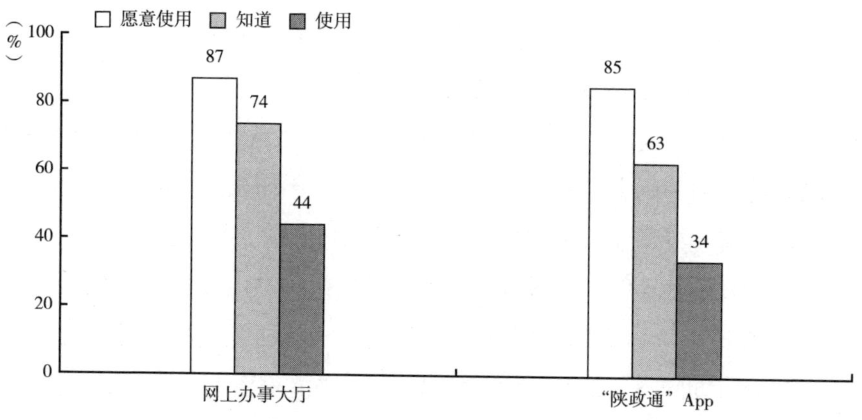

图11　愿意、知道、使用“数字政府”的市场主体比例

（二）原因分析

从需求侧的角度看，造成陕西省“数字政府”建设不充分的主要原因是陕西“数字政府”的吸引力低，市场主体知晓却并不使用。

如图 9 所示，陕西“数字政府”的吸引力为 68%，比全国最佳省份低 21 个百分点，低于全国平均水平。从市场主体的反馈情况看，陕西“数字政府”吸引力低主要源于“数字政府”上的业务不全、市场主体习惯现场办理和“数字政府”不好用，具体如下。

1.“数字政府”上业务不全

如图 12 所示，在未使用网上办事大厅或手机 App 的市场主体中，43% 的是因为网上缺少所需业务。这表明，“数字政府”上的“业务不全”是“数字政府”吸引力低的主要原因之一。

在实地调研期间，“业务不全”是市场主体对“数字政府”普遍的看法。在榆林市榆阳区政务服务大厅，市场主体直言：“网上办事大厅根本没有该项业务可以办理，不然就不会跑到现场办理啊。”一位受访的阿姨感叹道：“要是多数业务都在网上实现了，肯定更方便啊。我是有经常关注政务服务网站，盼着能早点实现多业务办理，但他们更新迭代的速度太慢了。”随后，阿姨又补充道：“我其实对政府这些发展抱有信心，就只是时间问题。但咱老百姓肯定希望越快越好啊，不然我都退休了哪还需要办工商、办税务呀。”

2.“数字政府”上不能全流程办理业务

如图 12 所示，在未使用移动端网上办事大厅或手机 App 的市场主体中，21% 的是因为网上只能办理业务的一部分，不能全流程电子操作。这表明，不能全流程办理业务是“数字政府”吸引力低的原因之一。

在陕西省多数地区，前来办理工商业务的市场主体大多知道网上政务的存在，但表示“网上确实能提供一半，但剩下一半业务还得人工办理”。在安康市的调研期间，一位受访的阿姨就说道：“提交资料、取相关证件都是要到办事大厅来做的，这样来回一除，网上政务也真的没省多少事，该跑来的还是得到现场来做。”

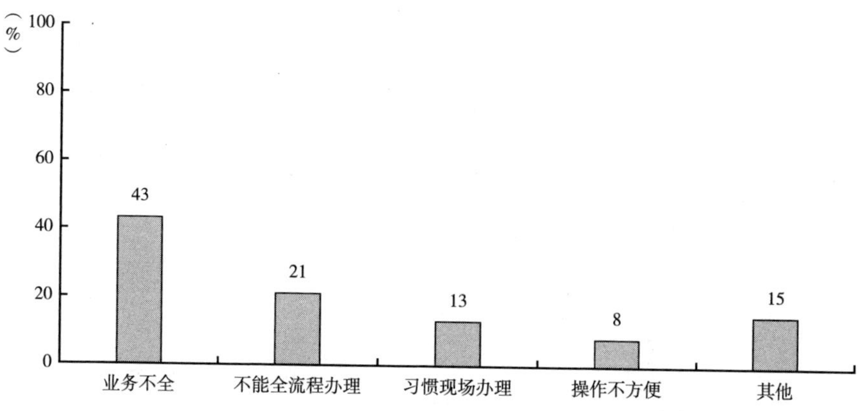

图 12 陕西市场主体未选择“数字政府”的原因

3. 市场主体习惯现场办理

如图 13 所示，在未选择网上办事大厅或手机 App 的市场主体中，有 13% 的市场主体表示不采取网上办事的主要原因是习惯现场办理。

在榆林市榆阳区政务服务大厅，部分市场主体坦言：“现场办理过程放心呀。网上办事大厅趋势是趋势、好用归好用，但到底没有活生生的人站在你面前你问着讲着顺。”汉中市汉台区的市场主体一边夸赞身旁的工作人员一边笑着说：“这里工作人员脾气又好，人又耐心，啥都知道。帮你做事情都和和气气的，啥不懂问他们，他们都知道，慢慢教会你，自然比那些冷冰冰的机器好多了。”

此外，如图 13 所示，尽管绝大多数市场主体都认为“数字政府”是大势所趋，平均而言，陕西 68% 的市场主体认为“数字政府”不能完全取代窗口办理。实际调研过程中，不少市场主体也表达了自己的看法。例如，铜川市和榆林市的不少受访者都表示现场办理尚不能满足市场主体需求，对网络办事大厅或手机 App 更是持不信任态度，认为其不能完全替代实体办事窗口。同时，在较为发达的地区如西安市未央区，许多市场主体认为“数字政府”应与窗口服务融合发展，针对不同年龄段和不同偏好来设置不同服务功能以凸显个性化。碑林区的一位大叔就说：“其实咱还是跑过来现场看着他们办理放心，近些年电脑诈骗那么多，实在不敢碰。我闺女就让我别碰电脑手机上那些玩意儿，容易被套钱。”由此可知，在陕西，大部分市场主体并不认同“数字政府”取代窗口办理这一观点。

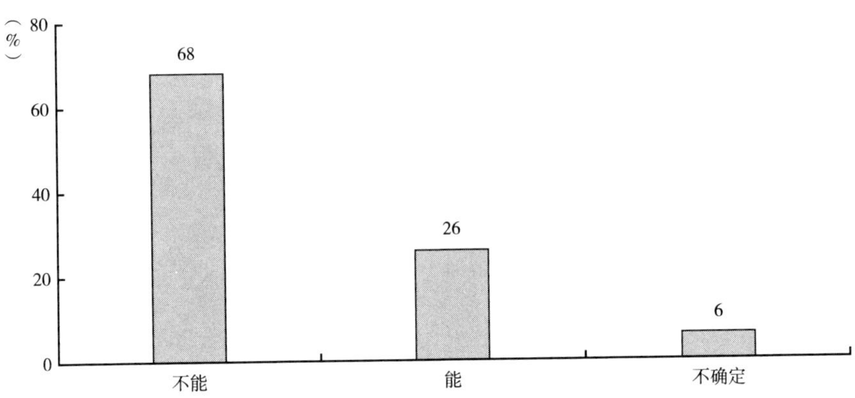

图 13　在陕西，68%的市场主体认为“数字政府”不能完全取代窗口办理

4.“数字政府”操作不便

“数字政府”的不好用体现在操作不方便上。如图 13 所示，未选择网上办事大厅的市场主体中，有 8% 的认为办事系统或网站操作不方便。这表明，“数字政府”不好用也是降低“数字政府”吸引力的原因之一。

在调研期间，“不好用”是不少市场主体的心声。在西安市莲湖区有位大姨就反映：“网络政务是好事，但是也得考虑考虑我们老年人啊，字又小又密，很多用语过分简练，咱这年纪根本就理解不了人家说的意思！”在铜川市王益区一位来办理营业执照的大叔说道：“方便也只能是方便一部分业务一部分人，好多业务仍旧没开通。就和摆设一样。还有好多必须现场办理才行，网上根本不给办。”类似地，在安康市汉台区也有部分受访市场主体抱怨：“网上的其实又难懂又复杂，网速还慢，不如我请一天假好好来现场办理，还能和工作人员交流交流知道更多。”从受访者的反馈情况来看，“数字政府”不好用是部分市场主体的真实感受。

5. 政府职能部门对“数字政府”的推广介绍不够全面

在陕西，“数字政府”知晓率较高，但吸引力仍有欠缺，原因之一是职能部门对网上办事大厅和手机 App 等“数字政府”的推广力度不够，导致部分市场主体对移动端办事系统不了解或了解不全面。在调研过程中，调研员反映受访者对网上办事大厅或“陕政通”App 拥有的具体功能及其使用方式不清楚，不知道其业务范围。例如，在安康市汉滨区的调研中，就有受访者表明：“可以办理税务吗？我是从来不知道啊。上次来工作人员叫我上去预约，我就只看了预约那一板块。其他都没人和我讲我也不会用。”这反映出职能部门在推广中介绍不够全面，市场主体还不能得心应手地使用网上办事大厅或手机 App 办事系统办理具体业务。

青海省“数字政府”需求侧调查报告*

一　青海报告概览

为了了解青海省市场主体对于“数字政府”建设情况的反馈，中山大学“深化商事制度改革研究”课题组于2019年7月16~19日在青海省进行了一次实地调研，对市场主体进行采访，考察市场主体使用网上办事大厅和“青松办”App（以下统称“数字政府”）办理网上政务的实际情况，从需求侧的角度衡量青海省“数字政府”的建设成效。

本次调研过程中，课题组依次前往了西宁市城东区、城西区、城中区3个区的政务大厅，回收有效问卷共计114份。调研结束后，课题组整理了青海省“数字政府”建设的第一手资料和舆情反馈，系统分析了截至2019年7月底青海省“数字政府”需求侧建设情况及其面临的问题，明确深化需求侧建设的方向。

总体而言，青海省“数字政府”需求侧建设总得分59分，在分数评级中评为D级。青海省“数字政府”潜在使用率得分93分，评级为A级，与全国平均水平基本相当。青海省“数字政府”实际知晓率得分为51分，评级为D级水平。“数字政府”实际使用率得分为32分，评级处于D级水平。

---

* 执笔人：杜思昱、张诗琪、李小瑛。

表1 青海省“数字政府”需求侧建设指标体系及最新进展

指标	全国	青海省	青海省评级
一级指标			
“数字政府”需求侧建设	71	59	D
二级指标			
“数字政府”潜在使用率	92	93	A
“数字政府”实际知晓率	69	51	D
“数字政府”实际使用率	53	32	D

注：评级划分标准为：A级（85~100分）、B级（70~84分）、C级（60~69分）、D级（60分以下）。总得分为3个二级指标的平均值。

资料来源：中山大学“深化商事制度改革研究”课题组。

二 青海“数字政府”需求侧建设的最新进展

从需求侧的视角，数字政府建设可以分为想用、知道、使用和好用四个大阶段。目前青海省“数字政府”建设主要处于大规模想用阶段，还未步入大规模使用、好用阶段，具体分析如下。

（一）在青海省，98%的市场主体认为“数字政府”是大势所趋

如图1所示，在青海省，认为“数字政府”是大势所趋的市场主体占比98%，不确定是否为大势所趋的市场主体占比2%，没有市场主体认为不是大势所趋。可见，几乎所有市场主体都认为“数字政府”是时代驱动发展的必然结果，这表明了市场主体对于“数字政府”的推广与普及持乐观态度，也侧面反映出“数字政府”有着良好的市场主体基础。

（二）在青海省，93%的市场主体愿意尝试“数字政府”

如图2所示，如果“数字政府”端可以办理相关业务，93%的市场主体是愿意尝试的，6%的市场主体不愿意尝试，2%的市场主体不确定是否愿

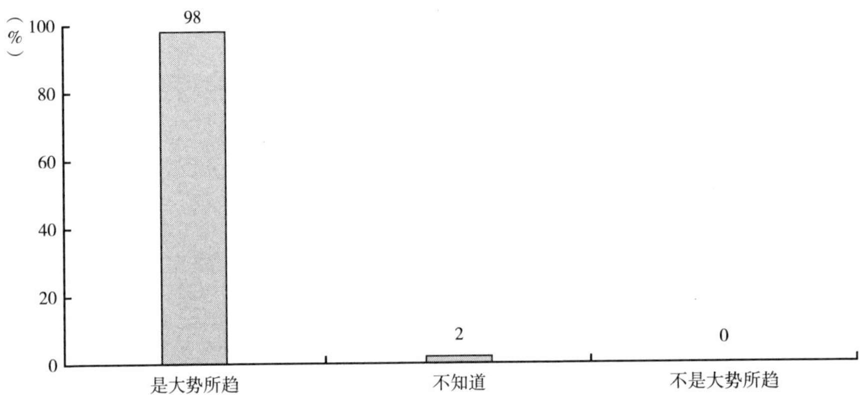

图 1　在青海，98%的市场主体认为“数字政府”是大势所趋

意尝试。其中，愿意使用网上办事大厅的市场主体占比 83%，愿意使用“青松办”App 的市场主体占比 83%。这意味着，市场主体对于“数字政府”的接受度很高。这也反映出只要“数字政府”能够完善起来，潜在市场需求很大。

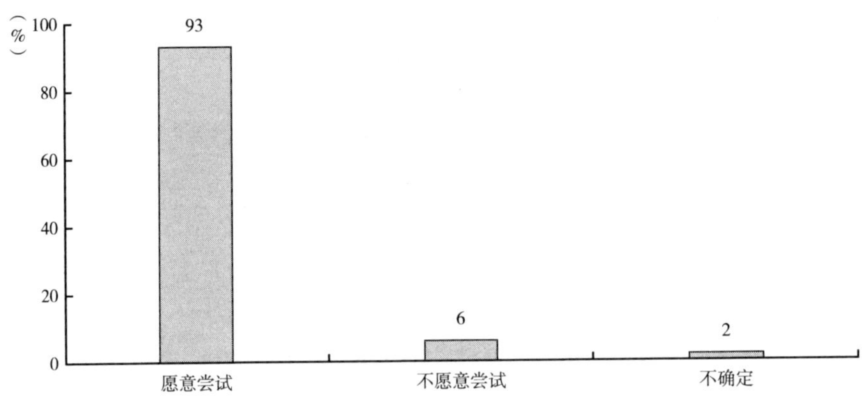

图 2　在青海，93%的市场主体愿意尝试“数字政府”

（三）在青海省，68%的市场主体认为“数字政府”不能完全取代窗口服务

尽管 98% 的市场主体都认为“数字政府”是大势所趋，但如图 3 所示，

68%的市场主体认为"数字政府"不能完全取代窗口服务，26%的市场主体认为可以完全取代窗口服务，6%的市场主体表示不确定。可以看到，绝大部分市场主体仍然认为窗口服务不会被网上政务服务完全替代。这表明，尽管市场主体对于"数字政府"持有乐观态度，但并不认为"数字政府"能够发展到完全取代窗口服务的程度。

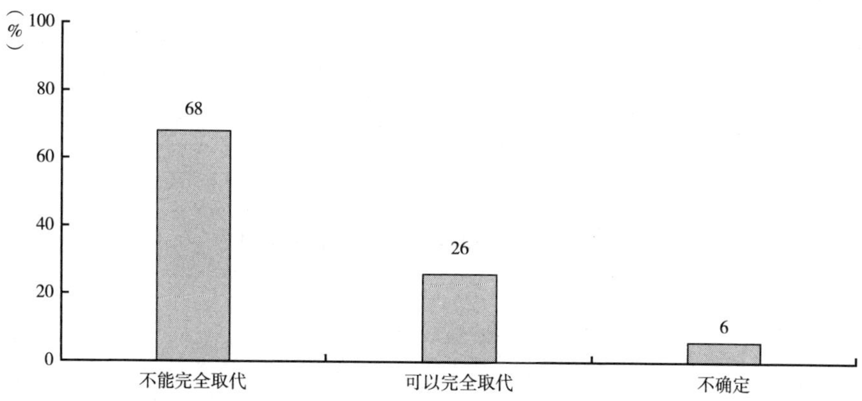

图3　在青海，68%的市场主体认为"数字政府"不能完全取代窗口服务

（四）在青海省，"数字政府"知晓率仅51%

本研究把市场主体知道"数字政府"的比例定义为知晓率。网上办事大厅的知晓率为47%，"青松办"App的知晓率为42%。综合来看，"数字政府"的知晓率为51%。这说明，将近一半的市场主体都是不知道"数字政府"的。

（五）在青海省，57%的市场主体通过职能部门推广知道"数字政府"

如图5所示，就获知"数字政府"的渠道而言，7%的市场主体是通过办事大厅的广告知道的，50%的市场主体都是通过办事大厅工作人员而知道的。这意味着，知道"数字政府"的市场主体里，有57%的都是通过政府职能部门的主动推广而获知"数字政府"。

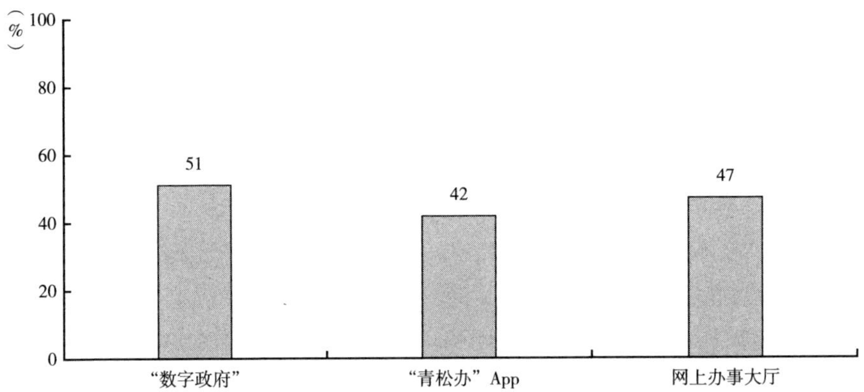

图4　在青海，“数字政府”知晓率为51%

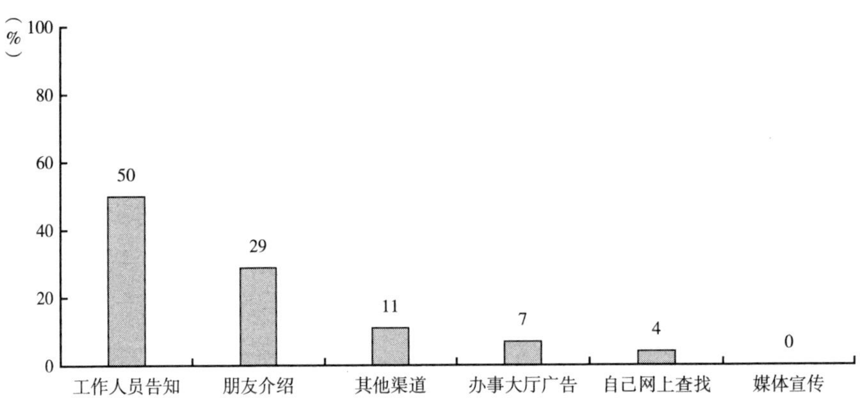

图5　在青海，50%的市场主体通过工作人员而得知“数字政府”

（六）在青海省，市场主体常用的办事系统为1个

如图6所示，在电脑端，各有33%的市场主体常用的办事系统为1个。从手机端来看，38%的市场主体常用的办事系统为1个。这表明，市场主体在网上办事大厅、手机端“一网通办”的比例为三至四成。

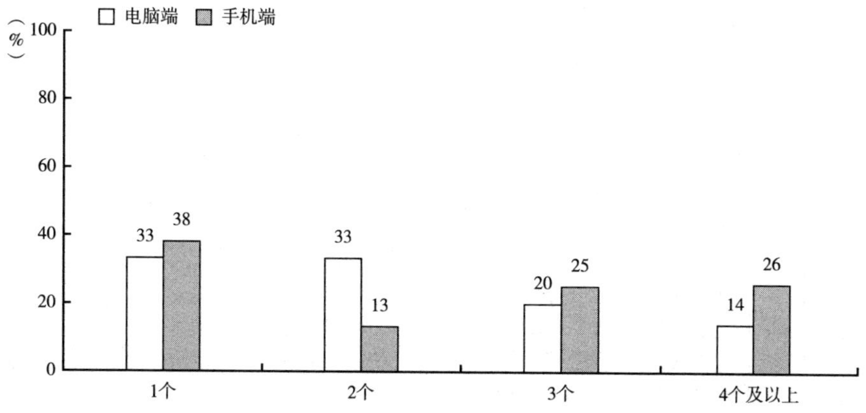

图6　在青海，市场主体常用办事系统为1个

（七）在青海省，市场主体使用“数字政府”主要目的是办理具体业务

如图7所示，43%的市场主体使用“数字政府”办理具体业务，27%的市场主体在“数字政府”上查询办事信息（办事流程和所需材料），23%的市场主体使用“数字政府”进行预约，7%的市场主体在“数字政府”上进行其他操作。这表明，青海省市场主体使用“数字政府”主要是为了办理具体业务。使用网上办事大厅和“青松办”App办理具体业务的市场主体比例分别为44%和27%，查询办事信息的比例分别为30%和18%，预约的市场主体比例分别为19%和36%，其他操作的比例分别为7%和18%。可见，市场主体使用网上办事大厅的主要目的是办理具体业务，而使用“青松办”App的主要目的是预约。

三　青海“数字政府”需求侧建设在全国视野下的比较分析

本部分将基于中山大学“深化商事制度改革研究”课题组在2019年全

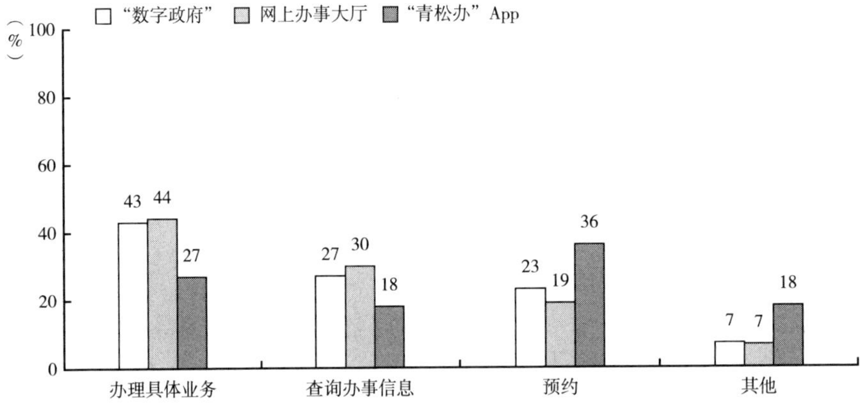

图7　在青海，市场主体使用"数字政府"主要目的是办理具体业务

国商事制度改革调研中的成果，在全国视野下考察青海省"数字政府"需求侧建设情况。

（一）青海省愿意使用"数字政府"的比例高于全国平均水平

如图8所示，如果"数字政府"端可以办理相关业务，就全国平均水平而言，愿意尝试的市场主体数量为92%，青海省愿意尝试的市场主体占比93%，略高于全国平均水平，比全国最佳水平低5个百分点。

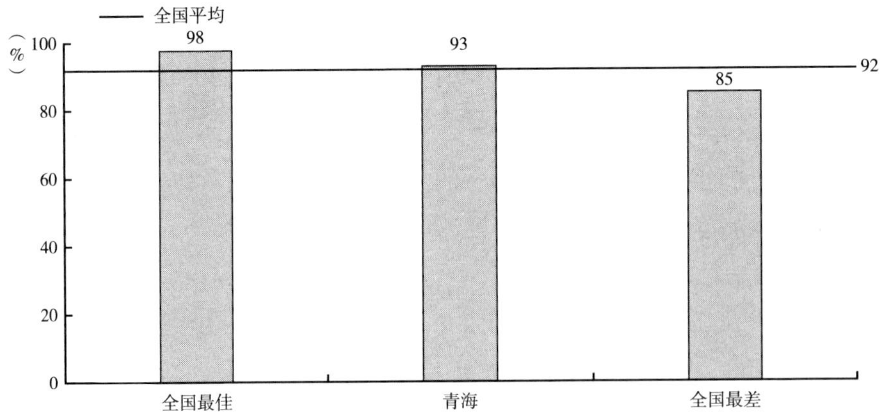

图8　青海省愿意使用"数字政府"的比例为93%

（二）青海省“数字政府”的知晓率为全国最低水平

如图9所示，“数字政府”知晓率的全国平均水平为69%，其中知晓率最高的省份高达90%，而青海省“数字政府”知晓率仅为51%，为全国最低水平，比全国最佳水平低39个百分点，比平均水平低18个百分点。

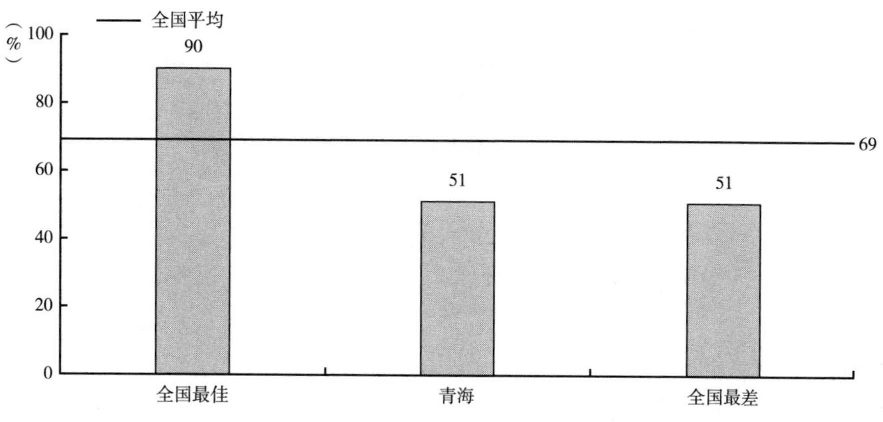

图9　青海省“数字政府”知晓率为全国最低

（三）青海省“数字政府”的使用率为全国最低水平

本研究把市场主体使用“数字政府”的比例定义为使用率。如图10所示，全国的平均使用率为53%，青海省“数字政府”的使用率仅为32%，低于全国平均水平21个百分点，更是不及全国最佳省份使用率的一半。

（四）青海省“数字政府”的吸引力低于全国平均水平

本研究把知道“数字政府”的市场主体使用“数字政府”的比例定义为吸引力，即“数字政府”使用率与“数字政府”知晓率的比值。如图11所示，青海省“数字政府”的吸引力为63%，而全国“数字政府”平均吸引力为77%，排名最低省份的“数字政府”平均吸引力为56%。因此，在

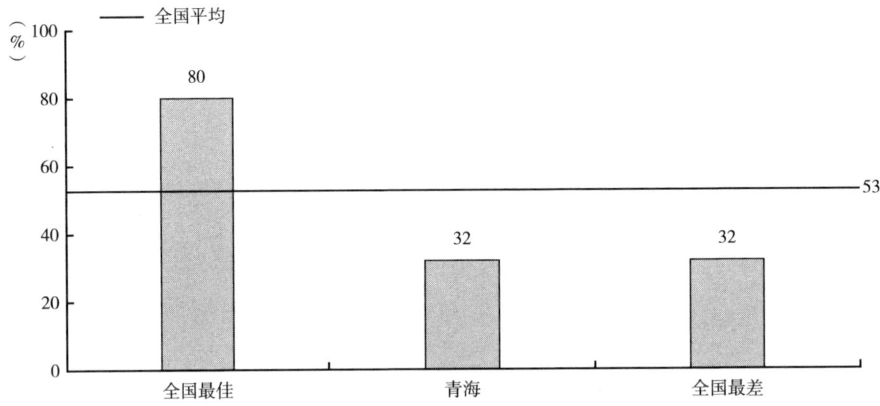

图 10　青海省“数字政府”使用率为全国最低

全国视野下，青海省“数字政府”的吸引力比全国平均水平低了 14 个百分点，仅比全国最低水平高 7 个百分点。

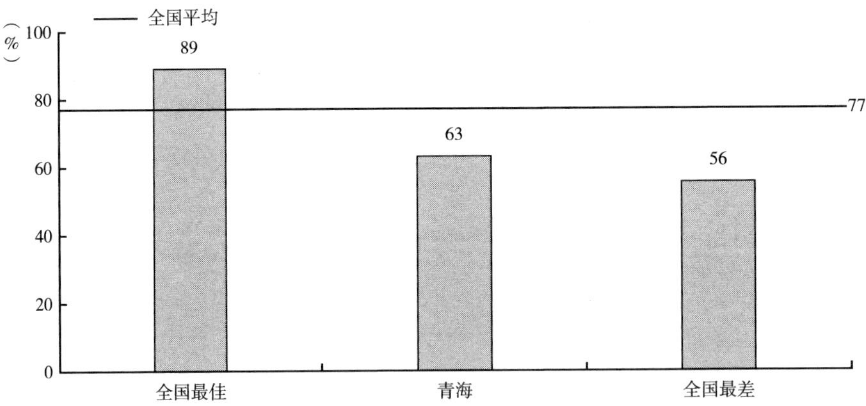

图 11　青海省“数字政府”吸引力低于全国平均水平

（五）本部分小结

以上分析表明，青海省“数字政府”建设在知晓率、使用率、吸引力方面均低于全国平均水平。

四 青海“数字政府”需求侧建设中存在的主要问题

从需求侧的角度看，青海省“数字政府”建设中目前所面临的主要问题可分为功能建设和宣传推广两个方面。

从功能建设来看，“数字政府”的系统建设还存在不完善之处，这些不完善之处导致“数字政府”没有为百姓带来便利，所以市场主体不愿使用网上办事系统。

1. “数字政府”业务不全

如图 12 所示，可以看到，“业务不全”是市场主体不愿意使用“数字政府”的主要原因，占 42%，习惯现场办理的占 23%，操作不便占 16%，不能全流程办理占 6%，其他原因占 13%。这表明，大多数的市场主体是因“数字政府”业务不全而选择现场办理业务，“数字政府”系统仍需完善网上业务功能，从而为市场主体带来便利。在调研过程中就有市场主体反映，目前西宁的网上政务系统只能办理部分与企业相关的业务，而个体的业务还需要来现场办理。可见，“数字政府”的业务覆盖面狭窄，可供操作的业务少，因此对于市场主体而言不具备足够的吸引力。

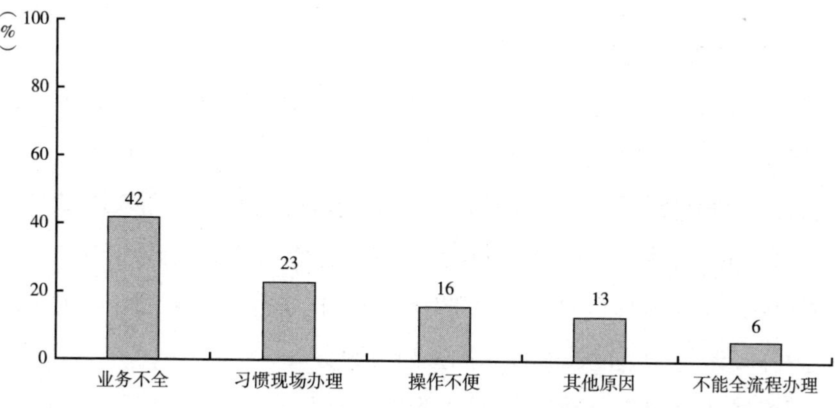

图 12 在青海，42%的市场主体因为“数字政府”业务不全而选择现场办理

青海省认为“数字政府”业务不全的市场主体比例高于全国平均水平。如图 13 所示，在青海省没有选择“数字政府”的市场主体中，因业务不全而没有选择的市场主体占比 42%，而全国平均水平为 34%，最高水平为 56%，最低水平为 19%。从全国视角来看，认为青海省“数字政府”业务不全的市场主体占比较全国平均水平高 8 个百分点，较最佳省份高 23 个百分点。这表明，从全国范围来看，青海省“数字政府”的业务建设是相对滞后的，需要加以完善。

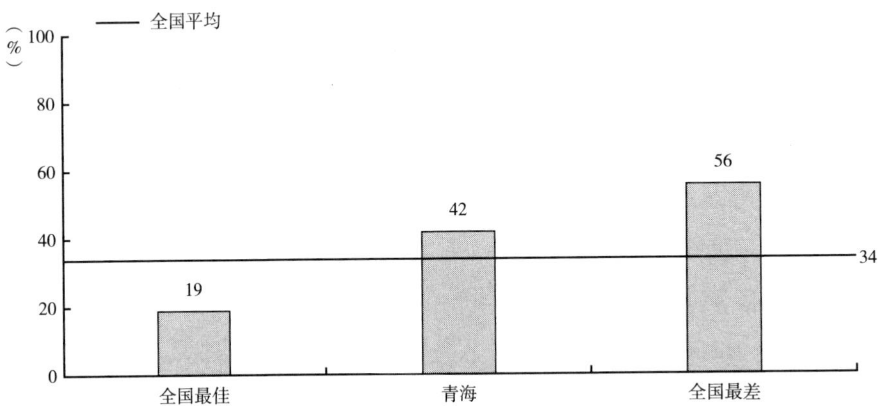

图 13　青海省认为“数字政府”业务不全的市场主体比例高于全国平均水平

2. “数字政府”操作不便

从图 12 中可以看到，在没有选择“数字政府”的市场主体中，16% 的市场主体因“数字政府”操作不便而没有使用，这同样是市场主体选择现场办理的重要原因之一。此外，因“不能全流程办理”而未选择“数字政府”的市场主体占 6%。综合来看，在没有选择“数字政府”办事的市场主体中，至少 64% 的是因为“数字政府”内部建设存在的业务覆盖面不足、操作复杂等问题而没有使用网上政务服务。

青海省认为“数字政府”操作不便的市场主体比例高于全国平均水平。如图 14 所示，青海省认为“数字政府”操作不便的市场主体占比 16%，在全国，认为“数字政府”操作不便的市场主体占 10%，全国最佳水平为3%，认为“数字政府”操作不便的市场主体占比最高的省份为18%，相比较而言，青海省认为“数字政府”操作不便的市场主体的比例比全国平均水平高出6个百分点，仅比全国最差水平低2个百分点，相差不大。这表明青海省“数字政府”建设不完善，相对于其他省份而言操作更加不便。

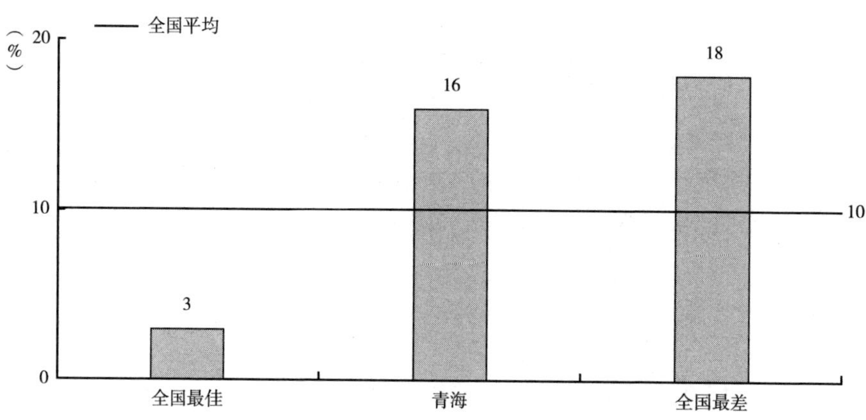

图14　认为“数字政府”操作不便的市场主体比例高于全国平均水平

从宣传推广来看，“数字政府”的宣传推广工作不够多元，同时市场主体对线下办事具有较高依赖性。

一方面，“数字政府”宣传力度不足。如图5所示，50%的市场主体通过工作人员告知了解“数字政府”，7%的市场主体通过办事大厅广告而了解“数字政府”。这意味着57%的市场主体都是到办事大厅现场后才了解“数字政府”的。媒体宣传对于“数字政府”的推广贡献为0。因此，提高“数字政府”知晓率和使用率，不仅需要政府职能部门进一步加大宣传力度，而且需要拓宽宣传渠道，注重媒体宣传。

另一方面，市场主体普遍习惯现场办理。如图15所示，从电脑端和手机端来看，愿意尝试电脑端办理的市场主体仅为83%，不愿尝试电脑端办理的市场主体占15%，不确定的市场主体占2%。手机端比例与此接近，83%的市场主体愿意尝试手机端办理业务，11%的市场主体不愿意尝试手机端办理，6%的市场主体表示不确定。这很可能是因习惯到现场窗口办理使一部分市场主体不愿意尝试电脑或手机端办理。从图12来看，23%的市场主体因为“习惯现场办理”而不选择使用“数字政府”，是制约“数字政府”使用率的第二大因素。如何让更多的市场主体接受并且愿意尝试网上政务服务，这是青海省政府目前所面临的挑战，也是进一步建设“数字政府”的方向之一。

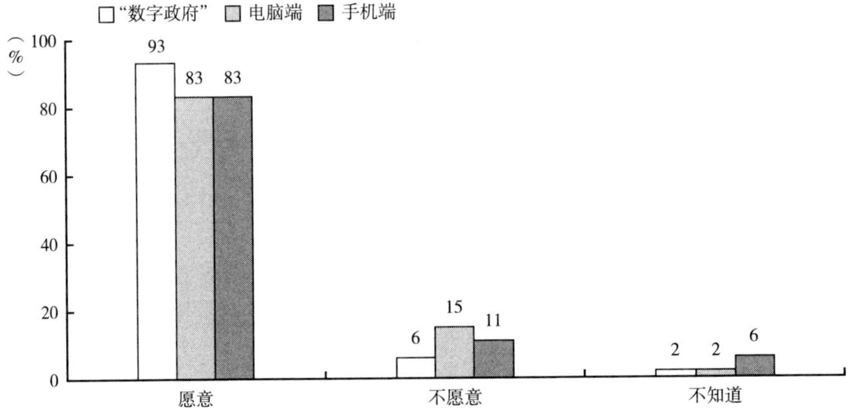

图15　是否愿意尝试“数字政府”

宁夏回族自治区“数字政府”需求侧调查报告*

一　宁夏报告概览

在本次实地调研中，课题组走访了自治区 3 个市的 7 个办事大厅，考察市场主体使用网上办事大厅和“我的宁夏”App（以下统称“数字政府”）办理网上政务的实际情况，从需求侧的视角评估宁夏“数字政府”建设情况。其中，3 个市分别为固原市、吴忠市和银川市。在本次调研中，回收有效调查问卷合计 238 份。

表 1 为宁夏“数字政府”需求侧建设指标体系及最新进展概况。根据调查数据，宁夏在“数字政府”需求侧建设总得分评级为 C 级，潜在使用率、实际知晓率以及实际使用率的评级分别为 A、C、D 级，可以看到，宁夏与全国平均水平仍有一定的差距，需要继续加快“数字政府”建设步伐。

表 1　宁夏“数字政府”需求侧建设指标体系及最新进展

指标	全国	宁夏	宁夏评级	宁夏最大值	宁夏最小值
一级指标 “数字政府”需求侧建设	71	61	C	70	51

* 执笔人：戚欣龙、张诗琪、李小瑛。

续表

指标	全国	宁夏	宁夏评级	宁夏最大值	宁夏最小值
二级指标					
“数字政府”潜在使用率	92	85	A	90	74
“数字政府”实际知晓率	69	63	C	73	55
“数字政府”实际使用率	53	35	D	48	25

注：“最大值”和“最小值”指的是在宁夏回族自治区内3个调研地级市中的最大值和最小值。评级划分标准为：A级（85～100分）、B级（70～84分）、C级（60～69分）、D级（60分以下）。总得分为3个二级指标的平均值。

资料来源：中山大学“深化商事制度改革研究”课题组。

二 宁夏“数字政府”需求侧建设的最新进展

从需求侧的视角，“数字政府”建设可以分为想用、知道、使用和好用四个大阶段。目前宁夏“数字政府”建设主要处于大规模想用、知道阶段，还未正式步入大规模使用、好用阶段。

（一）在宁夏，90%的市场主体认为“数字政府”是大势所趋

如图1所示，平均而言，宁夏90%的市场主体认为“数字政府”是大势所趋，7%的市场主体表示不确定，只有2%的市场主体认为不是大势所趋。可以看出，绝大多数市场主体认可并支持宁夏“数字政府”建设。

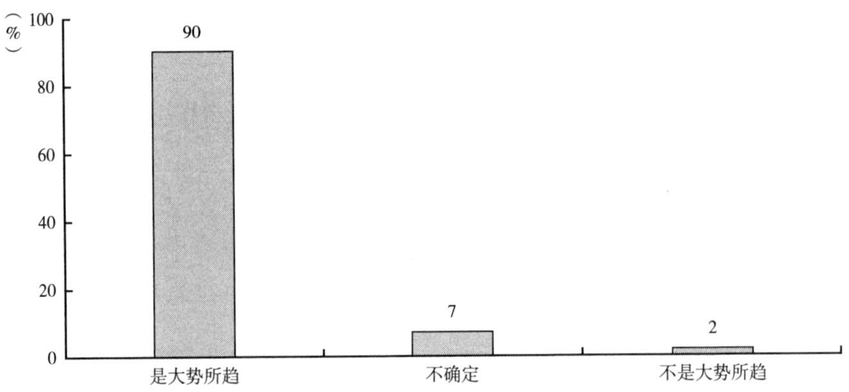

图1 在宁夏，90%的市场主体认为“数字政府”是大势所趋

（二）在宁夏，85%的市场主体表示愿意使用“数字政府”

如图2所示，如果“数字政府”能办理所需业务，平均而言，宁夏85%的市场主体表示愿意使用。这表明，宁夏“数字政府”建设的潜在市场需求很大。

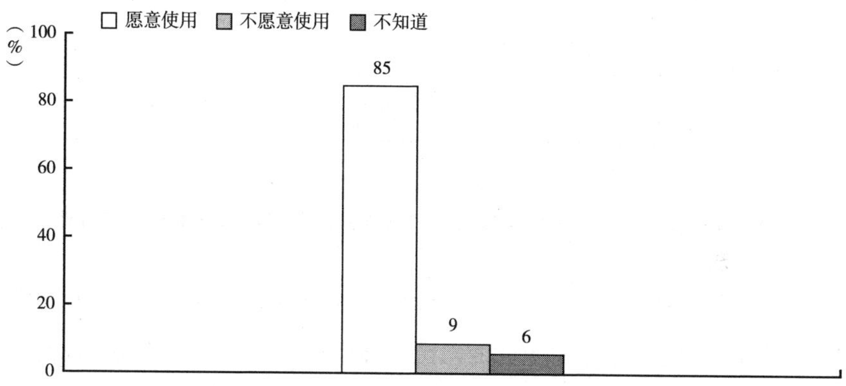

图2　在宁夏，85%的市场主体表示愿意使用“数字政府”

（三）在宁夏，66%的市场主体认为“数字政府”不能完全取代窗口办理

尽管绝大多数市场主体都认为“数字政府”是大势所趋，但是，如图3所示，平均而言，宁夏66%的市场主体认为“数字政府”不能完全取代窗口办理。同时也有24%的市场主体认为“数字政府”能够完全取代线下窗口，仅有10%的市场主体不能确定“数字政府”能否完全取代窗口办理。

（四）在宁夏，63%的市场主体知道“数字政府”，其中48%的市场主体知道可以在手机上办理相关业务

如图4所示，在宁夏，有63%的市场主体知道“数字政府”。“我的宁夏”App及相关微信小程序、公众号等已在2019年初正式上线，并在半年左右的时间内就被近一半的市场主体所获知，同时有近两成知晓的市场主体

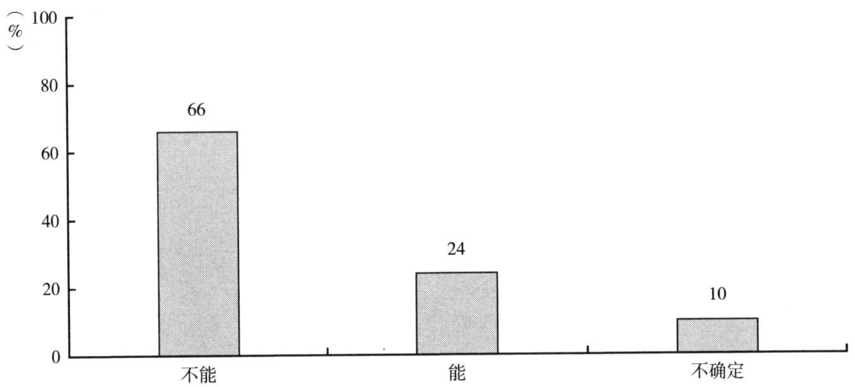

图3　在宁夏，66%的市场主体认为“数字政府”不能完全取代窗口办理

已在该小程序办理过相关业务，这也体现了网上政务服务办理在宁夏良好的前景。同时在知晓网上办事大厅的市场主体中也有超过一半市场主体在网上办理了相关业务，总体对宁夏的网上政务办理持正面态度。

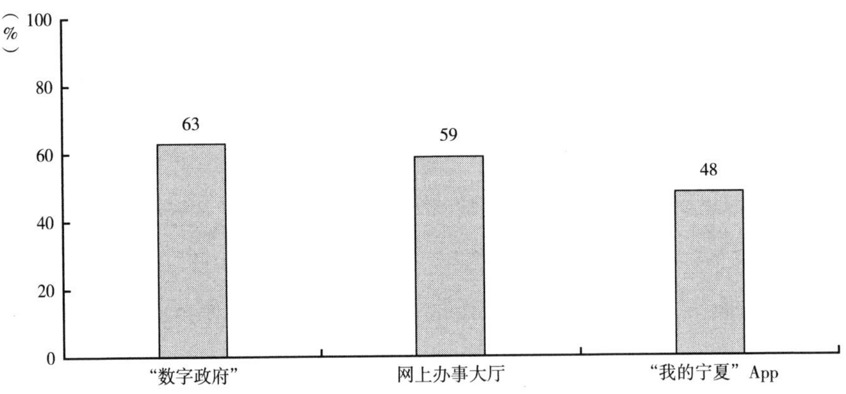

图4　在宁夏，63%的市场主体知道“数字政府”

（五）在宁夏，46%的市场主体通过“工作人员告知”获知“数字政府”

如图5所示，市场主体通过“自己网上查找”、“朋友介绍”、“工作人

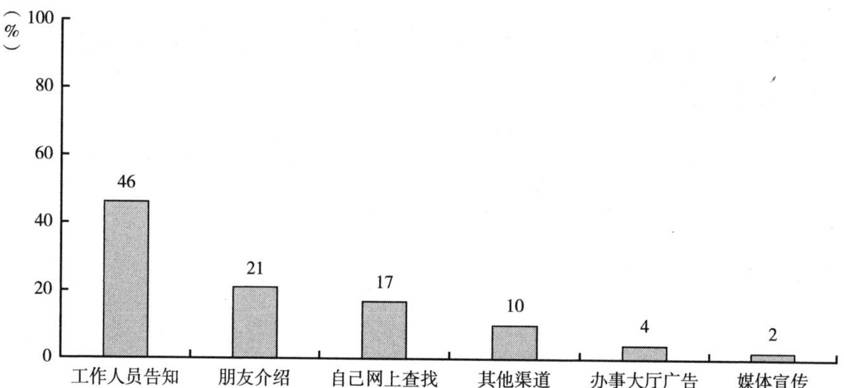

图5　在宁夏，46%的市场主体通过"工作人员告知"而知道"数字政府"

员告知"和"办事大厅广告"知道"数字政府"的比例分别为17%、21%、46%和4%。这表明，在知道"数字政府"的市场主体中，50%（46% +4%）的市场主体通过政府职能部门的主动推广而获知"数字政府"。

（六）在宁夏，35%的市场主体使用"数字政府"

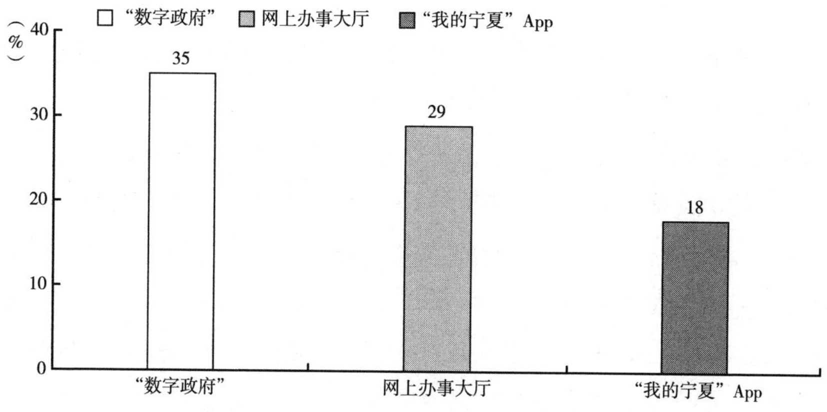

图6　在宁夏，35%的市场主体使用"数字政府"

（七）在宁夏，市场主体通过“数字政府”主要办理具体业务和查询办事信息

如图 7 所示，有 33% 的市场主体通过“数字政府”查询办事信息，44% 的市场主体办理具体业务，14% 的市场主体进行预约。这表明，市场主体在“数字政府”上主要办理具体业务。

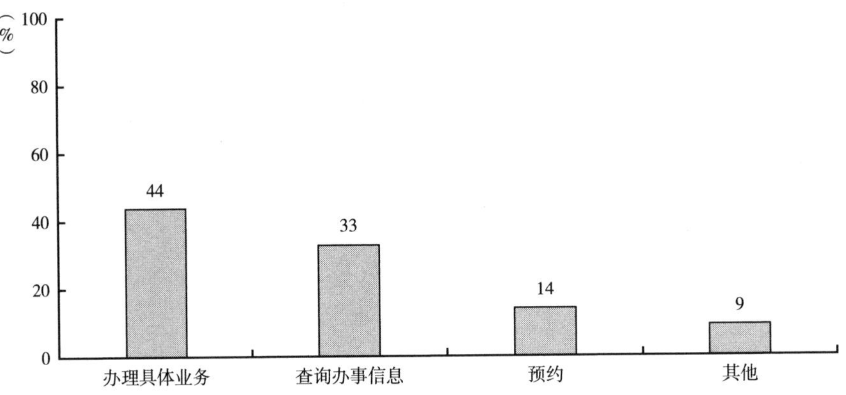

图 7　在宁夏，市场主体通过“数字政府”主要办理具体业务

（八）本部分小结

从需求侧的视角看，宁夏“数字政府”建设目前处于大规模知道阶段，还未进入大规模使用阶段，具体如下。

90% 的市场主体认为“数字政府”是大势所趋，绝大多数市场主体支持宁夏“数字政府”建设；85% 的市场主体愿意使用“数字政府”办理相关业务，“数字政府”有较大的潜在需求市场；66% 的市场主体认为“数字政府”不能完全取代窗口办理；宁夏“数字政府”知晓率为 63%，“我的宁夏”App 知晓率为 48%；约一半的市场主体获知“数字政府”是靠职能部门的主动推广而了解相关网上政务服务办理情况的；宁夏“数字政府”使用率为 35%，在使用的市场主体中，市场主体在网上政务平台及小程序上主要办理具体业务的比例达到 44%。

三　宁夏“数字政府”需求侧建设在全国视野下的比较分析

本部分将基于中山大学“深化商事制度改革研究”课题组在2019年全国商事制度改革调研中的成果，在全国视野下考察宁夏“数字政府”需求侧建设情况。

（一）宁夏“数字政府”潜在使用率低于全国平均水平

如图8所示，宁夏“数字政府”的潜在使用率为85%，全国“数字政府”的平均潜在使用率为92%，国内最佳省份“数字政府”的潜在使用率为98%。从全国视野来看，宁夏“数字政府”的潜在使用率比全国最佳省份低13个百分点，比全国平均水平低7个百分点，低于全国平均水平。

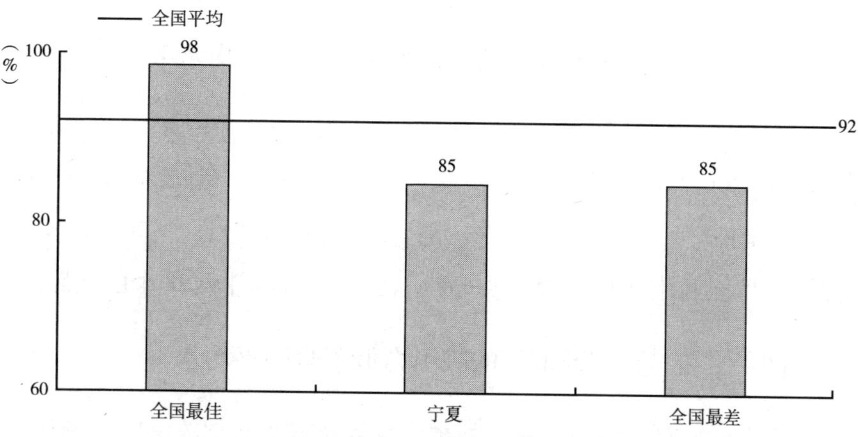

图8　宁夏“数字政府”潜在使用率低于全国平均水平

（二）宁夏“数字政府”的知晓率低于全国平均水平

本研究把市场主体知道“数字政府”的比例定义为知晓率。如图9所示，宁夏“数字政府”的知晓率为63%，全国“数字政府”的平均知晓率为69%，全国最佳省份“数字政府”的知晓率为90%。因此，从全国视野看，宁夏“数字政府”的使用率比全国最佳省份低27个百分点，比全国平均水平低6个百分点。

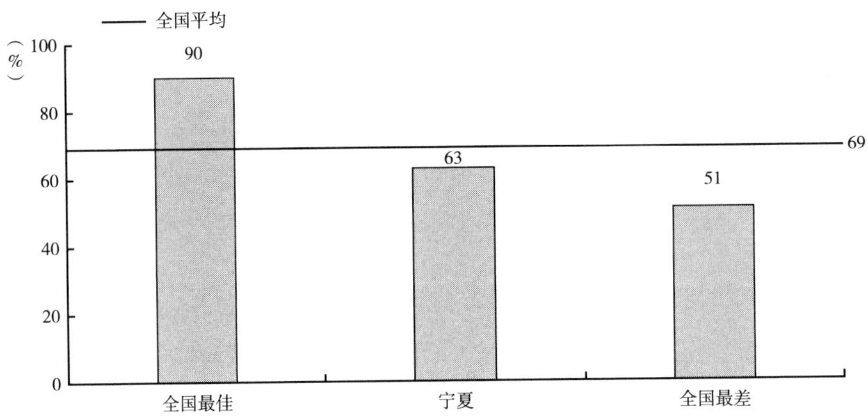

图9　宁夏“数字政府”的知晓率低于全国平均水平

（三）宁夏“数字政府”的使用率低于全国平均水平

本研究把市场主体使用“数字政府”的比例定义为使用率。如图10所示，宁夏“数字政府”的使用率为35%，全国“数字政府”的平均使用率为53%，北京“数字政府”的使用率为80%。因此，从全国视野看，宁夏“数字政府”的使用率比全国最佳省份低45个百分点，比全国平均水平低18个百分点。

（四）宁夏“数字政府”的吸引力低于全国平均水平

本研究把知道“数字政府”的市场主体使用“数字政府”的比例定义为吸引力，即“数字政府”使用率与“数字政府”知晓率的比值。如图11所示，宁夏“数字政府”的吸引力为56%，全国“数字政府”的平均吸引力为77%，全国最佳省份“数字政府”的吸引力为89%。因此，从全国视野看，宁夏“数字政府”的吸引力比全国最佳省份低33个百分点，比全国平均水平低21个百分点，大幅度低于全国平均水平。

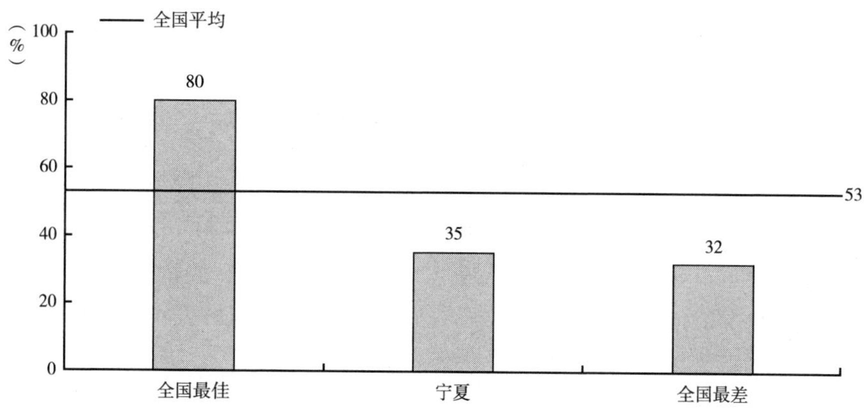

图 10　宁夏"数字政府"的使用率低于全国平均水平

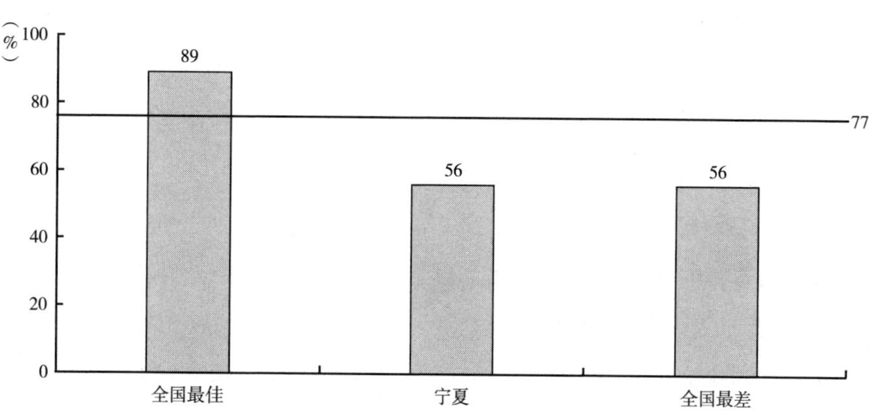

图 11　宁夏"数字政府"的吸引力低于全国平均水平

四　宁夏"数字政府"需求侧建设中的主要问题

（一）宁夏"数字政府"建设中面临的核心问题

从需求侧的视角看，截至 2019 年 7 月底，宁夏"数字政府"建设中面临的主要问题是，市场主体对“数字政府”的强烈需求与当前“数字政府”建设不充分之间的矛盾。宁夏“数字政府”建设不充分主要体现在以下几个方面。

一方面，从全国视野看，宁夏“数字政府”的建设水平远低于全国平均水平。如图7至图9所示，从全国视野看，宁夏“数字政府”的知晓率、使用率和吸引力比全国平均水平分别低了6个、18个和21个百分点。

另一方面，从需求侧的视角看，宁夏“数字政府”的建设水平与市场主体的潜在需求不匹配。具体而言，如图2所示，有85%的市场主体明确表示愿意使用“数字政府”办理相关业务，而“数字政府”的使用率只有35%。这表明，有一半市场主体的潜在需求没有得到满足。

（二）原因分析

宁夏“数字政府”的吸引力为56%，比全国最佳省份低33个百分点，比全国平均水平低21个百分点。如图11所示，从市场主体的反馈情况看，宁夏“数字政府”吸引力低主要源于“数字政府”上的业务不全、市场主体习惯现场办理和“数字政府”不好用等。

1.“数字政府”上的业务不全

如图12所示，在未选择“数字政府”的市场主体中，有25%的认为网上缺少所需业务。在实地调研期间，“业务不全”是市场主体对“数字政府”的普遍看法。在固原市有市场主体和我们反映，“数字政府”上的许多业务仅是大企业才可以办理，许多个人业务必须来到现场办理，因为网上还没有为个人提供完整业务系统。同时在银川，也有许多市场主体表示：“大家都希望网上业务资源能越来越多，这样就能更加方便了，自己足不出户就可以办理，也不用到处去找中介，省钱省时省心。”

2. 市场主体习惯现场办理

如图12所示，在未选择“数字政府”的市场主体中，有25%的表示习惯现场办理。这表明，习惯线下办理也是“数字政府”吸引力低的原因之一。在固原市的一些受访市场主体表示，电子政务系统填写和上传要求严格，不易通过，并且等待审批用时长、相关要求不能及时更新，不如来现场办方便。在吴忠市红寺堡区的受访市场主体表示：“在工作人员的指引下，现场办理更为放心，效率也高。”在银川市兴庆区政务服务大厅，现场除了工作人员还有许多中介在指导市场主体进行相关业务的办理，这也使得许多市场主体选择直接来到现场办理业务。

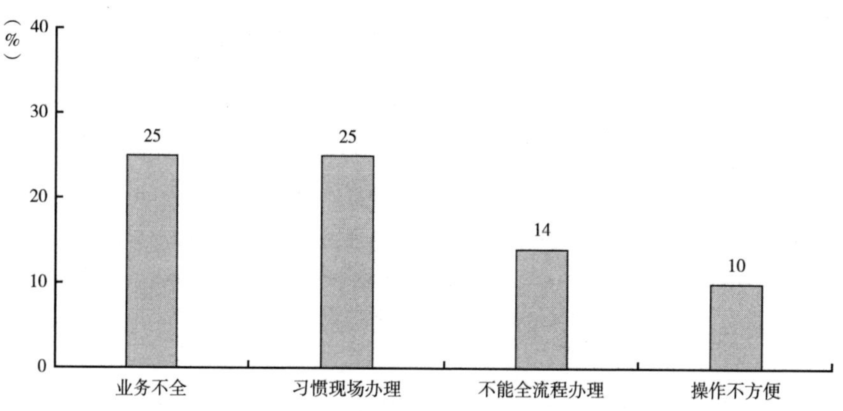

图 12　宁夏“数字政府”的吸引力低的原因

注：还有 25% 的市场主体报告了其他原因。

3. “数字政府”操作不方便，不能全流程办理

“数字政府”不好用体现为网上不能全流程办理和操作不方便两方面。如图 11 所示，未选择“数字政府”的市场主体中，有 14% 的表示网上不能全流程办理业务，10% 的认为系统操作不方便。这表明，“数字政府”不好用也是降低数字政府吸引力的原因之一。在固原市有市场主体和我们说：“我都来来回回跑了几个部门，有得快，有得慢。这个资格证办好了，又要那个上岗证，就让我们小老百姓来回跑！”如果“数字政府”能够实现业务的全流程办理必定能大大节省市场主体的时间。同时也有许多年纪较大的受访者和我们反映，由于自身的原因加之系统看起来过于复杂使得他们放弃尝试使用“数字政府”。许多受访者认为现在的操作系统步骤较多，稍有不慎操作错误甚至会花费比来到现场直接办理业务更多的时间，如果“数

字政府”能够进一步完善系统、简化操作步骤的话会有更多市场主体愿意尝试。

因此，上线更多业务、推动线上全流程办理、注重线上线下融合发展是宁夏建设“数字政府”的可行方向。

附　录

附录一　理论框架

本报告以人民为中心的发展思想为方法论，构建评价全国营商环境建设的理论框架。基于理论框架，以市场主体感受为依据，从推进“放管服”改革和支撑高质量发展等维度，构建商事制度改革评价指标体系；从潜在使用率、实际知晓率、实际使用率三个方面构建“数字政府”建设评价指标体系。基于指标体系，实地调研获取第一手数据和资料，进行量化分析，系统评价营商环境建设情况、存在的不足和提升的方向。

一　理论基础

习近平新时代中国特色社会主义思想是新时代中国改革发展的根本指针。党的十八大以来，党中央、国务院高度重视营商环境建设，开展以商事制度改革为代表的一系列改革，成为“放管服”改革的“当头炮”、全面深化改革的“先手棋”、迈向高质量发展的关键抓手。其中，近年来开展的“数字政府”建设也是以市场主体需求为出发点，旨在构建全流程一体化在线服务平台，解决市场主体反映强烈的办事难、办事慢、办事繁问题，提高市场主体办事的便捷度与满意度。

从方法论的角度看，营商环境建设始终坚持以人民为中心的发展思想，坚持问题导向和目标导向。“为谁改”是改革发展中的核心问题，在十八届一中全会上，习近平总书记明确指出，把以人民为中心的发展思想体现在经济社会发展各个环节，做到老百姓关心什么、期盼什么，改革就要抓住什么、推进什么，通过改革给人民带来更多获得感。营商环境建设始终坚持以人民为中心的发展思想，树立以人民为中心的工作导向，从市场主体最关切、最迫切的“准入难”“准营难”等问题入手，不断深化，为市场主体破题解难，实现提高市场主体获得感、服务高质量发展的目标。因此，在以人民为中心的发展思想引领下，营商环境建设的起点来源于人民的需求，成败取决于人民的评价，成效由人民所共享。

本报告践行以人民为中心的发展思想，以市场主体的感受为依据，评价营商环境建设。以人民为中心的发展思想意味着，评价营商环境建设要跳出政府自身评判改革的传统局限，将评判权交给市场主体。本报告践行以人民为中心的发展思想，以市场主体感受为依据，评价营商环境建设情况；以市场主体感受为依据，查找营商环境建设中存在的问题；以市场主体感受为依据，提出进一步优化营商环境的对策和方向。

报告从“放管服”改革、高质量发展等多维度评价营商环境建设情况。营商环境建设坚持问题和目标导向，通过政府“放管服”的职能转变，服务高质量发展，提高市场主体获得感。评价营商环境建设，就是考察是否有效解决了市场主体的痛点难点、实现了改革的目标，具体而言就是“放”上是否放宽了市场准入、“管”上是否优化了市场监管、“服”上是否提升了政务服务，多大程度上为高质量发展提供支撑，多大程度上提升市场主体获得感。基于这一系列的问题与目标，报告从推进“放管服”改革、支撑高质量发展上，多维度考察营商环境建设情况、存在的不足和提升的方向。

报告从市场主体想用、知道、使用、好用四个维度，进一步评价“数字政府”需求侧建设情况。从市场主体的视角看，评价“数字政府”可以分为四个阶段。一是“想用”阶段。“数字政府”是在传统线下人工窗口服务方式下开创的新型政务服务方式，想用“数字政府”的市场主体形成了“数字政府”建设的潜在需求，是“数字政府”建设的基础。二是“知道”阶段。市场主体知道本地办事有“数字政府”，才可能进一步在“数字政府”上办理所需业务，知晓“数字政府”是使用“数字政府”的前提。三是“使用”阶段，想用“数字政府”且了解到本地有“数字政府”办事渠道后，市场主体选择是否使用“数字政府”办理业务，进入实际使用阶段。四是“好用”阶段，知晓“数字政府”的市场主体如果都选择使用“数字政府”，说明“数字政府”好用，具有很强的吸引力。

二　指标体系

基于以上理论分析，在2018年的指标评价体系基础上，进一步丰富营商环境三级指标，构建营商环境指标体系框架，如附表1所示。

附表1　2019年营商环境指标体系

一级指标	二级指标	三级指标
主要进展	市场准入	完成登记注册所需时间
		完成登记注册所需打交道窗口数量
		办理许可证的数量
	信用监管	国家企业信用信息公示系统使用率
	互联网+政务	网上办事大厅知晓率
		网上办事大厅使用率
	服务效率	过去半年，办成一件事需跑几次
		过去半年，办成一件事需打交道窗口数量
		外省市场主体对本省营商环境评价得票率
宏观效应	就业	过去半年，扩大员工规模的市场主体占比
	成长	过去半年，业绩提升的市场主体占比
	创新	过去半年，创新的市场主体占比
	结构	商改后登记注册的市场主体中服务业占比

一是市场准入便利度，包含登记注册时间、窗口、许可证数量3个三级指标。从服务型政府建设来看，放宽市场准入是“放管服”改革的第一步；从市场主体来看，完成登记注册、进入市场是生命周期的第一步。报告从“照”和“证”入手，构建完成登记注册所需时间、完成登记注册所需打交道窗口数量、办理许可证的数量共3个三级指标，考察市场准入便利度。完成登

记注册所需时间、窗口、许可证数量越少，市场准入越便利，是负向指标。

二是信用监管普及度，包含国家企业信用信息公示系统使用率。“管”是“放管服”改革的第二步，随着大量市场主体的进入，事中事后监管工作量倍增，信用监管成为新型监管模式，国家为此建成了以统一信用为核心的新型监管系统。国家企业信用信息公示系统的使用率是正向指标，使用率越高，信用监管的普及度越高。

三是网上办事普及度，包含知晓率和使用率。将网上办事大厅的知晓率定义为受访市场主体知道网上办事大厅的比例，使用率定义为受访市场主体使用网上办事大厅的比例。比例越高，代表网上办事的普及度越高。

四是服务效率提升度，包含办事跑的次数、窗口、市场主体评价。政务服务效率是否提升，从市场主体来看，就是每次办事要跑的次数、打交道的窗口、耗费的时间有没有减少。具体而言，报告从市场主体需求侧出发，计算办成一件事平均跑的次数、打交道的窗口数，数值越低，代表服务效率越高。同时关注省外市场主体对本省营商环境的评价，得票率越高，得分越高。

以上四个维度与2018 年的评价体系完全相同，可以实现2018 年与2019 年的对比分析。

在2018 年基础上，本报告增加了宏观效应的考量，包含创造就业机会、促进企业成长、优化产业结构、驱动创新发展4 个三级指标。①创造新增就业的市场主体占比。十九大报告指出，就业是最大的民生，要鼓励创业带动就业，实现更高质量和更充分就业，为高质量发展提供民生保障。创造新就业机会越多，对高质量发展的支撑度就越高。②业绩增加的市场主体占比。把市场主体的活跃度保持住、提上去，是促进经济平稳增长的关键。业绩增加体现为市场主体的成长，为高质量发展提供质量支撑。③服务业市场主体占比。推动经济高质量发展，要把重点放在推动产业结构转型升级上。改革后进入服务业的新市场主体越多，越能为高质量发展中的产业转型奠定基础。④创新的市场主体占比。创新是推动高质量发展、动能转换的迫切要求和重要支撑。市场主体从事创新活动的比例越高，越能为高质量发展提供新动能。这4 个指标均为正向指标，市场主体创造新就业岗位的比例越高、业绩增加的比例越高、服务业的比例越高、创新的比例越高，对高质量发展的支撑度就越高。

对于“数字政府”需求侧建设，本报告进一步构建了指标体系，具体如附表2所示。

附表2　全国“数字政府”需求侧建设指标体系及最新进展

一级指标	二级指标
“数字政府”需求侧建设	“数字政府”潜在使用率
	“数字政府”实际知晓率
	“数字政府”实际使用率

一是潜在使用率。报告将网上办事大厅、移动端办事平台等办事渠道统称为“数字政府”。潜在使用率是指，如果在“数字政府”能办理所需业务，愿意使用的市场主体比例。潜在使用率代表“数字政府”的发展基础与空间。潜在使用率越高，市场主体的使用意愿越大，“数字政府”的发展基础则越坚实，发展空间越广阔。

二是实际知晓率。实际知晓率是指市场主体知晓网上办事大厅、移动端办事平台等“数字政府”平台的比例。知晓是使用的基础，实际知晓率体现“数字政府”在市场主体中的普及程度，体现“数字政府”的宣传推广力度，是“数字政府”进入使用阶段的重要基础。实际知晓率越高，说明“数字政府”的推广宣传工作越扎实，它是提高使用率的前提。

三是实际使用率。实际使用率是指实际办事的市场主体使用“数字政府”的比例。“数字政府”的实际使用率越高，代表“数字政府”使用规模越大。在知晓数字政府的市场主体中，实际使用率越高，证明“数字政府”越好用，对市场主体的吸引力越大。

三　实地调研

基于指标体系，课题组组织全国实地调研，获得市场主体需求侧的第一手数据。中山大学“深化商事制度改革研究”课题组于2019年7月15日至8月10日开展了一次全国实地调研，通过分层随机抽样，实地走访24省、110市、281个区的政务办事大厅。课题组随机访谈前来办理业务的市场主体，成功率约为75%，回收有效调查问卷合计8293份。

基于调研数据和舆情反馈，将量化分析与调研案例相结合，系统性评价全国营商环境建设情况。根据指标体系，本报告采用世界银行评价各国营商环境时采用的前沿距离法，计算各地营商环境得分，在全国视野下考察营商环境建设的最新进展、存在的不足和进一步优化的方向。

附录二　调研抽样与调研过程

一　调研抽样

2018 年第一轮调研时，采用分层随机抽样，抽取了 16 省、84 市、182 个区。2019 年调研在 2018 年抽样的基础上，新增了 8 个省份。一是增加了上海、重庆 2 个直辖市，使得调研实现了 4 个直辖市全覆盖。二是增加了山西、江苏、河北、湖北、海南、青海 6 个省份。

因此，2019 年调研省份为 24 个，分别为：①4 直辖市：北京、天津、上海、重庆；②18 省：吉林、浙江、安徽、福建、山东、河南、湖南、广东、贵州、云南、陕西、甘肃、山西、江苏、河北、湖北、海南、青海；③2自治区：广西、宁夏。

然后，新增了 34 个地级市。一是在山西、江苏、河北、湖北 4 个省份内进一步进行分层随机抽样，抽取地级市样本。抽样遵循三条规则：①省级行政单位下辖地级及副省级城市数量如果不高于 12 个，则抽取一半；如果高于 12 个，则抽取 6 个；②确保抽中省会城市；③在省级行政单位内部，抽中的城市与未抽中的城市，在 2015 年的名义 GDP 以及规模以上工业总产值上不存在显著差异。二是增加海南海口市、青海西宁市两个市。三是在随机抽样的基础上，对于 20 个省份，补充第二大城市样本：将各省省会城市外、2015 年名义 GDP 排名第一的城市定义为第二大城市，如广东省深圳市、山东省青岛市、河北省唐山市。若抽样样本中不包含第二大城市，则进行补充。

因此，2019 年共覆盖 106 个市。进一步，在 2 个新增直辖市和 34 个新增市中进一步抽取市辖区。在调研市内，市下辖区的个数如果不超过 8 个，则抽取一半；如果超过 8 个，则抽取 4 个，保证抽中的区与未抽中的区在 2015 年名义 GDP 和总人口上无显著差异。

基于这一规则，2019 年调研共覆盖 24 省（包含 4 个直辖市、18 个省、2 个自治区）、106 个市、281 个市辖区。本报告计算得分时，计算的是 110 个市的得分和排名（含 4 个直辖市和 106 个市）。

二　调研过程

（一）前期准备

1. 工作人员招募

2019 年 5 ~6 月，经过简历筛选、面试筛选、培训考核和预调研筛选，中山大学“深化商事制度改革研究”2020 年暑期调研队正式成立，具体名单详见附录六。

2. 调研方案确立

2019 年 6 月，在 2018 年调研方案的基础上，经过多方讨论，确定调研方案、制订调研规则及调研方法。

3. 问卷系统及电子问卷系统调试

2019 年 6 月，在 2018 年电子问卷系统的基础上，完成问卷设计、电子问卷系统调试等工作，调研过程全程电子化，电子问卷系统可实现调研员定位、实时上传问卷信息。

4. 人员培训

2019 年 6 ~7 月，先后开展 4 次调研员培训，组织调研员了解调研流程、熟悉调研问卷、操作电子问卷系统。此外，对督导和检查人员进行 3 次培训，建立督导及检查人员工作标准。

（二）预调研

2019 年 6 月 3 日、11 日、12 日，组织调研队全体成员分组在广州海珠区、越秀区、黄埔区、白云区、番禺区进行预调研，培训工作人员、检查问卷设计是否合理、检查电子问卷系统能否正常工作，为全国正式调研做好准备。

（三）全国正式调研

2019 年 7 月 15 日至 8 月 10 日，中山大学“深化商事制度改革研究”2019 年暑期全国调研队赴全国 24 个省份 281 个区进行实地调研。2 位调研员为一组，负责 1 ~ 2 个省份内的全部调研工作。

1. 调研对象

（1）281 个调研区的办事大厅市场监管局窗口。

（2）前来市场监管局窗口办理业务的市场主体代表。

2. 调研内容

（1）各地办事大厅的硬件、软件等设施。

（2）各地市场主体眼中的营商环境。

3. 实地调研方法及过程

（1）调研员进入调研办事大厅后，根据问卷内容，观察办事大厅市场监管局窗口的硬件、软件及服务情况，在电子问卷系统中如实填写、上传后台。

（2）调研员随机选取前来办理业务的市场主体工作人员，根据问卷内容，从市场准入、市场监管、“互联网 + 政务”、服务效率等维度进行访谈，在电子问卷系统中如实填写、上传后台。

4. 替代方案

如果调研员的正常调研工作受到干扰、无法完成调研，则选择邻近的非调研区作为替代。

附录三　全国24省份样本的地区分布情况

附表1　全国24省份样本的地区分布情况

单位：份，%

省份	问卷数	占比
浙江	648	7.81
湖北	544	6.56
江苏	508	6.13
广东	480	5.79
广西	473	5.70
云南	450	5.43
山东	435	5.25
河北	417	5.03
安徽	415	5.00
福建	400	4.82
河南	397	4.79
湖南	391	4.71
吉林	354	4.27
甘肃	329	3.97
陕西	313	3.77
贵州	277	3.34
上海	264	3.18
宁夏	238	2.87
重庆	213	2.57
北京	207	2.50
天津	197	2.38
山西	158	1.91
青海	114	1.37
海南	71	0.86

附录四　受访者基本情况

附表1　受访者基本情况

单位：份，%

项目		问卷数	占比
性别	男	3858	46.52
	女	4435	53.48
年龄	小于30岁	2964	35.74
	30～40岁	3844	46.35
	40～50岁	1252	15.10
	50岁以上	233	2.81
工作时长	小于等于1年	2375	39.43
	2～5年	2153	35.74
	6～10年	907	15.06
	10年以上	589	9.77
职位	普通员工	3122	51.59
	中层领导	1263	20.87
	高层领导	1504	24.85
	其他	163	2.69

注：问卷总量为8293份，成功访问率为75%。性别、年龄为调研员直接观察填写，故问卷量均为8293份。询问受访者是否愿意接受采访后，再填写愿意接受采访的受访者工作时长、职位等信息。

附录五　受访市场主体基本情况

附表 1　受访市场主体基本情况

单位：份，%

项目		问卷数	占比
所有制	国营企业	360	7.67
	私营企业	2984	63.56
	外资企业	61	1.30
	合资企业	123	2.62
	个体户	965	20.55
	其他	202	4.30
行业	农、林、牧、渔业	158	3.38
	工业建筑业	891	19.08
	服务业	2838	60.77
	其他	783	16.77
员工规模	少于 10 人	1866	31.94
	10 ~ 20 人	1320	22.59
	20 ~ 100 人	1442	24.68
	100 ~ 500 人	591	10.11
	大于 500 人	421	7.21
	不知道	203	3.47

注：问卷总量为 8293 份，成功访问率为 75%。所有制类型、行业类型的统计中未包含中介。

附录六　调研团队

统筹组：

徐现祥、毕青苗、马晶、金奕彤

调研组：

督导：马晶、金奕彤、纪昕冉、蒋孟芸、钟子健、苏逸宁、邓贤升

北京：张绍峰、朱坤威

天津：张绍峰、朱坤威

河北：杨艺涵、李皓辰

山西：杜思昱、吴宜强

吉林：杨冰玉、郭栩

上海：张诗琪、吴敏仪

江苏：宋思䴉、谢冬纯

浙江：张诗琪、吴敏仪

安徽：刘懿瑾、曹庭瑄

福建：游毅真、韦敏怡

山东：魏锦萌、谢明倩

河南：肖淇泳、黄天华

湖北：黄凯波、王博

湖南：李秋韵、周昀

广东：高叶琳、李嘉丽、江秋悦

广西：欧颖峰、黄维霖、朱育余

海南：高叶琳、李嘉丽

重庆：曾红丽、吕咏珊

贵州：曾红丽、吕咏珊

云南：林子榆、庄洁琳

陕西：张辰宇、陈俊茹

甘肃：刘哲、黄晖榕

青海：戚欣龙、岳德胜

宁夏：戚欣龙、岳德胜

技术组：

毕青苗、姜适染、黄逸豪、曹毓、江秋悦、韩思昊、朱育余、陈宣谕

宣传组：

寇洪波、肖艾琳、曾涵茹、赵一霖

财务组：

钟子健、范启贤

图书在版编目（CIP）数据

中国营商环境报告．2020／徐现祥等编著．-- 北京：社会科学文献出版社，2020.8

（中国商事制度改革丛书）

ISBN 978－7－5201－6868－7

Ⅰ．①中…　Ⅱ．①徐…　Ⅲ．①投资环境－研究报告－中国－2020　Ⅳ．①F832.48

中国版本图书馆CIP数据核字（2020）第121522号

中国商事制度改革丛书

中国营商环境报告（2020）

编　　著／徐现祥　毕青苗　马　晶

出 版 人／谢寿光

责任编辑／吴　敏

出　　版／社会科学文献出版社·皮书出版分社（010）59367127

地址：北京市北三环中路甲29号院华龙大厦　邮编：100029

网址：www.ssap.com.cn

发　　行／市场营销中心（010）59367081　59367083

印　　装／三河市龙林印务有限公司

规　　格／开　本：787mm×1092mm　1/16

印　张：29　字　数：441千字

版　　次／2020年8月第1版　2020年8月第1次印刷

书　　号／ISBN 978－7－5201－6868－7

定　　价／98.00元

本书如有印装质量问题，请与读者服务中心（010－59367028）联系

版权所有 翻印必究